# 労働者派遣法の研究

高橋賢司
Kenji Takahashi

中央経済社

# はしがき

　リーマンショック時に大規模に行われた派遣切りにより，仕事も住む家も失う派遣労働者らの姿は，衝撃的だった。豊かな先進国であるはずの日本においては，労働法学者にとっても猛省を迫るものであった。これ以降のわが国における出版物や論文には，この提起された難問に対して，労働法学，社会保障法学のみならず，社会学，社会政策，経済学，各々の分野での本格的な取り組みが行われている。労働法の領域でも，派遣切りや求職者支援をめぐる多くの学説は，この時期の派遣労働契約の解約・雇止めや貧困問題に対する対応にとどまらず，労働法の理念の見直し，派遣法の改正に関する議論にまで波及している。

　派遣切りや貧困問題を前にして，労働法，労働行政，労働法学がいかにあるべきなのか，という課題は，依然，残されている。経済全体の効率性という視点で論じられるものの正体は，実は，成功者にとっての効率性にすぎず，企業の利益誘導にすぎないという指摘もある（小野善康『不況のメカニズム』第3版（中央新書・2009年）203頁以下）。経済効率性を重視する視点からの改革では，労働者派遣等提起された根本問題を解決するには不十分である。2013年の規制改革会議での法改正提案をみても，派遣労働者の保護や雇用の安定化という労働法上の課題に対しては，十分な解答がなく，改正法の焦点が異なっていると思われる部分も少なくない。貧困問題について，ここ数年，社会政策，刑事政策，社会教育の先生方と研究会を重ねてきたが，「貧困問題に対して労働法は無力なのか」という問いに対し，労働法の規制の機能が極めて弱いというのを思い知らされる。しかし，それでも，今生起されつつ労働者派遣法等の諸問題に対し，労働法の機能を拡充させ雇用の安定性を高める方策は，労働法の規制のあり方次第で，必ず存在すると考える。

　80年代に提起されたフレキシビリティの問題も，いまや雇用の質をも問うのがEU法，EU諸国の労働法である。しかし，EUでは，労働者派遣との関係では，失業率が下がればよいだけのものではなく，雇用の質を向上させながら，

雇用を増やそうとする（あるいは減少させないとする）方向へ，労働者派遣をめぐる法政策が転換しつつある。これに反して，実は，日本において，こうした視点が，十分生かされないのは，政策に直接関わる者だけの責任ではない。平成26年の改正法案をめぐっては，労働者派遣法改正法案に批判が集中したが，その前提となるはずの労働法学など諸学の学問では，「批判のための批判」に終始し，オールタナティブ（代替案）が示されていない。今後は，フレキシビリティと雇用の安定性の均衡のとれた法制を考案しなければならない。そこで，EU法，ドイツ法を比較法的に考察しつつ，労働者派遣法制の将来像を提示しようとするのが，本書の骨子となっている。

ところで，EUにおける労働者派遣をめぐる30年近い議論を経た報告書の数々とこれに基づく指令，ドイツにおける立法・行政実務，判例や研究は，その水準の高さゆえに英知の結晶といえる。労働者派遣をめぐるEU法とドイツ法に関する優れた政策，学説，判例，実務を通じて，労働者派遣に関する研究の到達点を示そうとするのが，本書の狙いである。残念ながら，日本でのこれらの紹介は，部分的なものであったり，あるいは，重大な誤解に基づくものまでみられる（特にドイツの派遣可能期間については大きな誤解があり，いわゆるハルツ法改革によって派遣期間規制はいったんは撤廃されたものの，2011年の法改正を経て，この部分は改められている）。EU法やドイツ法の議論の集積を，正確に，より体系的に，より多くの方に知らせたいというのが，著者の願いである。ドイツ法の研究では，立法，判例や学説を示すのにとどまらずに，連邦社会労働省，連邦使用者連盟，ドイツ労働組合総同盟，連邦雇用エイジェンシー（ニュールンベルク），派遣会社，派遣先企業（BMWやジーメンス）等への調査・インタビューを通じて，行政と人事実務も示そうとしている。また，リーブレ教授，ギーセン教授，フランツェン教授（以上，ミュンヘン大学），ヴァンク教授（ボッフム大学，2011年退官），デュベル教授（コンスタンツ大学，元連邦労働裁判所判事），ヴァルターマン教授（ボン大学）等，多くのEU・ドイツの労働法学者との長時間にわたる最先端の議論を経て，本書は作成されている。これらの検討を通じて，日本の労働者派遣法の規制の将来像を考える前提として，EU法，ドイツ法に示される労働者派遣の規制のあり方，実務を提示しようと試みるものである。

こうした比較法的研究をもとにした本書は，ミュンヘン大学における在外研修を通じて，作成された。本書の約八分の一は，いくつかの論文をもとに加筆・修正したものであるが，残りは，ミュンヘン滞在時と帰国後新たに書き下ろして，執筆したものである。本書出版に至るまで，数え切れないくらい多くの方のご指導・ご支援をいただいた。とりわけ，角田邦重先生（中央大学元学長，法学部名誉教授）には，学生時代から今日に至るまではかりしれない学恩を受け続けている。帰国後まもなく私の家族共々，角田佐代美さまとともに，ご自宅で暖かくご招待いただいた。深く感謝申し上げたい。このように研究が続けてこられたのも，先生からいただいたご指導のおかげです。同じく中央大学にて，学生時代からご指導いただいてきた，近藤昭雄教授，毛塚勝利教授，山田省三教授はじめ中央大学労働判例研究会，浜村彰教授はじめ外国労働判例研究会の諸先生方には，報告の機会に，日本法との接点についてご指導，学問的な示唆を受けることができた。また，米津孝司教授，橋本陽子教授により今回の留学にあたり奨学金の推薦状を頂いた。ミュンヘン大学では，新井誠教授から，家族滞在での留学に際して，親身になって，貴重なご助言を頂き，学問的な事柄に限らず，様々な面でご支援頂いた。妻や娘がミュンヘンの生活にスムーズに移行できたのも先生のアドバイスによるところが大である。同じく，ミュンヘン大学ゲストハウスで同宿となった，大阪大学社会経済研究所，小野善康教授より，フレキシビリティや不況のメカニズムについて，ご教示頂ける幸運に恵まれ，長年抱いていた「フレキシビリティを高めると雇用が増えるのか」という問題に対する疑問を解くことができた。先生と奥様小野以秩子さまと共に家族で食卓を囲み，議論した日々は，ミュンヘンの楽しい思い出である。本書において先生の見解を引用させていただいた。新谷眞人教授，山本圭子講師，沼田雅之講師には同行する妻の講義やゼミナールについて非礼な申し出にも快く引き受けて下さり，山田省三教授を通じて松井良和講師には立正大学でのすべての授業を担当して頂いた。先生方の暖かいご支援なくして，留学は実現しないものでした。また，留学中，野川忍教授のご紹介により，新谷信幸氏を団長とする連合のドイツ労働者派遣法調査（ベルリン）に随行することができ，ドイツの日本大使館の平岡宏一氏のアレンジにより，連邦社会労働省，ドイツ労働組合総同盟，ドイツ連邦使用者連盟を訪問することができ，貴重な調

査に同行させて頂いた。帰国後は，棗一郎弁護士の招きで，日本労働弁護団での講演により，優れた議論から刺激を受け，三浦直子弁護士の招きで，村田浩治弁護士，中村和雄弁護士，塩見卓也弁護士中心の非正規研究会ではいつも学ばせていただいた。この場を借りて御礼申し上げたい。

　本研究は，立正大学法学部の在外研修制度（ミュンヘン大学留学）を通じて，実現した。在外研修に快く送り出してくださった立正大学法学部長舟橋哲教授はじめ，諸先生方に御礼申し上げたい。ミュンヘン留学中お世話になったドイツ人の先生方に対しては，次のVorwortでこの場を借りて謝辞を申し上げる。

　本書の出版には，中央経済社の代表取締役会長・山本継氏にご快諾頂き，同社の露本敦氏の発案と叱咤激励，同社関係者の助力がなければ，留学中の唯一の希望であった，労働者派遣法に関する本の出版は，叶えることはできなかった。感謝申し上げたい。

2014年10月末日

高橋　賢司

## Vorwort

Die vorliegende Untersuchung wurde während meines Forschungsaufenthalts im ZAAR (Zentrum für Arbeitsbeziehung und Arbeitsrecht) an der Ludwig-Maximilians-Universität zu München angefertigt. Für die intensive Betreuung durch Herrn Prof. Dr. Volker Rieble möchte ich mich ganz herzlich bedanken. Ohne die vielfältige Unterstützung und stete Hilfsbereitschaft von Prof. Rieble hätte ich den Rechtsvergleich über das EU, das deutsche sowie das japanische Recht nicht in der gleichen Weise durchführen können. Die regelmäßigen persönlichen und netten Gespräche mit ihm, die monatlichen Vortragsabende und das Symposium, Tarifeinheit und Tarifpluralität, das am 27.2.2013 im ZAAR stattgefunden hat, haben mir zahlreiche wertvolle Anregungen für meine Forschung gegeben. Ich bin darüber hinaus sehr dankbar, dass ich im ZAAR drei Vorträge über die Arbeitnehmerüberlassung, das Universitätssystem in Japan sowie die Tarifeinheit im internationalen Vergleich halten durfte.

Danken möchte ich auch Herrn Prof. Dr. Richard Giessen, der sich nicht nur die Zeit zur wissenschaftlichen Diskussion mit mir genommen hat und dessen Ratschläge für meine Untersuchung mir sehr weitergeholfen haben, sondern der mich freundlicherweise auch bei der Organisation des Aufenthalts meiner Familie in München unterstützt hat.

Herrn Prof. Dr. Abbo Junker und Herrn Prof. Dr. Martin Franzen gebührt ebenfalls mein Dank. Der wissenschaftliche Kontakt mit ihnen hat mich sehr beflügelt und für ihre Hinweise zu meiner Untersuchung bin ich sehr dankbar. Herzlich danken möchte ich Herrn Dr. Sebastian Kolbe, Herrn Dr. Christian Picker und Herrn Dr. Clemens Latzel, die mich in der netten Atmosphäre des ZAAR freundschaftlich empfangen haben, immer zu fachlichen Gesprächen bereit waren und mir bei der sprachlichen Abfassung der Untersuchung geholfen haben. In Dank verbunden bin ich auch Frau Dr. Heike Alps, die regelmäßig die Mühe des Korrekturlesens meiner Vortragstexte auf sich genommen hat, und mich vielfältig unterstützt hat.

Vielen Dank auch an Frau Regina Neumair für den stets freundlichen Empfang am ZAAR.

Besonderes bedanke ich mich bei Herrn Prof. Franz Josef Düwell (Vorsitzender Richter a.D. am BAG), der mir anlässlich meiner Vortragsreise an die Universität zu Konstanz im Jahr 2012 wissenschaftliche konkrete Hinweise über das Thema Werkvertrag in Abgrenzung zur Arbeitnehmerüberlassung gegeben hat und der mir dankenswerterweise auch derzeit immer aktuelle Informationen über das deutsche Arbeitsrecht zukommen lässt.

Schließlich danke ich Herrn Prof. Dr. Eduard Picker dafür, dass er den Kontakt mit Prof. Rieble und dem ZAAR vermittelt hat. An Prof. Picker schätze ich sehr seine nette Persönlichkeit und dass er seine Passion für die Wissenschaft nie verliert.

Tokio, im November 2014 mit einer wunderschönen Erinnerung an die Zeit in München

Kenji Takahashi

# 目　次

## 第1章　日本の労働者派遣法で求められるものは何か

### 第1節　法政策及び法理論の面で問われる新たな視点 — 2
　一　フレキシキュリティと一時的な労働 …… 2
　二　いわゆる派遣切りをめぐる問題 …… 6
　三　違法派遣の法律上の問題点 …… 8
　四　派遣先企業への労働組合の参加 …… 9

### 第2節　研究のアプローチと本書の構成 — 12

## 第2章　EU法における労働者派遣

### 第1節　指令の経緯と目的 — 16
　一　指令の経緯 …… 16
　二　指令の目的 …… 20
　三　本指令の正当性 …… 25
　四　国内法への置換え …… 27

### 第2節　労働者派遣の概念，指令の適用領域 — 28
　一　労働者派遣の概念，一時的な労働の概念 …… 28
　二　コンツェルン内の労働者派遣 …… 33
　三　適用領域 …… 35

### 第3節　平等取扱原則 — 39
　一　平等取扱原則の経緯と内容 …… 39

　　　　二　労働協約による除外・逸脱と「全体的な保護」……………… 43
第4節　集団的な参加と雇用へのアクセス等 ──────── 51
　　　　一　集団的な参加に関する規制 …………………………………… 51
　　　　二　雇用と教育訓練に関する規定 ………………………………… 55
第5節　労働者派遣の制限と禁止 ───────────── 60
第6節　終わりに ───────────────────── 65

# 第3章　ドイツ法における労働者派遣

第1節　労働者派遣の概念と労働契約上の規制 ─────── 70
　　　　一　ドイツ労働者派遣法の概観 …………………………………… 70
　　　　二　「一時的な労働」の概念 ……………………………………… 79
　　　　三　期間設定法上の規制 …………………………………………… 95
　　　　四　労働者派遣と派遣労働契約の実務 ………………………… 105
　　　　五　小括 …………………………………………………………… 113
第2節　許可関連の規定 ──────────────── 115
　　　　一　許可関連の規定および労働者派遣法3条の経緯 ………… 115
　　　　二　違法な労働職業紹介の推定 ………………………………… 131
　　　　三　コンツェルン労働者派遣 …………………………………… 135
　　　　四　労働者派遣契約の無効事由と擬制的な労働関係 ………… 156
第3節　同一賃金原則 ───────────────── 168
　　　　一　はじめに ……………………………………………………… 168
　　　　二　同一賃金原則 ………………………………………………… 169
　　　　三　協約による適用除外・逸脱 ………………………………… 175
　　　　四　同一賃金原則関連のその他の規定 ………………………… 190
　　　　五　小括 …………………………………………………………… 193

## 第4節　労働者派遣の対象業務の限定 ―― 196
一　建設業での労働者派遣の禁止の内容と経緯 ―― 196
二　建設分野の労働者派遣禁止に対する批判と法改正 ―― 198
三　禁止違反の効果と実態 ―― 207
四　小括 ―― 211

## 第5節　ドイツにおける偽装請負をめぐる法規制 ―― 212
一　ドイツにおける請負契約・偽装請負の現状 ―― 212
二　ドイツにおける請負契約・偽装請負の実態と問題点 ―― 213
三　請負と派遣の法的な区別についての基準 ―― 216
四　事業所委員会の参加権と情報提供権 ―― 230
五　日本法と比較した場合のドイツ法の特徴 ―― 234

## 第6節　派遣労働者の事業所委員会を通じた企業の決定への参加 ―― 236
一　はじめに ―― 236
二　労働者派遣の状況と参加の可能性 ―― 237
三　参加に関するドイツ法的な観点 ―― 239
四　事業所委員会の参加権とその実態 ―― 244
五　被選挙権者と事業所の構成員性の問題 ―― 259
六　小括 ―― 264

# 第4章　日本法をめぐる状況と将来像

## 第1節　雇用の安定性をもたらす労働者派遣政策とは ―― 268
一　労働者派遣の規制と状況 ―― 269
二　平成26年改正案の経緯と内容 ―― 273
三　労働者派遣の将来像（ヨーロッパの標準） ―― 281

四　補論　派遣労働者の保護の必要性 ……………………………… 286
第2節　**いわゆる違法派遣をめぐる法理** ─────── 298
　　　一　法律上の規定 …………………………………………………… 299
　　　二　職業安定法44条と違法派遣 …………………………………… 303
　　　三　労働者派遣法の各規定の取締規定の性格の有無 …………… 315
　　　四　黙示の労働契約の成否 ………………………………………… 325
　　　五　違法派遣の場合の労働契約の申込みみなしの規定 ………… 355
　　　六　労働者派遣と請負契約の区別の基準をめぐる問題 ………… 362
　　　七　直接雇用をめぐる派遣先の団交応諾義務 …………………… 370
第3節　**いわゆる派遣切りの法的問題** ─────── 382
　　　一　派遣元による派遣労働契約の解約（解雇）法理 …………… 382
　　　二　派遣元による雇止めの制約法理 ……………………………… 392
　　　三　直接雇用後の派遣先での問題 ………………………………… 400

**結びに代えて** ……………………………………………………………… 408

**初出一覧** ………………………………………………………………………… 413

第 1 章

# 日本の労働者派遣法で求められるものは何か

## 第1節 | 法政策及び法理論の面で問われる新たな視点

### 一 フレキシキュリティと一時的な労働

　日本のみならず，ヨーロッパ全域で，労働者派遣法制は転換点を迎えた。今日，派遣労働は，本質的に労働力需給政策の一環として捉えられている。規制緩和の進展は，特に，派遣期間の規定のなかに読み取れることができた。ドイツでは，2002年の法改正により労働者派遣の期間的な制限がいったんは撤廃された。労働者派遣との関係で労働関係のフレキシビリティを拡大しようとする規制緩和は，日本法だけに限られない共通の課題であった。

　ドイツの公共放送ARDは，東ヨーロッパの派遣労働者の最悪の経験と題して，2013年7月9日，ドイツでの労働者派遣について報じている。ハンガリー，ルーマニア，ブルガリア等から，派遣会社を通じてドイツの企業で雇用されるのは，一般的である。《しかし，派遣労働者の多くにとっては，ドイツ滞在は悪夢に転換する。賃金は安く，住居費や病気などにかかるコストなどの支出は高い。心が引き裂かれ，憔悴がっかりして，故郷へ帰る》。ハンガリーの元派遣労働者，ビクトリアは猜疑心を隠さない。彼女は，ドイツの食肉産業の下請け会社で働き，労働契約を解約された。住居を失い，お金も底を尽き，通りでホームレスとなった。ほかに手段がなかった。彼女は，そこでの労働条件について「私は奴隷同然だと感じた」と答えている[1]。

　こうした状況は，外国からの派遣労働者に限られない。連邦雇用エイジェンシーの報告書[2]によれば，フルタイマーの場合，月額税抜2,889ユーロであるのに対して，派遣労働者等の収入は，1,603ユーロになっている（2012年）。

---

1　ARD．2013年7月9日。
2　Bundesargentur für Arbeit, Der Arbeitsmarkt in Deutschland, Die Zeitarbeit-aktuelle Entwicklung（2014）．

補助的な業務の場合に，賃金の差額があらわになっており，すべての分野で平均を下回っている。月収400ユーロ以下を指す僅少労働を行う派遣労働者は，派遣労働者全体のうち10分の1を占める[3]。現在では，労働者派遣や請負労働の領域は，低賃金セクターであるとされ，社会問題化している。

日本において，リーマンショック時の派遣労働関係の満了により派遣元から期間満了を理由として派遣労働契約を終了させられたり，あるいは，派遣元から派遣労働契約を経済的な理由により解約されたりした，いわゆる派遣切りが多く行われ，このうち多くの者が，住居を失い，年末年始に派遣村において，暖と食を与えられた。2008年6月の秋葉原の通り魔事件では，派遣労働者であった被告人は，自分が認められないなら，勝ち組はみんな死んでしまえ，とブログで語ったといわれる。前述のドイツでのエピソードは，日本で起きた派遣切りと派遣村を思い起こさせ，共通の空気を感じさせる。現代では，人間としての生存の意味を見出してくれる希望と承認が下層の人々に対して公正に分配されていないとも指摘される[4]。労働者の生活はその多くの部分を労働関係によって規定されており，労働者の自尊心や家族・仲間からの尊敬もその仕事のありようによって決まってくるもので，本来，労働契約関係に基づく労働は，労働者にとっては，身体的，肉体的能力の発展，したがって，人格の発展をも可能ならしめる[5]。

その一方で労働者派遣や請負の労働を通じてでは，労働者が孤立し，同僚との関係が薄く，職務が限定されており，正社員になれる機会も少ない。社会的排除がEU，日本ともに問われる[6]。このため，労働者が，決して高くはない労働条件の下での労働を通じて，その人格を発展させ，人間としての生存の意味を確認する機会をもたない。貧困社会の根底をなすこれらの人々の実相をみるとき，フレキシビリティに加えて，雇用の安定性を機軸とする雇用法制を確立

---

3 Karthaus/Klebe, NZA 2012, S. S. 417 (418).
4 宇野重規『〈私〉時代のデモクラシー』（岩波書店・2010年）150頁。
5 BAG Beschluss v. 27.2.1985, AP Nr. 14 zu Beschäftigungspflicht.
6 高橋賢司「労働法学における新たな法思想『社会的包摂』の可能性」山田省三・石井保雄編『労働者人格権の研究上巻 角田邦重先生古稀記念』（信山社・2011年）25頁（46頁）。

させていくことが必要である。

これに対して，2002年には，EU理事会及び議会は，フレキシキュリティ（フレキシビリティと安定性（セキュリティ）を組み合わせた語）の原則を鮮明にし，労働市場においてフレキシビリティと安定性（セキュリティ）との間に均衡の取れた関係を築き上げようとし，EU労働者派遣に関する2008年11月19日のヨーロッパ議会及び理事会2008/104指令（派遣労働指令2008/104と以下略）は，このコンセプトに従って，従来までの規制緩和路線とは異なった方向性を示した。つまり，EU派遣労働指令2008/104では，労働者派遣について，「派遣先企業の監督と指揮のもとで一時的に働くための，派遣労働者が派遣先企業に使用される期間の派遣」と定めた（3条1項e）。

これに対応する形で，これまで，最長派遣期間の定めがなく派遣可能期間が無制限であったドイツでは，2011年に重要な改正を行い，「派遣元として第三者（派遣先）に労働者（派遣労働者）を経済的な活動の範囲内で労働の提供のため派遣しようとする，使用者は，許可を必要とする。派遣先への派遣労働者の派遣は，一時的に行われる。（…）」と定められた。ドイツの労働者派遣は，EU法の定義に沿って行われるように，「一時的な労働」と定義づけられた[7]。もはや，少なくとも，ドイツでは，以前とは異なり，期限の定めなく労働者派遣を行うことは許されなくなった。EU法，ドイツ法の政策転換である。この「一時的な労働」の概念の解釈をめぐっては，さまざまな議論を呼んでいる。

また，EUの同指令の骨格を成すのは，平等取扱原則である。指令の準備を行っていた委員会では，雇用の安定性を支える重要な規定であると位置づけられた。EU労働者派遣に関する2008年11月19日ヨーロッパ議会及び理事会

---

[7] この動向については，高橋賢司「ドイツ労働者派遣法の改正について」季刊労働法242号（2013年）57頁，同「ドイツ労働者派遣法とその改正について」電機連合NAVI 42号（2013年）48頁，同「ドイツはなぜ『再規制』を選んだか」労働情報2014年5月10日号（2014年）23頁，大橋範雄「ドイツの労働者派遣法」和田肇・脇田滋・矢野昌浩編『労働者派遣と法』（日本評論社・2013年）278頁，毛塚勝利「派遣労働」世界の労働2014年2月2頁，ロルフ・ヴァンク「ドイツと日本の労働者派遣」日独労働法協会会報第15号（2014年）47頁，緒方桂子「ドイツにおける労働者派遣をめぐる新たな動き」労働法律旬報1748号（2011年）22頁，川田知子「ドイツ労働者派遣法の新動向」法学新報119号5・6号（2013年）445頁（454頁）。

2008/104指令5条1項によれば,「派遣労働者の本質的な労働ないし就労条件は,派遣先企業への派遣期間中,派遣労働者がその企業によって同一の職場に直接雇用される場合に,少なくともその者に適用されるであろう労働ないし就労条件に従う」と定めた。ドイツ法では,同一賃金原則と呼ばれる。平等取扱原則ないし同一賃金原則の実施は,日本法のみならず,EU加盟国においても困難であった。同指令においても,労働協約で賃金等が定められる場合には平等取扱原則からの適用除外が認められるとされ,ドイツでは,平等取扱原則ないし同一賃金原則より下回る賃金を定めることが,労働協約を通じて一般化していった。さらに,ドイツでは,2000年代の後半には,シュレッカー(Schlecker)事件が,労働者派遣制度の濫用として,政治的にも,労働法的にも,議論を呼んだ。薬のディスカウント・ショップ・シュレッカー社は,労働者を解雇し,多くの支社を閉鎖し,MENIARという派遣企業を通じて,新たに開業した支社へ同労働者を派遣させた。その際,同一賃金原則を免れるため,当該労働者の賃金は以前シュレッカー社で雇用されていたときより低く定められ,賃金ダンピングだと同社は非難を受けた。

　しかし,EU指令では,こうした平等取扱原則からの適用除外に対して,全体の保護(相当な保護を意味する)が必要とされ,労働協約による適用除外に対して一定の制約を課している。そこで,ドイツでは,2011年の法改正により,同原則からの適用除外に対して制約を課す規定が定められるとともに,シュレッカー事件のような同原則の逸脱・濫用を防止する定めが置かれる重要な法改正を行った。従来,これに反して,フレキシビリティと規制緩和が立法において追求されてきたにもかかわらずである。

　日本においても,近時の立法において雇用の安定性が部分的に考慮されつつある。今後の労働者派遣制度の在り方に関する研究会報告書(平成25年8月20日)では,雇用の安定性が強調されている。平成26年には,労働者派遣法の改正案が国会に提出され,特定・一般の区別の撤廃,すべての労働者派遣事業の許可制への転換,26業務という区分及び業務単位での期間制限の撤廃,個人単位の期間制限について,一定の例外を除き,派遣先の同一の組織単位における同一の派遣労働者の継続した受入れを3年上限とする規制への転換を主な柱とする法改正を行おうとしていた[8]。

本書の目的は，フレキシキュリティと雇用の安定性を機軸とする，EU法，及び，EU域内において中心的な役割を果たすドイツ法を取り上げ，労働者派遣のあるべき姿を改めて追求しようとするものである。同じように，雇用の安定性という理念を掲げながら，異なった方向へ歩みだそうとしており，その規制内容の差異が，雇用社会に決して小さくない影響をもたらしていくものと思われる。これらのEU法・ドイツ法と日本法の政策的な方向性の異同について，経緯，内容ともに明確にしつつ，特に，本書においては「雇用の安定性」という新たな政策理念へ転換するための労働者派遣法制とは何かを本質的に問おうとするものである。

## 二　いわゆる派遣切りをめぐる問題

平成20年９月ころからサブプライムローン問題に端を発したアメリカの経済危機は，日本にも波及し，同年10月には世界同時不況の様相を呈した。平成20年10月から平成21年６月まででは，派遣又は請負契約の期間満了，中途解除による雇用調整及び有期契約の非正規労働者の期間満了，解雇による雇用調整について，同年４月17日時点で厚労省が把握できたものは，全国で3,253事業所，約20万7,000人，就業形態別でみると，派遣労働者が13万2,458人，期間工等の契約社員が４万4,250人，請負労働者が１万6,189人，その他，１万4,484人であった。派遣労働者が就業している事業所について，この年，過去１年間に労働者派遣契約を中途解除したことがあった事業所の割合は19.9％に及んでいた。

この間の派遣又は請負契約の期間満了，中途解除による雇用調整及び派遣労働契約の雇止め・解雇による雇用調整の訴訟は，派遣労働者と派遣先事業主との間に黙示の労働契約が成立しているか否か，派遣労働契約が無効となるか否か，当該雇止め等が無効となるか否か等が主な争点となり，圧倒的多くの原告

---

8　このほか，平成26年の改正法案は，一定の場合を除き，派遣元事業主は，派遣期間の上限に達する派遣労働者に対し，本人が引き続き就業することを希望する場合は，以下の「雇用安定措置」の付与（①派遣先への直接雇用の依頼，②新たな就業機会（派遣先）の提供，③派遣元事業主において無期雇用，④その他，安定した雇用の継続が確実に図られる措置）等を内容としている。

労働者は，敗訴している。平成24年3月に成立した改正法では，違法派遣の場合，派遣先が違法であることを知りながら派遣労働者を受け入れている場合には，派遣先が派遣労働者に対して労働契約を申し込んだものとみなすとされていることから，改正法が施行された後は（この部分の施行は3年後）派遣先による「労働契約の申込みみなし」が問われることになる。上の派遣先への直接雇用のみなし規定が平成27年10月に施行されるまでの間，派遣法違反の場合の派遣先との黙示の労働契約の可能性が問われるが，松下プラズマディスプレイ（パスコ）事件・最二小判平成21年12月18日では，派遣先との黙示の労働契約の成立は否定され，同時に，労働者派遣法違反がある場合に，派遣労働契約及び派遣契約が無効となるか否かについては，「労働者派遣法の趣旨及びその取締法規としての性質，さらには派遣労働者を保護する必要性等にかんがみれば，仮に労働者派遣法に違反する労働者派遣が行われた場合においても，特段の事情のない限り，そのことだけによっては派遣労働者と派遣元との間の雇用契約が無効になることはないと解すべきである[9]」と説示している。

　しかし，民法の領域でも，行政法規それ自体が，禁止規定，罰則規定となっていたとしても，そこからただちに民事上の効力を否定するわけではなく，行政法規の趣旨を解釈し，かつ，「公衆衛生」「一般大衆を保護」等，媒介する論理と価値（公益）を介して，民事上の効力を無効にしている[10]。また，違法派遣の場合の派遣先での労働契約を申込みみなし制度が施行されるまでの間は，黙示の労働契約理論によるほかはなかったが，黙示の労働契約との関係で，近時，規範的解釈というアプローチが説かれている。これらは，民法で言われている規範的解釈というアプローチを，違法派遣の場合に生かそうとする試みでもある。つまり，民法の平井教授は，真意を追求しながらそれが明らかではないときに，取引慣行および信義則の要求する解釈を行うことである[11]とされ，信義則または条理の具体的な基準として「合意の内容（条項）がそのまま実現されたときに両当事者間で得るであろう利益を比較し，その間に利益の著しい

---

9　松下プラズマディスプレイ事件・最二小判平成21年12月18日労働判例993号5頁。
10　最一小判昭和39年1月23日判例時報362号52頁，最一小判昭和45年2月26日判例時報587号28頁。
11　川島武宜・平井宜雄編『注釈民法(3)』（有斐閣・2003年）62頁〔平井宜雄〕。

不均衡がある場合には，当該内容はそのままでは効果を生じないと解釈すべきであり，均衡回復するために他方当事者間に権利を与え，または義務もしくは権利の行使につき制約が課されるべきである[12]」と説かれる。豊川弁護士はこれを引用しつつ，派遣先企業が「これに対して賃金を支払う」意思があると評価し，派遣先企業と労働者との間に労働契約の合意があるとの認定を規範的解釈として行うことが具体的妥当性をもつものであると述べている[13]。また，毛塚教授も，第三者労働力適正利用義務から，当該受入契約が無効となるときに発生する「黙示の労働契約」の成否判断に際して，当該受入契約が有効なときに成立する法的事実をもって，その成立を妨げる事実として（労働者の）受入企業が主張・抗弁することが信義則上認められなくなると説く[14]。当事者の法律行為の解釈にあたって，当事者の企図する目的・慣習・任意規定・信義誠実の原則が用いられることにより[15]，当事者の意思が補充ないし修正されるべきかどうかが問われるはずである。

　抜本的には，これらの論点の整理ないし新たな法理の形成なくして，違法派遣の場合の黙示の労働契約の成立は困難である。60件近くにのぼった派遣切り裁判を総括的に検討することを通じて，新たな契約法理の展望も開く可能性がある（本書第4章第2節）。

## 三　違法派遣の法律上の問題点

　また，違法派遣の問題は，解釈上重要な問題である。従来は，日本法では，いわゆる偽装請負との関係で，派遣労働と請負契約に関する類似の基準が，行政上の基準（「労働者派遣事業と請負により行われる事業との区分に関する基準」（昭和61年労働省告示第37号，最終改正平成24年厚生労働省告示第518号））と裁判例

---

12　平井前掲書・86頁。
13　豊川義明「違法な労務供給関係における供給先と労働者との間の労働契約の存否」甲南法学第50巻4号225頁（259頁以下）。
14　毛塚勝利「偽装請負・違法派遣と受入企業の雇用責任」労働判例966号（2008年）5頁（10頁）。
15　四宮和夫・能見善久『民法総則』第8版（弘文堂・2010年）188頁以下。

において存在している。裁判例上，主に，労働者が，請負企業の命令権に服しているかどうかが問われている。しかし，これらの基準については，使用者側からは，基準がわかりにくいなどの批判を受けており，労働者派遣法改正の後にこれらの基準に関して立法化が必要ともいわれる。また，仮に，これらの基準により，労働者派遣が違法となっても，先の最高裁の判例に従い，派遣契約，労働者派遣契約は，無効とはならないと判断される判決が多く（労働者派遣法等が取締規定と解され），裁判でこれらの基準の充足の有無を争っても，私法上は有効な解決が図られにくい，という効果の面での問題点を有している。

これに対し，ドイツ法では，労働者派遣と民法上の請負契約との違いが強調され，民法の典型契約である請負に属さない労働者派遣類似の契約は，労働者派遣を逸脱するために用いられていると捉えられ，違法，無効とする見解も有力である[16]。つまり，労働者派遣と偽装請負を区別する基準のみならず，真正の請負契約と偽装の請負契約を区別する基準も，重要視される。かかる偽装請負が私法上の民法のカテゴリーに位置づけられるか否かを判断するアプローチである。請負企業が仕事の完成まですべての責任を負うこと，請負企業が仕事完成の目的のため瑕疵担保責任を負いうるが，これも（真正の）請負契約のメルクマールであると説かれている（そうでないものは，偽装請負ないし違法派遣と捉える（本書第3章第5節））。

本書は，こうした私法的なアプローチを踏まえ，仕事完成を目的とする請負契約の本質から，労働者派遣と（真正の）請負契約とを区別し，これにより，労働者派遣と請負に関する新たな基準づくりを提唱する（本書第3章第5節，第4章第2節六）。

## 四　派遣先企業への労働組合の参加

派遣労働者の労働条件の問題を考えるとき，派遣先への労働組合等労働者の代表組織の参加が重要となりうる。本来であれば，一つの方法として，経営者は，労働条件を引き上げることにより，労働者のモチベーションを高め，これ

---

[16] Schüren, WiVerW 2001/3, S. 176（186）.

により，優れた労働力を引きとどめ，それが副次的には労働の質を高めることが可能となる。しかし，労働者派遣では，賃金を支払う経営者と，指揮命令の下で労働を受領する経営者とが二分するのに本質があり，上記のような経営戦略により，労働条件を高め，労働の質を高めることが困難である。それだけ，派遣先での従業員代表組織の役割は大きくなるはずである。同時に，賃金を支払う経営者と，指揮命令の下で労働を受領する経営者とが二分する，という本質からは，いかなる労働条件について，派遣先企業が，集団的労働法上責任を負うかが問われることにもなる。

これに対し，ドイツでは，派遣先の事業所において，従業員代表組織である事業所委員会に一定程度参加権が認められることとなっている（ドイツ労働者派遣法14条）。派遣先の事業所委員会は，実務上，派遣先の残業の規制，派遣労働者数の制限，派遣先での直接雇用の実現に取り組んでいる。BMWでは，2013年に，ドイツ全体で1万3千人の派遣労働者が派遣されていたが，派遣労働者の直接雇用化・派遣労働者数の割合的削減を段階的に図るため，同年に，3,000人の派遣労働者をBMWに（直接）雇用したのが，重要な例である（本書第3章第6節）。

わが国の中労委の判断では，直用化をめぐる団体交渉については，派遣元会社から労働者派遣法40条の4に定める同期間と抵触する日の通知を受けておらず，労働行政機関が会社に対し，同人らに労働者派遣法40条の4に定める直接雇用の申込義務の履行又は雇入れをするよう行政勧告又は行政指導をしたという事実が見当たらない場合，労働者派遣法40条の4の直接雇用申込義務の規定等を根拠として，派遣先企業が組合員らとの関係において近い将来において雇用関係の成立する可能性が現実的かつ具体的に存する者に該当するとはいえないと判断が定着しつつある[17]。かかる限定的な解釈を乗り越えようとする学説[18]の新たな問題意識を踏まえて，派遣先の団体交渉義務の存否を検討する。

---

17　ショーワ事件・中央委平成24年9月19日，日本電気硝子事件・中労委平成26年2月19日等。

18　萬井隆令「労組法上の『使用者』概念と義務的団交事項」労働法律旬報1739号（2011年）40頁，緒方桂子「労働組合法における派遣先企業の使用者性」和田肇・脇田滋・矢野昌浩編『労働者派遣と法』（日本評論社・2013年）132頁，毛塚勝利「労組法7条2号

の『使用者が雇用する労働者』をめぐる議論の混乱をどう回避すべきか」労働法律旬報1742号(2011年)51頁。

## 第2節　研究のアプローチと本書の構成

　次章においては，EU法における労働者派遣，特に労働者派遣に関するEU2008年11月19日の議会及び理事会2008/104指令を中心に検討を加える。フレキシビリティの確保がEU域内，及び日本において必要なのはいうまでもない。反面で，ドイツ法を含めEU法，日本法において，上述のように，雇用の安定性とこれに対応する派遣労働者の保護が強調される。

　こうした問題を考えるにあたって，一方的に，労働者の保護を考えればよいわけではないのが，現代の労働法の困難な点である。低成長時代において，雇用が増加せず，とりわけ，正社員での雇用がより困難になりつつある中で，いかに，雇用の安定性を図るかという観点も，ないがしろにされてはならないからである。

　一方で，雇用の需給を確保しつつ，他方で，良質な労働力の供給と派遣労働者の保護を図る，という二律背反の命題をいかに，調整し，優先させていくのかを考えるのが，現代の労働法の課題である。かかる問題との関係で，労働者派遣をめぐる焦点は，派遣可能期間や一時的な労働，平等取扱義務である。EU指令は，25年余りにわたって議論がなされてきたが，その議論の推移と内容は，卓越した高度な議論がみてとれる。EU法がどのように捉え，どのように規制をしようとしているのかを知るのは，日本法に先行する法規制と実態があるだけに，興味深い視点を提供すると思われる（第2章）。

　第3章においては，ドイツ法における労働者派遣をめぐる法規制と法理，行政の監督の実際等を検討する。まず，一時的労働という概念を新たな労働者派遣の概念として深刻に受け止めたドイツ労働者派遣法における法改正の制定過程，学説，判例がまず，注目される。また，かかる「一時的な労働」を人事実務でも真剣に受け止め，派遣可能期間を制限していく傾向がみられ，この実務の傾向，労働者派遣の雇用の増減も，興味深い発展を遂げている。労働者派遣法は，ほぼ同じ時期に制定されたものの，とりわけ，派遣可能期間について，それぞれ日本・ドイツ法において，異なる法規制へと進む傾向がみられる。

こうした検討を加えるにも，ドイツ法の法規制を敷衍するのが研究の前提条件であると思われる。そこで，現行法の枠組みまでに至るまでの規制のあり方，許可関連の規定，および違法派遣の場合の擬制的労働関係，また，論争のあったコンツェルン内の労働者派遣についても，規制の経緯，内容，法理の内容を検討する（第3章第1節，第2節）。

　さらに，良質な労働力の供給と派遣労働者の保護を図る，という観点からすれば，平等取扱原則ないし同一賃金原則は，EU法の中心の規制であるといえる。上記の同原則の適用除外・逸脱が，どのような理由から，形成され，それが賃金の実態や労使関係にどのように影響し，これにより，権利の濫用に関する規制が集積されているかは，わが国において，同原則を実定法化する場合には，不可欠の議論となりうる。とりわけ，ワーキングプアの議論にもつながるため，平等取扱原則ないし同一賃金原則の実行化，あるいは，同原則の適用除外・逸脱に対する制限に関する議論や法規制のあり方は，EU法ないしドイツ法での優れた労働法的な考察が蓄積しているといえる（ドイツ法については，第3章第3節）。

　請負契約と派遣労働の区別をめぐっては，ドイツ法では，判例が早くから形成され，日本法の裁判例と類似した基準が確立している。また，双方の国とも，偽装請負に関して行政の基準が示されている。さらに，上記のように，労働契約，請負契約との差異から，偽装請負に関する学説が形成されているのも大変興味深い。ドイツ法においても，かかる基準の法制化がにわかに議論されている。日本法においても，ドイツと同様の，違法派遣の場合の派遣先への労働契約申込みみなしの規定が施行された場合，何が違法派遣なのかを明らかにすることで，偽装派遣の禁止の射程を再考する可能性もあり，この場合，請負契約と労働者派遣の区別をめぐって基準の精緻化が日本法でも望まれる。かかるドイツ法での判例，行政，学説における豊富な議論を踏まえて（第3章第5節），日本法における新たな法理の可能性を提唱する（第4章第2節）。

　また，ドイツでは，集団法上も，従業員代表である事業所委員会の情報提供請求権や違法派遣の拒否などが権利としては確立しつつある。派遣契約や請負契約による動員の期間，動員の範囲，任務・作業，動員される従業員の数，賃金などが，集団的な自治のなかで交渉されている。日本法でも，業務請負導入

をめぐって，労使で団体交渉し得る仕組みが，特に，団体交渉義務との関係で，確立し，定着していくのが望ましい。本書では，ドイツ法における事業所委員会の権限とその実践について，労働者派遣に関して（第3章第6節），及び，請負契約に関して（第3章第5節），それぞれ，明らかにしていく。

　第4章では，前節までのEU法，ドイツ法での検討を踏まえて，わが国での労働者派遣の将来像を探る。特に，わが国では，労働者派遣法の改正のたびに労働法学上激しい批判にさらされるものの，批判する側からそのオールタナティブ（代替案）が示されることがほとんどない。労働者派遣のあるべき法制のあり方を示すのは，労働法学の役割である。本章では，上のような視点から，雇用の安定性をもたらす労働者派遣政策とは何か，というのを問い，労働者派遣のあり方に関するオールタナティブを示すことを試みる（第4章第1節）。

　また，いわゆる派遣切りとの関係では，従来は，労働者派遣法40条の6が施行される前は，1．職業安定法44条と違法派遣，2．労働者派遣法の各規定の取締規定の性格の存否，3．黙示の労働契約の存否が問われてきたため，第4章第2節において，これらの問題に関わる裁判例や学説を分析し，先に示したような視点から，法理の形成の可能性を探る。また，今後は，特に，4．平成27年10月に労働者派遣法40条の6が施行された後は，違法派遣の場合の労働契約の申込みみなしが問われる。また，5．労働者派遣と請負契約の基準をめぐる問題，6．直接雇用をめぐる派遣先の団交応諾義務も現在でも裁判例上問題になっている。これらについても，いままでの議論を踏まえて，新たな法理及び法規性の可能性があるかどうかを検討する（第4章第2節及び3節）。

# 第2章

# EU法における労働者派遣

## 第1節　指令の経緯と目的

### 一　指令の経緯

　EUでは，労働者派遣に関する2008年11月19日のヨーロッパ議会及び理事会2008/104指令が，2008年12月5日官報に告示された。この指令は難産であったとされ[1]，議論は，1980年代まで遡る。

　すでに1979年12月18日に労働時間の調整についての決定において，EEC理事会は，「A．アクションの必要な領域」の「5．労働者派遣」において，多くの加盟国において，労働者派遣が，近時，注目に値するほど増加していることを確認し，労働者派遣を監視し，派遣労働者の社会的な保護を保障するため，加盟国の措置を支援するための共同のアクションを行わなければならない，という見解を明らかにしている[2]。

　ヨーロッパ議会は，1981年9月17日，決定において，労働者派遣が「穏やかとはいえない程度に発展している」ため，委員会は，理事会に対して，従来の労働者派遣の濫用を禁止すべく，労働者派遣の明確な定義と時間的な限界についての提案をするよう，求めている。

　これらを受けて，1982年5月7日には，委員会は，労働者派遣の規制についての理事会指令提案が示されている[3]。本提案にはすでに，6条において，「派遣労働者の労働の対価が，派遣元企業又は業としての労働者派遣の領域で締結

---

[1] Hamann, EuZA, 2009, S. 287 (288). 以下の経緯についても，同文献が比較的正確であると思われるので，同文献を参照。なお，EUの官報を参照するときには，原則的にドイツ語を参考にしつつ，英語も参照して，翻訳するように努めた。文献名は，他の引用にあわせるため，ドイツ語で記した。また，学説は，ドイツ法上の文献を中心に検討した。

[2] Amtsblatt Nr. 80/C 2/01.

[3] Vorschlag einer Richtlinie des Rates zur Regelung der Zeitarbeit, Amtsblatt Nr. 82/C1 28/02.

される労働協約によって定められない場合，派遣労働者に関する労働の対価は，同価値のポストをもつ派遣先企業の従業員と比較可能でなければならず，もしくは，労働協約において，当該部門で予定される労働の対価に即応しなければならない」と規定されており，現行規定の平等取扱原則の端緒の規定がみられるのは，興味深い。同提案は２年間作業されたが，理事会に受け入れられることはなかった。

しかし，同提案では，次のようなことが原則とされていた。
―長期雇用が原則であると宣明され，労働者派遣の利用は経済的には正当化されるが，基幹労働者と同様の保護を派遣労働者が享受しない場合には，契約の期間は制限されるべきであるとされた。
―業としての労働者派遣の契約と期間の定めのある労働契約，という双方の主な形態での労働者派遣による濫用が考慮されなければならない。
―業としての労働者派遣と期間の定めのある労働契約の濫用的な利用に対して，長期雇用が保障されなければならない。
―企業の行動態様におけるフレキシビリティは，従業員の短期間での移動やその経済的な活動の影響下にあるなか，維持されなければならない。

1990年６月29日には，新たな指令の提案が出された。
１．労働条件に関する一定の雇用関係についての理事会指令提案[4]
２．競争の歪曲を考慮した一定の雇用関係についての理事会指令提案[5]
３．派遣労働者の安全と健康保護の改善についての措置補充のための理事会指令提案[6]

１の提案は，議会において拒否されたが，1999年に再び議会において考慮された[7]。３の提案は，期間の定めのある労働契約又は労働者派遣関係にある労

---

4　Vorschlag für eine Richtlinie des Rates über bestimmte Arbeitsverhältnisse hinsichtlich der Arbeitsbedingungen, Amtsblatt Nr. 90/C 224/04.
5　Vorschlag für eine Richtlinie des Rates über bestimmte Arbeitsverhältnisse im Hinblick auf Wettbewerbsverzerrungen, Amtsblatt Nr. 90/C 224/06.
6　Vorschlag für eine Richtlinie des Rates zur Ergänzung von Maßnahmen zur Verbesserung der Sicherheit und des Gesundheitsschutzes von Zeitarbeitnehmern, Amtsblatt Nr. 90/C 224/06.
7　Hamann, EuZA, 2009, S. 289.

働者の安全と健康保護の改善に関する措置の補完に関する1991年6月25日の理事会指令に反映される[8]。

パートタイム及び期間の定めのある労働契約についてのヨーロッパ労働組合連盟（EGB）―ヨーロッパビジネス連合（UNICE）―ヨーロッパ労働者と公的なセクター企業のためのセンター（CEEP）の枠組み合意が，指令[9]に置き換えられた。これらの団体は，労働者派遣をテーマに取り上げ，枠組み合意について交渉を行ったが，挫折に終わった[10]。比較可能な労働者を基礎として，対象となる労働者は，同一労働あるいは類似労働をなす派遣先の労働者であるとした。かかる比較は，期限の定めのない労働契約を派遣元と締結させ賃金が派遣元から支払われるいくつかの国では，正当化が可能でなかった。労働の対価，労働時間，及び健康保護，労働安全衛生のような基本的な労働条件について，派遣先企業での比較可能でなければならなかったが，こうしたアプローチは，域内の大部分の国で取られているものであった。しかし，比較可能な労働者の概念について，合意をみなかったとされる[11]。

現行の指令に決定的な重要なのは，2002年3月20日には，「派遣労働者の労働条件に関するヨーロッパ議会及び理事会指令に関する提案」[12]という新たな提案が提示されたことである。この提案は，社会的なパートナーが合意した部分に負っているとされる[13]。雇用と社会的事項に関する委員会は，2002年10月23日の会議において，Leke van den Burg女史を報告者として任命し，同女史が報告を行い（その内容については二参照），多くの変更提案を行っている[14]。

---

8　Richtlinie des Rates vom 25. Juni 1991 zur Ergänzung der Maßnahmen zur Verbesserung der Sicherheit und des Gesundheitschutzes von Arbeitnehmern mit befristeten Arbeitsverhältnis oder Leiharbeitsverhältnis, in: RdA 1992, S. 143, Vgl. Hamann, EuZA, 2009, S. 289.

9　Richtlinie 97/81/EG des Rates vom 15. Dezember 1997 zu der von UNICE, CEEP and EGB geschlossenen Rahmenvereinigung über Teilzeitarbeit Amtsblatt, Nr. 98 L 14/9, Richtlinie 1999/70/EG des Rates vom 28. Juni 1999 zu der EGB-UNICE-CEEP-Rahmenvereinbarung über befristete Arbeitsverträge, L 175/43.

10　Hamann, EuZA, 2009, S. 290.

11　Vgl.KOM（2002）149 ; Schüren, AÜG, 2. Aufl., München, 2003, Einleitung, Rn. 503b （Feuerborn）.

12　KOM（2002）149.

13　Schüren, AÜG, Einleitung, Rn. 503b （Feuerborn）.

EU派遣労働者の労働条件に関するヨーロッパ議会及び理事会2008/104指令に関する変更提案[15]において，この提案の一部が受け入れられたが，この提案は，イギリスとドイツの反対にあい，最終的には頓挫する[16]。
　理事会は，指令についての提案の政治的な合意作りを目指し，合意は，欧州共同体設立条約[17] 251条による共同決定手続を要した。
　この合意は，平等取扱原則と労働者派遣の制限ないし禁止の審査に関してなされた[18]。
　平等取扱原則について，例外規定として，5条3項において，次のように規定された。
　「加盟国は，社会的パートナーに対する聴聞の後，1項に挙げられた規定から除外され得る，派遣労働者の労働ないし就労条件に関する派遣労働者に対する全体的な保護に配慮した規定を含む，労働協約を，加盟国の定めた適切なレベルと基準により遵守，または，締結し得る可能性を社会的パートナーに付与し得る」。この規定は，そのまま指令となっている（5条3項）。
　5条4項において，労働協約を形成できない加盟国が，社会的なパートナーにおいて交渉された合意を基礎に，一定の限界のもとで平等取扱原則を適用除外できるメカニズムが規定されている。
　また，5条5項において，平等取扱原則の濫用的な適用を防止する規定を新たに設ける。特に，短期間の労働者派遣の連続について新たな規定を設けている。4項及び5項もいずれもやや表現は異なるが，同趣旨の規定が指令において定められている。

---

14　Berichterstattein Ieke van den Burg, Ausschuss für Beschäftigung und soziale Angelegenheit, Bericht über den Vorschlag für eine Richtlinie des Europäischen Parlaments und des Rates über die Arbeitsbedingungen von Leiharbeitnehmern（KOM（2002）149-C5-0140/2002-2002/0072（COD）），A5-0356/2002.
15　Geänderter Vorschlag für eine Richtlinie des Europäischen Parlaments und des Rates über die Arbeitsbedingungen von Leiharbeitnehmer, KOM（2002）701.
16　Hamann, EuZA, 2009, S. 291.
17　Amtsblatt Nr. 02 C 325/35.
18　Mitteilung an die Presse, 2876. Tagung des Rates, Beschäftigung, Sozialpolitik, Gesundheit und Verbraucherschutz, Luxemburg, den 9.-10. Juni 2008, Dokument, 10414/08.

さらに，労働者派遣の制限と禁止については，審査されるべきいくつかの例を設け，制限の正当化を可能にする。例えば，危険な労働等，セクションや雇用のさまざまな限界を設ける。あるいは，契約期間を制限し，一定の状況に労働者派遣を制限する（仕事量のピークや予想されなかった仕事量がある場合）。かかる労働者派遣の制限についての合意は，指令には反映されていない。

2008年9月15日のブリュッセルでの理事会会議において，理事会指令を考慮して，共同宣言が確定され[19]，指令は，ヨーロッパ議会の共同決定手続で受諾される。この共同宣言は，ヨーロッパ議会の第一回読会での態度決定への理事会によるリアクションであった。指令の最終的な規定は，双方の機関による第二回読会後のさらなる変更を留保して，受諾される。

本指令草案の目的は，「派遣労働者の保護に配慮し，労働者派遣の質を改善し，これによって，派遣労働者の平等取扱原則の遵守を確保し，派遣企業が，使用者として承認されることにあり，その際，職場のポスト創出に寄与し，また，フレキシブルな労働形態の発展に有効に寄与するため，労働者派遣の投入についての相当な枠組みが定められる」としている。これとほぼ同様の規定が，指令2条に，指令の目的規定として定められる。

2008年10月22日ヨーロッパ議会において，指令が通過した[20]。

## 二　指令の目的

EU労働者派遣に関する2008年11月19日のヨーロッパ議会及び理事会2008/104指令により，労働者派遣について，「派遣先企業の監督と指揮のもとで一時的に働くための，派遣労働者が派遣先企業に使用される期間の派遣」と定めた（3条1項e）。11条によれば，本指令は3年以内に国内法に置き換えられなければならないと規定される。

リスボン戦略では，より多くのよりよい職場のポストを創出するのをヨーロッパに要請している。

---

19　Mitteilung an die Presse, 2888. Tagung des Rates, Allgemeine Angelegenheiten, Brüssel, den 15. September, Dokument, 13028/08.
20　IP/08/1561 ; http://europa.eu/rapid/press-release_IP-08-1561_de.htm.

本指令の2002年3月20日の「派遣労働者の労働条件に関するヨーロッパ議会及び理事会指令に関する提案」[21]では，労働者派遣は，次のように，二つの要請を重要な部分としている。
―労働者派遣は，職場のポストの全体の量を増やすことを可能にする。なぜなら，経済において今日存在し増加するフレキシビリティへの需要に即応するからである。
―しかし，労働者派遣が，労働者や求職者のために十分魅力的であるならば，また，（派遣企業と労働者との間の関係が，消滅に帰す）期間の定めのある性格があるにもかかわらず，より高い価値のある労働を提供できるならば，労働者派遣は，その場合のみ，職場のポストのための継続的なきっかけにはなり得る。質というこの観点は，今後，就業年齢の面での人口が減少する場合には，不断に重要性を帯びてくる。
　社会の受容性と労働者派遣の質でさいなまれることによって，労働者派遣の導入によるメリットは，妨げられる。
　同提案では，フレキシブルな労働組織を新たな契約の枠組みで導入し，「規整された柔軟性の新たな形態」も導入するべきだとし，当該労働者に対し相当な安定性とより高い職業上の地位を保障し，これによって，同時に，企業の需要に調和させることが大切だと述べた。
　つまり，同提案では，労働者派遣は，一方では，人員利用のためのフレキシブルな企業の需要を充足させるものだと理解されている。しかし，他方では，労働の量だけではなく，質が問われるとしている。特に，賃金の領域の面での質の差が存在するとし，オーストリアでは，労働者派遣の実質賃金が，派遣される企業の労働協約が予定する賃金の30％となっていること（他の研究ではこの差が5％とされている），ドイツでは，派遣労働者が，「他の労働者」より22％ないし40％しか得られないこと（連邦議会の報告によっている）に言及している。さらに，フランスとスペインでは，派遣の利用の80％が最長1年になっており，オーストリアやオランダでは，6ヶ月以上が全体の30％ないし17％にすぎないことも指摘している。こうして，フレキシビリティと安全という観点

---

21　KOM（2002）149.

を顧慮していかなければならない，というのである[22]。

さらに，労働力の質の向上との関係では，派遣労働者は，EU域内では，職業上の再訓練に対してわずかにしか参加できずにいる（参加率は，20％，派遣元36％，派遣先27％）。教育訓練に関しては，本指令は，労働力の質を高めるため，派遣労働者の教育訓練へのアクセスを改善させる必要性を強調し，よりよい社会的対話を促進しようとしている。

本指令全体としては，指令の骨格をなす理念と内容を明らかにした41ページにも及ぶ2002年3月20日の同提案によれば，次のような概観を有している。

―指令は，派遣労働者の反差別の原則を確立する。この原則によれば，基本的な労働条件に関わる限り，派遣労働者は，派遣先の比較可能な労働者より低い立場に置かれることはない，というものである。
―平等取扱原則の適用の除外は，相当な保護が保障される限りで，社会的なパートナーが労働協約により労働条件を定めるのを国が授権し得る。この例外規定により，現行のルールを当事者の利益と必要性を可能な限り調整し得るように，社会的なパートナーの役割を強化するのが目的である。
―各国で行われる労働者派遣業の制限と禁止は，各国に審査を指令が要請することとなる。派遣労働者の最低限の規制内容を適用させられるならば，当該労働者の保護への配慮から正当化されてきた制限を廃止することを将来的には可能にすべきである。サービスの自由に対する制限は，それが必要であり，目的との関連で相当な関係に立つ場合にのみ，行われる。
―派遣労働者の状況が改善される規定を含むべきである。特に，継続的な雇用へのアクセスが問われ，この目的のために，一方では，派遣先企業で活動する派遣労働者が，派遣先で公募されるポストについて情報提供を受けられるべきである。
―派遣先企業での社会的な給付へのアクセスを創り出し，職業的な編入への能力を派遣先・派遣元での教育訓練を通じて高めることにより，実質的な労働条件を改善する。

---

22　KOM（2002）149．ほかに，健康保護と労働安全衛生の面の考慮を要するとしている。派遣労働者が，身体的なリスク（健康によくない姿勢，振動，騒音）にさらされていることに言及している。

―最後に，派遣企業内で労働者代表が導入される場合に，派遣労働者が，労働者の数に数え上げられることが挙げられる。

全体的に，質の高い派遣労働力を創り出し，労働者派遣を魅力的で安定的なものにしようとする基本的な姿勢が窺われる。

同提案では，直接的な期限の定めのない労働契約が，使用者と労働者の間の通例の雇用形態であり，将来もそうあり続けるとする。その理由として，直接雇用および期限の定めのない雇用関係は，指令において，重要な意味を持ち得るものであり，それは，労働市場において追求されるべき目的であることを挙げる。

ここで注意されるべきなのは，期間の定めのない契約を派遣企業と締結した労働者にとっては，これによって生じる特別な保護があるため，派遣先企業に適用されるルールを逸脱する可能性が指摘されていることである。つまり，期間の定めのない労働契約を通じて，雇用の安定性が確保される限り，国内法上の派遣法のルールから適用除外され得ると述べている。

同指令2008/104においても，「期間の定めのない労働契約は，雇用関係の通例の形態である。派遣企業と期限の定めのない労働契約を締結する労働者の場合，これによって与えられる特別な保護があることから，派遣先企業に適用されるルールから除外される可能性が与えられる」とされている[23]。このように，期間の定めのない契約を締結する場合で，雇用の安定性が確保される限りで，労働者派遣法で想定される規制とは異なる規制を行うことが，EU法のスタンダードとなっている点は特筆される。

2007年12月には，ヨーロッパ委員会は，共通のフレキシキュリティの原則に同意しているが，これは，労働市場においてフレキシビリティと安定性との間に均衡の取れた関係を考慮するもので，労働者のみならず，グローバル化によって要請されるチャンスを活用する使用者にも，助力するものである。EU指令2008/104は，このコンセプトに連なっている。

理由の12では，共同体のレベルで，派遣労働者の保護のため，調和の取れた，差別のない，透明で，相当な枠組みを創り出し，同時に，労働市場と労使関係

---

23 例えば，平等取扱原則の適用を除外できるとしている。

の多様性を維持するとしている。

　理由の11では，労働者派遣は，企業のフレキシビリティに添うものであるが，職業生活と私生活を調和させようとする労働者の必要性にも添うものであると述べられている。これについては，疑問も述べられている[24]。

　このように，フレキシキュリティ（フレキシビリティと安定性（セキュリティ）を組み合わせた語）の原則を鮮明にし，労働市場においてフレキシビリティと安定性（セキュリティ）との間に均衡の取れた関係を築き上げようとしている。安定性と労働力の質を向上させることにより，社会の受容性と労働者派遣を通じた雇用の量も増すという発想である。

　ドイツのチュージング教授によれば，本指令の核心部分は，5条の平等取扱原則と，6条の情報とアクセスに関する規定，これと並んで，7条における従業員代表法的な準則である[25]。本指令の目的は，「派遣労働者の保護に配慮し，労働者派遣の質を改善し，これによって，5条による派遣労働者の平等取扱原則の遵守を確保し，派遣企業が，使用者として承認されることにあり，その際，職場のポスト創出に寄与し，また，フレキシブルな労働形態の発展に有効に寄与するため，労働者派遣の投入についての相当な枠組みが定められることを考慮されなければならない」（2条）ということにある。

　なお，指令違反の効果については，本指令10条では，「派遣企業又は，派遣先企業によって本指令が遵守されない場合，加盟国は，適切な措置をとる」と定める。特に，請求権は，実行可能でなければならない。これに付け加えて，有効かつ，相当で，威嚇的な制裁が定められなければならない。考えられるのは，情報提供義務違反の場合の罰金である[26]。

　平等取扱義務違反の場合には，派遣労働者は，派遣先企業の比較可能な労働者と平等に扱われる，という効果が生じる。この効果は，事後的に生じるのではなく，遡って（ex tunc）生じる[27]。

---

[24] Hamann, EuZA, 2009, S. 295.
[25] Thüsing, Europäisches Arbeitsrecht, München, 2011, § 4, Rn. 45.
[26] Thüsing, Europäisches Arbeitsrecht, § 4, Rn. 72.
[27] Thüsing, Europäisches Arbeitsrecht, § 4, Rn. 73.

## 三 本指令の正当性

欧州連合条約5条2項では、共同体が専属的な管轄にない領域において、補完制の原則によることになる。同条約5条2項においては、「個々の授権の制限的な原則に従い、本連合は、条約で定められた目的の実現のため条約において授権した管轄の限度でのみ、その目的が機能する」と定められている。要件は、問題となっている措置の目的が、加盟国のレベルでは、十分に達せられず、それゆえ、その範囲や効果を理由として、共同体のレベルにおいての方が、その目的が一層達せられることである。

補完制の原則の確保については、指令の理由23において、わずかに記され、「本指令の目的、すなわち、派遣労働者の保護のための共同体レベルでの調和した枠組みの創設、加盟国のレベルでは、十分に達せられず、それゆえ、その範囲や効果を理由として、共同体のレベルにおいての方が、その目的がいっそう達せられ、そして、むろん、最低限の規定の導入によって、ヨーロッパ共同体全体に効果を発揮することになり、共同体は、条約の5条に規定された補完制の原則と一致して、機能し得る。同じ条項に規定された比例性の原則 (Grundsatz der Verhältnismäßigkeit) に即応して、本指令は、この目的に必要な措置をこえるものではない」としている。

2002年3月20日の「派遣労働者の労働条件に関するヨーロッパ議会及び理事会指令に関する提案」[28] は、補完制の原則を鮮明にしている[29]。その内容は次のようなものである。

「派遣労働者の労働条件に関する本指令の提案は、ヨーロッパ共同体設定に関する条約136条において列挙された目的、特に、労働条件、雇用促進、及び社会的対話に関する目的に対応している。この意味で、本提案は、加盟国の法的な規定を欧州共同体設立条約137条にしたがって補充し、これによって、共同体内で共通のフレキシブルな枠組みを、派遣労働者のポストの

---

28 KOM (2002) 149.
29 なお、ここでいう共同体とは、ヨーロッパ共同体をさす。

質の向上と労働者派遣部門の促進のために創り出す。

　この領域での共同体の活動は，多くの理由から正当化される。

　第一に，新たな加盟国においてすでに適用されている，派遣先企業での比較可能な労働者に対する派遣労働者の差別禁止の原則を共同体のレベルで拡充する必要性が存在する。

　本指令提案は，このことを行なうため，労働者派遣のさらなる発展のための安定した枠組みを創り出すだろう。これによって，派遣労働者の最低限の権利を保障し，この分野を魅力的にし，より一層その名声を高めるであろう。派遣労働がより魅力的になれば，派遣先企業に対して，より大きな選択の可能性がつくられ，多様な応募者への入り口になり得るため，労働者派遣は，フレキシビリティの需要に一層即応し得る。これによって，提案された指令が，このセクターでの新たな拡大のための基礎を創り出し，雇用の潜在性を完全に活用することに貢献し，労働市場の機能を改善するであろう。

　労働者派遣を促進しようとする場合，第二に，一般の利益や労働者の保護によって正当化されない，共同体レベルにおける労働者派遣の制限の撤廃のため，前提条件が創り出されなければならない。

　第三に，非典型雇用について差別禁止の原則を定めた，共同体規定―EC理事会91/383指令，EC理事会97/81指令，及びEC理事会1999/70指令―の補充についての差し迫った需要がある，健康保護と安全に関しては，派遣先企業の比較可能な労働者に対する派遣労働者の差別禁止の原則がすでに発効している。

　第四に，派遣労働者に関する共同体法上の枠組みの諸条件は，これを創り出すために2000年5月に交渉が始められた，共同体レベルでのすべての分野での社会的パートナーの希望に添うものである。同時に，2001年10月8日の共同宣言において，共同体のこれに関連した指令の必要性を認めた，派遣労働部門の社会的パートナーの期待にも，添うものである」。

　このような指令や指令提案は，補完制の原則があいまいなものであり，共同体設立条約136条，137条における定式も，政治的な合意がある限りでは，共同体の法設立機関のための有効な障害とはなっていないことを示している[30]。

## 四　国内法への置換え

　同指令11条1項により，加盟国は，2011年12月5日までに国内法へ置き換える義務がある。法的な規定，行政上の規定の公布あるいは，社会的パートナーが必要な規定を合意の方法で定めることによって達せられ得る。2014年に公刊された，「ヨーロッパ議会，理事会，ヨーロッパ経済社会委員会および地域委員会に対する委員会報告（Bericht der Kommission an das europäische Parlament, den Rat, den europäischen Wirtschafts- und Sozialschuss und den Ausschuss der Regionen[31]）」COM（2014）176により，実施状況が把握できる。本章では，重要な各条項について，本報告書に基づいて，実施状況を紹介する。

　すべての加盟国は，指令を置き換えたとされる[32]。2012年初頭，委員会は，置換え措置の未実施を理由として，15ヶ国に要請の文書を送付した。2012年のうちに，態度決定が3ヶ国へ送付された。指令を最後に置き換えた国では，2013年6月1日に実施規定が施行された。

　フランス，ルクセンブルク，ポーランドでは，国内法上の規定が指令と調和しているとされ，指令による変更は不要であるという見解であった[33]。

---

30　Hamann, EuZA, 2009, S. 294.
31　Report from the commission to the european parliament, the council, the european economic and social commitee and thecommittee of the region が英語名である。英語版とドイツ語版では，1ページ程度前後する場合があるが，ドイツ語版でのページ表記になってしまうことをご理解いただきたい。
32　Bericht der Kommission an das europäische Parlament, den Rat, den europäischen Wirtschafts-und Sozialschuss und den Ausschuss der Regionen, COM（2014）176, S. 3.
33　Bericht der Kommission an das europäische Parlament, den Rat, den europäischen Wirtschafts- und Sozialschuss und den Ausschuss der Regionen, COM（2014）176, S. 4.

## 第２節　労働者派遣の概念，指令の適用領域

### 一　労働者派遣の概念，一時的な労働の概念

　指令は，１条１項により，「派遣先企業の監督と指揮のもとで一時的に働くため，労働契約を派遣企業と締結し，又は就業関係が開始され，派遣企業に利用される，労働者に対して適用する」と定めた。「一時的な」という文言が挿入されている。ここで，かかる条項の制定過程を厳密に掘り下げてみることとする。

　2002年の先に挙げた雇用と社会的事項に関する委員会において，van den Burg女史は，労働者派遣の新たな定義をここで明らかにしている。

　「派遣労働者とは，一時的に（zeitweilig），派遣企業に利用され，その指揮と監督のもとで業務を行なうため，派遣企業と雇用契約を締結し，あるいは，期限の定めのない又は期限の定めのある期間の雇用関係に入る者である。」[1]

　議会においてなされた変更提案23号が，同委員会において考慮されている[2]。

　次いで，「期限の定めを定めて（befristet）」という語が，2002年11月28日の指令の変更提案において現れ[3]，派遣とは，「派遣先企業の監督と指揮のもとで期間を定めて（befristet）働くための，派遣労働者が派遣先企業に使用される期間の派遣」と定義される。

---

1　Berichterstattein Ieke van den Burg, Ausschuss für Beschäftigung und soziale Angelegenheit, Bericht über den Vorschlag für eine Richtlinie des Europäischen Parlaments und des Rates über die Arbeitsbedingungen von Leiharbeitnehmern (KOM (2002) 149-C5-0140/2002-2002/0072 (COD)), A5-0356/2002.
2　Mittelung der Kommission an das Europäische Parlament gemäß Artikel 251 Absatz 2 Unterabsatz 2 EG-Vertrag zum gemeinsamen Standpunkt des Rates im Hinblick auf den Erlass einer Richtlinie des Europäischen Parlaments und des Rates über Leiharbeit, KOM (2008) 569.
3　Geänderter Vorschlag für eine Richtlinie des Europäischen Parlaments und des Rates über die Arbeitsbedingungen von Leiharbeitnehmer, KOM (2002) 701.

本指令では，その後，「期限の定めを定めて（befristet）」という語が「一時的な（vorübergehend）」という語に置き換えられる[4]。なぜ，「一時的な労働」という語が挿入されたのかは，説明されていない[5]。

EU労働者派遣に関する2008年11月19日のヨーロッパ議会及び理事会2008/104指令は，3条1項eにおいて，「派遣先企業の監督と指揮のもとで一時的に働くための，派遣労働者が派遣先企業に使用される期間の派遣」と定めた。「派遣企業とは，派遣先企業に派遣させ，これにより，派遣労働者がその監督または指揮のもとで一時的に働くため，国内法により，派遣労働者と労働契約を締結し，または，雇用関係に入る，自然人または法人」と定める（同項b）。また，派遣労働者は「派遣先企業に派遣され，これにより，派遣労働者がその監督または指揮のもとで一時的に働くため，派遣企業と労働契約を締結し，または，雇用関係に入る，労働者」と定め（同項c），派遣先企業とは，「委託により，また，監督及び指揮のもとで派遣労働者が一時的に働く，自然人または法人」であると定める（同項d）。

確かに，一時的な労働という文言を置くのみで，派遣可能期間の制限，つまり，最長派遣期間を定めるものではない。

しかし，こうした制定過程からは，派遣可能期間を無制限にする趣旨ではなく，むしろ，一貫して，「一時的な」労働へ派遣可能期間の時間的な量と程度を制限しようとする趣旨であったことは読み取れる。それゆえ，長期の派遣は，EU指令の制定過程と語の語義[6]から，大きく外れることになる可能性がある。本指令の文言によれば，派遣が「一時的」ではないケースは，カバーされず，長期または連鎖した派遣はカバーされないと解するのが，ドイツでは，有力である[7]。

元裁判官で派遣労働について研究書の多いドイツのハーマン教授によれば，

---

4　Hamann, EuZA, 2009, S. 311.
5　Hamann, NZA, 2011, S. 70（72）；Rieble/Vielmeier, EuZA 2011, S. 474（489）.
6　ドイツ語（デューデンによる）の語彙としては，「一時的な労働」とは，一定の期間だけのもの（*nur eine gewisse*），長期で継続的ではないもの（*nicht lange dauernd*），短期間（*kurze Zeit*）を指す。ハーマン教授（前掲注5）も，このような意義で把えている。
7　Müller- Glöge/Preis/Schmidt, Erf. Komm, 13. Aufl., München, 2013, AÜG, Einleitung, Rn. 5b（Wank）；Boemke, RIW, S. 177（179）.

長期の派遣は，本指令6条[8]で追求される目的にも反する。派遣労働者の期間の定めのない派遣先での就労が，促進されなければならないし，これについてのバリアは無効とされる。

長期の派遣は，派遣先での直接雇用への転換を困難にする。なぜなら，派遣企業にとっては，長期の労働力の需要を労働関係の設定によってカバーする必然性がないからである。これに対して，反対に，派遣労働者が，一定の期間をあけて，交替されなければならないとすれば，質の高い信頼性のある派遣労働者を労働関係に受け入れる一定の圧力になるであろう。しかし，派遣労働者が，派遣先の労働関係への受け入れへのよりよい機会をもてるのであれば，このことにより，再び，労働者はモチベーションを上げ，その労務の提供をよりよいものにするであろう。それが，本指令2条において労働者派遣の実現のために設定される規制の目的に資する。派遣先での派遣が，一時的でのみ許されるとすれば，基幹労働者を長期に派遣労働力によって代用するという動機が避けられていくことになる。同時に，「セカンダリーな階級」の形成の傾向や，基幹労働者の特権化，派遣労働の低価値化を妨げていくことになる[9]。

同教授によれば，指令の文言と目的を真摯に受け止めれば，ドイツにおける長期の派遣は，問題視され得るとする。代替案としては，ドイツにおいて，再

---

8 　本指令の6条1項は，次のような規定を置いている。
　「派遣労働者は，派遣先企業において，同企業の残りの労働者と空いた期間の定めのないポストについての同一の機会を保持するよう，空いたポストについて情報提供を受ける。この情報提供は，委託と監督のもとで派遣労働者が働く当該企業において適切な場所で一般的な公表によってなされ得る」と。
9 　Hamann, EuZA, 2009, S. 311. ウルマー氏によれば，派遣労働者を利用させるのは，法的には，職業紹介をしているとみなされるとするが（Ulmer, AuR, 2011, S. 10 (11)），こうした見解は，一般的ではない。
　さらに，本指令6条2項，3項において，次のような規定がある。
　「加盟国は，派遣後の派遣先企業と派遣労働者との間の労働契約の締結，又は，就労関係の設定を禁じる条項，又は，これを妨げる結果となる条項を，絶対無効又は無効と宣言されるよう必要な措置をとる。
　本項は，派遣企業が，派遣先企業に提供される派遣，派遣労働者の採用，教育訓練と関連した雇用提供について，相当な額で調整をする，規定をさまたげない」（6条2項）。
　「派遣企業は，派遣先企業に対する派遣の対価として，又は，当該派遣先企業との派遣の終了後，当該派遣先企業と労働者が労働契約を締結する場合に，あるいは，就労関係に入る場合に，労働者に対し，対価を要求してはならない」（6条3項）。

び，厳格な派遣可能期間（最長派遣期間）の規定を導入するというコンセプトはあり得るとする。しかし，この解決策は，本指令2条において同時に追求される，フレキシビリティという目的に一致しない。厳格な派遣可能期間は，派遣先のフレキリビリティの利益を適切に考慮するものではない。よりメリットがあり価値があるのは，一時的な労働の文言を，派遣法1条1項1文に挿入することであると指摘されていた[10]。

　ドイツ法では，一時的な労働という概念が，EU労働者派遣に関する2008年11月19日のヨーロッパ議会及び理事会2008/104指令にならって導入された。ドイツ改正労働者派遣法1条によれば，「(1)派遣元として第三者（派遣先）に労働者（派遣労働者）を労働の提供のためその経済的な活動の範囲内で派遣しようとする，使用者は，許可を必要とする。派遣先への派遣労働者の派遣は，一時的に行われる。(…)」と定められた。改正法のため，連邦議会に提出された立法の草案では，「1条1項の挿入は，ドイツの労働者派遣のモデルが，ヨーロッパ法の準則に沿うのを，明確にするのに資する[11]」と述べられている。これは，とりわけ，派遣可能期間の定めを撤廃したドイツ法にとっては，重大な改正点となっている（第3章第1節）。

　さらに，同指令5条5項において，派遣が連続した更新自体は，許されないとされていることも重要である。こうした派遣の更新は，同指令5条5項に反

---

10　Hamann, EuZA, 2009, S. 312. 同指令5条5項では，「加盟国は，濫用的なこの条項の適用を防ぎ，特に，本指令を回避するため，前後して連続する派遣を防ぐため，国内法ないし慣習により必要な措置をとる」と規定している（本指令5条5項）。これによれば，派遣が連続して更新されるのは，違法な潜脱とみられる。派遣先に存する長期の就労の需要が，複数の連鎖的な期限の定めのある派遣によってカバーされるのを回避されなければならず，派遣労働者がそれゆえ，最終的に期限の定めなく派遣される，というのを回避しなければならない（Hamann, EuZA 2009, S. 311）。このため，一時的な労働に限るとした労働者派遣の定義規定に意義がないとの見解は，許されないとする（Hamann, EuZA, 2009, S. 311）。派遣が時間的に期限がなく行われてはならない，というのは，本指令5条5項との関連からいえる。

　ウルバー氏によれば，同指令により，同一の労働者を長期のポストに派遣・動員するのを禁止しているだけではなく，一時的に動員された派遣労働者を他の派遣労働者に交替するのも禁止している。この規範の保護の目的は，派遣先の事業所に存在する基幹労働のポストを，長期にわたる労働者派遣の阻止により，確保することにある（Ulber, Arbeitnehmerüberlassungsgesetz, 4.Aufl., Frankfurt.a.M., 2011, §1, Rn. 231b）。

11　BT-Ds. 17/4804.

することになる[12]。イギリスでは，6週を超えない派遣の中断の場合に，待機期間をゼロから起算しないという規定を置いている。

また，指令の3条1項aないしeについて，労働者，派遣企業，派遣労働者，派遣企業，派遣のそれぞれの概念が規定されているが，多くの国で（ギリシャ，アイルランド，イタリア，マルタ，リトアニア，ポルトガル，スウェーデン，ハンガリー，イギリス，キプロス）この概念を国内法へ受け入れ，その際，指令と類似した概念で説明されていると報告される[13]。

EUの報告書によれば，ルクセンブルクにおいて，派遣期間の制限や派遣利用の適法な事由の列挙が規定されているとされる[14]。

イタリアでは，派遣労働者に割り当てる業務の種類の制限が規定され（ポーランドも同様とされ），特に，労働協約により，期間の定めのある契約の量的な上限が定められている[15]。

さらに，ベルギー，フランス，ギリシャ，ポーランドでは，基幹雇用保護のため，基幹雇用が期限の定めのある労働者に置き換えられるのを避けるため，制限的な措置がとられ，派遣期間の制限，派遣労働者の利用事由の列挙（例えば，一時的な労働，季節的な労働，または，労働収入の一時的な増加，労働者の欠員補充）などが行われている[16]。

---

12　Hamann, EuZA, 2009, S. 311 ; Ulmer, AuR, 2011, S. 11.
13　Bericht der Kommission an das europäische Parlament, den Rat, den europäischen Wirtschafts- und Sozialschuss und den Ausschuss der Regionen, COM（2014）176, S. 5.
　　ただし，同報告書では，一時的な労働の概念の国内法化への実施状況は特に報告されていない。
14　Bericht der Kommission an das europäische Parlament, den Rat, den europäischen Wirtschafts- und Sozialschuss und den Ausschuss der Regionen, COM（2014）176, S. 10.
　　同報告書によれば，フランス，イタリア，ポーランドでは，派遣労働者の利用の事由の列挙が規定されている。ブルガリアやイタリアでは，派遣企業に動員される派遣労働者の数や割合の制限が行われている。これらは，労働市場のスムーズな機能を保障する必要性から，制限が正当化され得る。
15　Bericht der Kommission an das europäische Parlament, den Rat, den europäischen Wirtschafts- und Sozialschuss und den Ausschuss der Regionen, COM（2014）176, S. 12f.
16　Bericht der Kommission an das europäische Parlament, den Rat, den europäischen Wirtschafts- und Sozialschuss und den Ausschuss der Regionen, COM（2014）176, S. 13.

## 二　コンツェルン内の労働者派遣

　コンツェルン内の労働者派遣は、ドイツを例にとっても、特権を維持している。2011年の改正法以降の現行法でも、派遣を目的として採用し雇用したものではない場合は、労働者派遣法から除外される（コンツェルン内の労働者派遣の特権）。

　これに対して、特に、EU指令2008/104では、このような適用領域の除外は規定されていない。指令への指令適合性がないともいわれる。従来ドイツでは、コンツェルン内の一時的な労働者派遣であれば、労働者派遣法の適用をまぬかれるという規定であったが、これについては、EU法違反と学説の一部では主張されていた[17]。ハーマン教授は、同一の労働に対する同一の労働条件というコンセプトは、複雑で非均質であり得るが、コンツェルンというドアの前で休止すると読み取られてはならないと述べる[18]。当時の労働者派遣法では、一時的な労働である場合に、労働者派遣法からコンツェルンの労働者派遣は除外されていたが、「たとえ、コンツェルン内の派遣が一時的な労働のみ行なわれることが許されるとしても、このことが、平等原則の例外を正当化するものではない。国内法でのこの不明確な概念が、拡大して解釈されているからである」と指摘されていた。つまり、EU2008/104指令5条1項の平等取扱原則の停止を正当化しない[19]。

　ドイツ法では、例えば、コンツェルン間の労働者派遣において、娘企業（派遣会社）が母企業に派遣し、派遣労働者は、派遣の目的で採用され、雇用されることが多い（パーソナル・ヒュールングス会社、あるいはパーソナル・サービス会社という）。この場合、こうした派遣に対しては、2011年の改正以前には、一時的な労働者派遣である限りは、労働者派遣法が及ばないとされていた。コンツェルン内のパーソナル・ヒュールングス企業などは、特権を有していた。

　この場合も、特権の維持を規定する労働者派遣法1条3項は、EU法と一致

---

17　Hamman, EuZA 2009, S. 303.
18　Hamman, EuZA 2009, S. 303.
19　Hamman, EuZA 2009, S. 303.

しないとの見解も有力である[20]。これに対し，EU2008/104指令は，派遣労働企業とは，「派遣先企業に派遣させ，これにより，派遣労働者がその監督または指揮のもとで一時的に働くため，国内法により，派遣労働者と労働契約を締結し，または，雇用関係に入り，自然人または法人」と定める（同項ｂ）。また，派遣労働者は「派遣先企業に派遣され，これにより，派遣労働者がその監督または指揮のもとで一時的に働くため，派遣企業と労働契約を締結し，または，雇用関係に入り，労働者」と定めている（3条1項ｃ）。

このため，ドイツ政府は，2011年の法改正により，かかる特権を原則として廃止した。「派遣の目的で採用され雇用される労働者」は労働者派遣法の規制領域から除外されないとし，「派遣の目的で採用され，雇用されたのではない場合の，（…）コンツェルン間の派遣」の場合のみ，労働者派遣法の適用から除外されるとした[21]。したがって，2011年の改正後は，ドイツ法上，パーソナル・ヒュールングス会社，あるいはパーソナル・サービス会社は，もはや特権を有していない。コンツェルン間の労働者派遣において，パーソナル・ヒュールングス会社，あるいはパーソナル・サービス会社（娘企業，派遣会社）は，母企業に派遣し，派遣労働者は，派遣の目的で採用され，雇用されるからである。つまり，労働者派遣法は，これらの企業に対し，適用されることとなった（一部特権の廃止）。

しかし，この改正法も，指令の文言から，EU法に一致するかどうかを最終的に判断するのは，困難であると思われる。コンツェルンの特権は，指令の目的から判断され得ると解する立場がある[22]。

労働者が派遣のために採用されたのではなく，その使用者の雇用のために雇用されている場合は，最後にドイツ法に残る論点である。

EU2008/104指令における目的に反しているかどうかが，問われなければならない[23]。指令の目的は，2条によれば，「派遣労働者の保護に配慮し，労働

---

[20] Boemke/Lempke, AÜG, Frankfurt.a.M., 2013, § 1, Rn. 198 ; Müller- Glöge/Preis/Schmidt, Erf. Komm., 13.Aufl., 2013, AÜG, § 1, Rn. 57（Wank）.
[21] BT-Druck. 17/4804, S. 8.
[22] Forst, ZESAR, 2011, S. 316（320）.
[23] Forst, ZESAR, 2011, S. 320.

者派遣の質を改善し，これによって，5条による派遣労働者の平等取扱原則の遵守を確保し，派遣企業が，使用者として承認されることにあり，その際，職場のポスト創出に寄与し，また，フレキシブルな労働形態の発展に有効に寄与するため，労働者派遣の投入についての相当な枠組みが定められることを考慮されなければならない」とある。つまり，一方で，特に，基幹従業員と同等の立場に置くことにあり，他方で，労働者派遣が使用者に対しフレキシブルな人的利用を可能にするものでなければならない[24]。つまり，指令は派遣労働者の保護を目的としている。コンツェルンの人的管理部門への派遣（konzerninterne Personalverwaltung）の場合は，派遣の目的で採用されるのではなく，通常は，労働者はこの元企業で働いている。時折，一時的に，コンツェルン内の他の母企業へ派遣されるのみである。重要なのは，もっぱら派遣の目的で雇用されているのではないことである[25]。この限りでは，濫用はなく，コンツェルンの人的管理部門への派遣（konzerninterne Personalverwaltung）のような，派遣のために雇用されたのではない労働者の派遣については，コンツェルン内の労働者派遣の特権（労働者派遣法の適用除外）は，ヨーロッパ法の目的に一致しているという見解がある[26]。これらの形態でのコンツェルン内の労働者派遣は，労働者に不利にならず，濫用はない。労働者は，派遣のために雇用されるのではなく，使用者との雇用のために雇用されるのである。こうした場合は，濫用が認められない限り，ヨーロッパ法に一致していると解する見解も有力である[27]。

## 三　適用領域

指令は，1条1項により，「派遣先企業の監督と指揮のもとで一時的に働くため，労働契約を派遣企業と締結し，又は就業関係が開始され，派遣企業に利用される，労働者に対して適用する」と定めた。「本指令は，経済的な活動を

---

[24] Forst, ZESAR, 2011, S. 321.
[25] Forst, ZESAR, 2011, S. 319.
[26] Forst, ZESAR, 2011, S. 321 ; Thüsing, Europäisches Arbeitsrecht, München, 2011, § 4 Rn. 48.
[27] Thüsing, Europäisches Arbeitsrecht, § 4, Rn. 48.

営む,派遣企業または派遣先企業たる公的あるいは民間企業に対し適用され,これは,収益目的を追求しているかどうかを問わない」と規定される（1条2項）。このため,業のためか否かの区別は,EU法上は,問われない[28]。

ドイツ旧労働者派遣法1条は,「派遣元として第三者（派遣先）に労働者（派遣労働者）を経済的な活動の範囲内で労働の提供を業として派遣しようとする使用者は,許可を必要とする」と規定されていた。「業として」という文言があった。

公益的,慈善的,学問的,芸術的その他の目的を追求する団体・企業は「業として派遣しようとする使用者」ではない。

収益目的ではない場合,労働者派遣の社会的保護は,危殆化されない,という考えがあり得る。

さらに,ドイツにおいて,モードになっているのは,前述のようにコンツェルン内で派遣会社を設立させ（パーソナル・サービス会社,または,パーソナル・ヒュールングス会社と呼ばれる),かかる派遣会社が,コンツェルン内の企業へ自らの費用で派遣することである。

この場合,収益目的が認められにくい。これらの企業が労働者派遣法の適用下になくなる。この場合,労働者派遣事業の許可が不要となる。また,労働者派遣法7条における許可官庁への通知や情報提供の義務の履行も必要ではなくなる。平等取扱原則も適用されない。このため,所轄の官庁にとっては監督が困難になる[29]。

EU法上も,コンツェルン内の労働者派遣をめぐる特権は,EU2008/104指令の規定にはないものであるので,指令に一致しないと指摘されていた[30]。

この問題について,ドイツ法では,2011年の法改正により,業のためという要件が削除されている。2011年の改正法により,労働者派遣法の効力範囲は明示されることになった（以上については,第3章第2節参照）[31]。

冒頭に述べたように,「派遣元として第三者（派遣先）に労働者（派遣労働者）

---

[28] Thüsing, Europäisches Arbeitsrecht, § 4, Rn. 46.
[29] Hamann, EuZA 2009, S. 300.
[30] Hamann, EuZA 2009, S. 300.
[31] Preis, Arbeitsrecht, 4.Aufl., 2012, S. 108.

を経済的な活動の範囲内で労働の提供を派遣しようとする使用者は，許可を必要とする」と規定される（同法1条）。

これにより，改正法は，EU2008/104指令の1条2項を置き換えた。同時に，ドイツ法上の「業として」行うのではないコンツェルン内の労働者派遣の特権は，廃止されることとなった[32]。

本指令は，経済的な活動を営まない，派遣企業または派遣先企業たる公的あるいは民間企業を，適用除外できることになる。ブルガリア，デンマーク，アイルランド，ルクセンブルク，マルタ，オランダ，ルーマニア，イギリス，キプロスが，かかる適用除外の規定を設けているとされる[33]。

本指令3条1項bにおいて，「派遣企業とは，派遣先企業に派遣させ，これにより，派遣労働者がその監督または指揮のもとで一時的に働くため，国内法により，派遣労働者と労働契約を締結し，または，雇用関係に入る，自然人または法人」と定めるが，これは，専ら派遣を目的とした派遣企業のみを想定しているのか，労働力の派遣を他の目的とともに営む企業，いわゆる混合企業（Mischbetrieb）の禁止まで定めているかどうかが問われている。また，主に労働者を派遣する混合企業のみはカバーできるのか，それとも，労働者派遣が付随的な目的として時折実施する，という企業にも，適用されるのかも問われ得る。

ドイツにはこうした混合企業は比較的多く存在する。日本で言えば，出向元企業が派遣許可を得た上で，労働者が他企業へ派遣するようなものである。

本指令3条1項bは，この点について明確な回答を与えるものではない[34]。

指令の制定の経緯は次のようなものである。

2002年3月20日の委員会提案では，これについての規定はなかった。

2002年11月28日の委員会提案において，次のように，規定されていた。「本指令は，派遣先企業の監督のもとで期間を定めて働くため，派遣企業と労働契約を締結し，又は就業関係が開始され，派遣先企業に利用される，労働者に対

---

[32] Hamann, NZA 2011, S. 71.
[33] Bericht der Kommission an das europäische Parlament, den Rat, den europäischen Wirtschafts- und Sozialschuss und den Ausschuss der Regionen, COM (2014) 176, S. 4.
[34] Hamman, EuZA 2009, S. 297.

して,適用される」と定められる(1条1)。これによれば,委員会は,効力範囲を純粋な労働者派遣に限定しようとすることもなしえたはずである。派遣企業として活動するすべての組織とすべてのユーザーは,この指令の適用下にあると考えられた[35]。しかし,これも,何が派遣企業として捉えられるかは,明らかではない[36]。

　本指令の文言から,混合企業が適用下にあるかどうかが定かでなかったとしても,本指令の目的から,明らかになると説かれる。

　本指令の目的は,本指令2条に規定されるように,派遣労働者の保護に配慮するものであって,危殆化させるものではない。混合企業が除外されるのだとすれば,本指令の労働者保護規定を潜脱するために,労働者の一部のみを派遣する混合企業が,市場で,確固たる地位を占めてしまう。これでは,指令の目的には一致しない[37]。これでは,派遣労働者の「第二階級社会(zwei- Klassen-Gesellschaft)」が作り出されてしまう。ヨーロッパの統一的な保護措置を派遣労働者の雇用のために真に達成しようとするならば,派遣企業の概念は,広げて解釈されなければならない。他の企業の目的と並んで労働者派遣を行おうとも,いかなる範囲で労働者を派遣しようとも,問題ではなく,すべての企業を包摂すると解すべきである[38]。

---

[35] Dok. A5-03556/2002 endgültig, S. 20
[36] Hamman, EuZA 2009, S. 297.
[37] Hamman, EuZA 2009, S. 298.
[38] Hamman, EuZA 2009, S. 298.

## 第3節　平等取扱原則

### 一　平等取扱原則の経緯と内容

　2002年3月20日の「派遣労働者の労働条件に関するヨーロッパ議会及び理事会指令提案」によれば，10の加盟国において，派遣労働者は，少なくとも，同じまたは類似の業務をしている当該企業に常時雇用された労働者が得る額に相当する賃金を得ている。法的な規定，契約上の合意その他から帰結しており，オーストリア，デンマーク，オランダ，ベルギー，フランス，イタリア，ポルトガル，スペイン，ルクセンブルク，ギリシャが挙げられている[1]。以前には，EEC75/117指令に基づく性に関する同一労働同一賃金原則に始まり，EC2000/43指令に基づく人種及び民族出自に関する平等取扱原則，EC2000/78指令に基づく宗教，世界観，障害，年齢，性的な指向に関する平等取扱原則，EC97/81指令，EC1999/70指令に基づくパートタイム労働や期間設定に関する平等取扱原則が確立していた。

　EU労働者派遣に関する2008年11月19日ヨーロッパ議会及び理事会2008/104指令5条1項によれば，「派遣労働者の基本的な労働ないし就労条件は，派遣先企業への派遣期間中，派遣労働者がその企業によって同一の職場に直接雇用される場合に，少なくともその者に適用されるであろう労働ないし就労条件に従う」と定めた。派遣先の同種の労働者と同一の賃金を保障するとしたことに特徴がある。理由の14によれば，「派遣労働者に関する基本的な労働ないし雇用条件は，派遣先に同一の職場に雇用されている場合，これらの労働者に適用されていたものに即応するものであるべきである」とある。

　派遣労働者が，派遣期間中，少なくとも，基本的な労働条件ないし就業条件に関わる限り，派遣先の比較可能な労働者と同一に扱わなければならない。か

---

[1]　KOM 2002 (149) S. 5.

かる平等取扱原則の遵守は，派遣期間に限られる[2]。

　チュージング教授によれば，派遣の指令の場合，労働者の属性に着目するのではなく，「一定の労働契約上の形成が差別禁止に服する[3]」とした。これは，契約に結びついているのであって，労働者に結びついているのではない。一定の集団への差別が禁止されるのではなく，「配分的正義を実現するのが目的である[4]」。

　基本的な労働条件ないし就労条件に関しては，同じ指令の3条(f)において，次のように概念規定される。

　「基本的な労働条件ないし就労条件とは，法律，規則，行政規定，派遣先企業に対し適用される労働協約ないしその他の拘束力ある一般的な類の規定によって，定められ，次のような諸点に関係する，労働条件ないし就労条件である。

　ⅰ）　労働時間，時間外労働，休憩（Pausen），休業，深夜労働，休暇，祝祭日の各期間，

　ⅱ）　労働の対価」

　対象は労働の対価に限られず，基本的な労働条件である。

　基本的な労働条件とはなにをさすのか，争いがある[5]。

　本指令3条2項において，「本指令は，『労働の対価』『労働契約』『雇用関係』又は『労働者』の関連において，国内法を妨げるものではない」と規定している。つまり，労働の対価に関しては，国内法の形成を妨げないが，ⅰ）に

---

2　Thüsing, Europäisches Arbeitsrecht, § 4 Rn. 54.
3　Thüsing, Europäisches Arbeitsrecht, § 4 Rn. 51.
4　Thüsing, Europäisches Arbeitsrecht, § 4 Rn. 51.
5　ドイツでは，基本的な労働条件とは，証明法（Nachweisgesetz）2条1項6号の規定と関連して解釈され得る余地がある。同規定によれば，
　「使用者は，労働関係が合意上開始された後，遅くとも1か月，基本的な契約条件を文書で記し，その文書に署名し，労働者に手交しなければならない。その文書においては，少なくとも，次のことが記載されていなければならない。
　(1)　（…）
　(6)　手当，プレミアム，及び特別手当，並びに，他の労働の対価の構成部分，その期限を含む，労働の対価の構成（Zusammensetzung）及びその額」と定められる。
　　立法者は，この規定を参照して（労働者派遣法11条1項），基本的な労働条件には，労働時間，休暇，社会的な施設の利用も含むとしている（BT-Drucks.15/25, S. 38, 39）。

関してではないとも読める[6]。

また，2002年11月28日の指令の変更提案に遡り得る。3条(f)i)では，「労働時間，時間外労働，休息時間，休日，深夜労働，有給休暇，祝祭日の各期間」とされている。つまり，現行の規定は，本指令3条1項(f)i)労働時間，時間外労働，休息時間，休日，深夜労働，有給休暇，祝祭日の各期間に即応している。

これにより，基本的な労働条件とは，3条(f)i)の通りに解釈すべきこととなる[7]。但し，解雇，教育訓練，使用者消費貸借，社宅などは入らない[8]。

「ヨーロッパ議会，理事会，ヨーロッパ経済社会委員会および地域委員会に対する委員会報告（Bericht der Kommission an das europäische Parlament, den Rat, den europäischen Wirtschafts- und Sozialschuss und den Ausschuss der Regionen)」によれば，平等取扱原則について，概念上，異なった規定の仕方がEU各国ではみられる。この場合，厳格な条件の下で許されることになる。これは，平等取扱原則の定義と重要な労働条件の定義に関わる問題である。

同報告書によれば，例えば，エストニアでは，平等取扱原則は，比較可能な労働者に関わるものとされており，比較可能な労働者がいない場合には，労働協約を参照して比較が行われるとされる[9]。労働協約がない場合には，同一地域の同一または類似した労働に従事する労働者が，比較可能な労働者とみなされる。ポーランドやイギリスでは，派遣労働者に適用される諸条件が，派遣先企業における比較可能な労働者を参照して，定められる。

委員会は，比較可能な労働者のかかる参照によって，平等取扱原則の正しい適用が実務上確保されているのかを監視することになっている[10]。また，委員会は，基本的な労働条件ないし就労条件の定義が正しく加盟国において実施されるのを確保しようとしているとされる[11]。ここでは，例外が許されず，リス

---

[6] Hamann, EuZA 2009, S. 304f..
[7] Hamann, EuZA 2009, S. 304.
[8] Thüsing, AÜG, 4 Aufl., München, 2012, § 9, Rn. 30.
[9] Bericht der Kommission an das europäische Parlament, den Rat, den europäischen Wirtschafts- und Sozialschuss und den Ausschuss der Regionen, COM (2014) 176, S. 6.
[10] Bericht der Kommission an das europäische Parlament, den Rat, den europäischen Wirtschafts- und Sozialschuss und den Ausschuss der Regionen, COM (2014) 176, S. 6.

ト化が必要とされるという。

指令で定められた平等取扱原則の場合，最低水準が問題になり，これによっては，派遣労働者に対して国内法上より有利な規定は，指令違反を意味しない[12]。

かかる平等取扱いは，前述の通り，派遣期間に制限されていることが重要である。派遣期間外は，派遣労働者は，派遣元の労働者のままであり，対価と就労条件はこれによる。この期間の対価と就労条件は，派遣指令の対象外となる[13]。

また，比較対象者を要するというのも，重大な問題をもたらす。認定し得るのは，個々の場合には難しいと思われるが，資格，職業経験，能力，責任意識，そして，身体的な負担等が比較されなければならなくなるであろう[14]。

第一に，派遣先企業において派遣労働者によってなされる業務と同じ業務をしている労働者が全くいない場合である[15]。このときは，同権は果たされないことになる。この場合については，派遣元が基幹労働者の通例の賃金を支払わなければならないと主張される[16]。

第二に，労働条件の異なる多くの比較可能な労働者がいる場合どうするのか，という点も問われている[17]。この場合については，最も悪い条件で働く基幹労働者が考慮され得るともいわれる。つまり，最低限を考慮すれば足りるというものである。

EU2008/104指令では，派遣労働者の「仮説的な採用」による比較可能性を考慮すべきとする。つまり，同指令5条1項では，前者の問題に対して，「派遣労働者の基本的な労働条件ないし雇用条件は，派遣先企業に対するその派遣

---

11 Bericht der Kommission an das europäische Parlament, den Rat, den europäischen Wirtschafts- und Sozialschuss und den Ausschuss der Regionen, COM (2014) 176, S. 6.
12 Thüsing, Europäisches Arbeitsrecht, § 4, Rn. 55 ; Fuchs/Marhold, Europäisches Arbeitsrecht, Wien, 2010, 3. Aufl., S. 121.
13 Thüsing, Europäisches Arbeitsrecht, § 4, Rn. 54.
14 Hamann, EuZA 2009, S. 306.
15 Rieble/Vielmeier, EuZA, 2011, S. 474 (497).
16 Boeme/Lembke, DB 2002, S. 893 (897).
17 Hamann, EuZA 2009, S. 306.

の期間中，派遣労働者がその企業によって同一の職場に直接雇用される場合に，少なくともその者に適用されるであろう労働ないし就労条件に従う」と定められる。

　この解決策は，実際上の職務に関連した考察に比して，優れていると捉えられている[18]。年齢，職業訓練，職業経験等，特に，賃金の算定にあたって重要な役割を果たす個人的な要素が，考慮される[19]。派遣元は，事業所又は協約上のシステムを適用させるならば，労働条件がこのシステムによることができる。そうでなければ，採用の実務が考慮される。こうしたものがない場合には，派遣元で，その部門で通例である労働条件が考慮されなければならない[20]。同様の方法で，第二の場合も解決される[21]。

## 二　労働協約による除外・逸脱と「全体的な保護」

　本指令5条3項によれば，加盟国は，相当な全体的な保護（Gesamtschutz）の水準が派遣労働者に保障されている限りでは，1項による平等取扱原則から逸脱・除外[22]する労働協約を社会的なパートナーが締結する可能性を，与えることができる。

　当初，2002年3月20日の「派遣労働者の労働条件に関するヨーロッパ議会及び理事会指令に関する提案」では，「加盟国は，派遣労働者に対する相当な保護の水準が保障されている限りで，1項で規定された原則から除外される，労働協約を遵守，または，締結する可能性を適切なレベルでの社会的パートナーに付与し得る[23]」（5条3項）。

---

18　Hamann, EuZA 2009, S. 306 ; Thüsing, AÜG, § 9, Rn. 28 ; Boemke/Lembke, AÜG, § 9 Rn. 110.
19　Hamann, EuZA 2009, S. 306.
20　Hamann, EuZA 2009, S. 306.
21　Hamann, EuZA 2009, S. 306.
22　以前は，Abweichungは逸脱を訳されていたが，かかる語は，指令では，英語上，Exemptionにあたる。除外である。日本語としても，除外のほうが，適切であると思われるので，除外と訳す。
23　KOM（2002）149.

議会では，この条項の削除が要求された。その上で，次のように定めるべきであるとした。「加盟国は，適切なレベルでの社会的パートナーに対する協議の後，1項で定められた原則から除外される労働協約を遵守，または，締結する可能性を適切なレベルで社会的パートナーに付与し得る」（6条4項）。

新たな提案がなされ，2002年11月28日の「派遣労働者の労働条件に関するヨーロッパ議会及び理事会指令に関する変更提案」では，「加盟国は，派遣労働者に対する相当な保護の水準が保障されている限りで，加盟国が適切なレベルでの社会的パートナーに対し協議をした後，1項で規定された原則から除外される，労働協約を遵守，または，締結する可能性を社会的パートナーに付与し得る[24]」と定められていた。

最終的には，理事会会議における，指令についての提案の既述の政治的な合意に基づき[25]，EU指令2008/104 5条3項では，次のように規定された。

「加盟国は，社会的パートナーに対する協議の後，1項に挙げられた規定から除外され得る，派遣労働者の労働ないし就労条件に関する派遣労働者に対する全体的な保護に配慮した規定を含む，労働協約を，加盟国の定めた適切なレベルと基準により遵守，または，締結し得る可能性を社会的パートナーに付与し得る」（5条3項）。

前述の変更提案と比べると，指令では，「相当な保護」が「全体的な保護」に文言上書き換えられている[26]。

---

24　KOM (2002) 701.
25　Mitteilung an die Presse, 2876. Tagung des Rates, Beschäftigung, Sozialpolitik, Gesundheit und Verbraucherschutz, Luxemburg, den 9.-10. Juni 2008, Dokument, 10414/08.
26　このほか，本指令5条4項においては，次のような規定がある。
　「派遣労働者に対して相当な保護のレベルが確保される限りでは，労働協約に対し一般的な効力を獲得させる法律上のシステムがない加盟国や，その規定の一定部門または一定の地理的な領域でのすべての比較可能な企業への拡張に対し法律上のシステムや慣習がない加盟国は，一国内のレベルでの社会的パートナーへの協議ののち，及び，締結された合意を基礎として―1項の原則から適用除外を受ける派遣労働者の基本的な労働ないし就労条件に関する規定を，定めることができる。この規定には，平等取扱についての待機期間も含み得る。
　本項に挙げられた規定は，共同体法上の規定と一致し，当該部門や企業がその義務を定め，遵守できるように，十分正確で，簡単にアクセスし得るものでなければならない。

指令の理由16では，「労働市場と労働条件が多様にフレキシブルな方法で適切なものになるためには，加盟国は，社会的なパートナーに対して，派遣労働者の全体の保護が確保される限りにおいては，労働ないし就労条件を定めることを許容する」とある。17においては，さらに，加盟国は，適切な保護のレベルが保障される限りにおいては，社会的なパートナー間で国内のレベルで締結される合意を基礎として，平等取扱原則とは一定の制限された程度で異なり得るとする。
　また，ヨーロッパ議会では次のような提案がなされている。
　「加盟国は，相当で継続的な賃金が，内容と期間に関して，他の企業に派遣されているか否かに関わらず，保障する，派遣労働者と派遣企業との間の期限のない契約，又は，その他の契約が存する場合に，1項に規定された原則から除外する可能性を，社会的パートナーの協議の後，賃金と賃金の特別な構成部分に関して，場合によっては，与えられ得る[27]」（6条3項）。
　このように，議会において考慮された理由として，「派遣企業との期間の定めのない契約を締結した労働者にとって，これによって特別な保護がある場合，派遣される企業に適用されるルールから除外される可能性を予定することが示され得るのである[28]」と述べられている。相当な保護水準という要件が，解釈上の疑いを生じさせる，という危惧が議会にはあったとされる[29]。この議会の

　　　特に，加盟国は，3条2項の適用により，年金システム，疾病の場合の継続的支払いのシステム，又は財政的な参加のシステムを含む社会保障の事業所のシステムが，1項に挙げられた基本的な労働ないし就労条件に入り得るかどうか，明確に示さなければならない。
　　　労働者にとって不利にはならない，各国，各地域，特定地域又は各部門レベルでのこのような合意は，妨げられない」。
27　Standpunkt des Europäischen Parlaments festgelegt in erster Lesung am 21. November 2002 im Hinblick auf den Erlass der Richtlinie 2002/…/EG des Europäischen Parlaments und des Rates über Leiharbeit, P5_TC1-COD（2002）0072．これに先立つ2002年3月20日の同提案では，「加盟国は，派遣企業と期間の定めのない契約を締結する派遣労働者が，2つの派遣の間の期間も支われる場合には，1項で定められる原則から除外される可能性を付与し得る」と規定していた。
28　Standpunkt des Europäischen Parlaments festgelegt in erster Lesung am 21. November 2002 im Hinblick auf den Erlass der Richtlinie 2002/…/EG des Europäischen Parlaments und des Rates über Leiharbeit, P5_TC1-COD（2002）0072.
29　Fuchs, NZA 2009, S. 57（58f.）．

提案は，受け入れられる。

また，同指令5条2項においても，「労働の対価に関して，期限の定めのない契約を派遣企業と締結した派遣労働者が，派遣されない期間内にも支払われる場合，加盟国は，社会的パートナーとの協議の後，1項の原則から除外される可能性を予定し得る」と定められる。期間の定めのない労働契約は，雇用関係の通例の形態であり，派遣企業と期限の定めのない労働契約を締結する労働者の場合，これによって与えられる特別な保護があることから，派遣先企業に適用されるルールから除外される可能性が与えられている。労働協約当事者に対してその権限を授権するだけではなく，法規定とは異なる規定を設ける契約によってもなし得る[30]。期間の定めのない労働契約がある場合についての平等取扱原則の適用除外については，アイルランド，マルタ，スウェーデン，ハンガリー，イギリスがかかる定めがあり，派遣ができない場合，つまり，派遣と派遣の間で支払われる場合に，適用除外されていると報告されている[31]。

ハンガリーでは，派遣企業での雇用の184日以降，賃金とその他の給付の支払いにあたり平等取扱に見あった支払請求権を派遣労働者が有するとしている。

イギリスでは，2010年の法規定により，5条2項の条件を充たす派遣労働者は，労働の対価と休暇金について平等取扱原則から除外されるとしている[32]。派遣可能ではない期間については，派遣労働者は，従前の派遣期間中の12週最低50％の請求権を有し，いずれの場合も，国内の最低賃金の請求権を有するとしている。

スウェーデンでも，派遣労働者が期間の定めのない労働契約を締結した場合，派遣可能ではない期間については，平等取扱原則はない[33]。10ヶ国においては，かかる例外が用いられている（ブルガリア，デンマーク，ドイツ，フィンランド，アイルランド，イタリア，オランダ，オーストリア，スウェーデン，ハンガリー）。

---

30　Hamann, EuZA 2009, S. 308.
31　Bericht der Kommission an das europäische Parlament, den Rat, den europäischen Wirtschafts- und Sozialschuss und den Ausschuss der Regionen, COM (2014) 176, S. 7.
32　派遣労働者は，最後の12週に最後の派遣で支払われた基本賃金と国内法上の最低賃金の請求権を有すると報告書では説明されている。
33　Bericht der Kommission an das europäische Parlament, den Rat, den europäischen Wirtschafts- und Sozialschuss und den Ausschuss der Regionen, COM (2014) 176, S. 7.

これに対して，協約による適用除外の例外（5条3項）は，多くの国では，使用されていない[34]。

ドイツでは，協約によって（派遣先の比較可能な労働者より不利益な）派遣労働者の低賃金という深刻な問題が引き起こされている。同原則の例外として，協約自治の原則の尊重のため，労働協約が定められる場合には，同原則を免れられるという規定も置かれているのである。つまり，労働者派遣法9条2号において，「労働協約は，（…）これとは異なる規定を許容し得る」と定めているのである。平等取扱原則の章で述べるように，協約グループのうち，最も低い賃金グループの協約賃金，派遣労働者の10.89マルクが，旧西ドイツの地域5.93マルク，旧東ドイツの地域5.52マルクと比較して，良俗違反かどうかが，判例において問われている[35]。

これに対し，ヴィーデマン教授によれば，立法によって協約に委ねる場合には，一定の限界があると述べる[36]。「労働協約当事者には，立法者から規制を授権されるが，かかる規制は，憲法や共同体法（EU法）によって置き換えられる。このことは，特に，憲法上，または，ヨーロッパ法上の平等原則に対する労働協約当事者の強い拘束力についていえる。他方で，立法者は，労働協約当事者に対し，制定法からの除外の権限を授権するが，それは，法律上の価値秩序の内部においてのみである。EU条約249条2項の思想が，ここでも妥当し，これによれば，指令が，各加盟国に対して，達成されるべき目的に関して，拘束力があるというべきものである。制定法に基づく保護思想は，いずれにせよ，原則的に，強行的に形作られるもので，その結果，協約当事者に対し，任意の自由が，個々の形成に関して残される。その際，立法者は，社会的なパートナーが，全体としての同価値的な保護をもたらす，ということを考慮している。授権の範囲が，協約任意の法の解釈と欠缺の充填の方法で，認められるのであ

---

34　Bericht der Kommission an das europäische Parlament, den Rat, den europäischen Wirtschafts- und Sozialschuss und den Ausschuss der Regionen, COM (2014) 176, S. 8. これに対して，マルタでは，同期間についても平等取扱原則の適用がある。但し，14週以上の派遣の場合，最初4週には同原則の適用はない（A.a.O., S. 9）。

35　BAG Urt. v. 24.3.2004, BB 2004, S. 1909.

36　Wiedemann, TVG, 7. Aufl., München, 2007, Einleitung, Rn. 388.

る」。

　この見解を引用しつつ，シューレン教授は，労働者派遣に関して，協約上の安い水準を確立するための「下方へ開かれた」権限というのは，存在しない[37]。つまり，従来ドイツ法では「協約に開かれた法」「協約任意の法」といわれ，法とは異なる定めを協約に設けることも許されているが，シューレン教授は，労働者保護法は，協約上形成され得るが，著しく解体されてはならないと述べ，同一賃金原則のレベルから逸脱した安い協約賃金を許容しない態度を表明している。

　これに続いて，ベームケ教授も，指令と関連して，労働協約は，法的な価値秩序に向けられ，部門の特殊性を考慮して，相当な保護をもたらすものでなければならないと説き，平等取扱原則からの協約による適用除外については，協約上の規定が，同一の労働条件に近接することを定めるべきであると述べていた[38]。ヴァース教授も，協約当事者は，派遣労働者の全体的な保護の配慮の基準に従って，その規定の一定の審査を課されることになると指摘する[39]。

　ヨーロッパ社会憲章の4条1項によれば，「正当な労働の対価に関する権利を有効な行使を保障するため，労働者とその家族に対し相当な生活水準を確保するに十分な，労働者の労働対価に関する権利を認める義務が契約当事者にある」。これを考慮して，協約による逸脱は，平等取扱原則を考慮した場合の最大10％の減額まで，許されるとも説かれた[40]。

　ドイツの労働組合，時間労働とパーソナル・サービス・エイジェンシーのためのキリスト教労働組合の労働協約共同体（CGZP）は，労働者派遣に関する労働協約を締結し，労働協約が大幅な賃金の引き下げをもたらす事態を引き起こした（このドイツ法の状況については，第3章第3節を参照）。

　こうした事態を受けて，2011年の改正前のドイツ労働者派遣法との関係でも，労働協約について，相当な保護水準が派遣労働者に対して達成されなければな

---

[37] Schüren, in: Oetker/Preis/Rieble, 50 Jahren Bundesarbeitsgericht, München, 2004, S. 877 (887).
[38] Boemke, RIW 2009, S. 177 (182f).
[39] Waas, ZESAR, 2009, S. 207 (211).
[40] Blanke, DB 2010, S. 1528 (1533).

らないという基準づくりが、指令の置き換えのために、必要であるとされる。これによって、本指令5条が回避しようとし明示的に要求する、ありうべき濫用を防止し得ると説かれていた[41]。

　こうした議論を経て、ドイツ法では、労働者派遣法を改正し、労働者派遣との関係で、最低時間賃金（下限）の規定を設けられることとなった（これについても、第3章第3節を参照）。平等取扱原則から適用除外され、協約賃金が定められたとしても、その協約賃金は連邦社会労働省が命令で定める最低時間賃金を超えなければならないこととなった。依然、協約による平等取扱原則からの逸脱・適用除外は可能ではあるが、かかる協約による同一賃金・平等取扱原則からの逸脱・適用除外に対し、最低時間賃金制度により、一定の限界（下限）が設定されることとなった。派遣労働者の全体的な保護を図るための法改正がなされたこととなった。

　アイルランド、オーストリア、スウェーデンでは、労働協約が相当程度に均衡のとれたものでなければならないとされ、派遣労働者の全体的な保護が図られたと報告されている[42]。

　ほかに、2011年の改正前のドイツ労働者派遣法9条2号によれば、派遣元企業は、派遣先企業に対する派遣の最初の6週間を超えた場合に、派遣労働者との同一賃金の支払いを義務づけられていた。この旧規定によれば、派遣元企業は、派遣先企業に対する派遣の最初の6週間、その労働関係が協約上の規制を受けない状態で失業している派遣労働者を、通常、支払われるよりも低い賃金で派遣することができた。この特別な規定は、派遣労働者の最初の採用に関わっている。その際、派遣労働者に最後に支払われた失業手当金が賃金の下限となっていた。手取りの賃金は、法律に一致させるために、少なくともこの失業手当金に達するものでなければならないというものであった。この規定についても、指令には、こうした例外を定めるものではなく、撤廃が主張されていた[43]。2011年の改正により、この規定もドイツ法上削除されている。

---

41　Fuchs, NZA 2009, S. 57 (63).
42　Bericht der Kommission an das europäische Parlament, den Rat, den europäischen Wirtschafts- und Sozialschuss und den Ausschuss der Regionen, COM (2014) 176, S. 8.
43　Fuchs, NZA 2009, S. 63.

また，同指令6条4項によれば，「5条1項にも関わらず，派遣労働者は，派遣先企業において，同企業によって直接雇用される労働者と同一の条件で，娯楽施設，共同の施設，特に，社員食堂，子の養育施設，その交通手段について，アクセスを有する。異なる取扱いが，客観的な理由から正当化される場合は，この限りではない」と定められる。
　ベルギー，デンマーク，ドイツ，フィンランド，ギリシャ，アイルランド，ラトビア，リトアニア，マルタ，オランダ，オーストリア，スウェーデン，イギリス，キプロスの14カ国において，客観的な理由から，異なった扱いが正当化される場合には，共同施設等についての平等取扱原則からの適用除外の可能性を認めている[44]。
　例えば，ドイツ労働者派遣法13ｂ条は，次のような条項も追加した。つまり，「派遣先は，派遣労働者に対して，派遣労働者がその労務の提供を行う事業所における比較可能な労働者と同様の条件で，企業の娯楽施設，又は，共同の機関へのアクセスを保障しなければならない。異なる取扱いが，客観的な理由から正当化される場合は，この限りではない。本1文の意味における娯楽施設，又は，共同の施設とは，特に，子の養育施設，共同の保養施設，交通手段である」。
　ハーマン教授によれば，これには，他に，保養施設，企業の住居，フィットネス，スポーツ施設があるとされる[45]。これも，EU2008/104指令の6条4項に対応して，新設された。
　委員会は，企業によって直接雇用される労働者よりも不利な条件を派遣労働者が甘受しなければならない異なった取扱いが，例外にとどまることを強調している。加盟国が，この可能性を予定していることは，ただちに，実務において使用されていることを意味しない。

---

[44]　Bericht der Kommission an das europäische Parlament, den Rat, den europäischen Wirtschafts- und Sozialschuss und den Ausschuss der Regionen, COM (2014) 176, S. 15.
[45]　Hamann, NZA 2011, S. 77

## 第4節 　集団的な参加と雇用へのアクセス等

### 一　集団的な参加に関する規制

　先のvan den Burg女史は，共同体と加盟国の目的である社会的対話との関係で，労働者派遣の分野での社会的対話の発展と労働協約の締結は，労働者派遣を考慮して奨励すべきであり，これにより，労働者派遣の受容性がヨーロッパ連合全体で改善すると述べる。派遣労働者は有効に代表されなければならないとし，加盟国及び社会的パートナーは，他の労働者と同様の方法で，情報提供，協議，参加の点で，派遣企業との関係のみならず，派遣先企業との関係で，加盟国及び共同体における法的規定における享受が達せられるよう，要請している。

　本指令の2002年3月20日の「派遣労働者の労働条件に関するヨーロッパ議会及び理事会指令に関する提案」に続いて，本指令7条においては，次のように定められた。

　「(1)加盟国が設定する条件の下で，派遣企業において，共同体法および国内法又は，労働協約により予定している労働者代表の設定に関して，その人数の算定にあたって，派遣労働者を考慮に入れられる。

　(2)加盟国は，加盟国が設定する条件の下で，派遣先企業が同様の期間直接雇用する労働者と同様に，共同体法および国内法又は労働協約により予定される労働者代表の設定に関して，その人数の算定にあたり，派遣先企業における派遣労働者を考慮に入れ得る。

　(3)2項によるオプションを要求する加盟国は，1項を置き換える義務を負わない」。

　つまり，EU法上は，利益団体の設置にあたって，その構成員数を算定するにあたり，派遣労働者を考慮することに，参加の可能性は制限されている。

　ベルギー，デンマーク，エストニア，フィンランド，アイルランド，イタリ

ア，クロアチア，リトアニア，マルタ，ポーランド，スロベニア，スペイン，スウェーデン，チェコ共和国，イギリスにおいては，派遣先で雇用される派遣労働者は，派遣企業においても，派遣先企業においても，労働者代表の設定に際して算入されている[1]。

ドイツの労働者派遣法14条において，派遣元の事業所に派遣労働者が帰属する旨が定められ，事業所組織法7条において，派遣先事業所において3ヶ月以上派遣された派遣労働者は，派遣先事業所委員会における選挙権を有すると規定される。これに対し，派遣労働者は，派遣先事業所委員会における被選挙権を依然有していない[2]。

本指令8条は，企業における派遣労働者の雇用の状況について，相当な情報を提供されるべき，派遣先企業における労働者代表の情報提供の権利を予定している。

つまり，同8条においては，「協議及び聴聞における国内法または共同体上の厳格な諸規定，特に，ヨーロッパ共同体における労働者の協議と聴聞の一般的な枠組み設定に関するEC2002年3月11日ヨーロッパ議会及び理事会2002/14指令にもかかわらず，派遣先企業は，国内法及び共同体法に従って設置される労働者代表に対して，雇用の状況に関する情報提供にあたり，企業における派遣労働者の派遣に関する相当な情報提供をしなければならない」。

また，6条では，「派遣労働者は，派遣先において，空いたポストについて情報提供を受ける」と規定される。

パートタイム及び期間の定めのある労働契約についてのヨーロッパ労働組合連盟（EGB）―ヨーロッパビジネス連合（UNICE）―ヨーロッパ労働者と公的なセクター企業のためのセンター（CEEP）の枠組み合意についてのEU1999年6月28日理事会指令の7条3項において，すでに次のように規定されていた。

「使用者は，可能な限り，現存する労働者代表に対して，企業における期間の定めのある労働契約関係についての相当な情報提供を考慮する」。EU2008/

---

[1] Bericht der Kommission an das europäische Parlament, den Rat, den europäischen Wirtschafts- und Sozialschuss und den Ausschuss der Regionen, COM (2014) 176, S. 16. ベルギー，ラトビア，ルーマニアでは，派遣先でのみ同事項が考慮されている。

[2] 本書第3章第6節参照。

8/104は，これに沿う規定となっている。

6条につき，誰がどのように情報提供すべきなのかについての（派遣企業，または派遣先企業なのかについて）定めはない[3]。

8条については，情報提供の対象となるのは，企業における派遣労働者の派遣である。これには，企業に現在派遣されている派遣労働者の数が入る[4]。さらに，派遣労働者が派遣される職場，並びに，予定される派遣期間がこれに入り得る[5]。

伝達とは，懸案の課題の吟味と認識のための，使用者による労働者代表への情報の伝達をさす。労働者代表とは，ドイツでは事業所委員会，経済委員会を意味している[6]。ドイツ法上は，指令の置換えのための法改正を必要とはしていないとされる[7]。

これらの規定は，1982年5月7日の「労働者派遣の規制についての理事会指令提案」[8]と比べて，かなり後退している感がある。同提案8条において次のような規定を置いていた。

「派遣先企業は，労働者の代表者に対して，3条1項b又は3条4項に従って派遣労働者を雇用しようとすることを，事前に情報提供しなければならない。

この目的のために，その労働者の代表者に対して，すべての目的にかなった情報を文書で付与しなければならない。これには，特に，次の事項が定められなければならない。
―業としての労働者派遣を使用する根拠
　3条4項の場合には除外
―労務の提供の期間
―当該派遣労働者の数

---

3　Fuchs/Marhold, Europäisches Arbeitsrecht, S. 123.
4　Hamann, EuZA 2009, S. 323.
5　Hamann, EuZA 2009, S. 323.
6　Hamann, EuZA 2009, S. 324.
7　Hamann, EuZA 2009, S. 324.
8　Vorschlag einer Richtlinie des Rates zur Regelung der Zeitarbeit Amtsblatt Nr. 82/ C1 28/02.

―必要とされる職業資格

―予定される労働の対価（この事項は，場合によっては，派遣元企業から派遣先企業へ提示される）

―派遣先企業によって派遣元企業へ支払われる請求の額

―就業場所，ならびに，就業時間，ならびに，営まれる職務の特別な特徴」

　欧州共同体設立条約（当時）136条において雇用の促進，生活ないし雇用条件の改善，適切な社会的保護，社会的対話，労働力の潜在性の発展，社会的排除の撲滅を目的とする社会的基本権が規定され，137条において共同体が加盟国を支援・補完すべき諸領域が定められ，5項において，この条項は，「労働の対価，団結権，ストライキ権，ならびに，ロックアウト権には適用されない」と規定している。

　労働者と使用者の利益の代表と集団的な擁護は，この留保の下にある[9]。

　EUの報告書によれば，ギリシャにおいては，派遣労働者の数を派遣先が提示しなければならず，派遣労働者の派遣の計画，意図も派遣先が提出する[10]。

　フランス，ルクセンブルクにおいては，人事の代表者は，派遣先企業と派遣企業との間の派遣契約を閲覧させるべき義務がある[11]。

　ドイツでは，派遣先事業所委員会は，派遣労働者の派遣の前に，事業所組織法99条により，参加し得る（労働者派遣法14条3項）。この規定は，本指令での情報提供の手段となり得る。派遣労働者の派遣について，情報提供が不十分である場合，あるいは，情報提供がまったくなされなかった場合には，事業所委員会は，裁判上の補助によりかかる派遣を禁止させることができる（事業所組織法101条1文，労働者派遣法14条3項1文の解釈）。

　人事計画と雇用確保を目的として権利を擁護するため，ドイツの使用者は，事業所委員会に対し，予定され又は現在の派遣労働者の派遣について，適宜かつ包括的に情報提供しなければならない（事業所組織法92条，92a条の解釈）。

---

9　Hamann, EuZA 2009, S. 322.
10　Bericht der Kommission an das europäische Parlament, den Rat, den europäischen Wirtschafts- und Sozialschuss und den Ausschuss der Regionen, COM (2014) 176, S. 16.
11　Bericht der Kommission an das europäische Parlament, den Rat, den europäischen Wirtschafts- und Sozialschuss und den Ausschuss der Regionen, COM (2014) 176, S. 16f.

使用者がかかる権利の存在を争う場合，または，事業所委員会に対して適宜かつ包括的に情報提供をしたと主張する場合，事業所委員会は，裁判上情報提供請求権を確認し得る。情報提供義務の違反に対しては，秩序違反となりえて，罰金は1万ユーロまでの制裁が可能となる（事業所組織法121条）。

## 二　雇用と教育訓練に関する規定

本指令では，雇用へのアクセスについて次のような議論が展開され，指令の規定が形作られている。

本指令の6条1項は，次のような定めを置いている。

「派遣労働者は，派遣先企業において，同企業の残りの労働者と期間の定めのないポストについての同一の機会を保持するよう，空いたポストについて情報提供を受ける。この情報提供は，委託と監督のもとで派遣労働者が働く当該企業において適切な場所で一般的な公表によってなされ得る」と。

目的は，派遣労働関係の通常の労働関係への移行を可能にすることにある。一般的な公表を「できる・得る」となっており，しなければならないわけではない。2002年10月23日のヨーロッパ議会雇用及び社会的事項委員会の変更提案46では，「派遣労働者が……情報提供を受ける」を規定され[12]，派遣先の情報提供義務であるとされている[13]。これは，目下または近い将来での占められるべきポストについて，必要な知識を得ることができるのであるから，実質的には意味があった[14]。このように，空いたポストについての情報提供は，派遣先の一般的な公示によってなされ得る。これは，従業員との対比で特別の困難なく，派遣労働者がアクセスできるものである必要がある[15]。派遣元に対して派遣先企業が空いたポストについて情報提供し，派遣元が派遣労働者にさらに情

---

[12] Ausschuss für Beschäftigung und soziale Angelegenheit, Bericht über den Vorschlag für eine Richtlinie des Europäischen Parlaments und des Rates über die Arbeitsbedingungen von Leiharbeitnehmern (KOM (2002) 149-C5-0140/2002-2002/0072 (COD)), A5-0356/2002.
[13] Hamann, EuZA 2009, S. 315.
[14] Hamann, EuZA 2009, S. 316.

報を引き渡した場合，指令の文言と目的からは指令の範囲内でこれはなし得るが，実際上はあまり意味がない[16]。

従来ドイツでは，パートタイム労働法18条により，パートタイマーのみを対象とする類似の規定が置かれていた。すなわち，これによれば，「使用者は，期間の定めて雇用される労働者に対して，埋められるべきこれに対応した期限の定めのないポストについて情報提供しなければならない。この情報提供は，事業所又は企業における労働者がアクセスし得る場所で，一般的な公表によってなされ得る」と定められていた。しかし，期間労働者は，空いたポストについての情報提供請求権を有し，これに対応するポストがある限りで認められているにすぎなかった。これをこえては，事業所組織法93条により，事業所委員会が請求する限りで，事業所委員会に関わる内部のポストの公募についての一定の義務が存在していた。つまり，これによれば，「事業所委員会は，ポストが埋められる前に，埋められるべきポストが，一般的に，又は，一定の職務の性質について，事業所内部で公募されることを請求し得る」と規定されていた。この情報提供は，派遣労働者にもなし得るが，義務ではないと解されていた。実際には，派遣との関係でも，使用者は，自らの従業員に対しては，空いたポストについて秘密にされないようにしなくてはならない[17]。そこで，これについては，ドイツ法は次のような規定を置いた。

労働者派遣法13 a条は，「派遣先は，派遣労働者に対して，派遣先企業における埋められるべきポストについて，情報提供しなければならない。この情報提供は，派遣先の事業所又は企業における派遣労働者がアクセスし得る場所において，行われ得る」と新たに定められる。

労働者派遣法13 a条の規定は，本指令，EU2008/104指令の6条1項に対応するものである。

6条2項，3項によって，この目的は強化される。

---

15 Hamann, EuZA 2009, S. 316. 派遣労働者が，例えば，派遣先企業において，イントラネットにアクセスできない場合，情報提供は，印刷された形態で行われる。例えば，リーフレットで情報提供しなければならない（Hamann, EuZA 2009, S. 316）。
16 Hamann, EuZA 2009, S. 316.
17 Hamann, NZA 2011, S. 70 (77).

「加盟国は，派遣後の派遣先企業と派遣労働者との間の労働契約の締結，又は，就労関係の設定を禁じる条項，又は，これを妨げる結果となる条項を，絶対無効又は無効と宣言されるよう，必要な措置をとる。

本項は，派遣企業が，派遣先に提供される派遣，派遣労働者の採用，教育訓練と関連した雇用提供について，相当な額で調整をする規定を妨げない」（6条2項）。

「派遣企業は，派遣先企業に対する派遣の対価として，又は，派遣の終了後当該派遣先企業と労働者が労働契約を締結する場合に，あるいは，就労関係に入る場合に，労働者に対し，対価を要求してはならない」（6条3項）。

また，雇用との関連では，2002年3月20日には，「派遣労働者の労働条件に関するヨーロッパ議会及び理事会指令に関する提案」では，本指令提案が賃金コストの上昇の原因にならないかという危惧を表明しつつ，教育訓練，再訓練の措置の必要性について，次のように述べている。

フレキシビリティが重要であるとしても，「派遣労働者を用いることのメリットは，社会の中での受容性や労働者派遣の質によって，場合によっては害されることになる。企業，特に，中小の企業は，異なった能力を持った質の高い労働力に対する需要が増加し，これは期間の定めのある期間についてもそうである」。

派遣労働者は，前述の通り，EU域内では，職業訓練へのわずかにしか参加できずにいる（約20%）。

「教育訓練に関しては，本指令は，派遣労働者の教育訓練へのアクセスを改善するため，よりよい社会的対話を促進する。この点に関して，本指令は，直接的なコストへの影響を与えるものではない」。「派遣企業と派遣先企業での教育訓練に参加し得ることにより，派遣労働者に対して，派遣先企業の社会的な給付へのアクセスを創り出し，職業的な編入への能力が改善されるような，実質的な労働条件が問われている」

指令提案では，6条5項において，派遣元企業のみならず，派遣先企業において，教育訓練の改善のために案出し得るあらゆる措置が講じられなければならないとしている。

本指令では，6条5項において，次のように規定する。

「加盟国は，次のような目的により，適切な措置を講じ，又は，社会的なパートナー間での対話を国内の伝統と慣習に従って促進する。
a) 派遣労働者の職業的な発展と雇用の可能性を促進するため，派遣企業での教育訓練ないし継続訓練，子の養育施設についての派遣労働者のアクセス—派遣されない期間においても—を改善する。
b) 派遣先企業での労働者に対する継続訓練ないし再訓練のオファーへのアクセスを改善する」。

マルタでは，派遣労働者は，派遣先企業での労働者と同様の職業訓練へのアクセスを有する[18]。異なる扱いが，客観的な理由から正当化される場合には，この限りではないとされる。

ドイツの事業所組織法92ａ条では，労働組合とは別個の従業員代表組織，事業所委員会が，使用者に対して，雇用の確保と促進のため，提案をなし得ると規定され，これには教育訓練に関する提案が含まれ得る。しかし，事業所委員会が存在しない派遣元では，この規定は意味をなさない。事業所委員会が存在する場合にのみ，この提案が，協議の場に提出できるという規定である[19]。

事業所組織法98条によれば，事業所委員会は，教育訓練を共同決定し得ると規定されている。使用者が事業所における教育訓練を決定し，実施する場合には，強制力のある共同決定がなし得ることになる。

ハーマン教授によれば，派遣元企業は，こうした方法をとらないとする。派遣労働者が十分な能力を有しておらず，派遣できない場合には，雇用の可能性がないとして，この者を労働市場から分離してしまうと危惧する[20]。

同教授によれば，継続訓練ないし再訓練のため，派遣先が十分準備がある場合はわずかであるとする。BMW（へのインタービュー）では，派遣先として，継続訓練や再訓練の措置をとっていると説明をうけた。しかし，ハーマン教授によれば，国内の理解は，派遣契約に基づき，適切で質の高い派遣労働者を利

---

18 Bericht der Kommission an das europäische Parlament, den Rat, den europäischen Wirtschafts- und Sozialschuss und den Ausschuss der Regionen, COM (2014) 176, S. 16.
19 Hamann, EuZA 2009, S. 320.
20 Hamann, EuZA 2009, S. 320.
21 Hamann, EuZA 2009, S. 321.

用させるのは，派遣元の主な義務であるというものである[21]。

## 第5節 労働者派遣の制限と禁止

　EU2008/104指令，4条1項により，禁止または制限は，一般的な利益を理由としてのみ正当化されると規定する。

　2002年3月20日の「派遣労働者の労働条件に関するヨーロッパ議会及び理事会指令に関する提案」[1]では，正当化が，一般の利益を理由としてのみ，特に，労働者の保護を理由として行い得るとしている。提案では，一般の利益として次のようなものを予定していた[2]。「各国の法的規定，労働協約，慣習に従った社会的パートナーとの協議の後，加盟国は，規則的に，少なくとも，5年間毎年，一定の労働者の概念に関連して，又は，一定の経済領域に適用される，労働者派遣の制限又は禁止を，これが基礎としている諸条件がなお妥当するかどうか，審査する。これがない場合には，加盟国は，これを廃止しなければならない」（4条1項）。

　理由の20では，「本指令の適用から帰結する派遣労働者の保護の改善により，労働者派遣に関連して適用があり得る諸制限と禁止について，規則的な審査が正当化され，また，一般の利益を理由としてもはや正当化できない場合，とりわけ，労働者保護を理由として正当化できない場合には，廃止が正当化される」と説明されている。

　2002年10月11日のヨーロッパ議会の雇用及び社会的事項に関する委員会では，変更提案がなされ[3]，正当化される利益を明示した点が重要である[4]。

---

1　Vorschlag für eine Richtlinie des Europäischen Parlaments und des Rates über die Arbeitsbedingungen von Leiharbeitnehmern, 2002/0072 (COD), KOM (2002) 149.
2　A.a.O..
3　Europäisches Parlament, Ausschuss für Beschäftigung und soziale Angelegenheiten, PE 316.363/1-5. 変更提案の4条では次のように規定される。
　「1．加盟国は，各国の法的規定，労働協約，慣習に従った社会的パートナーとの協議の後，労働者派遣の禁止又は制限が正当化される限りでは，これをなし得る。各国の慣習に基づいて，目的適合的である限りで，社会的パートナーに対して，適切なレベルで，これに関与する可能性を認める場合，これを直接行わなければならない。
　1a．本指令の受入れ後2年以内，及びその後，5年間毎年，加盟国は，各国の法的規

―派遣労働者の保護
―健康と安全
――一定のカテゴリーの労働者，または経済領域に対するその他の危険の回避
―労働市場の円滑な機能
―その都度の濫用を防ぐ必要性

　こうした観点は，指令そのものへ引き継がれていく。

　そして，派遣労働に関する2008年11月19日のヨーロッパ議会及び理事会EU2008/104指令は，次のように規定した（4条）。

「(1)　労働者派遣の動員の禁止と制限は，一般的な利益を理由としてのみ正当化され，これには，特に，派遣労働者の保護，健康上の保護の必要性，職場の安全，又は，労働市場の円滑な機能を保障する必要性，その都度の濫用を防止する必要性が挙げられる。

　(2)　国内法の法的な諸規定，労働協約，慣習による社会的パートナーとの協議の後，加盟国は，1項に挙げられた諸理由から正当化できるかどうかを確認するため，2011年12月5日までに，労働者派遣の利用に関する諸制限や禁止を審査する。

　(3)　労働協約により，かかる諸制限や禁止が定められる場合，2項による審査は，関連した合意を交渉した社会的パートナーにより実施され得る。

---

定，労働協約，慣習に従った社会的パートナーとの協議の後，労働者派遣に関する現行のすべての禁止と制限，及び，労働者派遣に関する特別な行政上の諸規定を，これが基礎としている諸条件がなお妥当するかどうか，審査する。そうでない限りでは，加盟国は，これを廃止しなければならない。

2．加盟国は，委員会に対し，審査の結果を通知する。これらの制限あるいは禁止を維持する限りでは，いかなる理由から，制限又は禁止を必要かつ正当であると考えるのか，加盟国は，通知する。

　その維持が考慮される，かかる制限や禁止は，もっぱら一般的な理由によって，特に，派遣労働者の保護，健康と安全，一定のカテゴリーの労働者または一定の経済領域に対するその他の危険，労働市場の円滑な機能，その都度の濫用を防ぐ必要性によって，正当化することは，許される」。

当初の提案と比べると，「各国の法的規定，労働協約，慣習に従った社会的パートナーへの協議の後，労働者派遣の制限又は禁止が正当化される限りでは，これをなし得る」という文言が前面に現れ，制限や禁止を審査するのにとどまっていない。基本的には，この委員会提案に類似した規定が，本指令に規定される。

4　Rieble/Vielmeier, EuZA, 2011, S. 475 (491) は，これらの経過を検討している。

(4) 1項，2項，3項は，登録，許可，認証，財政的な保障，及び派遣企業の監視に関する国内の要請にもかかわらず，適用される。
(5) 加盟国は，2011年12月5日までに，2項及び3項による審査の結果について，委員会に対し，情報提供しなければならない」。

EUの報告書によれば，労働者派遣の動員の禁止と制限は，一般的な利益を理由としてのみ正当化され，これには，特に，派遣労働者の保護，健康上の保護の必要性，職場の安全，又は，労働市場の円滑な機能を保障する必要性，その都度の濫用を防止する必要性が挙げられている。このことから，加盟国における派遣労働の制限ないし禁止は，かかる正当化事由に該当しなければならない。

アイルランド，ルクセンブルク，マルタ，イギリスからは，制限や禁止が行われていないと各国から報告されたが，委員会は，ルクセンブルクにおいて，派遣期間の制限や派遣利用の適法な事由の列挙が規定され，本指令4条2項に従って，社会的なパートナーとの協議の後，審査されることになる[5]。

ドイツでは，建設業での派遣の禁止が規定されているが，これは，派遣労働者の保護を理由として正当化される[6]。

ポーランドでは，派遣企業に派遣労働者が派遣される期間の制限が，派遣労働者が行う業務が期間の限定されたものであることと関係し，派遣労働者の保護に資する。

多くの国では（特に，ベルギー，ブルガリア，フランス，ギリシャ，イタリア，ポーランド，ポルトガル，スロベニア，スペイン，チェコ共和国，ハンガリー），健康と職場での安全のため，派遣の制限や禁止が行われているが，健康上の保護と職場での安全を理由として，これらの正当化は行いうることになる[7]。

---

5 Bericht der Kommission an das europäische Parlament, den Rat, den europäischen Wirtschafts- und Sozialschuss und den Ausschuss der Regionen, COM（2014）176, S. 10.
6 Bericht der Kommission an das europäische Parlament, den Rat, den europäischen Wirtschafts- und Sozialschuss und den Ausschuss der Regionen, COM（2014）176, S. 12.
7 Bericht der Kommission an das europäische Parlament, den Rat, den europäischen Wirtschafts- und Sozialschuss und den Ausschuss der Regionen, COM（2014）176, S. 12. ベルギー，ブルガリア，ドイツ，フランス，ギリシャ，イタリア，クロアチア，ポーランド，ポルトガル，チェコ共和国，スロベニア，ハンガリーでは，一定の禁止と制限の

スロベニアでは、部門協約が派遣労働者の利用を禁止しうることとなっており、かかる禁止の目的が、派遣労働者の保護や健康上の保護、職場での安全保護に配慮するためであると報告されている。

同報告書によれば、フランス、イタリア、ポーランドでは、派遣労働者の利用の事由の列挙が規定されている。ブルガリアやイタリアでは、派遣企業に動員される派遣労働者の数や割合の制限が行われている。スウェーデンでは、派遣労働者の派遣の前に労働者組織と交渉すべき義務が規定されている。これらは、労働市場のスムーズな機能を保障する必要性から、制限が正当化され得る[8]。

イタリアとポーランドでは、派遣労働者に割り当てる業務の種類の制限が、規定され、特にイタリアでは、労働協約により、期間の定めのある契約の量的な上限が定められている。ブルガリアでは、一定の場合に、派遣企業が、派遣労働者の派遣の前に、労働組合代表の許可を得なければならないとしている。これらは、濫用を防止するために正当化されうるとしている[9]。

さらに、ベルギー、ブルガリア、フランス、ギリシャ、イタリア、クロアチア、オーストリア、ポーランド、スロベニア、スペイン、ハンガリーでは、ストの代替要員として派遣労働者が利用されるのを禁止し、ベルギー、ギリシャ、イタリア、ハンガリーでは、明示的にストライキ権の保護のために禁止しているとされる[10]。

ベルギー、フランス、ギリシャ、ポーランドでは、基幹雇用保護のため、基幹雇用が期限の定めのある労働者に置き換えられるのを避けるための、制限的な措置がとられている。派遣期間の制限、派遣労働者の利用事由の列挙（例え

---

　　正当化理由として、派遣労働者の保護を挙げている（A.a.O., S. 12）。さらに、ベルギー、ブルガリア、ドイツ、ギリシャ、イタリア、ポーランド、スウェーデン、チェコ共和国では、濫用防止を理由に挙げている。

8　Bericht der Kommission an das europäische Parlament, den Rat, den europäischen Wirtschafts- und Sozialschuss und den Ausschuss der Regionen, COM (2014) 176, S. 12.
9　Bericht der Kommission an das europäische Parlament, den Rat, den europäischen Wirtschafts- und Sozialschuss und den Ausschuss der Regionen, COM (2014) 176, S. 13.
10　Bericht der Kommission an das europäische Parlament, den Rat, den europäischen Wirtschafts- und Sozialschuss und den Ausschuss der Regionen, COM (2014) 176, S. 13.

ば，臨時的な労働，季節的な労働，または，労働量の一時的な増加，労働者の欠員補充）などがこれにあたる。

　オーストリアでは，一定の健康事業に関わる部門における派遣先企業において，派遣労働者を10または15％に限るとしている[11]。

　ルーマニアでは，例えば，派遣労働者の利用事由の列挙がなされ，期間の定めのある任務の遂行のために利用されることが可能であるとしている。スウェーデンでは，派遣労働者が，労働契約終了後6ヶ月，かつての使用者に派遣されるのを禁止していたが，かかる禁止は，2013年1月1日廃止した[12]。ベルギーでは，例えば，派遣先企業での直接雇用の目的等，派遣労働が統合の目的のために利用され得るとした[13]。

　社会的パートナーへの協議が，ベルギー，ドイツ，フランス，ギリシャ，イタリア，クロアチア，ポーランド，ハンガリーにおいては，労働者派遣の禁止と制限の審査のため，実施された[14]。

　一部の国では，禁止と制限の審査が，社会的なパートナー自身によってなされ（デンマーク，フィンランド，オランダ，スウェーデン），その大部分の制限と禁止が，労働協約によって定められた（フィンランド，スウェーデン）[15]。

　社会的なパートナーが，国内法の公布との関係で，協議に加わった国もある（ブルガリア，エストニア，ラトビア，リトアニア，オーストリア，ルーマニア，スロベニア，スペイン，チェコ共和国，キプロス）[16]。

---

11　Bericht der Kommission an das europäische Parlament, den Rat, den europäischen Wirtschafts- und Sozialschuss und den Ausschuss der Regionen, COM (2014) 176, S. 13.
12　Bericht der Kommission an das europäische Parlament, den Rat, den europäischen Wirtschafts- und Sozialschuss und den Ausschuss der Regionen, COM (2014) 176, S. 13.
13　Bericht der Kommission an das europäische Parlament, den Rat, den europäischen Wirtschafts- und Sozialschuss und den Ausschuss der Regionen, COM (2014) 176, S. 13. ブルガリア，ギリシャ，オランダでの制限と禁止について審査手続は，まだ終了していないとする。
14　Bericht der Kommission an das europäische Parlament, den Rat, den europäischen Wirtschafts- und Sozialschuss und den Ausschuss der Regionen, COM (2014) 176, S. 14f.
15　Bericht der Kommission an das europäische Parlament, den Rat, den europäischen Wirtschafts- und Sozialschuss und den Ausschuss der Regionen, COM (2014) 176, S. 15.
16　Bericht der Kommission an das europäische Parlament, den Rat, den europäischen Wirtschafts- und Sozialschuss und den Ausschuss der Regionen, COM (2014) 176, S. 15.

## 第6節 | 終わりに

　EUでは，労働者派遣に関する2008年11月19日のヨーロッパ議会及び理事会2008/104指令が，2008年12月5日官報に示された。労働者派遣に関する指令に関する論文がドイツで出されてから，25年が経過している。このEUの取り組みは，意味のあるものであり，EU加盟国において，2013年6月1日までに法改正が終了している。

　EUにおいて，フレキシキュリティの原則が明らかにされ，EU指令2008/104は，このコンセプトに与している。本指令の目的は，「派遣労働者の保護に配慮し，労働者派遣の質を改善し，これによって，5条による派遣労働者の平等取扱原則の遵守を確保し，派遣企業が，使用者として承認されることにあり，その際，職場のポスト創出に寄与し，また，フレキシブルな労働形態の発展に有効に寄与するため，労働者派遣の投入についての相当な枠組みが定められることを考慮されなければならない」（2条）ということにある。本指令の2002年3月20日の「派遣労働者の労働条件に関するヨーロッパ議会及び理事会指令に関する提案」によれば，労働力の質の改善により，労働者派遣が社会に受容性を増し，安定性を高める。これによって，フレキシビリティも阻害されない，というものである。このコンセプトが指令の骨格を成していると思われる。労働者派遣の場合も，賃金コストを引き下げることによって，フレキシビリティを高めるという発想があり得るが，本指令は，こうした立場を採用していない。単に，労働力の質が問われるので，それを向上しようとするのにとどまらない。これらとは異なり，経済のフレキシビリティを阻害されずに，労働力の質を向上してこそ，労働市場の調整能力を増加させるという考えに基づいている。

　このため，EU2008/104指令5条1項によれば，「派遣労働者の基本的な労働ないし就労条件は，派遣先企業に対する派遣期間中，派遣労働者がその企業によって同一の職場に直接雇用される場合に，少なくともその者に適用されるであろう労働ないし就労条件に従う」と定めた。しかし，平等取扱原則には例外が定めれ，労働協約により同原則から適用除外できると規定された。これによ

り，加盟国において，労働協約が締結され，同原則とは異なる水準の賃金が定められていく。ドイツもその一例である。ただし，こうした労働協約による適用除外も，無制約なものではなく，全体的な保護が確保される限りで，認められるにすぎない。そこで，各国において，争点になり得るのは，労働協約による適用除外がある場合に，全体的な保護が確保されているかどうかである。労働協約による適用除外により，派遣労働者の賃金が低下し，労働条件が低下していくのを防止し得る重要な歯止めの規定である。

　一方で，EU2008/104指令では「一時的な労働」という概念が挿入され，解釈上長期の派遣の可能性に疑問符をつけられている。これを真摯に受け止めたドイツ法では，この概念をそのまま労働者派遣の定義規定の中に挿入している。EUの規制の重大な転換点として受け止められている[1]。派遣可能期間（最長派遣期間）の定めがないドイツ法にとっては，重要な改革である（その改正の経緯，内容については，第3章第1節一参照）。こうした「一時的な労働」の概念について，ハーマン教授が述べた観点は重要であると思われる。「一時的な労働」という概念を通じて，派遣労働者が，一定の期間をあけて，交代されなければならないとすれば，質の高い信頼性のある派遣労働者を基幹労働に受け入れる一定の圧力になる。派遣労働者が，派遣先の労働関係への受け入れへのよりよい機会をもてるのであれば，このことにより，再び，労働者はモチベーションを上げ，その労務の提供をよりよいものにするであろう。それが，本指令2条において労働者派遣の実現のために設定される規制の目的に資する[2]。

　同指令5条5項において，「加盟国は，濫用的なこの条項の適用を防ぎ，特に，本指令を回避するため，前後して連続する派遣を防ぐため，国内法ないし慣習により必要な措置をとる」と規定していることも（本指令5条5項），比較法的には重要である。これによれば，派遣が連続して更新されるのは，違法な潜脱とみられる。派遣先に存する長期の就労の需要が，複数の連鎖的な期限の定めのある派遣によってカバーされるのを回避されなければならず，派遣労働者がそれゆえ，最終的に期限の定めなく派遣される，というのを回避しなけれ

---

　1　Müller- Glöge/Preis/Schmidt, Erf. Komm., 13.Aufl., München, 2013, AÜG, Einleitung, Rn. 5b（Wank）；Boemke, RIW, S. 177（179）.
　2　Hamann, EuZA 2009, S. 311.

ばならない³。わが国の平成26年改正法案では，EU法とは異なる方向性での法規定を置いたことになる。

　他方で，同指令2008/104においても，その理由15において，「期間の定めのない労働契約は，雇用関係の通例の形態である。派遣企業と期限の定めのない労働契約を締結する労働者の場合，これによって与えられる特別な保護があることから，派遣先企業に適用されるルールから除外される可能性が与えられる」とされている⁴。これは，期間の定めのない契約を締結する場合で，雇用の安定性が確保される限りで，労働者派遣法で想定される規制とは異なる規制を行うことが，EU法上許容されていることを意味する。期限の定めのある労働契約を締結している限り，派遣期間の制限を原則としてなくしていこうとする日本法と本質的に類似点がみられる。雇用の安定性の確保を，あくまで期間の定めのない労働契約を通じて達成する建前を日本の平成26年労働者派遣法改正法案はとっている。ただし，派遣可能期間が無制限であれば，雇用が安定するという考え方は，現在のところ，EU指令では，採られてはいない。日本法において，平成26年の改正法案の議論にあたって，派遣可能期間が無制限であれば，雇用が安定するという考え方が強調されただけに，EU指令との顕著な重要な違いとして指摘しなければならない。また，EUにおいては社会的なパートナーとの対話を強化するという目的のもと，かかる対話と通じて，平等取扱原則の規制から免れられると位置づけられている点も，重要な点である。

---

3　Hamann, EuZA 2009, S. 311.
4　例えば，平等取扱原則の適用を除外できるとしている。

第 3 章

# ドイツ法における労働者派遣

## 第1節　労働者派遣の概念と労働契約上の規制

### 一　ドイツ労働者派遣法の概観

#### 1　労働者派遣法の規制緩和と現行法の概略

　派遣元として第三者（派遣先）に労働者（派遣労働者）を経済的な活動の範囲内で労働の提供を派遣しようとする使用者は，許可を必要とすると規定される（同法1条）。連邦雇用エイジェンシーの許可が必要とされる。派遣労働関係の場合，派遣元が，使用者の義務，とりわけ，賃金支払義務を負う。労働者は，その労働の提供を事実上派遣先に提供する義務を負う[1]。派遣先には，命令権が帰属し，保護義務ないし顧慮義務が課せられる[2]。労働者派遣法1条1項の意味における労務の提供に関する派遣は，派遣先に対して労働力を利用させ，その事業所に編入し，その労働自体を派遣先の命令のみによってその利益において遂行する場合に，成り立つ[3]。

　2002年12月23日の労働市場における現代の雇用提供のための第一法（いわゆるハルツ法）により，労働者派遣法も改正された。派遣労働関係の期間設定のための特別な規定，再雇用の禁止規定，派遣可能期間（Höchstüberlassungsdauer）等の規定は，すべて撤廃された。規制緩和が指向され，派遣分野での雇用の潜在的な可能性を広げることが考慮された。

　とりわけ，派遣可能期間については，1972年の同法制定当時，3ヶ月とされていたが，1985年の就労促進法以降3ヶ月から6ヶ月へ，1993年12月21日の財政緊縮・安定・成長プログラムの実行のための第一法の翌年の施行以来9ヶ月，1997年3月24日の就労促進の改革のための法律により12ヶ月と常に延長されてきたが，2001年のジョブ・アクティーブ法により，24ヶ月，そして，2002年12

---

1　Zöllner/Loritz, Arbeitsrecht, 5Aufl., 1998, München, S. 337.
2　Zöllner/Loritz, a.a.O., S. 337.
3　BAG Urt.v.18.1.2012, NZA RR 2012, S. 455.

月23日のハルツ法により，ついに，派遣可能期間の規定が撤廃された[4]。

また，ジョブ・アクティーブ法により，派遣期間12ヶ月経過後の不利益取扱禁止の原則が法定化された。引き続いて，2002年12月23日の労働市場における現代の雇用提供のための第一法により，同一賃金が定められた。例外として，最初の6週，同一賃金の原則を免れるという規定が置かれると同時に，労働協約が定められる場合には，同原則を免れられるという規定も置かれていた。前者については，労働者派遣法旧9条2号では，「以前に失業していた派遣労働者に対しては，全期間で最長6週の期間，派遣先企業への派遣について，最低，その者が失業給付金として最後に得ていた額の税込収入を派遣元企業が保障していた場合は，別である」という例外規定が置かれていた（この点は，2011年の改正でさらに改められる）。

建設業への業としての労働者派遣は現在もなお原則的には禁止されている（同法1b条）。また，派遣が原則として禁止される建設分野においては，建設業の事業者が一般的拘束力宣言のある労働協約に服する等の場合には，労働者派遣法は，1b2文により，建設業への派遣が許されることになった。同法1bは次のように規定される。

「通常，現業及び技術的労働者[5]（Arbeiter）によって行われる職務に対する，建設業事業所における，1条による労働者派遣は，違法である。この労働者派遣は，次のような場合に，許される。

a) 事業所に適用される一般的拘束力あると宣言された労働協約が，このことを規定する限りで，建設業と他の事業所の事業所間において，

---

[4] 90年代の法改正の動向については，鎌田耕一「ドイツにおける派遣労働の現状と派遣法の意義（上・下）」労働法律旬報1419号40頁・1420号56頁，大橋憲雄「ドイツにおける派遣法の弾力化と派遣労働者の権利保護」大阪経大論集（1996年）47巻3号207頁参照。ハルツ改革における労働者派遣法の改正については，大橋憲雄『派遣労働と人間の尊厳』（法律文化社・2007年）67頁以下，橋本陽子「ドイツの解雇，有期雇用，派遣労働の法規制」ジュリスト1221号（2002年）69頁，本庄淳志「労働市場における労働者派遣法の現代的役割」日本労働法学会誌116号（2010年）134頁（138頁以下）参照。

[5] これまで，時折，Arbeiterを労働者，Arbeitnehmerを被用者と訳されることがあったが，Arbeitnehmerは，法的な概念でもあり，包括的な概念であることから，労働者がもっとも適切な訳語だと思われる。これに対し，Arbeiterは，現業及び技術的労働者をさす。このため，本稿では，このように訳した。

b）派遣元の事業所に対して，同一の一般ないし社会金庫労働協約または これらの一般的拘束力が最低3年間明らかに及ぶ場合に，建設業の事業所間において

　2文に反して，ドイツの一般労働協約ないし社会金庫労働協約が，又は，一般的拘束力があると宣言された労働協約が，外国の事業所に対して及ぶ場合に，ヨーロッパの経済領域の他の加盟国に本社を有する建設業の事業所については，労働者派遣は，派遣先事業所に及ぶのと同一の一般労働協約ないし社会金庫労働協約の効力領域下にある，職務を明らかに主に最低3年間遂行する場合に，許される」

　労働者派遣法1条2項においては，「労働者が第三者に労働の提供のため派遣され，派遣元が，通常の使用者の義務，又は使用者のリスクを引き受けない場合（3条1項1号ないし3号），派遣元が職業紹介を営んでいると推定される」と規定されている。しかし，一方で，労働者派遣法旧13条は，違法な職業紹介の場合について，派遣先との労働関係の擬制まで定めていたが，この旧13条の規定も撤廃された。このため，現在では，1条2項の推定自体は，現行法では，法律上の重要な効果とは結びついていない[6]（本章第2節参照）。

　しかし，同法9条によれば，派遣元に連邦雇用エイジェンシーの許可がない場合の労働契約及び労働者派遣契約（1号）や同一賃金原則違反の合意（2号），共同施設へのアクセスを制限する契約（2a号），派遣元と労働関係がない時点での派遣先での採用を禁止する合意（3号），派遣元との労働関係がない時点での派遣先と労働関係を開始するのを派遣労働者に対して禁止する合意（4号），派遣元に派遣労働者が仲介料を支払うとの合意（5号）は，それぞれ，無効となる。派遣元と派遣労働者の契約が9条1号により無効となる場合に，派遣先と派遣労働者との間で成立したとみなされる（同法10条1項1，擬制的労働関係と呼ぶ）。判例でも，労働者派遣事業の許可の有無が専ら問われ，それ以外の場合には，擬制的な労働関係は成立しない，と説示されている[7]。

　その上，請負契約や業務委託契約，および派遣労働契約との差異が問われる。

---

6　Thüsing, AÜG, München, 2012, § 3 Rn. 10 ; Boemke/Lempke, AÜG, Frankfurt a.M., 2013, § 1 Rn. 159.
7　BAG Urt.v. 2.6.2010, NZA 2011, S. 351.

第 1 節　労働者派遣の概念と労働契約上の規制　73

現在の判例によれば，注文人の事業所に編入し，その労働が派遣先の命令によりその利益のために遂行される[8]と判示されている。労働組織への編入が重要な要素となり，その際派遣先からの命令があるか否かが重要とされる（これらについて詳しくは本章第5節）。

ドイツの実務では，登録型派遣は原則として行われていない（派遣先の企業，派遣会社，ミュンヘン大学のリーブレ教授，連邦社会労働省へのインタビュー）。

## 2　派遣労働の状況

連邦雇用エイジェンシーの「ドイツにおける労働市場，派遣労働の現況（2012年）」によれば，1980年に3万3,000人に過ぎなかった派遣労働者は，2000年に33万8,000人，2011年には87万2,000人に急増している（ただし，東の地域では，わずかにしか広まっていない）。

労働者派遣法の適用に関する連邦政府第11次報告（Elfter Bericht der Bundesregierung über Erfahrung bei der Anwendung des Arbeitnehmerüberlassungsgesetzes－AÜG－(2010年)）によれば，2004年には，38万5,256人であった派遣労働者が，2005年に，40万4,367人，2006年7月に63万2,442人，2007年5月に70万8,155人，2008年7月には82万3,101人にまで上昇していった。しかし，同年8月には79万8,264人，2008年9月には81万4,327人となり，リーマン危機の影響で派遣労働者は激減し，2008年12月には67万3,768人にまで落ち込む（その後の好景気により，上のようになっていったと思われる）。

労働者派遣法の適用に関する連邦政府第12次報告（Elfter Bericht der Bundesregierung über Erfahrung bei der Anwendung des Arbeitnehmerüberlassungsgesetzes－AÜG－(2014年)）によれば，2009年から2011年まで，62万5,411人から，88万1,728人まで増加した。2012年には，87万7,599人の派遣労働者が雇用され，2011年と比較しても4,129人減少している。

2008年の後半，48万1,625の派遣労働契約関係が新たに設定されていたが，2009年には，リーマンショックの影響を受け，35万4,682のみの労働契約関係が設定されているに過ぎなくなっている。2009年の後半以降は，再び増加し，

---

[8] BAG Urt.v.18.1.2012 NZA RR 2012, S. 455.

2010年後半には，58万1,959にまでいたっている。2012年の後半には，再び後退している。7月から12月には，48万1,396の労働契約が新たに締結されている。

別の調査では，依然に失業者であった者の8％のみが，2年の期間に労働者派遣後就労し続け，その場合，このうち，多くは労働者派遣ではなくなっているにすぎない[9]。

連邦雇用エイジェンシーの統計によっても，ハルツ改革が実行に移された2003年から2005年までの不景気の間，全体の雇用に反して，労働者派遣の雇用は増加した。雇用全体は，労働者派遣の増加により，ブレーキがかかっていたといえる。2006年から2008年，雇用削減がみてとれて，労働者派遣はこれに貢献している。2008年と2009年のリーマンショックの時期，雇用が後退しているが，これにも労働者派遣が原因とみられる[10]。リーマンショックから景気が回復した以降，労働者派遣の雇用はいったんは増加に転じた。2011年には，92万7,000人にまで増加し，これが好景気時のクライマックスとなっている。2010年から2011年までに社会保険義務のある雇用は67万1,000人分伸びているが，このうちの17％が労働者派遣によるものである。好景気のときに労働者派遣も含め雇用が伸びている（しかし，その雇用が伸びたのは，規制緩和（派遣期間の撤廃等）の影響によるものという見解と，好景気によるものという見解とに対立している）。

---

9 IAB Kurzbericht, 13/2010.
　このほか，労働者派遣法の適用に関する連邦政府第11次報告によれば，期間の定めのある派遣労働契約は多く，2008年後半には，8.7％が1週以下の労働契約，42.4％が1週間から3ヶ月の労働契約，48.9％が3ヶ月を超えるの労働契約となっている。2004年は，14.3％が1週以下，45.3％が1ヶ月から3ヶ月，40.4％が3ヶ月を超えるとなっていた。
10 Bundesargentur für Arbeit, Der Arbeitsmarkt in Deutschland, Die Zeitarbeit-aktuelle Entwicklung (2013).

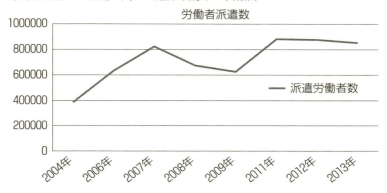

**ドイツにおける派遣労働者数の推移**

労働者派遣法の適用に関する連邦政府第12次報告[11]

　この統計によれば，2012年に，新たに派遣労働者となった者のなかでは，それ以前にその約8％が1年以上の長期失業者であった者であったが，好景気にもかかわらず，伸び悩んでいる。労働者派遣の「失業者の吸収力」は，好景気にもかかわらず，―2011年の法改正の後―減退の一途をたどっている[12]。

　ハルツ法改革による労働者派遣法の規制緩和が行われたが，その目的は失業率の減少にあった。連邦統計エイジェンシーによれば，失業率は，2004年10.5％，2005年11.7％，2006年10.8％，2007年9.0％，2008年7.8％，2009年8.1％，2010年7.7％，2011年7.1％，2012年6.8％，2013年6.9％となっている[13]。実質GDP成長率は，2000年3.1％，2005年0.7％，2009年－5.1％，2010年4.2％，2011年3.0％となっている[14]。失業率は減少の一途をたどってはいる。しかし，GDP成長率と同時に失業率の増減をみていくと，労働者派遣法を規制緩和し労働者派遣に

---

11　Bundesargentur für Arbeit, Der Arbeitsmarkt in Deutschland, Die Zeitarbeit-aktuelle Entwicklung（2013）.

12　Bundesargentur für Arbeit, Der Arbeitsmarkt in Deutschland, Die Zeitarbeit-aktuelle Entwicklung（2013）.

13　https://www.destatis.de/DE/ZahlenFakten/Indikatoren/LangeReihen/Arbeitsmarkt/lrarb001.html（統計は，従属的な市民の嫁得者のみならず，全ての市民の嫁得者という定義によっている）.

14　http://www.jil.go.jp/foreign/basic_information/germany/2013/deu-1.htm#deu_1-1

労働力を吸収することによって，失業を減少させるという目的は，不景気時には十分果たされなかったと思われる。ドイツでは，派遣可能期間が無制限であった2004年から2008年までの間，好景気の時期と重なり，派遣労働者の数は上昇する一方，その後，実質GDPが上昇し景気が回復するまで，失業率は回復していない。本文にあるように，失業者であった者が派遣労働者となった割合も少ない。また，失業者が派遣労働者になった後，かつ，労働者派遣の後，直接雇用により定着したという例はこの時期は少なく，法が予定したいわゆる接着効果は，わずかなままにとどまった。

すなわち，労働者派遣法の規制緩和により，失業者を労働者派遣に吸収し，失業を減少させるという目的は，不景気時には十分果たされなかったことになる。雇用が縮小するときにこそ，派遣労働者によって雇用を拡大するというコンセプトがあり得るのであるが，この分析を見る限り，不景気の時期には，失業者を派遣労働者として吸収する機能が果たされていない。

この間，ワーキングプアは進行し，派遣労働はその代名詞となっていた。わが国の法政策において，ドイツ法における派遣可能期間の撤廃という規制緩和は，参照され考慮されたが，その派遣可能期間規定の撤廃のディメリットまでは検証されていなかったのではないかと思われる。例えていうならば，収入は，フルタイマーの賃金が，月額税抜2,702ユーロであるのに対して，派遣労働者の賃金は，1,419ユーロにすぎず，賃金格差が顕著である（2010年）。低所得者層を対象として支払われる基礎保障を受けている者も，比較的多い。連邦雇用エイジェンシーの調査では，ハルツ法改革が実行に移された2004年から2011年までの間で，僅少労働にある派遣労働者は3万8,000人から8万4,000人へ増加している。2012年で7万6,000人の派遣労働者が僅少労働（月収400ユーロ）にあるとされる。全体で72万人が派遣労働者（2013年）であるので，約10分の1が僅少労働に就業している[15]。

2004年から労働関係の弾力化，大量失業の撲滅と取り組んできたドイツでは，好景気の中，失業率は，低下していくものの，労働者派遣により，悪化した労

---

15 Bundesargentur für Arbeit, Der Arbeitsmarkt in Deutschland, Die Zeitarbeit-aktuelle Entwicklung (2013).

働条件の蔓延，派遣労働・業務請負で雇用される者が貧困に陥っているとの指摘もある。他方で，度重なる労働者派遣法の規制緩和が実行に移されてきた歴史があり，EU法との齟齬の解消や濫用的な派遣の蔓延，労働条件の悪化が問題となっている。

### 3　ジョブ・アクティーブ法，ハルツ法改革を含む，労働者派遣をめぐる雇用政策の評価

こうした動向について，ヴァルターマン教授は，「標準的労働関係からの決別？（Abschied vom Normalarbeitsverhältnis?）」（Waltermann, NJW-Beil, 2010, S. 81）というタイトルで，ドイツ法曹大会において鑑定意見を提出した。ハルツ法改革に対する批判として，最も建設的で説得力があると思われるので，同教授による「労働者派遣における誤った進展（Fehlentwicklung in der Leiharbeit）[16]」と「最低賃金あるいは最低収入（Mindestlohn oder Mindesteinkommen?）[17]」という論文を主に以下では紹介する。

非典型労働の半分は，すでに，低賃金労働の下にある。2006年の段階で，メディアの領域の3分の2は，9.85ユーロになっている。稼得者のうち，72.6％が典型労働にあるが，僅少労働にある従業員の数は，非典型労働の領域では，2008年には66.0％になっている[18]。派遣労働者の数は増加しつつある（2008年の時点で約82万3,000人）。派遣労働関係は，対価の関係では，比較可能な標準的な労働関係（典型労働）の下にある。労働協約による平等取扱原則（同一賃金原則）からの適用除外・逸脱により，低賃金にある[19]。派遣労働者と派遣会社との間の労働契約は，この労働協約を参照することにより，関連づけられ，事実上，派遣労働者を対象とした労働協約で定められた低賃金が，派遣労働者に及ぶ。派遣労働者の労働協約は，比較可能な労働者の事業所での賃金よりも，原則的に，著しく低いものになっている。派遣労働のための労働協約は，根拠もなく，批判にさらされることもない。派遣労働は，ドイツでは，濫用的に用

---

16　Waltermann, NZA 2010, S. 482.
17　Waltermann, NJW 2010, S. 801.
18　Statistisches Bundesamt, Nidrigeinkommen und Erwerbstätigkeit, S. 26.
19　当時の労働協約。

いられている。

　ヨーロッパ全体で，90年代終わりから，労働者派遣法制は転換点を迎えた。当時，派遣労働は，労働力需給政策の一環として捉えられていた。規制緩和の代表例が，特に，派遣期間の規定である。ドイツでは，2003年に労働者派遣の期間的な制限がいったんは撤廃された。派遣労働関係の期間設定は，パートタイム就労促進法の一般原則によるとし，シクロニゼーションの禁止は，廃止された。労働者派遣との関係で労働関係のフレキシビリティを拡大しようとする規制緩和は，ドイツ法だけに限られず，平等取扱原則，特に，同一賃金原則からの適用除外を可能にしていった[20]。2008年当時の連邦パーソナル・サービス使用者連盟（BAP）及び，派遣事業協会（IGZ）とドイツ労働組合総同盟及びキリスト教労働組合協約共同体及び中規模パーソナル・サービス業者使用者連盟（AMP）との間で，7.21ユーロから7.38ユーロ（西の地域），6.00ユーロから6.42ユーロ（東）であった（号俸による）。ノルトライン・ヴェストファーレン州では，ヘルパーの領域での派遣労働者は，他の部門のヘルパーより約45％給与は少なく，管理部門，事務部門のような領域での賃金の差は，35％にもなっている[21]。

　EUのレベルでの目的は，就労の状況を労働者派遣により改善させ，かつ，労働ポストの質への要請と結びつけることにある（本書第2章参照）。フレキシビリティの意味のある潜在的可能性は，派遣労働の低廉化にあるのではなく，また，その結果として，雇用形態が標準的な労働関係と競合関係に立ち，最終的には派遣労働に代用されてしまうということにあるのではない。労働者派遣の長所は，労働需要のピークで調整できるという点や，取引コストを削減し，事業所年金のコストを削減できる点等にあるのである[22]。労働者派遣は，リーマンショックの影響を削減するためのバッファーになってしまっていた。

　私法の秩序の根本には，自己の意思と責任において，自らの権利を保持し義

---

20　以上については，Waltermann, NZA 2010, S. 483.
21　Ministerium für Arbeit und Gesundheit und Soziales des Landes Nordrhein-Westfalen（Hrsg.）, Zeitarbeit in Nordrhein-Westfalen. Strukturen, Kontexte und Handhabung einer atypischen Beschäftigungsform, 2006.
22　Waltermann, NJW 2010, S. 484.

務を引き受ける個人が，想定され，それが自己決定権の基礎となっている。自らの責任において持続的な存続が保障されることが基本となる。これは労働法の任務でもあるはずである。私法は，いうまでもなく，自己責任と配慮の仕組みが基礎となっている[23]。ハルツ法改革により，派遣先に対する派遣期間に関する規制は，派遣先に有利に，撤廃された。労働者派遣においては，責任が複数の使用者に分断され，これにより，派遣先の使用者の負担軽減が労働者派遣法制定当初から考えられ，派遣先での同一賃金原則が実現せず，派遣先には派遣契約に関する解約の自由が認められている。使用者の責任が免除されている。その結果，2008年と2009年のリーマンショックの時期，雇用が後退しているが，これも労働者派遣が原因とみられている[24]。

上述のような，働きながらにして貧困（ワーキングプア）という歪んだ雇用のあり方が，ドイツにおいても，蔓延していった。ドイツの法秩序において，労働者派遣分野における，企業の自己責任を免除（コンビローンがその例）し，さらに派遣先の解約の自由を保障し，同一賃金原則の否認を継続するならば，これらが，国家に対する負担へと転化するのは，自明の事柄である。さらなるワーキングプアの拡大は，社会扶助，基礎保障の拡大，国の過重な財政的負担を必然的にもたらす。非正規雇用や労働者派遣など低賃金セクターの拡大は，労使の負担により成り立つはずの年金財政，健康保険財政，介護保険財政をも将来的には，著しい程度で圧迫する。

同氏は，企業の自己責任と配慮の仕組みを基礎として，従来の雇用政策を批判的に論じ，最低賃金制度の創設を提唱する。

## 二　「一時的な労働」の概念

### 1　EU指令とドイツ法の改正の経緯

EU労働者派遣に関する2008年11月19日のヨーロッパ議会及び理事会2008/104指令は，3条1項eにおいて，「派遣先企業の監督と指揮のもとで一時的に働

---

[23] Waltermann, NJW 2010, S. 801 (805).
[24] Bundesargentur für Arbeit, Der Arbeitsmarkt in Deutschland, Die Zeitarbeit-aktuelle Entwicklung (2013).

くための，派遣労働者が派遣先企業に使用される期間の派遣」と定めた。「派遣企業とは，派遣先企業に派遣させ，これにより，派遣労働者がその監督または指揮のもとで一時的に働くため，国内法により，派遣労働者と労働契約を締結し，または，雇用関係に入る，自然人または法人」と定める（同項 b）。また，派遣労働者は「派遣先企業に派遣され，これにより，その監督または指揮のもとで一時的に働くため，派遣企業と労働契約を締結し，または，雇用関係に入る，労働者」と定め（同項 c），派遣先企業とは，「委託により，また，監督及び指揮のもとで派遣労働者が一時的に働く，自然人または法人」であると定める（同項 d）。

　ドイツでは，派遣可能期間が無制約となっていたことから，一時的な労働を予定する同指令との齟齬が問われていた。改正前の信頼の最も置けると思われるシューレン／ハーマンの労働者派遣法のコンメンタールにおいては，このEU指令により労働者派遣は一時的な労働に限られるとドイツでは理解され，最長期間（派遣可能期間の制限）の定めのないドイツ法は，EU法に一致しないと指摘され，ドイツ法上の派遣期間は新たに再び規制されなければならないと指摘されていた[25]。

　こうした経緯から，2011年2月17日に連邦議会に改正案が提出された。

　改正法1条によれば，「(1)派遣元として第三者（派遣先）に労働者（派遣労働者）を経済的な活動の範囲内で労働の提供のため派遣しようとする，使用者は，許可を必要とする。派遣先への派遣労働者の派遣は，一時的に行われる。（…）」と定められた。

　連邦議会に提出された立法の草案では，「1条1項の挿入は，ドイツの労働者派遣のモデルが，ヨーロッパ法の準則に沿うのを，明確にするのに資する。労働者派遣法は，その都度の派遣先に対する派遣が，（…）一時的な派遣を指向した労働者派遣のモデルを規定している[26]」ということを明らかにしている。かつての法律のような最長期間を定めるのは，放棄されている[27]。BT-Ds. 17/4804によれば，連邦議会の「その際，労働者派遣指令の意味における『一

---

25　Schüren/Hamann, AÜG, 4.Aufl., München, 2010, Einleitung, Rn. 617.
26　BT-Ds. 17/4804.

時的』という概念は，柔軟な時間的要素として理解され，特に，厳密に定められる最長派遣期間を放棄することになる」と述べられている。

しかし，議会での大臣の答弁では，濫用防止法発行前の法状況とは独立して，一時的ではない労働者派遣を防止するという趣旨であると述べられ，EU法を完全に1対1で置き換えようとするものであると述べられている[28]。一方では，フレキシビリティを維持し，他方では，労働者派遣における公正を確保することが問われていると説いている。立法者は，その際，指令が労働者派遣を一時的なものとして定義していることから，指令が労働者派遣法の改正を要請すると考えた[29]。

ハーマン教授によれば，立法者の目的によれば，長期のポストに動員された労働者を派遣労働者によって代替することは，妨げられることになる[30]。

誤解を避けるために追加的に述べれば，最長期間の定めはないが，派遣を一時的な派遣に制限することで，派遣可能期間に新たな制限を加えたことになる。

法改正の目的は，立法の草案において明示的に述べられている。「実務において，労働者派遣法，また労働協約自体によって，禁止はされていない労働者派遣の濫用的な動員事例が知られるようになった。これに加えて，EU労働者派遣に関する2008年11月19日のヨーロッパ議会及び理事会2008/104指令が2008年に発令された。これは，ドイツ連邦共和国においては遅くとも2011年12月5日までにドイツ法に置き換えなければならない。本立法草案によって，労働者派遣の濫用が禁止され，そして，労働者派遣指令が置き換えられることになる。全体として，労働者派遣は，柔軟な労働市場の道具として強化され，そして，その積極的な就労効果を果たすことになる[31]」と。

---

27　BT-Ds. 17/4804；Hamann, NZA 2011, S. 70（72）．これは，派遣可能期間が無制約のままであるという意味ではなく，派遣可能期間を最長期間として時間的要素で定めるのを放棄したということである。

28　Deutscher Bundestag Stenografischer Bericht, 99. Sitzung, Plenarprotokoll 17/99, S. 11366（B）.

29　Regierungsentwurf zum Mißbrauchsverhinderungsgesetz, BT-Drucksache, 17/4804, S. 1.

30　Hamann, NZA 2011, S. 72. 但し，同教授によれば，派遣期間が過ぎれば，他の派遣労働者に代替することは許されるとする。

## 2 「一時的な労働」の概念の解釈について

　一時的な労働ではない場合の効果も，一時的な労働か否かに関する要件も規定されていない。この限りでは，この規定には重要な部分が欠けている[32]。このため，この「一時的な労働」という概念をめぐっては，解釈上の重要な問題が下記のように提起されている。この概念の具体化は，意識的に判例に委ねられているとも指摘される[33]。特に，（期間無制限の派遣を認めるべきかどうかを含めて）長期の派遣を認めるべきかどうかをめぐって，労使，及び学説において，激しく争われている。

　この「一時的な労働」をめぐっては，ドイツ使用者連盟は，EU2008/104指令によっては，長期の派遣の可能性が，排除されていないと主張する。つまり，「同指令による『一時的』というメルクマールにもかかわらず，長期間の投入は，時間的な終了が予定される限りでは，排除されていない[34]」と。

　ギーセン教授も，長期の派遣の可能性を認めている。同教授によれば，長期

---

31　BT-Ds. 17/4804. 以上の動向については，高橋賢司「ドイツ労働者派遣法の改正について」季刊労働法242号（2013年）57頁，同「ドイツ労働者派遣法とその改正について」電機連合NAVI 42号（2013年）48頁，同「ドイツはなぜ『再規制』を選んだか」労働情報2014年5月10日号（2014年）23頁，大橋範雄「ドイツの労働者派遣法」和田肇・脇田滋・矢野昌浩編『労働者派遣と法』（日本評論社・2013年）278頁，毛塚勝利「派遣労働」世界の労働2014年2号2頁，ロルフ・ヴァンク「ドイツと日本の労働者派遣」日独労働法協会会報第15号（2014年）47頁，緒方桂子「ドイツにおける労働者派遣をめぐる新たな動き」労働法律旬報1748号（2011年）22頁，川田知子「ドイツ労働者派遣法の新動向」法学新報119号5・6号（2013年）445頁（454頁）。

32　Rieble/Vielmeier, EuZA 2011, S. 474 (489).「一時的な労働」を定めた規定自体に対する批判としては，この規範は，法的な効果のない単なるプログラム規定として理解されると指摘される（Rieble/Vielmeier, EuZA 2011, S. 489）。「派遣先が派遣労働者を1年以上派遣したい場合に，許可が付与されないという内容を読み取れるとしたら，それは，指令の準則に一致するのかどうか，という問題が提起される」。ヨーロッパ法上，むしろ，制限のない制限というのが疑いがもたれる。4条1項によれば，派遣労働の禁止と制限は，一般的な利益（Allgemeinwohl）による制限という理由から正当化される場合にのみ，適法である。「しかし，そうであるならば，いかなる一般的な利益を立法者がこれによって追求したのかが問われる（Rieble/Vielmeier, EuZA 2011, S. 490）」。

　それゆえ，労働者派遣法1条1項2文の文言に反して，一時的でない派遣の禁止が読み取れるとしたら，それは，指令の準則に反しているとまで指摘される（Rieble/Vielmeier, EuZA 2011, S. 490）。

33　Thüsing, AÜG, § 1, Rn. 109a

34　Ausschussdrucksache 17 (11) 431, S. 15 (17).

の派遣に対しては，派遣指令は適用されない[35]。確かに，1条1項，3条1項b，c，d，eには，派遣が一時的に行われない場合には，その客観的な効力範囲は終了するとある。しかし，長期の派遣の場合について，何ら指令は介入していない[36]。派遣元ないし派遣先での契約上の規整により理論的にはあり得る[37]。これが期間の定めなく合意されても，特別な理由があれば解約が可能である。これらすべて長期の派遣を正当化する[38]。

こうした長期の派遣が可能であるという解釈については，反対もある。ヴァンク教授によれば，指令は派遣労働が一時的なものに限るとしていると読めると述べる[39]。

ドイツ労働組合総同盟も，何年にもわたる派遣を一時的と認め，または，あらゆる派遣を一時的と認めるのは，行き過ぎであると主張する[40]。派遣労働の意義は，派遣先で，現存する長期のポストを埋めることにあるのではなく，短期間の雇用のピークをカバーすることにあると説いている。

さらに，労働組合側の弁護士，ウルバー氏は，派遣可能期間について，一時的な労働とは，2年であると述べている。「派遣可能期間の規定の手がかりは，パートタイム労働法14条2項における法の思想にも含まれている。これによれば，2年をこえた雇用は，原則的には，期間の定めのない労働関係の枠内での

---

35 Giessen, FA 2012, S. 66 (68).
36 Giessen, FA 2012, S. 66.
37 Giessen, FA 2012, S. 68. ギーセン教授によれば，使用者が，かつて，期限なしの雇用で占められていたポストを，派遣労働者によって占めることにする場合，これは，派遣が長期の機能を果たすことを正当化する。他方で，正規雇用の労働者が見つかるまで，当該ブランク（空白）が補助的な労働力によって埋められることは，排除されない。補助的な労働力が延長され，自らの労働者の投入への交替が予定されない場合はじめて，常用となってしまう。一時的に，以前の基幹雇用のポストが，派遣労働者によって埋められることがあり得るのは，労働力需要が事業所の変化によって消失する場合である。さらに，長期の派遣は，派遣元ないし先の契約上の規定から理論的には生じ得る。これらが無期限に合意されても，特別な理由により解約可能であるならば，このことは派遣の長期性をむろん正当化する。しかし，こうしたことが許されないかについての基準は明確ではない（Giessen, FA 2012, S. 67 f.）。
38 Giessen, FA 2012, S. 68.
39 Müller- Glöge/Preis/Schmidt, Erf. Komm, 13.Aufl., München, 2013, AÜG, Einleitung, Rn. 5b（Wank）．
40 Ausschussdrucksache 17 (11) 431, S. 43, 47.

み，行われるよう，債権関係は，2年の後に濃縮される（verdichten）。第三者の事業所への継続的な労働者の組み入れを避けるためには，2年の最長期間を超えてはならない。期間の定めを置く労働者派遣契約の場合には，時間的な観点からは，2年の最長期間が考慮されなければならない。最長で2年後，労働者の投入される事業所における組み入れによって，労働関係の重点が派遣先にずれ，一時的でない継続的な派遣を排除することになる[41]」。

つまり，ウルバー氏の見解は，一時的な労働について，期間を2年と限定して解釈していることに特徴がある。しかし，立法草案においては，派遣可能期間は，無制約ではなくなったものの，派遣可能期間は，立法では定めないとしているため，かかる立法者の意図とは齟齬が生じ得る。

さらに，ハーマン教授[42]は，パートタイム労働法の要件に一致して，一時的な労働を解釈しなければならないとする。一時的な派遣の例として，休暇や疾病の代理，または，特別なプロジェクトや委託が挙げられている[43]。その上，次のような場合に，一時的な労働者派遣が許されるとする。

――一時的な労働力需要のみが派遣先に存在するという場合（パートタイム労働法14条1項2第1号）[44]および，代理（パートタイム労働法14条1項2第3号）
――教育訓練や大学修了に続いて期間設定が行われる場合（パートタイム労働法14条1項2第2号）と，試用期間の場合（パートタイム労働法14条1項2第5号），
――労務の特質による派遣労働者の動員（パートタイム労働法14条1項2第4号）[45]

このように，一時的な労働の概念については，立法当時から労使双方，その

---

41　Ulber, Arbeitnehmerüberlassungsgesetz（以下では，AÜGと省略する），4.Aufl., Frankfurt.a.M., 2011, § 1, Rn. 231.
　　ウルバー氏は，すでに，派遣先に対する派遣労働者の長期の派遣は，現行法では，労働者派遣ではなく，（推定的なあっせんというだけではなく）職業紹介を意味し，その結果，労働関係は直接派遣先とは基礎づけられると説いている（Ulber, AuR, 2011, S. 10 (11)）。
42　Hamann, NZA 2011, S. 73.
43　Hamann, NZA 2011, S. 73.
44　ただし，長期を予定するポストにも，派遣労働者の動員は一定の場合一時的に行える。これについては，以下で詳述する。
45　傾向企業の場合があり得るとする（Hamann, NZA 2011, S. 73）。ラジオ，テレビ，舞台，プロスポーツにおいて，あるプログラムのため派遣が行われる場合もあり得る（Hamann, NZA 2011, S. 73）。

後も，学説において激しく争われてきたが，やや混乱している感がある。

## 3　一時的な労働に関わる判例と実務

こうしたドイツ労働法学において争われてきたが，「一時的な労働」の概念の解釈に関して，ついに司法の判断が下された。

ある新聞の発行社において，労働組合とは別個の従業員代表組織，事業所委員会が，期間無期限の労働者派遣について同意を拒んだという事件が起こった。派遣先への派遣が事業所組織法99条における「雇入れ」にあたる場合には，事業所委員会は，当該雇入れについて，同意を拒むことができることになっている。そこで，問われたのが，期間無制限の派遣が「一時的な労働」（労働者派遣法1条1項2文）にあたり，新聞発行社に派遣された女性労働者の期間無期限の派遣について，当該事業所の事業所委員会が同意を拒めるかどうかであった（この事件において，使用者は裁判所にかかる同意を補充するよう請求した）[46]。

**新聞社事件・連邦労働裁判所2013年7月10日決定**

〔事件の概要〕　新聞の発行社では，2011年4月5日，企業内で，専門的労働者，プレミアの広告販売というポストの公募を出した。女性Sは，この公募に応募し，2010年1月使用者の下で職業訓練を修了した。これに続いて，使用者によって，2011年1月まで，使用者に適用される労働協約を基礎として，労働関係で雇用された。これによれば，D株式会社を通じて，派遣労働者として使用者の下で派遣され，その際，2年の期間の定めのある職務をさしあたっては予定していた。2011年4月に，2011年4月5日公募に出されたポストで，期間の制限なく，Dから派遣される派遣労働者として就労することを決めた。Dは，労働者派遣法により必要とされる労働者派遣業許可を有していた。

Sの派遣労働者としての派遣は，使用者の人事政策と関連性を有していた。2005年にまず，呼出の労働力（Abrufkräfte）によって埋められていたポストは，派遣労働者によって埋められることになっていた。

2006年12月に，使用者は事業所委員会に通知し，2007年4月1日により，今後募集される新たなポストは，Dの派遣労働者でのみ埋めるつもりであると通知していた。使用者の目的は，人事コストの構造改革を達成することにあった。

---

[46]　BAG Beschluss v. 10.7.2013, NZA 2013, S. 1296.

新たなポストの補充が問題になる場合には，この目的のもとで人事補充を行った。

2011年4月18日，使用者は，人事記録で参照されるべきSの応募書類を提示して，2011年5月1日以降の派遣労働者としての期間無制限の雇用のための，事業所委員会の同意を要求した。使用者は，2007年4月1日以降の通知を関連付け，重度障害者が応募されず，そうでなければ応募はないと指摘した。S女史の人物についての指摘とデータは，事業所委員会に知らされた。

2011年4月21日，事業所委員会は，この措置についての同意を拒否した。

2011年4月27日のさらなる雇入れの通知によって，使用者は，Sの雇入れが客観的な理由から差し迫って必要であると述べた。

2011年5月5日労働裁判所で開始された訴えによって，使用者は，事業所委員会の同意を裁判所によって補充すること，仮の動員の差し迫った必要性の確認を求めた。事業所委員会によって主張される同意拒否の理由は存し得ないと主張した。この措置の仮の実施は，差し迫った必要性があるとした。

使用者は，
1．2011年4月21日の通知を通じて，事業所委員会による，Sの雇入れの同意拒否を補充すること，
2．2011年5月1日までにおこなわれるべきSの仮の採用が，客観的な理由から差し迫って必要があったとの確認を求めた。

事業所委員会は申立ての拒否を求めた。労働裁判所及びラント労働裁判所は使用者の申立てを認容。事業所委員会の上告認容。

〔判旨〕　連邦労働裁判所は，2013年7月10日決定において，この事件につき，「この規定は，拘束力のない単なるプログラム規定ではなく，一時的ではない労働者派遣を禁止したものである。これは，派遣労働者の保護に役立つものである」と説示し，無期限の派遣に関する事業所委員会の同意拒否を適法とした。裁判所は次のように説示した。

「28(2)　意図されるSの雇入れが労働者派遣法に反していると正当に主張している。重要なのは，その際，当法廷の判断の時点で主張される権利の状況とこれによって，2011年12月1日以降適用される規定での労働者派遣法1条1項2文である。この規定は，派遣労働者の一時的ではない派遣を禁止している。これは，その目的が雇入れがなされない場合にのみ達せられる，事業所組織法99条2項1文の意味における法律を意味する。Sの予定される雇入れは，この法律に反している。これは，一時的ではない労働者派遣に向けられている。」

「29(a)　労働者派遣法1条1項2文は，濫用防止法1項2文a，bbによって，労働者派遣法に挿入された。濫用防止法2条により，2011年12月1日での改正は，

事業所委員会の同意についての使用者による提案の後に，前審の判断の後に，発効した。それにもかかわらず，事業所委員会の同意拒否の判断にあたって，当法廷の判断の時点で改正され適用される権利状況を考慮しなければならない。」

「32(b) 労働者派遣法1条1項2文が，派遣先への労働者の一時的な労働以上のものを禁止している。この規定は，労働者派遣法の適用領域をもっぱら定義するだけではない。単なる描写（Beschreibung）や拘束力のないプログラム規定を意味するものでもない。むしろ，法に服する者と裁判所によって考慮されるべき，拘束力のある法規範が問われている。このことから，規定の解釈が明らかになる。

立法の体系が，労働者派遣法1条1項2文の規範的で拘束力のある性格の論拠となる。労働者派遣法1条1項1文の疑いのない拘束力のある規定によれば，派遣元として第三者（派遣先）に対して労働者（派遣労働者）を経済的な活動の範囲内で労務の提供のため派遣しようとする，使用者は，許可を要する。この規定は，いかなる場合に労働者派遣法の意味における許可義務のある労働者派遣がありうるのかを定めている。労働者派遣法1条1項2文の次の規定は，これを制限するのではなく，許可を得た労働者派遣が，一時的にのみ行われることが許される，ということを規定している。」

「36(dd) 立法資料によって認識される立法者の意思は，濫用防止法の発効（Inkrafttreten）によって適用される権利状況とは別に，一時的ではない労働者派遣を禁止する，というところまで及んでいる。立法者は，濫用防止法と，これによる労働者派遣法1条1項2文の導入によって，ヨーロッパ連合法を1対1で完全に置き換えようとした。その際，考慮したのは，指令が，労働者派遣を一時的なものとして定義しているため，EU労働者派遣に関する2008年11月19日のヨーロッパ議会及び理事会2008/104の置換えが，労働者派遣法における改正を要求しているということである。こうしたことの背景を前にして，労働者派遣のドイツ法のモデルがこの準則に即応するという，明確性の獲得に役立つ規定を，立法者は，労働者派遣法1条1項2文によって挿入したのである。このことは，立法者の考えによれば，次のようなことである。労働者派遣法は，その都度の派遣先に対する派遣が一時的である，という一時的な労働を目的としたモデルを規整した。それゆえ，一時的な労働者派遣以上のものを排除しようとした法的な規定を創り出した。この規定は，明確性に資することに，変わりがない。このようなことの明確化は，新しい規定の規範的な効力なしには，中身のないものとなる。

37 労働者派遣法1条1項2文の導入によって，立法者の考えによれば，権利の状況が変更されることは，この規定が，濫用防止法2条により，2011年4月29日の法の告知（Verkündigung）の次の日ではなく，2011年12月1日に発効する，という規定に入ることによっても，示されている。立法者は，その契約上の合意とその他の規定を必要に応じて新たな権利の状況に適用させる十分な時間を派遣元と派遣先に対して与える，という考慮によって，著しく後の発効を理由づけている。新たな改正における労働者派遣法1条1項2文によって，事前の権利の状況とは別の新たな義務が生じるものではないならば，この規定の発効を時間的にずらすのは必要ではないであろう。

38 ee) 憲法上の準則は，この解釈に矛盾するものではない。これは，基本法に反しない。

(…)

40(bbb) 派遣元と派遣先の職業の自由という基本権（基本法12条1項）は，労働者派遣法1条1項2文が，一時的ではない労働者派遣を禁止する，という理解に，矛盾するものでもない。むろん，この理解では，職業の活動の自由への侵害が問題にはなる。しかし，これは許されたものである。

41(aaaa) 職業活動の自由の規制は，それが，共同の福祉の十分な理由によって正当化され，遂行される目的の達成のための選択された手段が，適切であり，かつ，必要であり，侵害の重大性と，侵害を正当化する根拠の重要性とを全体的に考慮して，期待可能性の限界が，見出される場合，許される。

42(bbbb) 一時的ではない労働者派遣の禁止は，共同の福祉の十分な理由によって，正当化される。これによって，実際の雇用についての可能性を与える者と派遣労働者の契約設定者とが，一時的以上のものを行うのを妨げられることで，このことは，派遣労働者の保護に役立つ。同時に，派遣先事業所の従業員の集団的な利益のために分断を制約するものである。完全に無制約な労働者派遣と結びつく危険性を対処するために，一時的な労働者派遣の法律上の禁止は，適切かつ必要なものであり，狭い意味では相当な手段である。

43(ff) 一時的な労働者派遣以上のものを禁止した労働者派遣法1条1項2文の解釈は，ヨーロッパ連合法に，矛盾しない。これによれば，これは，一方で，派遣労働市場についていえる。その際，連合法がかかる理解を禁じているかどうかは，未解決な問題である。他方で，このことは，ヨーロッパ連合の基本権憲章（Chata）の16条において認められる企業の自由についてもいえる。

44(aaa) 労働者派遣指令は，少なくともここで述べた理解に矛盾するものではない。

45（aaaa）　その1条1項によれば，労働者派遣指令は，派遣先企業の監督と指揮のもとで一時的に働くために，派遣企業と労働契約を締結し，又は，雇用関係が開始し，派遣先企業が使用する，労働者に対して，適用される。労働者派遣指令3条1項bによれば，派遣企業とは，派遣先企業に派遣させ，これにより，派遣労働者がその監督または指揮のもとで一時的に働くため，国内法により，派遣労働者と労働契約を締結し，または，雇用関係に入る，自然人または法人である。労働者派遣指令3条1項cによれば，派遣労働者は，派遣先企業に派遣され，これにより，派遣労働者がその監督または指揮のもとで一時的に働くため，派遣企業と労働契約を締結し，または，雇用関係に入る，労働者である。労働者派遣指令3条1項dは，派遣先企業について，委託により，また，監督及び指揮のもとで派遣労働者が一時的に働く，自然人または法人であると定義する。最後に，労働者派遣指令3条1項eの意味における派遣とは，派遣労働者がその監督または指揮のもとで一時的に働くため，派遣労働者が派遣企業に使用される間の時間的な領域である。

46（bbbb）　指令が，一時的ではない労働者派遣を禁止し，また，この規制によって，指令の適用領域が定められているかどうかは，争いがある。この場合，この問題は未解決の問題である。指令が，加盟国によって置き換えられる，一時的ではない労働者派遣の禁止を含む場合には，労働者派遣法1条1項2文は，連合法に一致した解釈の要請を理由として，ここで述べられる意味で解釈されなければならないであろう。しかし，たとえ，指令がかかる禁止を要求しないとしても，いずれにせよ，一時的ではない労働者を禁止することを国内の立法者が妨げられているとは，読み取れない。」

　「52(d)　使用者によって意図されたS女史の雇入れは，労働者派遣法1条1項2文の意味における一時的にとどまるものではなく，それゆえ，この規定に含まれる禁止に反する」。

　この決定は，「一時的な労働」の概念を制限的に解釈し，期間無制限の派遣が「一時的な労働」ではないと判断した点が重要である。「一時的な労働」の概念をこのように解釈するのかは，今後の判決を見る必要がある。しかし，この決定の影響は甚大で，連邦使用者連盟のヴォルフ氏（へのインタビュー）によれば，労働者派遣が一時的な労働ではない場合には，事業所委員会が，当該労働者派遣を拒むことになるであろうと述べていた。

　このように，派遣可能期間が無制限であったドイツにおいては，法改正によ

り労働者派遣が「一時的な労働」に限られるとした。もはや，派遣可能期間は無制限ではない。その際，決定は，EU指令が労働者派遣を一時的な労働を定義したことから，立法者がEU指令に対応して立法しようとした趣旨を捉えている。「労働者派遣のドイツ法のモデルがこの準則に即応するという，明確性の獲得に役立つ規定を，立法者は，労働者派遣法1条1項2文によって挿入したのである」と判示している。

また，一時的ではない労働者派遣を違法と判断するのは，EU指令に合致する解釈であると説示している。その上，一時的な労働を規定することにより，職業の自由を侵害するのではないかという点に対しては，「一時的以上のものを行うのを妨げられることで，このことは，派遣労働者の保護に役立つ」上に，同時に，「派遣先事業所の従業員の集団的な利益のために分断を制約するもので」，「完全に無制約な労働者派遣と結びつく危険性に対処するために，一時的な労働者派遣の法律上の禁止は，適切かつ必要なものであり」，EU基本権憲章16条で認められた企業の自由にも抵触しないとまで説示している。

他方で，本決定は，2011年4月29日ではなく，12月1日に施行されたという事情から，労働者派遣法1条1項2文の規範的な性格を論じている。つまり，施行を遅らせることにより，契約上の合意やその他の規定を新たな規定にあわさせる十分な時間をとろうとしたというものである。これにより，同条が規範的効果を生じさせたものであるとし，プログラム規定であるとの学説の主張[47]を退けた[48]。これは，法的効果と要件を一時的な労働について定めていないことから，この規定がプログラム規定であるとの学説があった。チュージング教授は，現在でも，本決定の評釈において，本決定がプログラム規定ではないとした部分に対して，これは確かなことではないと述べている[49]。本決定はこうした主張を斥けたことになる。

ただし，本決定によっても，長期の派遣が「一時的な労働」をこえたものであるかどうかは，述べられていない。単に，期間無制限の派遣を禁止したにすぎないからである。

---

47 Rieble/Vielmeier, EuZA 2011, S. 474 (489); Boemke/Lembke, AÜG, §1 Rn. 115.
48 Hamann, JurisPR 47/2013 Anm.1, S. 4.
49 Thüsing, NZA, 2013, S. 1248 (1249).

なお，一時的な労働でない労働者派遣をさせた場合の法律効果には，争いがある。バーデン・ヴュルテンブルク・ラント労働裁判所は，2012年11月22日判決において，本条の違反により，派遣先への擬制的な労働関係が成立する（許可なしの事案）と判断している[50]。これに対し，有力な学説は，「一時的労働」でない派遣を禁ずる規定違反によっては，法律上の効果は生じないとしている[51]。この学説は，上述の判例とは異なり，同規定が，法律上の拘束力のないプログラム規定であるとしている。本条にいう一時的な労働の違反の場合には，労働関係は擬制されないというものである。かつて，2002年以前の旧13条は，「労働関係が，就業促進法4条に反して行なわれた職業紹介によるときは，かかる労働関係の使用者に対する労働者の労働法上の請求権は，合意によっては，排除されない」と規定されていた。これにより，違法派遣の場合に，労働者の保護のため，派遣先との労働関係が擬制された。この旧13条の規定の削除の結果，一時的な労働でない派遣によっては，この擬制的な労働関係を発生させるという労働契約上の法律効果はもはや生じないと解している[52]。

ドイツの代表的な派遣会社，80の支社に6千人の派遣労働者を抱えるネプトゥーン社では，2012年及び2013年，35日，約5週間の平均派遣日数であった。具体的には，
―派遣の約30％が1週間の派遣期間
―派遣の約30％が1週から1ヶ月未満の派遣期間
―派遣の約25％が1ヶ月から3ヶ月未満の派遣期間
―派遣の約15％が3ヶ月以上の派遣期間

最も長い派遣は1年以上で，エンジニアでは3年のプロジェクトもあったとされる。派遣は，疾病の労働者や休暇取得者の代理を理由として行われる。また，例えば，ロギスティックや自動車登録の分野では，季節に依存した注文のピークというのがある。代表のエンゲル女史によれば，派遣労働というのは，季節に依存した業務であるという。この会社では，一時的な労働という概念と

---

50　LAG Baden-Württemburg Urt.v. 22.11.2012 in Juris.
51　Boemke/Lembke, AÜG, § 1 Rn. 115.
52　Mengel, Konzernneigene Arbeitnehmerüberlassung, in: Rielbe/Giessen/Junker, Arbeitsrecht im Konzern, München, 2010, S. 47 (71).

の関係で問題はほぼ存在しない。

　また，ジーメンス社（派遣先の企業）では，派遣会社からたえず労働者派遣を受け入れているが，「一時的な労働」と概念規定する2011年の法改正を受けて，従来からの派遣期間を改め，事業所委員会と使用者との間の協定（事業所協定と呼ばれる）において，派遣会社からの最長派遣期間を18ヶ月とし，これを超えた場合には，派遣先と派遣労働者との間の労働契約関係が成立することとなっている。

　これに対し，BMW社では，（同社へのインタビューによれば），8年を上限とする労働者派遣を続けているが，特に，開発の部門に限られるとしている。これも，いずれ，法改正を受けて，改めなければならないとしている。ライプツィッヒにおいて1,100人を工場で雇用するBMWは，134人の派遣労働者の派遣先への派遣（雇入れと呼んでいる）を派遣元から受け入れようとし，派遣先事業所委員会は，2011年12月12日，文書で，その塗装工らの派遣（雇入れ）が「一時的な労働」ではないとして，承認をしなかった。同社は，裁判所に対し，同意の補充を申し立て，ライプツィッヒ労働裁判所は，事業所委員会が行わなかった同意について，その補充を認めた（つまり，同社が勝訴した）[53]。この訴訟では，一時的な労働をこえた派遣が，法律違反となるかが争点となった[54]。この訴訟は，控訴審でいまだ係属しているとされる。

　このように，実務では，しだいに長期の労働者派遣を改め，短期間の労働者派遣に改める傾向がある。「一時的な労働」という概念の導入が，ドイツ労働法の重要な解釈上の問題になっているとともに，実務においても，派遣期間の転換が迫られている点が，注目に値する。労使の実務としても，従業員の代表組織が，「一時的な労働」ではない労働者派遣について，同意を拒めるとするのは，大変興味深い。

　ただし，長期の派遣が「一時的な労働」に該当するかどうかは，いまだ未解

---

53　Leipzig AG Beschluss v. 23.3.2012, 5 BV 85/11.
54　この事件では，原告側が，一時的な労働とは，パートタイム就業促進法14条における正当化事由に該当すべきであるという考えに基づいて，雇入れが一時的な労働にあたらないと主張したが，一時的な労働とは，パートタイム就業促進法14条における正当化事由に該当しなければならないわけではないと裁判所は判断した。

決な問題である。

 2011年までの派遣労働者数も，全体的には，好景気の時期の早い時期に，基幹労働者の雇用の増加とともに，派遣労働者の数が増加し始め，労働者派遣によって企業が雇用に反応していた。しかし，一時的な労働の概念が導入される，2011年以降，派遣労働者数の発展がとまっている。2011年を境に，労働者派遣は減少に転じている。2012年の時点では，派遣元企業に90万8,000人の派遣労働者が労働契約を締結しており，この10年間と比べて，58万2,000人増となっている[55]。社会保険義務のある雇用も53万9,000人に減少している。

 労働者派遣法の適用に関する連邦政府第12次報告（Elfter Bericht der Bundesregierung über Erfahrung bei der Anwendung des Arbeitnehmerüberlassungsgesetzes－AÜG－（2014年））によれば，全体的には，好景気の時期の早い時期に，基幹労働者の雇用の増加とともに，派遣労働者の数が増加し始め，労働者派遣によって企業が雇用に反応しているのがわかる。しかし，発展がとまると，企業は，好景気を信じ，基幹労働者を雇用するようになる。派遣労働の後退の理由は，派遣労働者が，派遣先企業において基幹雇用者として雇用され，または，労働者派遣とは異なる形の雇用で受け入れられていることによる，と説明されている。

 これは，派遣会社へのインタビューでも裏付けられる。派遣会社ネプチューンの代表によれば，好景気が続くと，正規社員のかたちで失業者は吸収され，派遣会社には来ないとされる。連邦雇用エイジェンシーの派遣担当のローランド氏（へのインタビュー）によると，一時的労働の規制があることに加えて，好景気が続くと，派遣労働を用いることに疑問が生じ，長期の派遣は意味をなさなくなることから，長期の動員を可能にするため直接雇用に転ずるようになると指摘する。

 これに加えて，同一賃金原則も，雇用に影響を与えると考えられる。派遣会社へのインタビューでも，同一賃金原則も，同一賃金原則への接近のための協約政策も，派遣会社にとっては，負担になると説明する。派遣先も，基幹労働

---

55 Bundesargentur für Arbeit, Der Arbeitsmarkt in Deutschland, Die Zeitarbeit-aktuelle Entwicklung（2013）.

者と同じあるいはこれと類似した派遣の賃金相当分を派遣料金として派遣元へ支払わなければならない。このため，派遣労働者を基幹労働者にしたとしても，ほぼ同様の人事コストとなる。そうであるとすれば，派遣労働をやめて，基幹労働者に転じさせるのも，うなずける。つまり，派遣労働の後退の理由は，派遣労働者が，派遣先企業において基幹雇用者として雇用され，または，派遣以外の他の形の雇用で受け入れられていることによる，と説明されているのである。一時的な労働の概念を通じて，派遣先での直接雇用への転換を容易にするというコンセプトが実現しつつあるのがわかる。一時的な労働という概念の導入によって，長期の需要に対して，派遣労働ではなく，基幹雇用によって対応する，という新たな雇用モデルが進行しつつあるのが，よくわかる。

但し，一時的な労働という概念のあいまいさが一番のネックであり，学説を混乱させた原因でもあったが，2013年の連立協定において，派遣労働を18ヶ月にすると明確にされている。政府ではこれに向けた立法化が進められるとみられている[56]。

### 4 「一時的な労働」の概念との関係で提起される解釈上の論点（派遣契約の更新等）

派遣契約を更新できるかという問題がまれにドイツでも生じる。

この点に関して，連邦労働裁判所は，3ヶ月の派遣をそのつど1ヶ月の中断期間をおいて繰り返していたケースについて，連邦憲法裁判所の次の説示を引用した。1．ある事業所が，例えば，常用の従業員の一時的な欠落を理由として，または一時的であるが差し迫った労働を理由として，自らの労働力では処理することができない場合，それゆえ，派遣労働者が補助的な労働力に投入される場合，労働者派遣契約が，意味のある経済的な機能を果たし得る，2．労働者派遣契約も，さまざまな理由から長期のポストを受け入れずまた受け入れようとしない労働者の労働力を動員し得るため，より特別な経済的な必要性に対処するという説示である。連邦労働裁判所は，この連邦憲法裁判所の判例を

---

[56] 毛塚勝利「派遣労働」世界の労働2014年2号2頁，高橋賢司「ドイツはなぜ『再規制』を選んだか」労働情報2014年5月10日号（2014年）23頁。

引用しつつ，続けて，「労働者派遣法の制定時には，このことが考慮に入れられ，これにより，同一派遣先への同一の労働者の派遣は，個々の場合には，3ヶ月という限定された期間（訳者・注　当時の法律）許容し，これを超えた派遣は禁止していた。期間的な制限によって，―政府草案の根拠にあるように―，長期の労働者派遣の労働市場ないし社会政策的な影響に対処するものである（BT-Dr VI/2303, S. 12）。この制定上の動員の制限は，長期を予定するポストが，長期派遣される労働者によって占められるのを妨げるものである」と判示している[57]。かかる観点から，この場合，派遣元と派遣労働者との間の期間の定めのない労働契約が存続するとする控訴審の判断が維持された。

「一時的な労働」の概念が導入されている現在，こうした判断は，いっそう維持されるべきことになろう。ウルバー氏によれば，同指令により，同一の労働者を長期のポストに派遣・動員するのを禁止しているだけではなく，一時的に動員された派遣労働者を他の派遣労働者に交換するのも禁止している。この規範の保護の目的は，派遣先の事業所に存在する基幹労働のポストを，長期にわたる労働者派遣の阻止により，確保することにある。それゆえ，派遣労働者の交換によって，無制限かつ無期限に，ある企業のポストが派遣労働者によって占められてはならない。そうでなければ，憲法上の限界にも，派遣先事業所における長期のポストの維持のための規範の目的にも一致しないと述べる[58]。

## 三　期間設定法上の規制

派遣労働契約については，期間の定めのない労働契約の場合と期間の定めのある労働契約とがあるが，後者については，期間の定めのある労働契約に関する規制，特に，パートタイム就業促進法が及ぶことになる。このため，つまり，派遣労働契約の期間設定も，パート等の期間の定めのある労働契約と同様，パートタイム就労促進法14条1項の客観的な理由により正当化される場合にのみ適法となると解するのが有力である。

---

57　BAG Ur.v. 23.11.1988, NZA 1989, S. 812.
58　Ulber, AÜG, § 1, Rn. 231b.

この点に関して，ヴァンク教授によれば，派遣元と派遣労働者との間の関係については，期間設定法が適用される[59]。期間設定の根拠は，派遣元と派遣先との間の法的関係からのみ生じる。なぜなら，この関係でのみ労働契約関係が成立するからである。

同条1項においては，次のように定められる。

「労働契約の期間設定は，客観的な理由により正当化される場合にのみ，適法である。客観的理由は，特に，次のような場合に存する。

1．事業所での労働提供に関する需要が一時的にのみ存する場合
2．労働者の雇用へ移行するため職業訓練あるいは大学に続く期間設定が行われる場合
3．他の労働者の代理のため雇用される場合
4．労働の提供の特質のある場合
5．試用期間の場合
6．労働者の個人的事情のある場合
7．財政的手段から労働者が報酬を受け，財政法上一定の期間雇用が定められ，これに応じて就労する場合
8．期間設定が裁判上の和解に拠る場合」

これは，期間の定めのない労働契約が原則であって，有期の労働契約は「例外」であるべきである，という考えに拠っており，ドイツの有期労働契約は，解雇規制の潜脱にあたることから，客観的に正当化された場合のみ，適法となる，というのは日本でも有名である。

これに対して，「例外」の例外が定められている。つまり，同法2項においては，「客観的な理由のない暦による労働契約設定は，2年までの間は，適法である」と定められる。

期間設定の適法性については，客観的理由に基づく期間設定（14条1項）あるいは客観的理由を欠く期間設定（14条2項）いずれかの要件が，客観的に満たされているかどうかということが重要である。

---

59　Müller- Glöge/Press/Schmidt, Erfurter Kommentar (Erf.Komm. と略す), AÜG, 2013, München, Einl. Rn. 6. この限りで，派遣元には，例えば，以下の本文のパートタイム労働法14条2項が適用されると述べる。

こうした観点から，ヴァンク教授は，パートタイム労働法の要件に一致して，労働契約が締結されなければならないとする。派遣労働契約の例として，試用期間の場合，労働者の個人的事情の場合に，期間設定があり得て，特に試用期間は，長期失業者の場合に意味があると述べる[60]。事業所での労働提供に関する需要が一時的にのみ存する場合の場合にもあり得るとする[61]。フランツェン教授（インタビュー）によれば，ドイツ法では，期間の定めのある労働契約を締結する場合に，就業促進法14条に服することから，派遣労働契約に対しても，かかる規制は，とても厳しいものになっているとする。

すべての終了した派遣労働契約関係のうち，3ヶ月以下未満のものが，半分以上となっている。しかし，かなりの短期間の派遣労働契約関係は意義を失いつつあり，より長い継続的な労働契約関係が重要となっている。依然，期間の定めのある派遣労働契約は多く，2008年後半には，42.4％が1週間から3ヶ月の労働契約，48.9％が3ヶ月以上を超える労働契約となっている[62]。

**Exkurs. 証明法的な規制とその内容**

派遣労働契約の締結にとって重要なのは，労働者派遣法11条の次の規定である。

「(1) 派遣労働関係の基本的な契約条件の証明は，証明法の規定による。証明法2条1項で列挙された事実に加えて，次の事項が文書のなかに記載されなければならない。

---

[60] Erf.Komm., AÜG, Einl. Rn. 9（Wank）．重要ではないのは，パートタイム労働法14条1項2号である。同様に，3号も問題にならない。4項の労務の特質からも，派遣労働契約の期間設定の可能性がない。7，8号も問題にならないとする（Erf.Komm., AÜG, Einl. Rn. 9（Wank））。

[61] Erf.Komm., AÜG, Einl. Rn. 9（Wank）．派遣元の職務の需要とこれによって一般的に労働者派遣について将来的に消失する，という契約締結時での予測が，十分な確実性をもって明らかになる場合に，事業所での労働提供に関する需要が一時的にのみ存するという要件が充たされるとする。経済的な活動に内在する将来の進展に関する不安定性と，当初から存在する一時的な需要とは区別されなければならない。経済的な活動に内在する将来の進展に関する不安定性がある場合は，期間設定を正当化しない（Erf.Komm., AÜG, Einl. Rn. 7（Wank））。

[62] Elfter Bericht der Bundesregierung über Erfahrungen bei der Anwendung des Arbeitnehmerüberlassungsgesetzes

1．派遣元の企業と住所，許可官庁，並びに，1条による許可の場所と日付
　　2．派遣労働者が派遣されない期間の給付の種類と額
(2)　さらに，派遣元は，派遣労働者に対して，契約締結にあたって，本法律の重要な内容に関する許可官庁のリーフレットを手交する義務を負う。ドイツ人ではない派遣労働者は，求めにより，1項によるリーフレットと証明を，その母語で得る。リーフレットの費用は，派遣元が負う。
(3)　派遣元は，遅滞なく，派遣労働者に対して，許可の喪失の時期について伝達しなければならない。延長されない場合（2条4項3文），取消（4条），撤回（5条）の場合には，さらに，派遣元は，見込まれる終了の時期（2条4項4文），法律的な終了の期間（2条4項4文最終の文）を指摘しなければならない。
(4)　民法622条5項1文は，派遣元と派遣労働者との間の労働関係に適用されない。受領遅滞の場合の報酬に関する派遣労働者の権利（民法615条1文）は，契約によって破棄され，又は，制限されない。民法615条2文については，変更がない。派遣労働者の報酬に関わる権利は，社会法典第3編による操業短縮労働給付金が派遣労働者に支払われる時期についての操業短縮労働に関する合意によって，破棄され得る。かかる合意は，最長2011年12月31日まで，報酬に関する派遣労働者の権利を排除し得る。
(5)　派遣労働者は，派遣先が労働争議に直接関わる限り，派遣先での業務を行なう義務を負わない。1文による労働争議の場合には，派遣元は，派遣労働者に対して，労務の提供を拒む権利を指摘しなければならない。
(6)　派遣先での派遣労働者の職務は，派遣先の事業所に適用される労働保護法の公法上の規定に服する。これによって生じる使用者に関する義務は，派遣元の義務にもかかわらず，派遣先に義務づける。特に，派遣先は，派遣労働者に対して，就労の開始前と，その職務範囲内に変更がある場合には，その労働にあたってさらされる安全と健康に関する危険について，並びに，この危険を回避するための措置と装備について，情報提供しなければならない。さらに，派遣先は，派遣労働者に対して，特別な資格，又は，職業上の能力の必要性について，医師による特別な監視の必要性について，

並びに，職場での特に高い危険性について，情報提供しなければならない。
(7) 派遣労働者は，派遣先での職務の期間中，職務発明，又は，技術的な改善提案をした場合に，派遣先は，労働者発明に関する法律の意味における使用者として，みなされる」。

11条は，派遣労働者への情報提供権を保障し，派遣労働関係におけるさまざまな労働条件を規制する。かつては，この規定は，業による労働者派遣のみに適用されたが，現在は，すべての派遣労働に対して，適用される。

本条は，派遣労働関係について，証明法の適用可能性を明示的に規定し，派遣労働に特有の重要な労働条件に関する事柄については（1号及び2号）規定を補っている。

適法な労働者派遣の場合には，証明法は，原則的に適用されることになる[63]。

この規定の目的は，労働法上の地位について，派遣元企業に対して，情報提供させることにある。さらに，連邦雇用エイジェンシーは，派遣労働関係の内容の固定化により，派遣労働関係について，コントロールし得るし，派遣先は，10条による擬制的労働関係が成立する場合には，基本的な労働条件について，情報提供を受け得ることになる。11条1項ないし3項及び5項2の違反の場合，派遣元は有責的な違反のある場合，民法280条1項により，派遣労働者に対して損害賠償義務がある。連邦雇用エイジェンシーは，重大な違反の場合には，許可を延長又は撤回する権限がある。11条1項又は2項の故意又は過失による違反の場合，労働者派遣法16条1項8号により，罰金が科される[64]。

以下では，特に説明を要すると思われる事項を中心に，説明を加えていく。

## 1 労働条件の記載事項

文書による労働契約において，証明法2条1項ないし3項によるすべての事項，11条1項1号及び2号による事項を記載しなければならない[65]。証明法（Nachweisgesetz）2条1項の規定と関連して解釈され得る。同法2条1項1文及び2文によれば，

---

63 Thüsing, AÜG, § 11, Rn. 3.
64 Müller- Glöge/Preis/Schmidt, Erf. Komm, 13.Aufl., München, 2013, AÜG, § 11, Rn. 2 (Wank) ; Thüsing, AÜG, § 11, Rn. 3.

「使用者は，労働関係が合意上開始された後，遅くとも1か月，基本的な契約条件を文書で記し，その記録に署名し，労働者に手交しなければならない。その署名においては，少なくとも，次のことが記載されていなければならない。
1．契約当事者の名前と住所
2．労働契約関係の開始時期
3．期間の定めのある労働契約関係：労働関係の予見される期間
4．就業場所，又は，労働者が一定の就労場所でのみ職務を行うのではない場合，労働者が異なった場所で雇用され得るという指摘
5．労働者によって提供される職務の特徴及びその記載
6．加給，手当，プレミアム，及び特別手当，並びに，他の労働の対価の構成部分，その期限を含む，労働の対価の構成（Zusammensetzung）及びその額
7．合意された労働時間
8．年次有給休暇の期間
9．労働関係の解約告知期間
10．労働契約関係に適用される，労働協約，事業所協定，雇用上の合意を一般的な形で参照すること
電子的な形での基本的な契約条件の証明はなしえない」と定められる。
代替として，これらの事項の記載なく，労働契約を締結し，その場合には，

---

65 Erf. Komm, AÜG, §11, Rn. 2（Wank）. 証明法2条2項及び3項は次のように規定される。
「(2) 労働者が，その労働の提供をドイツ連邦共和国外で1ヶ月を超えて提供すべき場合には，文書が，労働者に対し，出国前に手交されなければならず，次の追加的な事項が記載されていなければならない。
 1．外国で営まれる職務の長さ
 2．労働の対価が支払われる通貨
 3．外国滞在と結びつく追加的な労働の対価とこれと結びついた追加的な給付
 4．労働者の帰国についての合意された条件
(3) 1項2文6号ないし9号及び，2項2号及び3号は，労働関係に適用される，関連した労働協約ないし事業所協定又は雇用上の合意及び類似の規定への参照によって，補充される。1項2文8号及び9号の場合に，法律上の規定が重要である場合には，これを参照し得る」。

労働関係の開始後1ヵ月後以内に，これらの事項を含む文書を手交しなければならない[66]。メールでは十分ではない[67]。

記載が要求される事項について以下順に検討する。

―証明法2条1項1号―契約当事者の名前と住所

　　派遣元企業の名前と住所の記載が要求される[68]。

―証明法2条1項2号―労働関係の開始

　　合意された契約締結の時期の記載が必要であり，就労開始時期ではない[69]。

―証明法2条1項3号―期間設定の期間

　　期間の定めのある派遣労働契約の場合には，予定される労働契約関係の期間を規定する[70]。

―証明法2条1項4号―就労場所

　　就労場所は，派遣労働関係で重要な意味を持つ。文言によれば，企業の所在地の就労場所，又は，派遣元事業所の就労場所として，記載しなければならない。

　　労働者派遣法旧11条1項3号では，異なる派遣先企業での派遣によって，就労場所が変更される必要性を指摘する必要があった。現行法では，これを要求していないが，わかり得る限りで，最初の派遣場所を告げなければならない[71]。派遣可能期間において異なった場所の派遣先で就労することを指摘しなければならない[72]。告知しなければならないのは，場所的な派遣の地域（場合によっては派遣される国）である[73]。これとともに，外国である場合には，給付地を記載する必要がある[74]。

―証明法2条1項5号―職務の内容

---

66　Erf. Komm, AÜG, § 11, Rn. 2 (Wank).
67　Erf. Komm, AÜG, § 11, Rn. 2 (Wank).
68　Thüsing, AÜG, § 11, Rn. 8.
69　Erf. Komm, AÜG, § 11, Rn. 4 (Wank) ; Thüsing, AÜG, § 11, Rn. 9.
70　Erf. Komm, AÜG, § 11, Rn. 4 (Wank).
71　Thüsing, AÜG, § 11, Rn. 11.
72　Erf. Komm, AÜG, § 11, Rn. 4 (Wank).
73　Erf. Komm, AÜG, § 11, Rn. 4 (Wank).
74　Erf. Komm, AÜG, § 11, Rn. 4 (Wank) ; Thüsing, AÜG, § 11, Rn. 11.

現在では，職務の具体的な内容の記載が要求される[75]。派遣先のみならず，派遣元でも就労する可能性がある場合には，その指摘は証明書において必要である[76]。

―証明法2条1項6号―対価

対価の記載は，基本賃金，並びに，追加的な賃金についても必要である。例えば，手当，プレミアム，手数料，ボーナス，事業所年金等も記載が必要とされる[77]。撤回の留保条項については争いがある[78]。

―証明法2条1項7号―労働時間

合意された労働時間は記載しなければならない[79]。時間外労働，シフト労働，祝祭日労働についての規定も記載が必要である[80]。

―証明法2条1項8号―休暇

休暇請求権の範囲，休暇金などを定める[81]。

―証明法2条1項9号―解約告知期間

―証明法2条1項10号―集団的な合意

労働協約や事業所協定のような派遣労働関係に適用される集団的な合意については，記載が必要である[82]。派遣労働に関する労働協約は最近ではよく締結される[83]。出向元が労働者派遣事業許可を得る，混合事業所にもこのルールは適用される[84]。

―証明法2条2項

派遣労働者は1ヶ月以上海外で労働を提供しなければならない場合，外国

---

75 Thüsing, AÜG, § 11, Rn. 12. 派遣先により職務が異なる場合には特に意味がある。同教授によれば，就労場所が変わり，事業所が変わる場合にも，職務の記載は，必要である（Thüsing, AÜG, § 11, Rn. 13）。
76 Erf. Komm, AÜG, § 11, Rn. 5 (Wank) ; Thüsing, AÜG, § 11, Rn. 11.
77 Thüsing, AÜG, § 11, Rn. 15.
78 Thüsing, AÜG, § 11, Rn. 16は，記載不要であるが，記載が推奨されるとしている。
79 Thüsing, AÜG, § 11, Rn. 19.
80 Thüsing, AÜG, § 11, Rn. 19.
81 Thüsing, AÜG, § 11, Rn. 21 ; Erf. Komm, AÜG, § 11, Rn. 8 (Wank).
82 Erf. Komm, AÜG, § 11, Rn. 10 (Wank) ; Thüsing, AÜG, § 11, Rn. 23.
83 Erf. Komm, AÜG, § 11, Rn. 10 (Wank).
84 Erf. Komm, AÜG, § 11, Rn. 10 (Wank).

での業務の記載をする必要がある（期間，通貨，特別な報酬，費用，帰還の条件）[85]。

―労働者派遣法11条1項2文1号及び2号
　1．派遣元の企業と住所，許可官庁，並びに，1条による許可の場所と日付
　2．派遣労働者が派遣されない期間の給付の種類と額

　　上記1，2の記載が必要である。派遣可能でない期間については，基本賃金の記載が必要である[86]。派遣期間については，重要な労働条件は派遣先にとっても重要である。プレミアムや手数料のような手当も記載が必要である[87]。

## 2　違反の場合の法律効果

　11条による情報提供義務及び指摘義務は，強行法規である[88]。しかし，その違反により，派遣労働契約は無効とならない。さらに，義務違反がある場合には，派遣元は，派遣労働者に対しては，場合によっては，損害賠償義務を負う[89]。

　また，かかる義務違反は，秩序違反となり，16条1項8号による罰金を支払う義務を負う[90]。

　さらに，重度の繰り返されるケースについては，派遣元は，派遣業許可の延長を拒否され，又は，許可を取り消され得る[91]。

　学説では，派遣労働者の訴訟における証明責任の転換が要求されている[92]。

## 3　許可の喪失の情報提供

　派遣元は，派遣労働者に対して，1条によって必要とされる派遣業許可が喪

---

85　Thüsing, AÜG, § 11, Rn. 25.
86　Erf. Komm, AÜG, § 11, Rn. 6（Wank）.
87　Erf. Komm, AÜG, § 11, Rn. 6（Wank）.
88　Thüsing, AÜG, § 11, Rn. 31.
89　Thüsing, AÜG, § 11, Rn. 32.
90　Thüsing, AÜG, § 11, Rn. 31.
91　Thüsing, AÜG, § 11, Rn. 32.
92　Thüsing, AÜG, § 11, Rn. 32.

失した場合には，これについて，伝達しなければならない。

規範の目的は，リアクションを可能にさせ，特に，派遣労働を適宜中止できるように，派遣労働者に対して，可能な限り早く，この重要な変更を伝えさせることにある[93]。

許可が取り消され，撤回され得る。9条1号により，派遣労働契約は無効になり，10条1項1文により，派遣先との労働関係が擬制される。

## 4 受領遅滞

民法615条によれば，「雇用権限者が，雇用の受領によって，遅滞になるときは，義務者は，遅滞の結果提供できない労務について，追完について義務を負うことなく，合意された報酬を請求し得る」と定める。労働者派遣法11条4項により，受領遅滞の場合の賃金請求権について，派遣労働者の保護を強化している。派遣元が派遣労働者の就労のリスクを和らげるのを妨げ，この限りで，3条，9条，10条を補完している[94]。

11条4項2文の規定は，強行法的な規定であると解する立場もある[95]。これに対して，受領遅滞の規定は，不可変更的であるとし，私的自治の原則に従うとする見解もある[96]。

したがって，重要なのは，たとえ，派遣労働者が派遣先企業において労働をしなかったとしても，また，派遣先企業のために業務をしていなくても，派遣元企業は，派遣労働者に対して，賃金を支払わなければならない。つまり，派遣可能でない期間も，賃金支払義務を負うことになる[97]。

派遣不可能な期間は，同一賃金原則は及ばないが，派遣労働者は，派遣元企業に対して，派遣不可能な期間は，合意された対価の請求権を有する[98]。

同法11条4項3文によれば，2011年12月31日までの期限付きで，派遣労働者

---

93 Thüsing, AÜG, § 11, Rn. 37.
94 Thüsing, AÜG, § 11, Rn. 41.
95 Erf. Komm, AÜG, § 11, Rn. 16（Wank）.
96 Thüsing, AÜG, § 11, Rn. 43.
97 Thüsing, AÜG, § 11, Rn. 44.
98 Thüsing, AÜG, § 11, Rn. 44.

に対し，この期間，操業短縮給付金が社会法典第3編により支払われる場合，操業短縮の合意により，派遣労働者の対価に関する権利の排除が認められている。解雇を回避するために，連邦雇用エイジェンシーが操業短縮給付金を使用者に支給し，これによって，使用者は，操業を短縮し得る[99]。

## 四　労働者派遣と派遣労働契約の実務

派遣会社ネプチューンは，ミュンヘン郊外，タウフ・キルヘンに本社がある。本社といっても，それぞれの支社は一つの会社の形態をとっており，本社がホールディングの形をとっている。この本社で，派遣のための面接から，すべての派遣会社での賃金・税金の計算などを一手に行っている。

同社の代表，エンゲル女史へのインタビューでは，次のような回答が得られた。

1）あなたの企業は，何人の派遣労働者をドイツで雇用していますか。
   2013年10月の時点で，約 6,000人の派遣労働者が80の支社において雇用されています。

2）どの程度，貴社では，労働者の希望に応じて，労働の種類，労働条件などが定められていますか。応募者が，派遣先へ応募することができますか。
   できる限り，労働者の希望に応じようとしている。私たちは，事前に顧客の職場を見学し，具体的な職務，労働条件，希望や期待について話し合うようにしている。
   具体的な派遣への応募も，自らのイニシアティブで可能である。

3）派遣会社での通常の応募の手続は，どのように進みますか。例えば，オンラインでの応募が可能ですか。応募面接はなさりますか。
   関心のある人は，様々に応募してきます。直接会社へ突然訪れる人もいますし，郵便で応募する人もいます。オンラインでの応募が，近年重要性を増しています。

---

[99] Thüsing, AÜG, § 11, Rn. 47.

通常の応募手続は，応募，面接（場合によっては電話で）となっています。

4) 派遣労働者をプールしたり，登録させたりしていますか。それとも，新たな派遣先に対してその都度応募をするのですか。

派遣労働者のプールはありません。ドイツでは，登録型派遣というのは，原則として行われていません。顧客（派遣先企業）の要請には，私たちが，応募をかけ，派遣労働者を募ります。適切な派遣労働者は，すぐに動員できる状態にあります。なぜなら，派遣の終了が間近に迫っているのがわかるからです。もちろん，短期間に応募をかけることもできます。応募者のプールは，失業率が高かったころは，よく行われていましたが，現在では原則的に行いません。優れた応募者は，すぐに採用されてしまうからです。他社にとられてしまいます。失業率が高いときには，応募がたくさんあり，そのなかで，契約には至らなかった人をプールし，書類を保管し，その後派遣先から委託があれば，プールの中の人へ連絡していました。失業率が低い現在では，派遣がすぐに決まってしまうし，応募も少ない。

5) 新たに採用された派遣労働者は，どのような手続で派遣先企業に派遣されますか。

原則的に，採用の日，または，次の日に，派遣先に派遣されます。労働市場で引く手あまたの有能な応募者の場合には，アポイントを明確にして，採用されます。つまり，こうした応募者は，2週間後の派遣のため，労働契約を締結します。採用と就労開始の間の2週間に，適切な派遣をこの派遣労働者のために獲得します。しかし，こうした採用は，例外です。

6) どのくらいの長さで，労働者は派遣されていますか。統計がこれについてありますか。

2012年及び2013年，35日，約5週間の平均派遣日数でした。
―派遣の約30％が1週間の派遣期間
―派遣の約30％が1週から1ヶ月未満の派遣期間
―派遣の約25％が1ヶ月から3ヶ月未満の派遣期間
―派遣の約15％が3ヶ月以上の派遣期間

最も長い派遣は1年以上で，エンジニアでは3年のプロジェクトもあったとされる。派遣は，疾病の労働者や休暇取得者の代理を理由として行われる。最長で，1年以上はあるが，2012年，2013年では，8万6,000件の派遣実績のうち，約140がこうした長さで派遣されていました。

7) 派遣労働者の労働契約に期限を付していますか。どのような期間となっていますか。

原則として，労働契約は，期限の定めのないものです。労働契約の約17％が，期限の定めのあるものです。学校や大学のゼメスターの休みにあわせて期間の設定をします。

8) どのような分野で派遣労働は特に需要がありますか。

例えば，ロジスティックや自動車登録の分野では，季節に依存した注文のピークというのがあります。派遣労働というのは，季節に依存した業務です。

9) 派遣と並んで，他の契約を締結することがありますか。顧客が望んだとき，請負契約を締結することがありますか。

請負契約を私たちの顧客と締結することはあります。これをこえては，マスター契約というのを結びます。しかし，請負契約は，リスクと負担が大きすぎます。指示をすべて請負会社がすることになるので，私たちの企業で請け負える清掃などは引き受けます。

10) どんな分野に派遣させていますか。

80％は補助的な労働力として，15％から20％は専門的な労働力として中規模の会社に派遣しています。BMWでのバルトコンベヤーでの組立て作業で労働者が派遣されています。かぎ職人，電気工，ロジスティック，輸送等があります。また，特別な資格のある人，専門的な労働力では塗装工，電気工，鍵職人，自動車登録証申請者，フォークリフト操作者，最近では介護者などがあります。

11) 海外には派遣させていますか。

国境付近では，外国企業に派遣させています。スイスへ派遣させたときは，移動費，宿泊を世話し，派遣先へ請求書を送っていました。国境付近ではフランスへフライブルクから労働者を派遣させたりします。ドイツの専門的労働者は需要があり，塗装工，電気工，鍵職人，自動車登録証申請者などの派遣実績があります。

同社では，次のような労働契約書（ひな形）を締結している。

労働契約

使用者

住所　　TEL　　FAX
　労働者の名前　生年月日
　　住所


1．契約の根拠

a)　労働者派遣のための企業，使用者は，労働者派遣法1条に基づいて許可を有しており，(場所)で(日付)に付与された。顧客に対し，労働の提供のために人員を利用させる管轄の許可官庁は，雇用エイジェンシー……である。

b)　労働契約に対しては，派遣事業協会(iGZ)と，鉱業・化学・エネルギー産業労働組合(IG BCE)，食品・飲食店労働組合(NGG)，金属産業労働組合(IG Metall)，教育・科学労働組合(GEW)，ヴェルディ(ver.di)，産業別建築・農業・環境労働組合(IG BAU)及び，警察労働組合(GdP)との間で締結された労働者派遣のための労働協約は，その都度の版で，適用される。この労働協約は，鉄道・交通労働組合(EVG)によっても承認されている。ここでいう労働協約とは，一般労働協約，賃金基本労働協約，賃金労働協約，雇用保障労働協約，労働者派遣のための業種加算に関する労働協約である。これら労働協約の全体は，使用者の事業所で閲覧し得る。顧客の派遣の期間については，規約上，顧客の事業所組織の適用範囲下にある各労働組合の労働協約が適用される。従業員が顧客事業所に派遣されない期間については，派遣事業協会(iGZ)とヴェルディとの間で締結される労働協約が適用される。これに次のようなことが規定される。

c)　労働者は，……以降，……として採用された(賃金グループ……賃金……)。職務……

d)　労働関係の特殊性に基づいて，労働者は，通例絶えず異なった職場と派遣場所……での労働の提供のため，他の場所での労働の提供のための費用との対価について義務を負う。追加的な費用の給付は，遠距離，宿泊，交通手段により，リーフレットにより手交した旅行規則の都度の版による。労働者は，その能力に添うものである限り，使用者の場所での職務にも動員される。

e)　労働者の一日の労働時間は，……である。月の労働時間が保障される。その都度の月で保障される労働時間数は，次のように算定される。一日……時間×月の労働日(週5日，祝日を含む)。週の労働時間は，法律上許容された限界内で，使用者によって定められる。週の労働時間を6日，5日，4日で配分することは，可能である。労働時間の状況と配分は，顧客事業所に適用される

規則に従う。1日10時間を超える労働時間並びに，日曜ないし祝祭日の労働は，使用者の事前の承認を要する。許可のない超過労働には，対価は拒否され得る。労働者には，―僅少労働（ミニジョブ）を除いて―労働時間口座が導入される。労働時間口座には，その都度の月の労働時間が（最長150時間，最短マイナス21時間）移るものとする。労働時間口座に貸し時間（Guthabenstunden）は，金銭価値で報いまたは調整される。

f) 労働者の労働時間が，労働者によって主張された理由により，合意された時間よりわずかである場合には，賃金請求権は，この欠損した時間には，喪失する。

g) 法律上の最低賃金請求権は別として，目下の賃金構成部分は，協約の変更を留保する。

　　協約の基本賃金，賃金グループ……（協約賃金），現在，…………ユーロ
　　＋協約外手当　　ユーロ
　　＝総額　　ユーロ

　　ある暦月において，協約外の給付が，協約上の給与の増額（特に，常時のまたは一度限りの支払い，派遣領域の変更，労働者の格付けの上方への変更），協約上の手当，協約上の加給，業種別加給と重複する場合，協約外の給付ないし業種別加給がその都度の最低賃金と重複する場合，これらは互いに調整される。これは，将来的なアップや遡及的なアップにも適用される。協約上の賃金が遡及的にアップする場合に，協約外給付は，アップ時に遡って減少する。協約外給付は，法的請求権がない任意の給付である。これらは，経済的な理由から，また，労働者の給付と行為のようなネガティブな変更事情のある場合に，撤回され得る。休暇や疾病の場合の継続的な賃金の支払いの場合に，協約外の給付は保障されない。

h) 諸手当は，協約基本賃金に上乗せされる。その額は，その都度の適用される一般労働協約による。

i) 実質所得は，遅くとも次の月の20日までに，毎月，労働者によって通知された口座に振り替えられる。過払いは返還される。民法818条3項による不当利得の消失の抗弁は，認められない。

j) これらの契約に基づく請求権の第三者への譲渡又は担保は，許されず，使用者によって承認されない。賃金の担保については，使用者は，一件の処理のため料金10ユーロを課す。

k) 労働者は，賃金ないし給与の算定について遅滞なく吟味する義務を負う。

2．契約期間及び解雇

a) これらの契約は，一度限りの期間設定（パートタイム就業促進法14条2項）により，……まで，有効とされる。
b) パートタイム就業促進法14条2項による期間設定：
この契約は，……まで有効である。次のような客観的な理由がある。
c) 6ヶ月の試用期間が合意された。労働者が，労働日の第一日目に遅滞なく現れない場合，使用者は，遅滞なく報告しなければならない。報告がない場合，労働契約関係は成立しなかったものとみなされる。雇用関係の最初の4週間は解約告知期間は，2労働日，5週から2ヶ月までは1週間，3ヶ月から6ヶ月までは，2週間となる。解約告知期間は，ある月の15日まであるいは月の終わりまでは，4週となる。2年以上の事業所所属期間の場合には，双方の契約当事者のための解約告知期間は，民法622条2項によって延長される。この期間は，期間の定めのある契約の解約にも適用される。解雇は，文書でのみ行われる。
d) 労働契約関係は，当該月がすぎた暦月の経過によって終了する。これ以降は，労働者は，―遅くとも，法律上の年齢制限や解雇によって―，老齢年金の請求権を有する。
e) 労働契約関係の終了にあたっては，使用者は，解約告知期間中，休暇，労働時間口座からの貸し時間を配分し得る。
f) 支店長，課長，並びに，その代理は，労働者の採用について，及び，解雇，取消，合意解約による労働契約関係の終了について，権限を有する。

3．権利と義務

a) 労働者は，遅滞なく，派遣先での異動，ないし職務の変更について，通知する義務を負う。
b) 労働者は，労働契約開始前の最後の6ヶ月の間，就労するあらゆる使用者を告知する派遣元義務を負う。
さらに，労働者は，労働関係の開始前の最後の3ヶ月の間，派遣労働者として派遣されたあらゆる事業所を告知する義務を負う。
c) 労働者は，使用者の利益を擁護し，顧客における任務を誠実に実現し，労働の対価についての絶対的な秘密保持，使用者及び顧客のあらゆる経営上又は取引上の絶対的な秘密保持を，労働契約関係の終了後も義務を負う。
d) 使用者は，いつでも，労働者を呼出し，労働者を，他の方法で，動員できる。

e) 提供された労働時間は，一日，手交された職務証明によって記録され，顧客により，印鑑と署名により確認されなければならない。これを欠く場合には，使用者は，顧客によって認められていない時間について，報酬を支払わない。
f) 運転免許証を剥奪された場合，労働者は，遅滞なく，使用者に報告しなければならない。
g) 労働者は，物や金銭的な給付を派遣先から得た場合，又は，派遣先の共同の施設へのアクセスを得た場合には，遅滞なく，使用者に告知し，場合によってはこれを記録しなければならない。
h) 労働者は，企業年金法１ａにより，事業所上の高齢給付の財政的な援助のため，直接保険や年金金庫の形態で，協約上の将来の賃金請求権への転換請求権を有する。

4．不就労の場合の給付と義務

a) 契約期間中，本契約１の意味における職務を証明することができない限り，このことは，労働者の契約上の請求権に影響を与えるものではない。労働者は，本契約１ｇ）により契約上合意された対価を得る。その際，その対価は，実際に欠損した義務的な時間を１ｅ）により測る。労働者は，この一時的な不就労の期間中，毎日，7時から10時，15時から17時まで電話が通じる状態としておく義務を負う。
　　優先的に労働時間口座は減少する。
b) 労働障害（Arbeitsverhinderung）のある場合，疾病の結果も含め，労働者は，遅滞なく，使用者に対し，理由を挙げて，同日可能な限り８時半までに告知する。いかなる理由によっても，使用者によって顧客と合意された派遣期間労働者によって提供されない場合，あるいは完全に提供されない場合，労働者は，使用者に対し，遅滞なく，理由を挙げて，同日可能な限り８時半までに告知する。具体的な処分を可能にするため，労働者は，遅滞なく，すなわち，有責的な遅滞なく，労働不能の延長を，労働不能日の最後日がわかる場合その午前中までに，可能な限り，告知する義務を負う。
c) 労働者が，疾病を原因とする労働不能（Arbeitsunfähigkeit）のある場合，４ｂ）の通知義務にもかかわらず，労働不能開始後３日経過前，労働不能開始以降，使用者に対して，予定される期間を告げて，労働障害の医師による証明を提出する義務を負う。労働者が，その疾病を原因とする労働不能のある期間，その公的に使用者に知られた住所にいない場合には，遅滞なく，滞在地は，使用者に対して，文書で通知しなければならない。

5．休暇

休暇期間は，企業における雇用期間に従う。
5週間の場合には，
| | | | |
|---|---|---|---|
| 1年目 | 24労働日 | 4年目 | 28労働日 |
| 2年目 | 25労働日 | 5年目以降 | 30労働日 |
| 3年目 | 26労働日 | | |

雇用期間の最初の6ヶ月内での退職の場合，労働者は，連邦休暇法による休暇請求権を得る。休暇の時期は，労働者の希望を考慮して，事業所での可能性によることになる。

6．労働災害防止

労働者は，労働災害防止規定を考慮すべき義務を負う。それゆえ，あらゆる労働者は，その都度の顧客における職務開始前，当該事業所に重要な労働災害防止規定を認識し，これに従う義務を負う。これが労働者に可能ではない場合，使用者は，即時に，職務開始前に，伝達しなければならない。労働者は，自ら個人的に使用し又は使用者から使用が許された保護装具の装備を義務付けられる。

労働者は，労働災害防止規定並びに，その違反の事実を明確に指摘しなければならない。

7．その他

a）口頭での付随的な合意が，有効であるためには，使用者の文書での確認を要する。そうでない場合，無効である。

b）労働者は，署名，労働契約，労働者派遣法に関する派遣労働者への連邦雇用エイジェンシーのリーフレットを得たことを確認する。労働者は，その個人的データ（必要ならば写真も）が事業所内での目的のために蓄積され，必要に応じて，潜在的な顧客に引き渡されることに同意する。

c）法的に拘束力のある通知は，SMSを通じても，労働者によって通知された携帯電話番号へ伝達されることが許される。携帯電話は，場合によっては，携帯し，使用可能にしておかなければならない。

d）その他 （……）

8．違約罰

a）労働障害の場合の有責的な通知義務違反のある場合（労働不能時の通知義務

の違反という例外も含め），使用者は，税込み3日分の日額報酬まで違約罰を課すことができる。

　労働者が，職務を遅れて開始する場合，早く終了し，又は，欠勤する場合，又は，契約が，労働者の契約違反の行為を理由として（民法626条）解約告知期間の遵守なしに，終了する場合，使用者は，税込み1週分の報酬まで違約罰を課すことができる。

b)　使用者は，上に掲げた枠内で，違約罰の額を民法315条により定める権限を有する。その際，使用者は，使用者に差し迫る又はすでに発生した損害を含め，契約違反の重大性，責任の重大性，並びに，労働者の経済状況，収入関係を考慮し，威嚇手段ないし圧迫手段，実行手段として違約罰と結びつく目的，並びに，労働者に負担軽減させる事情を相当に考慮する。違約罰は，あらゆる場合に，労働者が，通常解約告知期間の期間内に後に得た，税込み収入によって制限されない。

c)　違約罰は，損害の証明と結びつくものではない。使用者の賠償義務並びに即時解約の権利は，違約罰の主張によっては影響を受けない。

9．除斥期間

a)　労働契約関係に基づく請求権の主張，及び，労働契約関係と結びつく請求権の主張は，双方の労働契約当事者に対して，基本労働協約10条に掲げられた期限内でのみ，可能である。この期間を経過した後は，主張はなし得ない。

b)　労働協約上の規定が，いかなる法的な理由から無効であっても，労働契約関係に基づく請求権，及び，労働契約関係と結びつく請求権は，期間経過後6ヶ月以内に主張されない場合，消滅する。

2013年4月1日

（労働者名前）　　　　　　　　　　　　　　　　　　　　　　　　　（使用者）

## 五　小　括

　ドイツは，EU法の規定に合わせて，いち早く，労働者派遣を「一時的な労働」に制限する法改正を行った。「一時的な労働」の概念が規定された結果，長期の派遣が可能かどうかの議論が労働法学上なされ，その決着は裁判所に持

ち越されている。少なくとも、判例では、期間無制限の労働者派遣は、「一時的な労働」ではないとして、許されないこととなっている。日本法においては、従来、最長3年とされていたが、派遣可能期間の撤廃や派遣期間に上限のない26の専門業務の区分をめぐって平成25年、26年に法改正が議論されたが、EU法、とりわけ、ドイツ法とは異なる方向での論議がなされた。12年前のドイツ法の最長期間を定めない規定へ改める方向の議論であるといえる。

　雇用政策上は、「一時的な労働」の概念を導入した2011年以降、労働者派遣者数は、―好景気であるにもかかわらず―2013年には減少していた。連邦雇用エイジェンシーは、現在まで好況がこれほど長く続き、雇用に対する需要が長期化すれば、派遣先企業も、一時的な労働しか許されない派遣の雇用のあり方を見つめ直し、派遣先での直接雇用を含む基幹雇用を導入していくものであると指摘する。これは、いかに直接雇用を促進できるかという先進国における困難な問題に対する、一つの重要な回答を与えているように思われる。つまり、こうしたドイツの動向からは、長期的な視野に立てば、2011年改正後の「一時的な労働」の概念の実行化が、直接雇用を含む基幹雇用を生み出す、といい得る。こうしたドイツ法の政策効果は、直接雇用を促進しなければならない日本法の将来にとって、重大な示唆を与えていると思われる。

　派遣労働契約については、期間の定めのある労働契約の場合と期間の定めのない労働契約とがあるが、後者については、期間の定めのある労働契約に関する規制、特に、パートタイム就業促進法が及ぶことになる。このため、派遣元と派遣労働者との間の関係については、パート等の期間の定めのある労働契約と同様、パートタイム就労促進法14条1項の客観的な理由により正当化される場合にのみ適法となると解するのが有力である（ただし、本文のように例外あり）。ミュンヘン大学のフランツェン教授によれば、労働者派遣の場合、派遣労働契約においてかかる期間設定の正当化事由が要求されることが、ドイツ法では、厳格な規制の一部をなしているという。わが国では、派遣労働契約について、期間の定めのある労働契約と同様、客観的な正当化事由は必要とされていない。これについて法改正を求める声はあるものの、いまだ実現していない点は、ドイツ法との大きな差異となっているといえる。

## 第2節　許可関連の規定

### 一　許可関連の規定および労働者派遣法3条の経緯

労働者派遣法3条によれば，
「(1)　許可あるいはその延長は，事実が次のような推定を正当化する場合に，拒否され得る。申請者が，
1．職務を営むにあたり1条により必要な信頼性を有していない場合，特に，社会保障法の規定，賃金税の控除・徴収，職業紹介，外国における応募又は外国人就労についての規定，労働保護法の規定又は労働法上の規定を遵守しない場合，
2．経営組織の形成により，通常の使用者の義務を規定通りに履行できない場合，
3．派遣先への派遣期間中の派遣労働者に対して，派遣先の事業所において比較可能な労働者に適用される労働の対価を含む基本的な労働条件が，保障されていない場合；労働協約は，3a条2項による命令で定められる最低時間賃金を下回らない限りで，これとは異なる規定を許容し得る。かかる労働協約の効力範囲下において，労働協約に拘束されない使用者及び労働者が，労働協約の適用を合意し得る。派遣先への派遣の最後の6ヶ月，派遣先を退職し，又は，株式会社法18条の意味におけるコンツェルンを派遣先と構成する使用者を退職した，派遣労働者に対しては，上記の労働協約は適用されない。
(2)　さらに，1条による職務の行使のため，事業所，事業所の一部，又は，付随的な事業所が予定されるが，これらがヨーロッパ経済共同体の加盟国にはなく，又は，ヨーロッパ経済地域についての協定の他の条約締結国にはない場合，許可又はその延長は拒否され得る。
(3)　申請者が，基本法116条の意味におけるドイツ人ではない場合，ドイツ

法によって設立されたのではなく，又は，定款記載の所在地又はその主な管理部門，その本店所在地が本法の効力領域下にない，ある会社又は法人が申請をする場合，許可は拒絶され得る。
(4) ヨーロッパ経済共同体の加盟国の国籍所持者，又は，ヨーロッパ経済地域についての協定の他の条約締結国の国籍所持者は，ドイツ国籍の所持者と同一の要件のもとで，許可を得る。これらの国の法律の規定によって設立され，そして，定款記載の所在地又はその主な管理部門，その本店所在地をこれらの国において有する，会社，及び，法人は，これらの国の国籍所持者と等しく置かれる。これらの会社，又は，法人は，その国において，定款記載の所在地は有するが，又はその主な管理部門，その本店所在地を有さない限り，2文は，その職務が，ある加盟国の経済，又は，ヨーロッパ経済地域についての協定の条約締結国の経済と，実際上及び継続的に結びついている場合のみ，適用される。
(5) 国際条約に基づいて本法の効力範囲下において定住し，その際，並びに，その取引の職務にあたって，ドイツ国籍所持者より不利益に取り扱われてはならない，4項に列挙される国とは異なる国籍の所持者は，ドイツ国籍所持者と同一の要件のもとで，許可を得る。他の国の法律規定によって設立される会社は，1文による国籍所持者と等しく置かれる」。

この規定は，労働者派遣法制定以来，幾度もの改正を経ている。
とりわけ，派遣可能期間（最長派遣期間）が定められていたが，派遣可能期間については，当初1972年以降3ヶ月，1985年の就労促進法以降6ヶ月（1989年まで時限的，それ以降恒常的に6ヶ月に），1993年12月21日の財政緊縮・安定・成長プログラムの実行のための第一法の翌年の施行以来9ヶ月（1994年の就業促進法により2000年12月31日までとされた），1997年3月24日の就労促進の改革のための法律により12ヶ月と常に延長され，2001年のジョブ・アクティーブ法により，24ヶ月とされた[1]。国境を越えた労働者派遣の適法性に関する規定が補

---

[1] 90年代の法改正の動向については，鎌田耕一「ドイツにおける派遣労働の現状と派遣法の意義（上・下）」労働法律旬報1419号40頁・1420号56頁，大橋憲雄『派遣法の弾力化と派遣労働者の保護』（法律文化社・1999年）225頁，226頁を特に参照。ハルツ改革にお

充された（3条2項ないし4項）。

　2002年12月23日の労働市場における現代の雇用提供のための第一法により，労働者派遣法も改正され，労働者派遣をフレキシブルなものにするために，旧3条に規定されていた，派遣労働関係の期間設定のための特別な規定，再雇用の禁止，派遣労働契約の期間を初回の派遣可能期間に一致させるという原則に関する規定は，すべて撤廃された。

　この当時，ジョブ・アクティーブ法により，派遣可能期間12ヵ月経過後の不利益取扱い禁止の原則が法定化された。引き続いて，2002年12月23日の労働市場における現代の雇用提供のための第一法により，同一賃金原則の規定が挿入された。例外として，労働協約が定められる場合には，同原則を免れられるという適用除外（逸脱）の規定も置かれていた。

　例外規定がさらに置かれ，労働者派遣法旧9条2号では，「以前に失業していた派遣労働者に対しては，全期間で最長6週の期間，派遣先企業への派遣について，最低，その者が失業給付金として最後に得ていた額の税込収入を派遣元企業が保障していた場合は，別である」と規定され派遣後最初6週間までは，同一賃金原則を免れることができたが，この規定は2011年の改正で撤廃された。

　2011年の改正法により，9条2号が改正されるのに応じて，3条1項3号も改められる。「労働協約は，3a条2項による命令で定められる最低時間の賃金を下回らない限りで，これとは異なる規定を許容し得る」と定められ，派遣労働との関係でのみ，最低時間賃金，いわゆる賃金の下限が設けられる。

　さらに，実務上の労働者派遣の濫用防止を目的として，いわゆる回転ドア条項が置かれる。派遣先への派遣の最後の6ヶ月，派遣先（又はそのコンツェルン企業）を退職した場合，その派遣労働者に対しては，適用除外を定める労働協約は適用されないとされた（これについては，本章第3節で，詳説する）。

---

　ける労働者派遣法の改正については，大橋憲雄『派遣労働と人間の尊厳』（法律文化社・2007年）67頁以下参照，橋本陽子「ドイツの解雇，有期雇用，派遣労働の法規制」ジュリスト1221号（2002年）69頁，本庄淳志「労働市場における労働者派遣法の現代的役割」日本労働法学会誌116号（2010年）134頁（138頁以下）参照。

## 1　許可又は延長の一般的な拒否事由
### a)　許可とその延長に関わる法律上の規定と解釈

労働者派遣は原則として禁止されるが，これに対応した労働者派遣事業許可（以下，許可又は派遣業許可と略す）によって，営むことができる。許可義務は，派遣元の職業の自由（基本法12条）を制限するものであるので，拒否事由がない限りは，派遣元の許可に関する請求権が存する。官庁の裁量は，これらの場合に，ゼロにまで制限される[2]。

3条の規範は，許可官庁が派遣元の許可を拒否し得る事由を完結的に規定している。官庁は，許可又はその延長を，これらの理由のみから，拒否できる[3]。この限りで，労働行政には裁量の余地はない[4]。

許可の付与，取消，撤回は，業としての労働者派遣の場合には，連邦雇用エイジェンシーの担当の局によって，労働者派遣法を基礎として違法を理由として行われる。営業局ではない[5]。

あらゆる拒否事由の存在に関して，官庁は，証明責任を負う[6]。証明責任は軽減されている[7]。この規定の文言からは，拒否理由の存在自体を証明するのではなく，事実が1号以下の拒否事由があるという推定を正当化する事実の存在を確実性をもって証明すればよいことになる（推定効）[8]。単なる推定，空論，うわさでは，十分ではない[9]。証明書，証言，鑑定意見といった適切な証明手段による証明があり得る[10]。事実を基礎づける具体的な手がかりがあれば十分である[11]。例えば，当該官庁が，請求者がこれと関連して以前に有罪の宣告をうけたということを，官庁の機関の通知をもとに，認めた場合には，許可や延

---

[2] Thüsing, AÜG, 2012, München, § 3, Rn. 5 ; Boemke/Lembke, AÜG, 3.Aufl., 2013, Frankfurt.a.M., § 3, Rn. 8 u. 10 (Lembke).
[3] Thüsing, AÜG, § 3, Rn. 6 ; Boemke/Lembke, AÜG, § 3, Rn. 9 (Lembke).
[4] Boemke/Lembke, AÜG, § 3, Rn. 8 u. 10 (Lembke).
[5] Thüsing, AÜG, § 3, Rn. 12.
[6] Thüsing, AÜG, § 3, Rn. 8 ; Boemke/Lembke, AÜG, § 3, Rn. 12 (Lembke).
[7] Thüsing, AÜG, § 3, Rn. 8 ; Boemke/Lembke, AÜG, § 3, Rn. 13 (Lembke).
[8] Thüsing, AÜG, § 3, Rn. 8 ; Boemke/Lembke, AÜG, § 3, Rn. 13 (Lembke).
[9] Thüsing, AÜG, § 3, Rn. 8 ; Boemke/Lembke, AÜG, § 3, Rn. 14 (Lembke).
[10] Boemke/Lembke, AÜG, § 3, Rn. 14 (Lembke).
[11] Thüsing, AÜG, § 3, Rn. 8.

長は，拒否できる[12]。

1項は，許可を拒否する総論的な事由，2項ないし5項は，外国の派遣元，または，外国に所在地のある派遣元についての特別な拒否事由である。

同法17条によれば，「連邦雇用エイジェンシーは，連邦社会労働省の専門的な命令により，この法律を実施する」と規定される。労働者派遣法の実施は，連邦雇用エイジェンシーの義務である。許可官庁は，かつては，派遣元が住所を置く連邦雇用エイジェンシーの地域の局（Regionaldirektionen）であった[13]。しかし，2012年7月1日に，労働者派遣法の実施の任務の領域について，組織再編され，より下位の雇用エイジェンシー（Agentur für Arbeit）のみが監視の任務を担うこととなった。デュッセルドルフ，キール，ニュールンベルクの雇用エイジェンシーがこの任務を具体的には担うことになっている。許可の任務には，許可の書類の審査を担うチームと（実際に企業を訪問し審査すること等を任務とする）審査チームとに分けられている。

連邦雇用エイジェンシーは，労働者派遣法に基づく秩序違反の遂行と処罰にあたって，他の官庁とともに協働する（同法18条）。疾病金庫，（労災保険に関する）職業団体，税務局などである。許可官庁は，管理ないし監視機関として，機能するだけではなく，許可所有者に対して，活動し，労働者派遣の専門領域の職員が，法的な問題，特に労働法の遵守に関わる助言を行っている。

労働者派遣法は，派遣元が労働者派遣事業許可を有している場合に，業としての労働者派遣を許可する。派遣許可に関して，派遣元が信頼性を有している場合に，請求権がある[14]。信頼性は，派遣元が，以前に違反行為を行っておら

---

12　Thüsing, AÜG, § 3, Rn. 8. これによれば，さらに，当該官庁は，その事案について，請求者の写真を得るために，刑罰に係る事実を閲覧する必要はないとされる。

13　地域の局（Regionaldirektionen）には，かつて，北部，ノルトライン－ヴェストファーレン，ニーダーザクセン－ブレーメン，ヘッセン，ラインラント－プファルツ－ザールラント，バーデン－ヴュルテンブルク，バイエルン，ベルリン－ブランデンブルク，ザクセン－アンハルト－チューリンゲン，ザクセン（10の局）にあった。州を単位としているところもあった，複数の州をまたいでいるところもあった。

14　信頼性については以下のようにおおむね説明されている。信頼性という概念については，裁判上審査し得るような，確かな概念ではない（Thüsing, AÜG, § 3, Rn. 13 ; Boemke/Lembke, AÜG, § 3, Rn. 18 (Lembke)）。連邦行政裁判所の判例によれば，誰が，行為の全体の印象から，請求者が，その業を将来にわたって法律の規定どおりに営んでいると

ず,労働法,社会保険法,許可法上の義務を考慮していることを前提としている。派遣業許可は,1年ごとの期限の定めがあり,二度の延長の後,申請により,期限のない派遣業許可を得られる。期間の定めのある許可の料金は,現在,750ユーロ,期限の定めのある許可は,2,000ユーロとなっている。

① 信頼性の概念と法律上の規定　　労働者派遣法3条によれば,既述の通り,

「(1)　許可あるいはその延長は,事実が次のような推定を正当化する場合に,拒否され得る。申請者が,

1．職務を営むにあたり1条により必要な信頼性を有していない場合,特に,社会保障法の規定,賃金税の控除・徴収,職業紹介,外国における応募又は外国人就労についての規定,労働保護法の規定又は労働法上の規定を遵守しない場合,

2．経営組織の形成により,通常の使用者の義務を規定通りに履行できない場合,

3．派遣先への派遣期間中の派遣労働者に対して,派遣先の事業所において比較可能な労働者に適用される労働の対価を含む基本的な労働条件が,保障されていない場合」等と規定されている。

信頼性の概念は,労働法,社会保険法,許可法上の義務を考慮していることを前提としているが,次のように,具体化されている。

―税・社会保障法の規定

社会保険料の納入,重度障害者の納付金納入などが挙げられる[15]。疾病

---

の確証が与えられない場合に,営業法上,信頼性がない (BVerwG v. 2.2.1982, Ic 146/80 in Juris)。労働者派遣法上,信頼性があるとは,第三者への労働力の派遣が,そのために適用される法律上のあらゆる規定を遵守して,営まれる見込みであることである (Thüsing, AÜG, §3, Rn. 14)。将来にわたっての予測が決定的に重要である。予測が,過去または現在の実際上存在する事実が,請求者の将来の行為を推論させるものである (Thüsing, AÜG, §3, Rn. 15 ; Boemke/Lembke, AÜG, §3, Rn. 18 (Lembke))。わずかな違反は,信頼性のないことにはならない。繰り返される場合には,許可の拒否があり得ることになる。請求者が何度も3条1項において列挙される義務に著しく反している場合には,将来にも,関連した法律上の規定を守らず,また,それゆえ,必要な信頼性を保持していないという考えを正当化する (Thüsing, AÜG, §3, Rn. 16)。所轄の官庁は,(派遣可能期間のようなすでに廃止された規定の違反も含め)過去の違反やかつての営業法上の違反は,その決定に際して,考慮され得る (Thüsing, AÜG, §3, Rn. 17)。

15　Thüsing, AÜG, §3, Rn. 26.

保険，年金保険，介護保険，失業保険の領域での使用者の義務も重要である[16]。労災保険の支払いも含まれる[17]。建設業では，社会保険料の休暇金庫や賃金調整金庫への納付金支払も見過ごされてはならない[18]。通知義務，情報提供義務を含む[19]。

―税法

過去の脱税は，派遣業許可の拒否理由となり得る[20]。所得税(Lohnsteuer)[21]の控除（天引きのこと），徴収がある。所得税，法人税ないし，売上税に関する税法上の義務も問われる[22]。

―職業紹介

―外国人就労の権利

外国人労働者の許可のない就労は，信頼性を否定する理由となり得る。EUの以前からの加盟国[23]とヨーロッパ自由貿易協定国（EFTA）[24]の各国は，労働者に移動の自由がある。マルタとキプロスは，7年の経過期間ののち。チェコ，エストニア，リトアニア，ラトビア，リトアニア，ハンガリー，ポーランド，スロベニア，スロバキア国籍の者は，2011年5月1日

---

16 Bundesargentur für Arbeit, Geschäftsanweisung zum Arbeitnehmerüberlassungsgesetz (Stand 2014), S. 45 ; Thüsing, AÜG, § 3, Rn. 26 ; Boemke/Lembke, AÜG, § 3, Rn. 27 (Lembke).
17 Bundesargentur für Arbeit, Geschäftsanweisung zum Arbeitnehmerüberlassungsgesetz (Stand 2014), S. 45.
18 Thüsing, AÜG, § 3, Rn. 26.
19 Thüsing, AÜG, § 3, Rn. 26 ; Boemke/Lembke, AÜG, § 3, Rn. 27 (Lembke).
20 LSG Niedersachsen v. 22.7.1977, L7 S (Ar) 31/77 in Juris. Thüsing, AÜG, § 3, Rn. 27 ; Boemke/Lembke, AÜG, § 3, Rn. 29 (Lembke).
21 所属税の一種。非独立的な労働による所得（賃金，恩給）に対し，源泉徴収によって化される税金（山田晟『ドイツ法律用語辞典』初版（大学書林・1981年）245頁）。
22 Boemke/Lembke, AÜG, § 3, Rn. 30 (Lembke).
23 EUの以前からの加盟国には，ドイツ，ベルギー，デンマーク，フィンランド，フランス，ギリシャ，イギリス，アイルランド，イタリア，ルクセンブルク，オランダ，オーストリア，ポルトガル，スウェーデン，スペインがある。キプロスとカナリア諸島は含まれない。フェレエルネを含め，マン島も除かれる。ここでいう外国人にはもちろん，ドイツ人は含まない。
24 EUと自由貿易協定の域内にあるのは，アイスランド，リヒテンシュタイン，ノルウェーである。

以降，ドイツにおいては，完全な移動の自由がある。ブルガリアとルーマニア国籍の者は，2013年12月31日までの経過期間であり，2014年1月1日以降，完全な移動の自由がある。これらに該当しない外国人は，就労許可を要する[25]。就労許可は，派遣労働者としての職務の開始のためには，付与されない[26]。

―労働保護法の規定又は，労働法上の規定[27]

法律，労働協約，事業所協定上の義務かどうかは，問わない[28]。労働時間に関する規定，母性保護規定，年少者保護規定，労働災害に関する公法上の規定等があげられている[29]。証明法11条の規定，賃金の規則的な支払い，疾病の場合の賃金支払い，労働者保護法上の配慮義務，休暇の付与義務規定，解雇制限規定，正当化事由のない期間の定めのある労働契約（パートタイム労働法14条1項）等もあげられている[30]。

派遣業許可の拒否のためには，派遣労働者の権利の重要な部分の侵害がなければならない[31]。労働法上の義務のあらゆる違反が，拒否事由になるわけではない。労働法上の規範の目的，違反の強度などが考慮される[32]。わずかな報酬の過失による義務違反や一回限りの違反は，拒否事由とはならない[33]。追加的な休暇など，任意の給付を労働者に与えたが，その契約上の義務に反した場合も，拒否事由にはならない[34]。

---

25　Thüsing, AÜG, §3, Rn. 32.
26　Thüsing, AÜG, §3, Rn. 32.
27　Thüsing, AÜG, §3, Rn. 33f. 同一賃金原則関係も，含む。同一賃金原則の遵守についても，連邦雇用エイジェンシーが管轄となる（Thüsing, AÜG, §3, Rn. 123）。
28　Boemke/Lembke, AÜG, §3, Rn. 37 (Lembke).
29　Bundesargentur für Arbeit, Geschäftsanweisung zum Arbeitnehmerüberlassungsgesetz (Stand 2014), S. 45.
30　Bundesargentur für Arbeit, Geschäftsanweisung zum Arbeitnehmerüberlassungsgesetz (Stand 2014), S. 45.
31　Thüsing, AÜG, §3, Rn. 38 ; Boemke/Lembke, AÜG, §3, Rn. 40 (Lembke).
32　Boemke/Lembke, AÜG, §3, Rn. 40 (Lembke).
33　Boemke/Lembke, AÜG, §3, Rn. 40 (Lembke). ほかに，事業所委員会が配置転換を拒否した場合や，パートタイム労働に関する派遣労働者の権利を拒否した場合などは，拒否事由にはならないと解されている（Thüsing, AÜG, §3, Rn. 38）。
34　Boemke/Lembke, AÜG, §3, Rn. 40 (Lembke).

―その他の信頼性についての手がかり

　アルコール中毒者，麻薬中毒者，精神障害者，世話人（日本で言う後見人等に相当）を要した者などがあり得るとされる[35]。

―外国人送り出し法

―刑罰及び秩序違反　業務要綱によれば，財産罪，偽証罪，傷害罪等が問われる。判決の事実よりも，法律が目的としている事実の個々の事情が問題となる。ベームケ/レプケ両教授によれば，違反の重度と時期が重要となる[36]。例えば，窃盗，脅迫，詐欺，背任，横領などの財産罪は，信頼性喪失の重要な兆候となる[37]。派遣業務とは関係のない名誉毀損，無免許運転などは，許可拒否事由にはならない[38]。酔っ払い運転も同様である[39]。

―経済的な諸関係

　経済的な能力の欠如は，信頼性が否定される[40]。財政的な支出能力が問われる。なぜなら，賃金を負担し，社会保険や税を納め得るものでなければならないからである。債務目録への記載等は重要である[41]。倒産手続の開始については争いがある[42]。管轄の官庁は，請求者に対して，これらの理由から，許可の付与にあたって，一人の派遣労働者につき1,000ユーロの資産の証明，5人以上の派遣労働者がいる場合は，2,000ユーロの資産の証明が必要とされる[43]。銀行口座の残高通知書（Kontoauszug）でもよい[44]。

② 事業所組織の存在　　事業所組織があることが請求者の信頼性のための要

---

35　Thüsing, AÜG, § 3, Rn. 40.
36　Boemke/Lembke, AÜG, § 3, Rn. 43 (Lembke).
37　Boemke/Lembke, AÜG, § 3, Rn. 43 (Lembke).
38　Boemke/Lembke, AÜG, § 3, Rn. 43 (Lembke). これに対し，名誉毀損，強要等は拒否理由となるという見解もある（Thüsing, AÜG, § 3, Rn. 48）。
39　Thüsing, AÜG, § 3, Rn. 48.
40　Thüsing, AÜG, § 3, Rn. 46.
41　Thüsing, AÜG, § 3, Rn. 47 ; Boemke/Lembke, AÜG, § 3, Rn. 42 (Lembke).
42　倒産手続の開始自体ではならないという見解もある（Thüsing, AÜG, § 3, Rn. 47）。反対は，Boemke/Lembke, AÜG, § 3, Rn. 42 (Lembke).
43　Bundesargentur für Arbeit, Geschäftsanweisung zum Arbeitnehmerüberlassungsgesetz (Stand 2014), S. 49.
44　Thüsing, AÜG, § 3, Rn. 46.

件となっている。一定の場所や施設が必要とされる[45]。賃金の計算，所得税・社会保険料の計算，通知義務・情報提供義務の遵守，労働者保護の監視，必要な統計上の通知義務の履行が行える状態になければならない[46]。ホテルや転貸では十分とはいえない[47]。キャンピングカーや転貸，建築現場の小屋でも十分ではない[48]。

③　同一賃金原則違反　　1項3号により，派遣先企業への派遣期間中の派遣労働者に対して，派遣先の事業所において比較可能な労働者に適用される労働の対価を含む基本的な労働条件と同一の労働条件を保障しなければならない旨規定される（これについては，本章第3節参照）。労働協約により，同原則から適用除外され得るが，その場合，命令で定められる最低時間賃金の下限を下回ってはならない。下限の遵守は，実務では，連邦雇用エージェンシーのコントロールの下に置かれる[49]。

実際には，多くの派遣会社は，同一賃金の節で述べるように，その派遣会社の上部団体が労働協約を締結することで，同一賃金の原則の適用を免れている。しかし，派遣以外の業務（例えば，金属等）を通常は行い，派遣業の許可を得て労働者派遣も行う，といういわゆる混合事業所では，派遣事業の上部団体に属しておらず，こうした労働協約の適用下に置かれてない。このため，連邦雇用エージェンシー（へのインタビュー）によれば，混合事業所では，同一賃金原則違反がみられるという。

同原則の違反は，公法上の制裁として，許可または延長を拒否できる[50]。1条2項による職業紹介の推定は，当事者への法律効果としては意味がない。

これと並んで，9条2号により，同一賃金原則に反する合意は無効となる。

---

45　Thüsing, AÜG, § 3, Rn. 53. これらについては詳説しないが，Vgl. Thüsing, AÜG, § 3, Rn. 51 f.f..
46　Bundesargentur für Arbeit, Geschäftsanweisung zum Arbeitnehmerüberlassungsgesetz（Stand 2014), S. 50.
47　Thüsing, AÜG, § 3, Rn. 53.
48　Bundesargentur für Arbeit, Geschäftsanweisung zum Arbeitnehmerüberlassungsgesetz（Stand 2014), S. 50.
49　Thüsing, AÜG, § 3, Rn. 123.
50　Thüsing, AÜG, § 3, Rn. 128 ; Boemke/Lembke, AÜG, § 3, Rn. 63（Lembke).

派遣元が，3a条による下限に違反して，派遣労働者に対して，報酬を支払う場合には，派遣労働者は，派遣元に対して，派遣先の比較可能な労働者に認められる労働の対価を請求できる[51]。

同一賃金原則への違反は，秩序違反となり，50万ユーロの罰金となる。3a条による下限違反も同様である[52]。

許可の申請の際には，書面での審査が中心となる。その際，連邦雇用エイジェンシー（へのインタビュー）によれば，次のような書類が審査される。
―自然人ではない場合には，社員契約，約款等
―自然人ではない場合には，申請人の官庁での許可証明，自然人の場合には，代表について
―自然人ではない場合には，申請人の営業登録証の抜粋，自然人の場合には，代表について
―商業登記簿の抜粋（登録義務がある場合には），営業申請の放棄
―疾病保険の証明（すでに保険料を支払っている場合）
―民法上の組合の証明
―資産証明（すでに示した通り）
―租税事項に関する支払いについての税務局の証明

連邦雇用エイジェンシー（へのインタビュー）によれば，信頼性の審査のため，事業所も訪問され，審査される。この場合，営業上の書類，賃金帳簿・書類，労働契約，派遣契約も閲覧する。

b) 許可とその延長の実際

許可とその延長の実際は，「労働者派遣法の適用に関する連邦政府第12次報告（Zwölfter Bericht der Bundesregierung über Erfahrungen bei der Anwendung des Arbeitnehmerüberlassungsgesetzes－AÜG－）」によって知ることができる（以下これによる）。2009年から2012年までで，全体として15,798（2005年から2008年までが11,856）の労働者派遣事業の許可申請（新件）が連邦雇用エイジェ

---

51　Thüsing, AÜG, § 3, Rn. 129 ; Boemke/Lembke, AÜG, § 3, Rn. 64（Lembke）
52　Thüsing, AÜG, § 3, Rn. 130.

ンシーにあった。2011年4期から2012年1期までは，1,355件の申請があったとされる。これは，2011年の労働者派遣法の改正により，業ではない労働者派遣の場合にも，許可が必要になり，コンツェルンの労働者派遣の場合にも，原則として許可が必要となったため，増加したと説明されている。教会や公的な団体の労働者派遣事業許可が新たに行われた。

延長は毎年行われ，3年経つと期間の定めなく許可が存続する。期限の定めのない許可を付した後も，派遣元に対しては，5年に1回監督を行う。これらの審査と並んで，許可所有者の下での違法性が指摘された場合には，審査が行われることになっている。

延長の申請は，27,077件であった。

新件と延長の労働者派遣事業許可申請をあわせた約4万2,000件のうち，約4万200件で，最初の許可付与，延長の許可付与が，2009年から2012年まで，行われている。

全体で，2012年には，2万49の派遣元が許可を有している。このうち，期限のない許可は，9,687件に及ぶ。全体の48％となっている。411件の申請が拒否された。

2009年から2012年までで，6,013の許可が喪失された。大部分は，延長申請がなされないことによる。318の許可が撤回され，15件は取消された（zurückgenommen）。撤回の主な理由は，倒産，資金不足，社会保険料・税の未払い等であった[53]。実定法上は，特に，申請者の税や社会保険料の未納，ならびに，不適法な事業所組織に原因があるとされる。

2009年から2012年までで，連邦雇用エイジェンシーは，労働者派遣法7条2

---

53 撤回については5条1項が次のように定める。
「(1)許可は，次の場合に，将来にわたる効力をもって，撤回され得る。
1．撤回が，2条3項による許可の付与にあたって留保されている場合
2．派遣元が2条による条件を法律上の期限内に実現していなかった場合
3．許可官庁が，事後的に生じた事実に基づいて，許可喪失の正当な権限を有する場合，又は
4．許可官庁が，変更された法状況に基づいて，許可喪失の正当な権限を有する場合；4条2項は準用される」。
2005年から2008年まででは，355の許可が撤回され，18の許可が取り消された。

項及び3項に基づいて，全国的に，11,067の事業所への立入検査が行われ，このうち，9,961が派遣元に対するものであった。

## 2　外国関連の場合の拒否事由

外国からのドイツへの派遣の場合，外国に所在地のある派遣元には，外国からドイツへの派遣労働者を派遣するにあたって，ドイツの派遣元としての労働者派遣事業許可が必要とされる。外国で派遣業許可を有していて，サービス自由の枠内で，国境を越えて，活動していたとしても，ドイツの労働者派遣事業の許可が必要とされる[54]。

EU内及びヨーロッパ自由貿易圏内で本店を有する請求権者は，ドイツ国内の派遣企業と同様に，1項の信頼性を有する限り，許可又は延長の請求権を有する[55]（3条2項，3項）。これは，自由なサービスの保障，及び，開業の自由に関するヨーロッパ共同体の準則から，生じる（AEUV46条以下）。ノルウェー，アイスランド，リヒテンシュタインの企業がこれに該当し得る[56]。

これに対し，3項により，労働者派遣を営むために，派遣元の事業所，事業所の一部，又は付随的な事業所が予定されるが，派遣元がEU外またはヨーロッパ自由貿易協定域外にある場合には，許可又は延長は，拒否される[57]。

但し，4項，5項では，3項の例外が定められる。同法3条5項によれば，国際条約に基づいて本法律の効力範囲下において定住し，その際，並びに，その取引の職務にあたって，ドイツ国籍所持者より不利益には取り扱われてはならない，4項に列挙される国とは異なる国籍の所持者は，ドイツ国籍所持者と同一の要件のもとで，許可を得ると規定される。中央ないし東ヨーロッパの

---

54　Thüsing, AÜG, § 3, Rn. 132.
55　Thüsing, AÜG, § 3, Rn. 133.
56　会社，又は，法人は，その国において，定款記載の所在地は有するが，又はその主な管理部門，その本店所在地を有さない限り，2文は，その職務がある加盟国の経済，又は，ヨーロッパ経済地域についての協定の他の条約締結国の経済と，実際上及び継続的に結びついている場合のみ，適用される（労働者派遣法3条4項3文）。実際上の結びつきは，会社または，法人が，すでに事業所施設または支社を加盟国に有している場合には，認められる（Boemke/Lembke, AÜG, § 3, Rn. 86 (Lembke))。
57　Thüsing, AÜG, § 3, Rn. 140.

国々間の協定が念頭に置かれている[58]。トルコとヨーロッパ経済共同体間の連合協定，(2002年6月1日発効の) スイスとのさまざまな協定も，これに入る[59]。

さらに，同法3条4項は，サービスの自由，開業の自由を保障するために，EU内及びヨーロッパ自由貿易圏内の国々の国籍所有者は，ドイツ人と同様に扱われるべきことを定めている。

3条の例外の要件，すなわち，4項ないし5項が，みたされない場合，国内平等取扱いを享受しない請求権者に対して，許可を拒否するか，許可を付与するか，許可官庁は，覊束裁量により，決定し得る[60]。特権を有しない外国人に対して，労働者派遣を一般的に排除するものではない[61]。EU外，または，ヨーロッパ自由貿易圏外出身の外国人の請求権者が，どの程度，法律上の規定の遵守，すなわち，派遣労働者の保護を確保し得るかが，特に考慮されなければならない[62]。

ドイツから外国への派遣の場合には，労働者派遣事業許可を必要とする。派遣元が派遣したい先の国の派遣許可を必要とするかは，当該国の国内法による[63]。

先の労働者派遣法の適用に関する連邦政府第12次報告によれば，2012年終わりに許可所有者の全体の数と対比すると，外国に定住する許可所持者は，わずかであり，その割合は，約2.6％にすぎない。ドイツ以外に定款記載の所在地を有する許可所有者は，2012年に，514存する。EU-/EWR域内の外国に所在地を有する派遣元の数は，2008年12月と比較して，84％増加している。当時は，ドイツ以外に所在地を有する派遣元は，280であった。EU-/EWR域内の外国に所在地を有する派遣元の数の増加は，2011年5月1日までの8ヶ国の中欧東欧の国の国籍に対する労働者の移動の自由の制限の廃止と関係している。

最も多いのは，4年前の状況では，オーストリアに本店を有する派遣会社で

---

58 Thüsing, AÜG, § 3, Rn. 157.
59 Thüsing, AÜG, § 3, Rn. 158.
60 Thüsing, AÜG, § 3, Rn. 159 ; Boemke/Lembke, AÜG, § 3, Rn. 88 (Lembke).
61 Thüsing, AÜG, § 3, Rn. 159.
62 Boemke/Lembke, AÜG, § 3, Rn. 88 (Lembke).
63 Thüsing, AÜG, § 3, Rn. 160.

あり（85），ついで，イギリス（74），フランス（44），そして，オランダ（34）である。このほか，ポーランド（9），ルクセンブルク（7），アイルランド（6），リヒテンシュタイン（5），スウェーデン（4）の派遣会社があった。

現在では，最も多いのは，ポーランドに本店を有する派遣元（116），ついで，オーストリア（112），イギリス（73），オランダ（46），そして，フランス（37）である。ほかに，ハンガリー（24），スロバキア（18），ルクセンブルク（16），リトアニア（13），チェコ（13）及び，スロベニア（7）がある。

a) 派遣元への監督

業としての労働者派遣の監督は，許可官庁として，雇用エイジェンシーによって行われる[64]。許可の付与に関する審査とともに，予防的な審査も行われている。これは，許可の取消しのために行うというよりは，期限の定めのない許可（の不付与）のために行われる。2009年から2012年までの間に，労働者派遣法7条2項及び3項に基づき連邦雇用エージェンシーにより事業所に立入検査された企業は11,067件に及ぶ。これは全体の約90％であるとする。残りの10％の企業は，書類を要請され，審査された[65]。上のように検査の数は，2005年から2008年までの期間と比べて約94％増加している。これは派遣元企業の数の増加と連邦雇用エージェンシーの増員によるものである[66]。

2009年から2012年にかけての派遣元への連邦雇用エイジェンシーの審査の数[67]
北部 826
ノルトライン－ヴェストファーレン 2,534
ニーダーザクセン－ブレーメン 1,566

---

[64] Zwölfter Bericht der Bundesregierung über Erfahrungen bei der Anwendung des Arbeitnehmerüberlassungsgesetzes－AÜG－, S. 29.
[65] Zwölfter Bericht der Bundesregierung über Erfahrungen bei der Anwendung des Arbeitnehmerüberlassungsgesetzes－AÜG－ S. 29.
[66] Zwölfter Bericht der Bundesregierung über Erfahrungen bei der Anwendung des Arbeitnehmerüberlassungsgesetzes－AÜG－, S. 30.
[67] Zwölfter Bericht der Bundesregierung über Erfahrungen bei der Anwendung des Arbeitnehmerüberlassungsgesetzes－AÜG－, S. 30.

ヘッセン 845
ラインラント-プファルツ-ザールラント 570
バーデン-ヴュルテンブルク 1,256
バイエルン 1,753
ベルリン-ブランデンブルク 583
ザクセン-アンハルト-チューリンゲン 667
ザクセン 467
全体 11,067

　記録の閲覧により，労働法ないし労働者派遣法上の違反が明らかになる。これにあたって，派遣労働関係の契約条件の証明義務，許可，派遣元と派遣先との間の法的関係がこれにあたる[68]。派遣元への（筆者による）調査によれば，派遣労働契約の締結にあたって，原則として，ドイツでは，期間の定めの設定に関する正当化事由の存在が必要であるが，その正当化事由（例えば，代理）の書類の記載が，本人によるものであるかまで，問われるという。
　労働者派遣事業許可に関して，派遣元が信頼性を有している場合に，請求権があるが，信頼性は，前述の通り，労働法，社会保険法，許可法上の義務を考慮していることを前提としている。雇用エイジェンシーによってかかる義務の違反の有無が審査される。
　次のような違反がみられたと報告されている[69]。
―疾病の場合と祝祭日の賃金継続支払い
―休暇とその対価の請求権の誤った算定
―パートタイム法違反，例えば，期間を定めた契約（パートタイム就業促進法14条2項），呼び出し労働における法律の最低基準の不遵守
―労働者保護法の違反，例えば，労働時間法の一日の労働時間の最長時間の不遵守

---

68　Zwölfter Bericht der Bundesregierung über Erfahrungen bei der Anwendung des Arbeitnehmerüberlassungsgesetzes －AÜG－, S. 31.
69　Zwölfter Bericht der Bundesregierung über Erfahrungen bei der Anwendung des Arbeitnehmerüberlassungsgesetzes－AÜG－, S. 31f.

―労働協約の誤った適用，特に，派遣労働者の実際の職務に対応しない賃金グループへの誤った格付け
―協約上の年次特別手当の支払い（クリスマス手当等）
―解約告知期間の誤った算定
―事務所組織の不存在，賃金支払いのための重要書類記録の欠如
―労働契約ないし派遣契約の契約内容の欠如，労働者派遣法11条，12条違反，特に，混合事業所において，労働の対価を含む基本的な労働条件について，同一賃金原則違反
―回転条項違反

連邦雇用エイジェンシーは，これらの審査に基づいて，労働者派遣法16条1項3号ないし7aならびに8ないし10号により，秩序違反を認定しうる。2009年から2012年まで，8,610の罰金手続が同エイジェンシーの管轄により開始された（2012年6月までは地域の局によって，組織改変後は同エイジェンシーにより）。7,060件が，秩序違反となった。

2012年1月1日から，12月31日までで，派遣元への950件の審査が，税務局（財政コントロール闇労働）によって行われ，この期間内で，労働者派遣法上の最低時間賃金違反（16条1項7b）の手続が開始され，2件で，警告金（Verwarnungsgeld）が支払われることとなった。

| 年 | 手続の開始数 | 罰金手続の数 | 罰金などの総額 |
|---|---|---|---|
| 2009年 | 2,274 | 1,919 | 81,390.00ユーロ |
| 2010年 | 2,610 | 2,092 | 86,625.00ユーロ |
| 2011年 | 2,082 | 1,593 | 65,810.00ユーロ |
| 2012年 | 1,674 | 1,595 | 74,475.00ユーロ |

## 二　違法な労働職業紹介の推定

### 1　違法な職業紹介の推定

労働者派遣法1条2項においては，「労働者が第三者に労働の提供のため派遣され，派遣元が，通常の使用者の義務，または，使用者の危険を引き受けな

いならば（3条1項1号ないし3号），派遣元が職業紹介を営んでいると推定される」と規定される。

　この規定をめぐっては，職業紹介をめぐる発展が重要である。

　使用者が危険を負わない場合，かつては，労働者派遣法旧3条1項により，違法派遣とされた。ドイツにおいては，職業紹介は，長く労働局によって独占されていた（職業紹介の独占）。私人は，これらの営業には関わることができなかった。その後，連邦憲法裁判所は，1967年の判決において，明示的に憲法に適合していると判断していた[70]。

　しかし，ヨーロッパ裁判所において，国家による職業紹介の独占は，一定の場合に，EC法に反し得ると判断された[71]。つまり，次のように説示された。

　「それにもかかわらず，第四の先行判決の問題に対して，職業紹介を営む雇用のための公法上の施設は，欧州共同体設立条約86条の規定の適用がかかる施設に担われる特別の任務の実現を妨げるものでない限りでは，特別な欧州共同体設立条約86条の禁止に服すると回答しなければならない。かかる施設に職業紹介の独占を認めた加盟国は，施設が必然的に同条約86条に反する状態を創出している場合には，同条約90条1項に反する。このことは，特に，次のような条件がみたされる場合にいえる。

　独占が，経済での管理職の労働力の職業紹介のための活動に拡張される場合。

　つまり，雇用のための公法上の施設が，明らかに，かかる給付についての市場での需要を満足する状態にはない場合。

　民間の人的なコンサルティング会社による職業紹介の実際上の活動が，同活動をこれに対応する契約無効という罰によって禁止する，法律上の規定を遵守することにより，不可能になる場合。

　そして，当該職業紹介活動が，他の加盟国の構成員や領域に対して拡張されるという場合である。」

　この後，1994年7月26日の就労促進法で職業紹介の独占の廃止が決まった。

---

70　BVerfG Urt.v. 4.4.1967, NJW 1967, S. 971.
71　EuGH Urt.v. 23.4.1991, -Rs C-41/90, NZA 1991, 447.

労働者派遣法旧13条においては，違法な職業紹介の場合について，派遣先との労働関係の擬制を規定していたが，この規定も削除された。

現在では，労働者派遣法3条に定められる，労働者派遣事業の許可がない場合や外国人の違法就労の場合，租税法・社会保険法違反の場合，使用者の重大な労働法上の規定・義務違反の場合（1項），事業所組織上その他の使用者の義務を履行できる状況にない場合（2項），同一賃金義務違反の場合（3項），には，労働者派遣に対し職業紹介であると推定される（1条2項）。

## 2 効果をめぐる争い

学説では，社会法典第2編35条1項2文における1998年1月1日以来適用される職業紹介の定義は，時代に即さないと説かれた。職業紹介は適法でも違法でもあり得ることなった。違法な労働者派遣は，職業紹介として位置づけられない。連邦雇用庁の職業紹介の独占の廃止によって，旧13条は内容のないものとなり，1996年の就業促進法63条9号によって修正され，旧13条は削除された。つまり，労働者派遣法旧13条においては，違法な職業紹介の場合について，派遣先との労働関係の擬制まで生じると解されていたが，この旧13条の規定が撤廃された。これによって，2項により職業紹介が推定されても，派遣先と派遣労働者との間で，擬制的な労働関係は，成立しない[72]。現在では，派遣労働者と派遣先との間でその意思によることなく労働関係を成立させる法的根拠がなくなったのである[73]。派遣元で成立している労働契約関係は，派遣労働者から剥奪されない[74]。2項の規定は，意味がほとんどなく，削除すべきだとも主張される[75]。

これに対して，同規定は，機能不全にはなっていないとする学説もある[76]。シューレン教授によれば，立法者は，疑いがある場合には，労働者派遣法1条

---

72 Boemke/Lempke, AÜG, Frankfurt a.M., 2013, § 1, Rn. 186 (Boemke) ; Thüsing, AÜG, 3.Aufl., München, 2012, § 1 Rn. 154a.
73 Boemke/Lempke, AÜG, Rn. 185 (Boemke) ; Thüsing, AÜG, § 1 Rn. 154a.
74 Boemke/Lempke, AÜG, § 1, Rn. 186 (Boemke).
75 Boemke/Lempke, AÜG, § 1, Rn. 186 (Boemke).
76 Brors/Schüren, BB 2004, S. 2745 (2749).

2項による職業紹介の推定の道具を作り出している。職業紹介の推定は，派遣元がその使用者の義務を充たさないときに生じる。使用者の義務を派遣元として充足するのは，独立している者のみであり，すなわち，派遣先による操作なく，市場で経済的に活動している場合である。それに相応して，積極的な市場参加のそうした組織的な構造がなければならない。かかる組織構造を欠き，派遣元が市場で参加しない専ら派遣（コンツェルン内での派遣）の場合には，派遣元は，労働者派遣法1条2項による使用者の危険を引き受けるものではない[77]。

これに対して，連邦労働裁判所は，次のように判断している。「1997年4月1日の発効による1997年3月24日の就労促進改革法の63条6号による労働者派遣法13条は，何らの補填もなく廃止された後，労働者派遣法1条2項によって職業紹介が推定される場合に，派遣労働者と派遣先との間の労働関係の設定に関する法的な基礎はもはや存在しない。派遣先との労働関係の発生は，労働者派遣法1条2項によっても，10条1項1文の類推適用によっても，基礎づけられない」[78]。下級審では，シューレン教授の見解について，同教授は，派遣元が通常の使用者の義務または使用者の危険を引き受けない場合，職業紹介が推定されるとしている。しかし，「場合によっては起こり得るこの規定の違反によって，派遣先と派遣労働者との関係で，契約関係が存在し，労働者派遣の法律違反を考慮しなければならないとなるわけではない。労働者派遣法1条2項の場合には，労働者派遣事業許可が存する限りで，労働契約上の当事者の関係が影響を与えることがない，営業法上の規定が問題になる[79]」。この判決では，労働者派遣事業の許可がある限りで，労働者派遣は適法な形態であるとされた。1条2項の規定の違反によって，労働者派遣法1条2項による職業紹介の推定が働くわけではなく，また，派遣先と派遣労働者との擬制的労働契約関係が認められるわけではないと判断している。ただし，連邦労働裁判所は，二重の労働関係の成立に関する原則を維持すべきかどうかについてまでは，（学説とは異なり）明らかにしないままでいる[80]。

---

77 Brors/Schüren, BB 2004, S. 2749.
78 BAG Urt.v. 2.6.2010, NZA 2011, S. 351.
79 LAG Niedersachsen Beschluss v. 28.2.2006, 13 TaBV 56/05 in Juris.
80 BAG Urt.v.17.2.2010, NZA 2010, S. 832.

この職業紹介の推定が働くと，推定を覆すために，派遣元は，実際に，労働者派遣を営んでいたことから生じる事実を陳述しなければならない。この目的のために，派遣元は，当該法的な関係が労働者派遣であるとする必要な事実を主張し，証明しなければならない[81]。

最終的には，使用者の機能を真摯に果たそうとしていたことを証明しなければならない。雇用関係が，特別なひとつの派遣先に限られていた場合（つまり，専ら派遣をしていた場合），証明は成功しなかったことになる[82]。

派遣元が証明に失敗すると，法的な関係は，職業紹介として評価される[83]。しかし，労働法上は，派遣労働者と派遣先との間の労働関係の設定はなされない，という支配的な見解であるのは，すでに述べた。この意味で，この推定は，労働法上は意味がない。2項の推定は，もっぱら営業法上のものにすぎない[84]。

この場合，派遣元が労働者派遣事業許可を有していない限りで，派遣労働者と派遣先との間の労働関係の設定がなされる[85]。反対に，派遣元が証明に成功すると，法的な関係は，労働者派遣として位置づけられる。労働者派遣の適法性は，派遣法により，審査することになる[86]。

## 三　コンツェルン労働者派遣

### 1　コンツェルンに関する以前の労働者派遣法の法規制（特権）

#### a)　法改正前の法状況

元来，1985年の時点で，労働者派遣法においてはコンツェルン内の労働者派遣は特権を有しており，コンツェルン内の労働者派遣に対しては，それが一時

---

[81] Thüsing, AÜG, § 1 Rn. 147. 派遣元は，労働者を派遣先に代わる代わる派遣するつもりであったことを証明しなければならない（Thüsing, AÜG, § 1 Rn. 147）。この限りでは，一定の労働者を代わる代わる派遣先に投入することまでは必要ではない。むしろ，派遣元が，一定の労働期間の間他の比較可能な労働者を雇用し，通常，代わる代わる第三者に派遣していたことを示せば，十分である。

[82] Thüsing, AÜG, § 1 Rn. 149.
[83] Thüsing, AÜG, § 1 Rn. 154.
[84] Thüsing, AÜG, § 1 Rn. 154a.
[85] Thüsing, AÜG, § 1 Rn. 155.
[86] Thüsing, AÜG, § 1 Rn. 153.

的な労働である限り，労働者派遣法から除外され，許可官庁の監督を免れていた。

立法上は，コンツェルン内の労働者派遣について，労働市場政策上ないし社会政策上の危険が，わずかであるという考慮に基づいていた[87]。事務的な形式性を削減させ，人的なフレキシビリティ，同一コンツェルンにおける企業間での労働力の交換を確保するのが目的であった[88]。当時存在していた，派遣可能期間によって，コンツェルンにおける指示と教育訓練が，不必要に困難になってはならない，と考えられていた[89]。

さらに，当時の1985年の就業促進法では，次のように規定されていた。
「この法律は，次の労働者派遣には，（…）適用されない。
（…）
２．労働者が，その使用者ではない者に一時的に提供される場合の，株式会社法18条の意味におけるコンツェルン企業間での労働者派遣」と規定されていた（旧１条３項２文）。

一時的な派遣は，労働者派遣法の制限から除外されたが，長期の派遣の場合，特に，コンツェルン内の人材派遣会社，パーソナル・サービス会社は，労働者派遣法の適用を受けることになっていた[90]。

一時的とは，永続的なものとして予定されていない派遣と定義され，重要なのは，派遣の根拠と他のコンツェルン企業で担う任務であるとされた（例えば，トレーニー，補助的労働力，他の企業の従業員の教育）[91]。

専ら派遣についても，1985年の同法の立法目的において記され[92]，許容されていた。

---

[87] Beschlussempfehlung und Bericht des Ausschusses für Arbeit und Sozialordnung vom 17.1.1995, BT-Drucks. 10/3206, S. 33.
[88] Beschlussempfehlung und Bericht des Ausschusses für Arbeit und Sozialordnung vom 17.1.1995, BT-Drucks. 10/3206, S. 33.
[89] Beschlussempfehlung und Bericht des Ausschusses für Arbeit und Sozialordnung vom 17.1.1995, BT-Drucks. 10/3206, S. 33.
[90] Schüren/Hamman, AÜG, § 1, Rn. 486.
[91] Schüren/Hamman, AÜG, § 1, Rn. 507.

## b）コンツェルン労働者派遣の状況

　コンツェルン内の労働者派遣は、かかる特権の下、頻繁に利用され、そして、派遣先の基幹従業員のための横断的労働協約や企業別労働協約を下回るために、濫用されていると捉えられている[93]。多くのドイツのコンツェルン企業では、自らの娘企業を派遣会社として立ち上げさせ、そこから母企業へ派遣されている。これらのコンツェルンの娘企業は、派遣部門では派遣企業間の競争にさらされることはない。もっぱら母企業に派遣するのみである（わが国でいう専ら派遣）。これにより、母企業は、自らに適用されるはずであった横断的な労働協約や企業別協約から免れることができ、賃金コストを引き下げている[94]。この結果、派遣労働者は、基幹労働者に取って代わりつつあった[95]。コンツェルン派遣労働の場合、賃金は、基幹労働者を雇用するのと比べて約30％削減できると指摘される[96]。2000年代の後半に、薬のディスカウント・ショップ・シュレッカー（Schlecker）が、労働者を解雇し、多くの支社を閉鎖し、MENIARという派遣企業を通じて新たに開業した支社へ同労働者を派遣させた。その際、当該労働者の賃金は、以前シュレッカー社で雇用されていたときより低く抑え、労働協約を潜脱していた。シュレッカー事件以前にすでに、同様の手法で、ドイツの多くの企業は、労働協約を潜脱していた[97]。この当時、労働者派遣法において、このような潜脱を禁止していなかった以上、こうした潜脱が起こるのは、不思議ではないと指摘される[98]。これにより、コンツェルン労働者派遣も、「安い賃金」への入り口となっていく[99]。

---

92　Beschlussempfehlung und Bericht des Ausschusses für Arbeit und Sozialordnung vom 17.1.1995, BT-Drucks. 10/3206, S. 33. これによれば、「この規制によっては、純粋な派遣元を、コンツェルン内にいれることによって、労働者の派遣が、無制限に適法になるということは、排除される。労働者をコンツェルン企業から他へ長期間派遣することも、労働者派遣法の適用から排除されない。」
93　Mahr, Die Illegale Beschäftigung, S. 2011, S. 229.
94　Mahr, a.a.O., S. 230.
95　Mahr, a.a.O., S. 229.
96　Mahr, a.a.O., S. 230.
97　Mahr, a.a.O., S. 229.
98　Mahr, a.a.O., S. 229.
99　Däubler, AiB 2008, S. 524 (525).

こうした潜脱は，解雇制限法との関係においても行われているといわれる[100]。「解雇も派遣関係の期間の終了も，解雇理由に依拠しなければならないことはなく，また，労働法的な意味で客観的な理由のみに依拠しなければならない，ということもない。契約当事者は，この場合完全に自由である。派遣先は，例えば，安いという理由で，派遣労働者を他のどこかで獲得しようと思えば，派遣契約を終了し得る。派遣先は，唯一の基幹労働者に対する経営を理由とした解雇が許される前に，需要が後退する場合に，すべての派遣労働者と別離しなければならない[101]」。シューレン教授は，コンツェルンにおける派遣元が，ダミー（Strohmann）にすぎないと述べていた[102]。ダミーの導入は，現存する関係を覆い隠すのに役立つ。この場合，より有利な協約上の条件を利用し，解雇制限法による労働契約の存続保護を廃止するために，娘企業である派遣元は，中間に導入されている。

派遣元として現れるコンツェルンの娘企業は，労働者派遣法1条2項の意味での派遣元の使用者の危険を負っていない[103]。

コンツェルン内で派遣することを目的として設立される派遣会社をパーソナル・サービス会社という。例えば，輸入業者であり運送業のドイツの娘企業が，トラック運転手を採用し，派遣先の母企業に派遣していたという事案があった[104]。コンツェルン内の企業への労働者派遣という形を通じて，人員を融通していた。その際，派遣元事業所での派遣労働者を含む従業員代表（事業所委員会）選挙の取消しを派遣元企業が裁判上求めたという事件であった。この事件を引用して，ドイブラー教授は，共同決定権を免れるために，労働者派遣がコンツェルン間で利用されていると指摘していた[105]。

---

100　Schüren, BB 2007, S. 2346（2347）; Däubler, AiB 2008, S. 525.
101　Schüren, BB 2007, S. 2347.
102　Schüren, BB 2007, S. 2348.
103　Schüren, BB 2007, S. 2349.
104　BAG Beschluss v. 22.3.2000, NZA 2000, S. 1119.
105　Däubler, AiB 2008, S. 527. 労働者派遣と共同決定権の関係については，本章第6節参照。

## 2　コンツェルン労働者派遣の特権利用による「労働者派遣の濫用」

　コンツェルンの労働者派遣は労働者派遣法から除外されてきた。こうした特権に対しては、学説から疑問が提示され、コンツェルン労働者派遣における濫用を防ぐための法理論が構築されている。その代表的な理論をみていく。

### a)　権利濫用の法理

　シューレン教授は、コンツェルン労働者派遣の利用について、そのほとんどが専ら派遣であり、その利用が権利濫用であり、労働者派遣法1条2項に基づいて（使用者の機能の未実現が職業紹介の兆候となる）違法派遣であるとの議論を展開している。

　コンツェルン派遣について、シューレン教授は、前述のような、ダミーである派遣元の利用（派遣先による干渉とする）は、解雇規制による労働関係の存続保護と労働協約の適用との関係で、コンツェルン派遣自体が、権利濫用を基礎づけると説く[106]。ダミーの投入は、現存する関係を覆い隠すのに役立つ。派遣元は、より有利な協約条件を利用し、存続保護を廃止し得るように、中間的に導入されるだけである。労働者への意識的な不利益取扱いは、決定的であり、労働者に対して真摯な派遣労働関係を存立しているわけではない。

　「派遣元の使用者としての地位が、中間者の使用者の場合より一層強く限定されることにより、間接的な労働関係とは、派遣労働は区別される。中間者（派遣元）は、黒幕（派遣先）のために働き、黒幕は、指揮権を行使し、この限りで、労働提供の権利者ではないが、その受領者である。派遣元の―制限的な―使用者としての地位は、黒幕によって派遣元自らが解約される場合にはじめて、事実上終了する。ここで議論される形の派遣労働の場合、労働の投入される企業以外に、労働の提供の他の受領者は初めからいるわけではない。派遣先のみが、ここでは、労働者をコントロールするのである。使用者としての派遣元の限定され残された機能は、誰にその労働が提供されるべきかを労働者のために定めるが、その機能は、派遣先と結びついた共生的な（symbiotisch）派遣元には、当初から存在しないのである。こうした派遣元は、完全に、派遣先に

---

[106] Schüren, a.a.O., S. 2349.

よって操られている。派遣先が労働者をもはや派遣労働者を望まない時には，派遣先のためにダミー（派遣元）によって採用された労働者は，解雇される。

このため，この場合，派遣の終了によってはじめて，派遣先での使用者としての干渉があり得るのではなく，初めから，派遣先での使用者としての干渉は，あり得るのである。ダミーとしてふるまう派遣元としては，使用者としての地位はなく，それゆえ，派遣労働協約の適用のための必要な要件の充足を欠く[107]」。

コンツェルン内の業としての労働者派遣の場合は，派遣先としてふるまうコンツェルンの娘企業が，コンツェルン間の他企業（母企業）のためにのみ派遣労働者を採用するが，こうしたいわゆる専ら派遣を行う派遣元は，労働市場では活動してはいない。これらの娘企業は，アクティブな派遣元の有する典型的な存続保護を提供しない。これによって，そのあり方は，権利濫用的である。労働法上の干渉は，労働の提供の受領者，投入企業との派遣労働者の労働関係にも影響する[108]。この場合，職業紹介の要件を満たすとしている。

労働弁護士，ウルバー氏も，コンツェルンでの派遣元企業は，市場で活動する派遣元としての役割を果たしておらず，ダミーとなる。これは，職業紹介を意味するとする[109]。

これをこえて，コンツェルン内の派遣について例外を設けること（特権）については，指令に規定がないことから，廃止すべきとする見解もあった[110]。

これに対して，使用者側の弁護士，ヴィルムゼン／アヌス両氏は，企業の活動を営業法上の規制に入れようとするものであって，労働者派遣法上の許可以上のことは問われていないとする[111]。派遣会社が労働者派遣の事業許可を付与されている限り，使用者がコンツェルン外かコンツェルン内かはささいなことである。コンツェルン内で，使用者が，派遣労働者の派遣という法律上の適

---

107　Schüren, a.a.O., S. 2349 f..
108　Schüren, a.a.O., S. 2350.
109　Ulber, AÜG, 4.Aufl., Frankfurt a.M., 2011, § 1 Rn. 364.
110　Wank, Müller- Glöge/Press/Schmidt, Erfurter Kommentar（Erf.Kommと略す），AÜG, 2013, München, § 1, Rn. 57（Wank）.
111　Willemsen/Annuß, BB 2005, S. 437（439）.

法な可能性を利用し，自らの人員の代わりに派遣労働者を雇用すること自体は，違法なことではない。コンツェルンの母企業には，コンツェルンにおける一時的な労務提供のための派遣が，人事組織的なコンツェルンの自治に委ねられるのはいうまでもない[112]。労働者派遣法上は，コンツェルン内の派遣は，原則的に許されている。

　こうしたダミーであるとの主張は，裁判例においては，認められているわけではない[113]。ニーダーザクセン・ラント労働裁判所は，シューレン教授らの主張について，「ダミーという構成は納得のいくものではない。コンツェルン内の労働者派遣は，労働者派遣の有効な形態である。コンツェルン内で活動する派遣元は，多くの場合に，第三者としての派遣元企業が負うリスクと比較可能な使用者のリスクを負っている」。「ダミーの構成は，基本的には労働者派遣法1条2項によっている。これによれば，派遣元が通常の使用者の義務または使用者のリスクを引き受けない場合，違法な職業紹介が推定されるとしている。場合によっては起こり得るこの規定の違反によって，派遣先と派遣労働者との関係で，契約関係が存在し，労働者派遣の法律違反を考慮しなければならないとなるわけではない。労働者派遣法1条2項の場合には，問題になっているのは，営業上の規定であり，労働者派遣事業許可が存する限りで，労働契約上の当事者の関係が影響を与えることはない」。「労働者派遣事業許可が存する限り，コンツェルン内の派遣の場合にも，派遣労働の形態が適法であることが重要である」と判示した。この判決では，コンツェルン内の労働者派遣によっては，労働者派遣の事業許可がある限りでは，労働者派遣は適法な形態であるとされる。同意拒否の理由，違法な労働者派遣は存しないと判断された。

### b）　間接労働関係の法理

　労働者派遣との関係では，一般的に（特に，独立事業者との関係で），あるいは，コンツェルン労働者派遣との関係で，間接労働関係という法理が論じられる[114]。

---

112　Willemsen/Annuß, BB 2005, S. 438.
113　LAG Niedersachsen Beschluss v. 28.2.2006, 13 TaBV 56/05 in Juris.

かつて、ドイツ法のための労働アカデミー委員会が、労働関係についての草案のなかで、120条において次のような規定を置いていた。「従者は、他の従者の助力を得るもとで労働を提供し、その者が、労働をこれら他の者の助力を得てのみ提供されることが事業主に認められている場合には、これに反する合意を考慮しても、第三者と企業との間で労働関係が存在する」と。

この規定は法律にはならなかったが、連邦労働裁判所第三小法廷は、1957年4月9日判決において、この法理を法原則として認められなければならないと説示した。この事件〔事件①〕では、音楽家（労働者）とラジオ局（第三者、黒幕）との間に、楽長（Kapellmeister）という中間者が介在する場合である。楽長が音楽家と労働契約を締結し、音楽家は、ラジオ局で就労している。ただし、労働者派遣の場合ではない（コンツェルン労働者派遣でもない）。労働者派遣法がなかった頃の人員動員方法である（一種の下請け労働である）。また、この場合に、楽長が音楽家を解雇し、音楽家が解雇無効確認を請求した。連邦労働裁判所は、楽長を中間人とし、双方で締結された労働契約の意義と文言に照らして、ラジオ局と音楽家との間の関係を間接的な労働関係であるとした[115]。中間人が敗訴した訴訟ののちその義務を剥奪されるか、あるいは、その履行について不能である場合に、黒幕であるラジオ局に直接解雇無効を訴えられるとした（間接的労働関係）。

### 楽長事件・連邦労働裁判所1957年4月9日判決

〔事件①の概要〕　この事件は次のようなものであった。原告は1922年より、楽団のWによってなされていた被告のラジオ局でのダンスの楽団でトランペッターとして勤務していた。1951年に、被告は、ラジオ放送のために、より大きなダンスの楽団をつくった。楽団のL

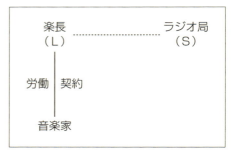

---

114　間接労働関係の法理の先行研究には、鎌田耕一「ドイツ労働法における使用者責任の拡張」法学新報100巻2号（1994年）215頁（226頁）。
115　BAG Urt.v. 9.4.1957, AP Nr. 2 zu Mittelbares Arbeitsverhältnis.

氏に委託して，24人のダンス・オーケストラを編成し，以前のWの何人かのメンバーを承継した。

被告は，L氏との間で，次のような内容の1951年4月1日の文書の契約を締結した。

「1．エーヴィン・L氏は，ダンス・オーケストラとともに，Sラジオのために，月額33ないし36のタイトルを録音テープに収録する義務を負う。作品の選択は，Sラジオが，L氏の了解のもと，行う。

2．L氏は，ダンス・オーケストラとともに，Sラジオの公の催しにあたって，契約年に10までの催しに関与する義務を負う。(…)

4．上記の給付が数と質の点で害されない限り，Lには，そのオーケストラとともに，他の義務を引き受けることが許されている（例えば，レコード会社のための義務）。L氏は，Sラジオの同意のもとに，コンサートツアーをすることができる。L氏は，こうした機会のために，"エアヴィン・L With S ダンス・オーケストラー"という名で営業する。

5．Sラジオは，プローベと録音のために必要な場所と技術的な装置を提供し，同時に収録に必要な人員も同様であった。

6．Sラジオは，この契約により，L氏とダンス・オーケストラによって提供された給付のために，次の報酬2万7,500DMを支払う。

7．そのオーケストラのメンバーに報酬を支払い，オーケストラのメンバーのすべての法律上の特に社会保険法上および税法上の義務を負うのは，L氏の責任である。この義務の実現のために，Sラジオに対して，L氏は責任を負う。Sラジオとオーケストラのメンバーとの間には法的な関係はない(…)。

L氏は，彼によってまとめられるダンス・オーケストラの音楽家と，個別的な労働契約を締結した。1951年4月2日以降原告との契約は，700マルクと設定され，解約告知期間は，月の終わりまでの4週間と定められ，原告に対して，休暇は，1年に4週と定めた。

1953年11月24日の文書によって，L氏は，原告を，不適切な給付を理由として（1953年12月31日までに）解雇した。原告は，L氏と被告に対して，解雇が無効であり，労働関係を被告と原告との間で継続することの確認を求めて，訴えを提起した。労働裁判所は，一部判決によって訴えを棄却した。一部判決に対しては，控訴が原告よりなされ，その最終口頭弁論において，原告と被告との間で解約されない労働関係が存続すべき義務が被告にはあることの確認の申立てのみをした。ラント労働裁判所は，控訴を棄却した。一審原告の上告棄却。

〔判旨〕
　　　連邦労働裁判所は，次のように説示する。
　　「原告と被告との間は，間接的な労働関係があるのみである。この三者の法的な関係の解釈に当たっては，全般的な了解における契約が偽装のために締結されたとする余地はない（民法117条参照）。L氏は，原告と被告との間の中間人とする原告が考えるのとは異なり，法秩序によって認められる機能，すなわち，中間的なマイスター（Zwischenmeister）であった」とした。
　　　間接労働関係を認めることは，使用者の機能の分化を必然的に帰結する。この分化が実際上どのように行われるかは，個々の場合には，疑わしいが，本件の場合，最終的に判断する必要はない。一般には，この場合に，労働者は，かかる請求権によって，第一義的には，労働者の直接的な使用者と結びついているといわなければならないといえる。原告は，間接的な使用者に対して，特別な理由がある場合のみ，請求し得る。特に，直接的な使用者に対して，正当になし得ない場合である。これは，労働者に原因のある，特に，解雇の本件の場合に，いえる。解雇が，L氏によって，直接的な使用者として，適切に，自らの名前で，自らの権利により，告知されており，解雇にいたっているのであるから，また，原告の表向き不十分な給付についての争いは，総じて，まず，楽長L氏によってのみ，行われ得るであろうし，原告は，解雇保護の訴え（解雇制限法3条）をL氏に対してなさなければならないであろう。かかる訴えを原告はしている。しかし，これまで，これについて判断をしていない。これは，第一審労働裁判所では，まだ係属している。
　　　この事実および法的な状況では，ともに訴えられているラジオ会社に対する，解雇保護の訴えに関して，法的保護の必要のある利益が，原告には欠いている。原告は，本件のようなひとつの事件において，直接的な使用者と間接的な使用者双方に同時に訴えることはできない。つまり，二重に解雇保護を理由として訴え得ない。解雇は，実際上は不適切な給付によるものであるため，L氏に対する訴えを原告が棄却されるならば，その場合に，ラジオ局に対する解雇保護の訴えによっては，成し遂げられない。なぜなら，直接的な労働関係によって，間接的な労働関係が，有効に同時に終了しているからである」と。

## 用務員判決・連邦労働裁判所1982年7月20日判決
〔事件②の概要〕　この事件の概要は次のようなものであった。当事者は，当事者間で直接的な労働関係が存在したかどうか，また，被告が，原告に対し，F市の追加的な高齢者の給付金庫（Zusatzversorgungskasse）に保険義務があるか

どうかを争っている。

1918年7月6日生まれの原告は，労働協約には拘束されていない。1954年8月17日から1978年7月31日まで，学校の清掃員として，被告のHギムナジウムで雇用していた。

1954年8月17日から1977年4月30日まで，上述の学校の用務員と

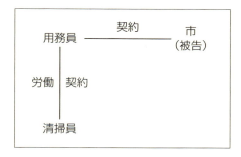

の間で，さまざまな労働契約が（原告との間でも）成立していた。用務員は，原告の夫である。用務員は，F市の代理人ではなく，自らの名前で行為しているとの指摘が契約に包含していた。市の用務員に対しては，1955年6月1日より，被告市の雇用上の命令が付され，この命令は，この契約に基づいていた。被告は，用務員に清掃業務を委託した。

つまり，用務員は，清掃員との間で労働契約を締結していたが，用務員と市との間も契約が結ばれており，その用務員も，市によって業務命令を受けていた。

用務員は自ら清掃労働をすることもできたが，自らの名前で動員させる補助的な労働力によってこれを行うことができた。対価は，年間の投入時間，当該施設の数と大きさに従って，総額で，支払われた。補助的な労働力によってなされる清掃作業の時間は，労働の証明のカードによって証明されなければならなかった。このカードは，被告が，用務員に利用させていた。被告は，補助的な労働力に帰属する賃金を算定し，用務員が支払った。被告の学校局が，採用面接を命じ，清掃員の採用の許可は，市のもとに残されていた。学校局は，人事記録を作成し，警察の証明，賃金の基準を策定し，清掃員の労働契約を付与した。さらに，市の学校局は，賃金税のカードに登録をし，従事した補助的な労働力の保険証を発行していた。

労働関係は，原告の解約によって1978年7月31日に終了した。原告は，主に，1978年8月31日に，被告の金庫，ZVKへの義務的な保険料を支払うよう，被告に求めた。

原告は，原告の用務員との労働契約によれば，実際には，被告が，直接的な使用者であると主張した。被告による労働契約の実際上の実行は，学校の用務員が，被告の長く伸びた腕であることによって，可能になるとした。学校の清掃員は，労働法上の保護規定や，追加的な高齢者給付から排除されていると述べた。それゆえ，これは，権利の濫用である等とした。使用者として，被告は，

学校内における清掃員間で，同一の追加的な高齢者給付を義務付けられていると述べた。間接雇用である原告は，学校内での直接雇用されたその他の管理部門や幼稚園の清掃員との平等取扱原則を主張しているが，かかる者との間での同原則の適用については争われている。

被告は，これに対して，訴えの棄却を求めた。1977年4月30日までの時期は，直接的な使用者は，Hギムナジウムの用務員であったと述べた。用務員は，清掃員の選択とその動員によって，その利益のために収益を得ていたとした。

労働裁判所とラント労働裁判所は，訴えを棄却した。原告の上告により，本件は原審に差し戻された。

〔判旨〕 連邦労働裁判所第三小法廷は[116]，本件において，間接労働関係存在の余地を認めた。学校の用務員が清掃員を採用し，市の学校で就労していた。学校の用務員は，派遣労働の場合とは異なり，直接的な使用者（市）との間で，雇用関係にもあった。かかる市，間接的使用者は，法的な意味での使用者であり，間接的使用者と下請け労働者との間での関係は労働契約上の性格があるとしている。この労働契約上の拘束は緩やかなものであると評価している。その上で，間接的使用者は，下請けの労働者に対して，原則的に平等取扱義務があるとしている。ただし，労働法上の関係が緩やかであるというのを考慮すると，直接雇用された労働者と間接雇用された労働者（本件一審原告）との差異は，平等取扱原則の意味において，恣意的であるとは評価されないと結論づける[117]。

間接労働関係は，労働者が中間人により採用され，その中間人も第三者（間

---

116 BAG Urt.v. 20.7.1982, AP Nr. 5 zu Mittelbares Arbeitsverhältnis.
117 連邦労働裁判所は，この事件において，直接的な使用者と典型的な間接的な使用者との間での不平等取扱いは，恣意的なものではないとしている。「平等取扱原則の違反は，被告の間接的な労働者が直接的な労働者より劣悪に扱われた場合では，ありえない。原告は，幼稚園と官庁における清掃と同様の業務をしていたということに依拠する限りで，それは，グループの形成・選択が適切ではない。

平等取扱原則は，すべての事業所の構成員で，完全に差異なく取り扱わなければならないということを要求しない。これは，比較可能な状況にある他の者に比して，個々の労働者を随意に劣悪に処遇することのみを禁止している」。

「直接的な労働者と間接的な使用者との差異は，恣意的とは思われない。間接的な労働関係にのみ立つ，清掃の女性の労働力の提供は，経済的に被告に役立っているが，労働契約上の拘束力は緩やかであり，被告の労働者でもある用務員のみ介しており，他方では，用務員は学校の清掃員の直接的な使用者として現れる。この法形態が適法である限りで，被告の事業所の高齢者給付のためのグループのメルクマールとして，被告に役

接的な使用者）の労働者である場合に，認められる。つまり，間接労働関係の法理は，独立事業者との関係で（しかも，一種の下請け労働），発展した[118]。最初の事件のように，補充的な責任が，間接的な使用者には認められる。また，擬制的な労働関係でも認め得るとしている[119]。

ハーマン教授は，この間接労働関係論をコンツェルン労働者派遣に適用させようとしている。中間人は，労働の提供にあたり，間接的な使用者の命令により，労働者を動員する。この労働の投入の概観は，その他の経営上のヒエラルキーによる命令による労働と同一である。中間人の導入の目的は，典型的な使用者の義務とリスクを中間人に課させ，労働法ないし社会保険法上の保護規定を潜脱することにある。この結果，間接的な使用者と間接的な労働者との間の間接的な労働関係に対して，労働者派遣法10条1項（擬制的な労働関係）の類推適用があり得る。労働法ないし社会保険法上の保護規定を潜脱する場合に，かかる構成は認められる[120]。

ほかにも，間接労働関係の適用があり得るのは，法律の潜脱が存在しないとしても，労働者が直接的な使用者に勝訴し，また，この者がその義務を履行することができない場合には，労働者の直接的な請求権が，間接的な使用者に対して存し得る。民法765条による保証人に対する類似する，補充的な責任が問題となる（補充性）[121]。直接的な使用者は，さらなる就労の義務又は，定められた補償金の支払義務を奪われ，またはその履行ができない場合には，上の責任は，継続雇用請求権をも含んでいる[122]。

---

立っている。このことをラント労働裁判所は，適切に認めている」と説示している。結局，裁判所は，直接雇用された他の清掃員と間接雇用された原告らとの間の平等取扱原則について，グループの選択において誤りがあり，同原則の適用を本件において否定している。

118 Schüren/Hamann, AÜG, 4.Aufl., München, 2010, § 1, Rn. 228 ; Thüsing, AÜG, § 1, Rn. 92（Waas）.
119 Schüren/Hamann, AÜG, § 1, Rn. 229.
120 Schüren/Hamann, AÜG, § 1, Rn. 231, 232.
121 Henssler/Willemsen/Kalb, Arbeitsrecht, 5.Aufl., 2012, vor § 611, Rn. 119（Thüsing）.
122 Henssler/Willemsen/Kalb, Arbeitsrecht, 5.Aufl., 2012, vor § 611, Rn. 119（Thüsing）.
チュージング教授によれば，判例が労働法上の関係が緩やかであるというのを考慮すると，直接的な労働者と間接的な労働者との差異は，平等取扱原則の意味において，恣意的であるとは評価されないと判断するが，これが今日も適用されるかは，疑わしい。

ヴァース教授によれば，ハーマン教授と同様，間接労働関係の存在が肯定される場合には，労働法上ないし社会保険法上の規定の潜脱としてみ得るかどうかが，常に吟味されなければならないとしている。考慮されるべきなのは，直接的な労働関係についての労働者派遣法10条1項（擬制的な労働関係）の類推適用に基づいて，間接的な使用者と間接的な労働者との間の労働関係が成立するか，ということである[123]。

　ラム教授は，社会国家から要請される解釈として，法律行為の代理をこえて，直接的な労働契約関係が認められるとしている。これに対しては，なぜ，社会国家原理から，労働契約関係が設定されるか，という問題がある。使用者の義務で第三者に負担を与えるためには，社会国家原理では十分ではない。より適切と思われるのは，ツェルナー教授による次の見解であり，同教授は，間接労働関係の法理について論じ，間接的な使用者は，一定の保護義務ないし顧慮義務を負い，間接的使用者は，民法278条に基づき，履行補助者について責任を負う。さらに，間接的使用者は，補充的に賃金支払いについて責任がある（これについては争いあり）。この効果は，少なくとも，部分的には，中間者と間接的な使用者との間での労働契約によって，企業の労働者に対して，生じる。より正しくは，労働法上の保護思想から契約類似の法的な債権関係（保護関係）を認めることが許されると述べている[124]。そして，先のハーマン，ヴァース両教授が指摘するとおり，間接労働関係の存在が肯定される場合には，労働法上ないし社会保険法上の規定の潜脱としてみ得るかどうかが，常に吟味される。

　　労働市場の現代のサービスに関する第一法による労働者派遣法の改正以来，派遣労働者は，派遣先の事業所において比較可能な労働者に対して適用される労働の対価を含む重要な労働条件について，請求権を有する（労働者派遣法9条2号）。派遣労働者にいえることは，間接的な労働者に対してもいえるというのは，許されるであろう。なぜなら，直接的な使用者の場合，労働者が問題になるのか，独立事業者が問題になるのか，という事情自体で，異なった考察を正当化するものではないからである。法改正からは，事業所における同一労働が同一に報われなければならない，という広範な意思が読み取れる。派遣労働者に妥当することは，間接的な労働者にも妥当する。なぜなら，直接的な使用者の場合，労働者あるいは独立事業者が問題になるという事情だけでは，こうした異なった考察を正当化しないからである(Henssler/Willemsen/Kalb, Arbeitsrecht, 5. Aufl., 2012, vor § 611, Rn. 120（Thüsing））。
123　Thüsing, AÜG, § 1, Rn. 92（Waas）.
124　Zöllner/Loritz/Hergenröder, Arbeitsrecht, 6.Aufl., München, 2008, München, § 27 II. 2.

## c) 法の潜脱の構成とコンツェルン労働関係への応用

ところで，先の連邦労働裁判所1982年7月20日の判決では[125]，保護規定からの潜脱を論じている。「労働者にとってさまざまな労働法上の保護をもたらす労働法上のさまざまな形態を使用者に提供する場合，使用者は，随意に，使用者にとってより有利なものを選択することは許されない。客観的な理由が，この契約形態の選択を正当化することになる。なぜなら，そうでなければ保護規定から潜脱され得ることになるからである。この原則を，労働契約関係の設定に関する1960年10月12日の大法廷の決定によって発展してきた。間接的な労働関係と直接的な労働関係との間での選択の場合にも，原則的には変わるところはない」と説示する。その上で，選択された契約形成の形態により，法規範の目的が客観的に無に帰しているか，客観的に正当化された理由が存するか否かのみが重要であると説示している[126]。当時の解雇規定（5人（現在は10人）を超える事業所である必要がある）の要件を用務員が雇用する際に満たしていない場合は，清掃員は，解雇保護法上の地位は特別に弱いものとなる[127]。「ラント労働裁判所の認定が正しいとすれば，実際上は，間接的労働関係の典型的なケースが存する。中間人としての学校の用務員が，上司の機能のみを有するのではない。その企業の権限とリスクは，用務員を労働契約上，直接的な使用者と中間人の地位を認めるのが，客観的に正当化される。しかし，これに対応したラント労働裁判所の認定は，これまで十分ではない」。本件は差し戻されている。

法の潜脱という法律構成は，期間雇用に関する労働契約関係の設定に関する1960年10月12日の大法廷の決定[128]以来発展した法理である。期間雇用が，解雇制限法が適用される期間の定めのない労働関係から潜脱するため，期間雇用には客観的な理由が必要であるというものであった。これを労働者派遣に応用

---

[125] BAG Urt.v. 20.7.1982, AP Nr. 5 zu Mittelbares Arbeitsverhältnis.
[126] BAG Urt.v. 20.7.1982, AP Nr. 5 zu Mittelbares Arbeitsverhältnis.
[127] BAG Urt.v. 20.7.1982, AP Nr. 5 zu Mittelbares Arbeitsverhältnis. この中身のない基準は，強行法的な労働法が，裁判所の理解により適切とされたところで，いたるところで，用いられるという批判もある（Anm. AP Nr. 5 zu Mittelbares Arbeitsverhältnis (Koller））。
[128] BAG Beschluss v. 12.10.1960, AP Nr. 16. zu § 620 BGB Befristeter Arbeitsvertag.

する見解も有力である。ドイブラー教授は，派遣元がコンツェルンのみに派遣する場合に，法の潜脱としてみる。コンツェルンのみに派遣する派遣元について，三面的な構成を選択した客観的な根拠が認められない。賃金コストを節約するというのは，この理由には十分ではない。期間の定めのある労働関係もわずかなコストを生じさせるという理由から，労働法上の保護が，解雇保護ないし期間設定の領域において，自由な裁量に委ねられているわけではないからである[129]。

ウルバー氏も次のように述べて，コンツェルンの労働関係に応用している[130]。コンツェルン内の派遣会社の職務が，コンツェルン内での「専ら派遣」に制限される場合，派遣会社は，労働市場のなかでは不活動の状態である。これに対し，典型的な業としての派遣元の業務の目的は，派遣しない期間のリスクを縮減させるため，異なった派遣先に派遣することにある。この典型的な業としての派遣元の前提条件は，派遣元が，派遣労働者を専ら一つの派遣先に派遣させるのではなく，労働者を異なった派遣先の顧客へ利用させ，市場の上で働きかけ，そこへ登場することで，充足される。雇用の可能性のない場合に解雇を回避するために，派遣元がさらなる顧客を市場で得ようとするのが，労働者派遣の本質である。コンツェルンの派遣元が，雇用の問題について，労働市場内で「専ら派遣」に依存するのは，違法な権利の濫用である[131]。

労働者派遣が，労働者の法的地位を縮減するために，偽装のため利用されている。コンツェルン内の派遣先が，人事コストを削減することを目的として，派遣元を介在させ，形式的にただ，契約上の使用者としての地位を有するにすぎない場合，民法242条（信義則）に反する権利濫用的な潜脱行為が認められる。派遣元が，ダミーとしての役割を果たしている。場合によっては，職業紹介であり，職業紹介の推定規定によることなく，労働関係が派遣先と成立する[132]。

ハーマン教授も，企業がその従業員の一部を新たに設立されたコンツェルンの企業に移動させ，賃金等の低い派遣協約により長期間派遣する場合や，コン

---

[129] Däubler, AiB 2008, S. 527.
[130] Ulber, AÜG, § 1, Rn. 363.
[131] Ulber, AÜG, § 1, Rn. 363.
[132] Ulber, AÜG, § 1, Rn. 363. Vgl. Schüren BB, 2007, S. 2349.

ツェルンに依存する派遣会社が，形式的に使用者の地位を認めるのみで，ほぼダミーとして行動する場合を問題としている。これらの構成は，単に，雇用企業に適用される，協約上の労働条件ならびに（解雇からの労働契約関係の）存続保護を下回るのを防ぐ目的を有している。このような構成では，コンツェルンに依存するパーソナル・サービス会社の行動は，濫用と位置づけられる。むろん，個々の場合の具体的な事情が重要となる[133]。

このように，コンツェルン間の労働者派遣についての特権（労働者派遣法からの除外）については，学説においても，評価が分かれていた。

コンツェルンの労働者派遣は，一定の要件の下で労働者派遣法から除外されていたが，こうした特権は，現在では正当性を有さなくなりつつある。すでに述べた通り，1985年の立法者は，コンツェルン内部のフレキシビリティを確保する一方，派遣労働者の社会的な保護は危険にさらされてはならないとする。この当時は，3ヶ月に派遣可能期間が制限されており，このことが不必要な困難を招いていると認識され[134]，コンツェルン内の労働者派遣は（それが一時的な労働である限り）労働者派遣法から除外された。

しかし，派遣可能期間は，いったんは，2003年に最長期間の定めが廃止され（2011年改正法により「一時的な労働」と定義されたとしても），もはや派遣可能期間の制限は，1985年ほどは厳格に制限されていない。コンツェルン間でも，比較的短くない期間での労働者派遣は可能であり，この限りでは，労働力供給に関するフレキシビリティは維持され，また，コンツェルン内の内部労働市場は確保されている。もはや，立法者が最も危惧した，コンツェルンにおける3ヶ月の期間制限の問題（つまり，不必要な困難な問題）は，ほぼ解消されていると思われる[135]。旧法の立法目的が消滅していたといえる。

むしろ，母企業は，横断的な労働協約や企業別協約から免れ，賃金コストを引き下げている。コンツェルンの母企業には，コンツェルンにおける一時的な労務提供のための派遣が，人事組織的なコンツェルンの自治に委ねられるのは

---

[133] Schüren/Hamann, AÜG, § 1 Rn. 516 (Hamann).
[134] Beschlussempfehlung und Bericht des Ausschusses für Arbeit und Sozialordnung vom 17.1.1995, BT-Drucks. 10/3206, S. 33.
[135] Hamann, EuZA 2009, S. 287 (303).

いうまでもない。しかし，前述のように，コンツェルン内で労働者派遣を利用すると，賃金は，約30％削減できたと指摘される[136]。労働者の受ける負担と比べて，コンツェルン母企業の受けるこれらの優遇が，「自治」の枠内であるとして，正当化しえないと考えられているのである。

## 3　2011年改正法
### a）　改正法とその意味—コンツェルンでの特権の制限

こうした実務と学説の発展を受けて，改正労働者派遣法は，1条3項2号において，次のような規定を新たに定めた。

「本法は，1b条1文，16条1項1b文，及び，2項ないし5項，17条及び18条の例外 を除き，次のような派遣には，適用されない。
　　（…）
　　2　労働者が，派遣の目的で採用され，雇用されたのではない場合の，株式会社法18条の意味におけるコンツェルン間の派遣」

今回の改正により，「その使用者ではない者に一時的に提供される場合」という趣旨の文言が，2011年の改正により，削除された。従来，一時的な労働である限り，コンツェルン内の労働者派遣は特権を有し，労働者派遣法から除外されていたが，かかる特権が原則として取り除かれた。

特に，コンツェルン間での労働者派遣では，娘企業（派遣会社）が母企業に派遣することになり，派遣労働者は，派遣の目的で採用され，雇用されることが多い（こうした派遣元をパーソナル・ヒュールングス会社，あるいはパーソナル・サービス会社という）。こうした場合，旧法では，一時的な労働である限り，労働者派遣法から除外されていた。このため，上述のようなコンツェルンの労働者派遣は，解雇規制，協約賃金，共同決定義務から免れることが可能であった。これに対して，新法では，こうしたコンツェルン間の派遣に対しては，労働者派遣法が及ぶこととなった[137]。

従来から，コンツェルン内では，娘企業が，倒産，または，経営上困難に

---

[136]　Mahr, a.a.O., S. 230.
[137]　Vgl. Thüsing, AÜG, § 1, Rn. 185 (Waas).

なった場合，さらには，経営再編の場合，経営を理由とした解雇を回避するため，コンツェルン内での雇用の受け皿として，労働者派遣の仕組みを利用して，労働者を雇用していた（コンツェルン内の雇用ゲゼルシャフトにおけるコンツェルン労働者派遣）。その際，娘企業は，コンツェルン内での労働者派遣会社として労働者を雇用し，コンツェルン内で労働者派遣をさせていた。この場合，多くの場合，労働市場に開かれた形では，派遣会社は機能していないため，従来から，例外として，特権を受けるべきではないとも指摘されていた[138]。チュービング教授によれば，新法は，コンツェルン内の雇用ゲゼルシャフトにも適用される[139]。新法では，労働者派遣法がコンツェルン内の雇用ゲゼルシャフトにも適用されることから，もはやコンツェルン内での特権を享受しないこととなる[140]。

これに対し，「労働者が，派遣の目的で採用され，雇用されたのではない場合の……コンツェルン間の派遣」は，労働者派遣法が適用されないままになっている。派遣元で雇用するため採用され，派遣元で労働者が通常働いているが，例外的に，時折，当該労働者を派遣労働者としてコンツェルン内の他企業に派遣されるという場合である。これは，例えば，コンツェルン内でのわずかな短期の需要をカバーする場合が挙げられる。手工業や公益的な組織の場合，こうした派遣を困難にしてはならないとされている[141]。

新しい規定は，指令とも一致すると指摘される。EU労働者派遣に関する2008年11月19日のヨーロッパ議会及び理事会2008/104指令では，派遣労働者は「派遣先企業に派遣され，これにより，派遣労働者がその監督または指揮のもとで一時的に働くため，派遣企業と労働契約を締結し，または，雇用関係に入る，労働者」と定められているため（3条1項c），労働者が派遣の目的で採用されず，雇用されたのではない場合は，除外され得るからである[142]。

これに反して，かかる残された特権（「派遣の目的で採用され，雇用されたので

---

138 Schüren/Hamann, AÜG, § 1 Rn. 517.
139 Thüsing, AÜG, § 1, Rn. 199 (Waas).
140 Thüsing, AÜG, § 1, Rn. 199 (Waas).
141 BR-Drucksache, 847/10, S. 8.
142 Thüsing, AÜG, § 1, Rn. 194a (Waas).

はない場合」同法から除外されるという特権）についても，学説では，EU法上要請されていないと指摘される[143]。

b)　「業として」という文言の削除

　旧労働者派遣法1条は，「派遣元として第三者（派遣先）に労働者（派遣労働者）を経済的な活動の範囲内で労働の提供を業として派遣しようとする使用者は，許可を必要とする」と規定されていた。「業として」という文言があった。

　公益的，慈善的，学問的，芸術的その他の目的を追求する企業・団体からの派遣が，『「業として」でない派遣』に該当し得る。例えば，判例で問題になったのは，数学・情報処理業務[144]などがある。

　さらに，重要な適用例は，コンツェルン内のパーソナル・サービス会社が，派遣労働者を他のコンツェルン内の企業へ自らの費用で派遣している場合である[145]。この場合，収益目的が認められにくい。例えば，判例で問われたのは，輸入業者・運送業のドイツの娘企業が，49人のトラック運転手を採用し，イタリアの派遣先の母企業に派遣していたという事案であった。こうした外国企業への労働者派遣という形を通じて，人員を融通することは，よく行われる。この場合に，この娘企業によって，トラック運転手の賃金が支出されていた。労働関係に関わる決定ならびに指揮命令権は，労働者が実際に雇用される母企業によって行われていた。このように，業として行うものではない労働者派遣の場合にも，労働者派遣法の規定の適用ないし類推適用が問われてきた。これについては，特に，コンツェルンの娘企業が自らのコストで労働者派遣をする場合，業ではないとして，同一賃金原則を免れようとする企業が多く存在していた[146]。

　連邦労働裁判所は，「労働者派遣から利益を得る目的がない」ことから，業ではないと判断した[147]。ただし，判例は，業として行うものではない労働者

---

143　Lemke, DB, 2011 S. 414（416）.
144　BAG Urt.v.21.3.1990, NZA 1991, 269.
145　BAG Beschluss v. 22.3.2000, NZA 2000, S. 1119 ; BAG Beschluss v. 20.4.2005, NZA 2005, S. 1006.
146　Hamann, EuZA 2009, S. 300.

派遣にも，労働者派遣法の規定を類推適用するとした[148]。

EU法上も，コンツェルン内の労働者派遣をめぐる特権は，EU2008/104指令の規定にはないものであるので，指令に一致しないと指摘されていた[149]。指令1条2項では，「本指令は，経済的な活動を営む，派遣企業または派遣先企業たる公的あるいは民間企業に対し適用され，これは，収益目的を追求しているかどうかを問わない」と規定される。

さらに，これらの企業が労働者派遣法の適用下にないとすると，まず，労働者派遣事業の許可が不要となる。また，労働者派遣法7条における許可官庁への通知や情報提供の義務の履行も必要ではない。このため，所轄の官庁にとっては監督が困難になっていた[150]。

この問題について，ドイツでは，2011年の改正法により，労働者派遣法の効力範囲が明示されることになった[151]。

本章第1節に述べたように，「派遣元として第三者（派遣先）に労働者（派遣労働者）を経済的な活動の範囲内で労働の提供を派遣しようとする使用者は，許可を必要とする」と規定される（同法1条）。1条1項に規定されていた「業として（gewerbsmässig）」という文言が削除された。

改正法は，EU2008/104指令の1条2項を国内法に置き換えた。同時に，「業として」行うのではないコンツェルン内の労働者派遣の特権は，廃止されることとなった[152]。

## 4　小　括

コンツェルンの労働者派遣をめぐる特権（労働者派遣法の適用排除という特権）は，ドイツでは，労働者派遣をめぐる大きな一つの法律問題であった。この問題をめぐっては，学説において，権利濫用法理，間接労働関係の法理・法の潜

---

147　BAG Beschluss v. 22.3.2000, NZA 2000, S. 1119.
148　BAG Beschluss v. 22.3.2000, NZA 2000, S. 1119.
149　Hamann, EuZA 2009, S. 300.
150　Hamann, EuZA 2009, S. 300.
151　Preis, Arbeitsrecht, 4.Aufl., 2012, S. 108.
152　Hamann, NZA 2011, S. 76.

脱理論が，コンツェルン労働者派遣に関する法律上の論争を引き起こしていた。これらの主張の核心部分は，コンツェルン内の旧法下での特権について，特に，いわゆる専ら派遣を法的に争点化させ，これを違法化しようとするものであった。コンツェルン内での専ら派遣の目的が，賃金コストを大幅に引き下げ，解雇制限，労働協約の適用，共同決定を免れ，潜脱しようとするものであったからである。企業グループ内での専ら派遣が以前より行政上禁止され，現行法上法律上制限されている日本法とは，異なっていた。

　理論的にも，権利濫用法理，間接労働関係の法理・法の潜脱理論は，コンツェルン内に限らず，さまざまな領域での発展可能性を秘めた，興味深い法理であるといえる。特に，擬制的労働関係の法理（違法派遣の場合の労働契約の申込みみなし）をめぐる規定が施行されていない日本法の状況下においては，これらの法理の発展可能性は検討の余地が十分あると思われる。

　これに対して，ドイツ法のこれらの学説が問おうとしてきたコンツェルン労働者派遣をめぐる大部分の問題は，原則的に，労働者派遣法が適用させるという2011年の改正法によって，一応の解決をみたことになる。これにより，「労働者が，派遣の目的で採用され，雇用されたのではない場合の，株式会社法18条の意味におけるコンツェルン間の派遣」を除いて，コンツェルン労働者派遣は労働者派遣法の適用下に置かれ，労働行政の監督下に置かれることとなった。

　「業として」行うのではない労働者派遣（公益的，慈善的，学問的，芸術的その他の目的を追求する企業による労働者派遣）も，以前は，労働者派遣法の適用下になかったが，これも法改正により，労働者派遣法の適用対象となった。

　このようにして，コンツェルン労働者派遣をめぐる特権（労働者派遣法の適用排除という特権）は，法改正により，ほぼ失われることとなった。これには，20余年にもわたる学説における論争とEU2008/104指令が影響を与えていったといえる。

## 四　労働者派遣契約の無効事由と擬制的な労働関係

### 1　労働者派遣契約の無効事由

　上述の通り，労働者派遣法旧13条は，違法な職業紹介の場合について，派遣

先との労働関係の擬制まで定めていたが，この旧13条の規定も撤廃された。このため，現在では，労働者派遣法３条に定められる，労働者派遣事業許可がない場合や外国人の違法就労の場合，租税法・社会保険法違反の場合，使用者の重大な労働法上の規定・義務違反の場合（１号），事業所組織上その他の使用者の義務を履行できる状況にない場合（２号），同一賃金義務違反の場合（３号），には，労働者派遣に対し職業紹介が推定される（１条２項）が，かかる推定自体は，現行法では，法律上の重要な効果とは結びついていないのはすでに繰り返し述べた通りである（本節二）[153]。

同法９条によれば，
「無効であるのは，
1．派遣元が，１条により必要とされる許可を有していない場合，派遣元と派遣先の間の契約，ならびに，派遣元と派遣労働者の間の契約
2．派遣先への派遣期間中の派遣労働者に対して，派遣先企業の事業所において比較可能な労働者に適用される労働の対価を含む基本的な労働条件よりも低い労働条件を予定する合意である。（…）
（…）
2 a．13ｂ条に反して派遣先の企業における共同施設ないし機関への派遣労働者のアクセスを制限する契約
3．派遣元と労働関係がない時点で派遣労働者を採用するのを派遣先に対し禁止する合意
4．派遣元との労働関係がない時点での派遣先と労働関係を開始するのを派遣労働者に対して禁止する合意；このことは，先行する派遣の後，又は，先行する派遣を手段として行われる，仲介に対する派遣元と派遣先の間の相当な報酬の合意を，排除するものではない。
5．派遣元に派遣労働者が仲介料を支払わなければならないとの合意」
政府の草案では，「絶対無効（Nichtig）であるのは，
1．派遣元が，１条により必要とされる許可を有していない場合，派遣元と派遣先の間の契約，ならびに，派遣元と派遣労働者の間の契約（…）」と規定

---

[153] Thüsing, AÜG, §３ Rn. 10 ; Boemke/Lembke, AÜG, §１ Rn. 159 (Boemke).

されていた。

　労働及び社会秩序委員会の提案により，絶対無効をさすといわれる「絶対無効（Nichtigkeit）」が，「無効（Unwirksamkeit）」という文言に変更されて，規定された[154]。

　つまり，同法9条1項によれば，
―派遣元に連邦雇用エイジェンシーの許可がない派遣契約及び労働契約（1号）
―同一賃金原則違反の合意（2号）
―共同施設へのアクセスを制限する契約（2a号）
―派遣元と労働関係がない時点での派遣先での採用を派遣先に対して禁止する合意（3号）
―派遣元との労働関係がない時点での派遣先と労働関係を開始するのを派遣労働者に対して禁止する合意等（4号）
―派遣元に派遣労働者が仲介料を支払うとの合意（5号）
は，それぞれ，無効となる。

　立法者のこの規定の目的は，一方で，民法上のサンクションによって，許可を申請しようとしない真摯ではない派遣会社を，市場から排除させようとし，他方で，派遣労働者の社会的な保護の構築をしようとしている[155]。

　また，許可がない場合に，派遣元との労働関係の民法的な無効の効果が発生することによって，派遣労働者には，著しい不利益が生じる。法は，その不利益な法律効果への補填として，派遣先との労働関係の民法上の擬制（労働者派遣法10条）と，派遣元への信頼損害の賠償請求権の保障を創造している。労働者派遣契約が，民法的な無効というサンクションを生じさせる場合，1号による規定により，派遣元への利益喪失がもたらされる。このようにして，財産的な不利益を回避させるという利益の下に，連邦雇用庁（当時の名称）での許可を遅滞なく申請させるという，派遣元に対する圧力をかける趣旨である[156]。

　労働市場における現代の労務提供に関する第一法の6条により，労働者派遣法9条が改定された。特別な期間設定に関する定め，再雇用禁止の定めが廃止

---

154　BT-Drucks. VI/3505.
155　Becker/Wulfgramm, AÜG, 3.Aufl., Neuwied u. Darmstadt, 1985, §9, Rn. 3.
156　Becker/Wulfgramm, AÜG, §9, Rn. 4.

され，2001年のジョブ・アクティーブ法において挿入された，派遣期間12ヶ月経過後の派遣労働者と比較可能な労働者との間の平等取扱原則が，ハルツ改革のなかで，派遣の6週経過後に，拡張された（同一賃金原則と呼ぶ）。9条2号については，次の節（第3節）にて，立ち入って検討する。

9条1号には同法によっては変更が加えられていない。

1号によれば，派遣契約は，派遣元が1条により必要とされる許可を欠く場合に，無効となる。当初から許可を得ていなかったか，あるいは事後的に許可を得ていない状態になかったかによらない。派遣元は，11条1項1文，12条1項により，派遣労働者及び派遣先に対し，許可の存在について，また，11条3項，12条2項により，許可の消失について，情報提供する義務を負う[157]。

無効は，許可の消失によって，遡って生じることはない[158]。

2号によれば，派遣労働者に対する差別が禁止される。労働市場における現代の労務提供に関する第一法によって，2号が3条に合わせて規定された。シンクロニゼーションの禁止（派遣終了後，派遣労働契約の期間を，初回の派遣期間に限定することの禁止）の原則は，撤廃された[159]。

2a号により，派遣先の企業における共同施設ないし機関への派遣労働者のアクセスを制限する契約は，無効となる。これは，13b条違反へのサンクションである。

3号は，派遣労働者に対して派遣先での労働者としての職務を提供するのを派遣先に対して禁止する，派遣先と派遣元との合意を無効にしようとするものである。派遣元の経済的不利益を防止するため，かかる制限を置いている[160]。

3号に違反する合意は，無効となるが，契約の残りの部分は，その保護の目的より，影響を受けない[161]。採用を禁止する合意も，この条項の適用範囲となっている[162]。

---

157　Müller- Glöge/Preis/Schmidt, Erf. Komm, 13.AUfl., 2013, München, AÜG, § 9, Rn. 3 (Wank).
158　Erf. Komm, AÜG, § 9, Rn. 4 (Wank).
159　Erf. Komm, AÜG, § 9, Rn. 7 (Wank).
160　Erf. Komm, AÜG, § 9, Rn. 8 (Wank).
161　Erf. Komm, AÜG, § 9, Rn. 9 (Wank).
162　Erf. Komm, AÜG, § 9, Rn. 9 (Wank) ; Boemke/Lembke, AÜG§ 9, Rn. 501 (Lembke).

4号によれば，派遣元との労働関係がない時点で，派遣先と労働関係を開始するのを派遣労働者に対して禁止する合意も，無効である。4号は，3号と同一の目的で，3号の規定に従ったものである。派遣関係の終了後，労働者として派遣先で職務を遂行するのを禁じる派遣元と派遣労働者との間の条項は，無効となる。これによって，派遣先で短期間あてがわれた職務を，長期の雇用関係に転換させる機会を派遣労働者に確保すべきものとされている[163]。派遣先へくら替えする場合には，補償金を支払うべきであるとする，契約（退職の合意）は，同条および民法134条により，無効である[164]。

## 2 擬制的な労働関係

### a) 擬制的な労働関係の沿革と概観

違法派遣の場合の擬制的な労働関係とは，わが国で言うところの，違法派遣の場合の労働契約みなしに相当する。

これについては，労働者派遣法10条1項によれば，次のように規定される。

「派遣元と派遣労働者の契約が，9条1号により，無効になる場合に，派遣先と派遣元との間でその職務開始のために予定される時点で，派遣先と派遣労働者の労働関係が成立したとみなされる。派遣先での職務開始後にはじめて，無効の効果が発生する場合には，派遣先と派遣労働者との間の労働関係は，無効の効果発生によって，成立したものとみなされる。1文による労働関係は，派遣先での派遣労働者の職務が期限の定めのあるものとしてのみ予定され，労働関係の期間設定に，客観的に正当化された理由が存在する場合には，期間の定めのあるものとしてみなされる。

1文による労働関係に対しては，派遣元と派遣先との間に予定される労働時間が，合意されたものとして，適用される。その余の部分については，かかる労働関係の内容と期間は，派遣先事業所に適用される規定とその他の規定によって，定まる。こうした規定がない場合には，比較可能な事業所の規定が適用される。派遣労働者は，派遣先に対して，少なくとも，派遣元と合

---

163　Erf. Komm, AÜG, § 9, Rn. 11（Wank）.
164　LAG Köln Urt.v. 22.8.1984, 5 Sa 1306/83, in Juris.

意した労働の対価の請求権を有する。

　2　派遣労働者は，9条1号により派遣元との契約が無効である場合には，派遣労働者が契約の有効性を信頼したことによって被った損害の賠償を請求し得る。賠償義務は，派遣労働者が，無効の根拠を知っていた場合には，生じない。

　3　9条1号による契約が無効であるにもかかわらず，派遣元が合意された派遣労働者への労働の対価あるいは労働の対価の一部を支払う場合には，派遣労働者に対する有効な労働契約であれば他方当事者に支払うべき，労働の対価のその他の部分を，派遣元は，他方当事者に支払わなければならない。この支払義務に関しては，派遣元は派遣先とともに使用者としてみなされる。この限りで双方は連帯債務者として責任を負う。

　4　派遣元は，派遣労働者に対して，派遣先への派遣期間について，派遣先の事業所における派遣先の比較可能な労働者に対して適用される労働の対価を含む基本的な労働条件を保障する義務を負う。労働関係に適用される労働協約がこれとは異なる規定を定める限りで（3条1項3号，9条2号），派遣元は，派遣労働者に対して，この労働協約によって義務づけられる労働条件を保障しなければならない。かかる労働協約が，3a条2項により命令で定められる最低時間賃金を下回る場合には，派遣元は，派遣労働者に対して，派遣先事業所における比較可能な労働者に対し毎時間について支払われる労働の対価を，各々の労働時間につき，派遣労働者に保障しなければならない。9条2号により派遣元と派遣労働者との間の合意が無効の場合，派遣元は，派遣労働者に対して，派遣先の事業所における比較可能な労働者に適用される労働の対価を含む基本的な労働条件を保障しなければならない。

　5　派遣元は，派遣労働者に対して，3a条2項で定められる命令において派遣期間について及び派遣しない期間について定められる最低時間賃金を支払わなければならない」

と規定される。

b)　労働者派遣法10条1項の趣旨と経緯

擬制的労働関係の規定は，派遣元の義務を充足させなければならない，とい

う派遣先の付随的な責任よりも，派遣労働者に対していっそう強い保護を与える趣旨である[165]。10条1項ないし3項は，派遣元が不法な業による労働者派遣を営む場合に，信頼のおけない派遣元から，派遣労働者の社会的な保護を民法的に確保しようとするものである[166]。この目的のために，派遣先による法律上の契約引受け（民法613a条参照）を命じたものではなく，派遣先と不法に派遣された派遣労働者との間の新たな法律関係の発生を法律によって定めたものである[167]。

通常は，10条は，法律上の擬制，あるいは，擬制的な労働関係を定めたものであるといわれる。この規定の目的は，派遣元に対する請求権の喪失に対する補完として，派遣先に対する同価値の請求権を認めることにある[168]。

この規定は，派遣労働者のみならず，派遣先への私的自治によって保護される契約締結の自由に対して干渉を行っている[169]。10条は，それゆえ，派遣労働者の利益と並んで，派遣先の利益も考慮している。派遣元が労働者派遣事業許可を得ていないことについて，派遣元により適宜通知される場合には，この法律効果は派遣労働者にとっても，派遣先にとっても，避け得るものである[170]。間接的には，この規定は，監視ないしコントロール機能を果たす。派遣先には完全な使用者の義務引受けの危険があることから，派遣先は，通常，派遣元が許可を有しているかどうかを慎重に審査しなければならなくなる。このようにして，許可官庁による国家的な監視と並んで，私法上の手段によって機能しようとするコントロールメカニズムがつくられたのである[171]。

---

165  BT-Drucks. VI/2303, S. 13.
166  Becker/Wulfgramm, AÜG, § 10, Rn. 3 ; Boemke/Lembke, AÜG, § 10, Rn. 10 (Lembke).
167  Boemke/Lembke, AÜG, § 10, Rn. 13 (Lembke).
168  Boemke/Lembke, AÜG, § 10, Rn. 10 (Lembke).
169  Boemke/Lembke, AÜG, § 10, Rn. 10 (Lembke).
170  Boemke/Lembke, AÜG, § 10, Rn. 10 (Lembke).
171  Becker/Wulfgramm, AÜG, § 10, Rn. 3 ; Thüsing, AÜG, § 10, Rn. 2.
　　この10条の1項および2項の規定は，労働者派遣法の制定以来，変わることなく存続している。その後，1986年法によって，3項が挿入された。さらに，10条の規定は，2002年12月23日の労働市場における現代の労務提供に関する第一法6条5号によって，改正され，特別な期間設定に関する定め，再雇用禁止を廃止し，当時の4項の規定がなくなった。2001年12月10日のジョブ・アクティーブ法により，派遣期間12ヶ月以降の派

c) 擬制的労働関係を生じさせる場合とは

まず，重要なのは，いかなる場合に，擬制的な労働関係が派遣先と派遣労働者との間で生じるかである。

労働関係の法的な擬制発生の要件は，9条1号に規定され，10条1項1文前段はこれを明示的に参照させている[172]。この擬制の効果は，業として業務を行う派遣元が，1条に必要とされる許可を得ていない場合に，派遣先と派遣労働者との間の契約上の合意なく，労働関係の法律上の効果が発生することにある[173]。

連邦労働裁判所の判例によれば，「労働者派遣法1条1項1文によって必要とされる許可を欠く場合に，派遣労働者の派遣元との契約が，労働者派遣法により無効となるのであるから，労働者派遣法10条1項1文の規定は必要である。これによって，（…）労働者派遣法10条1項1文は，派遣先とのかかる労働関係を擬制する」[174]と説示する。つまり，労働関係の擬制の発生には，労働者派遣につき派遣元の許可が欠けていることが重要となる[175]。派遣元の労働者派遣事業許可が欠けている場合には，15条以下の要件（外国人の違法就労）を充たしていたとしても，ささいなことである[176]。

許可が，労働契約締結時にすでに欠けている場合には，労働契約は，9条1号により無効となり，派遣先と派遣労働者との労働関係が擬制される[177]。後

---

遣労働者と比較可能な労働者との間の平等取扱原則が挿入され，ハルツ改革のなかで，同一賃金原則が拡張された。これは，現在では，9条2号，3条1項3号，10条4項に，規定がある。

その後，2011年4月30日の改正法により，4項において，派遣元の「労働協約によって義務づけられる労働条件保障義務」が明文化された（BT-Drucks. 17/4804）。また，5項では，3 a条の挿入に伴い，派遣元は，派遣労働者に対して，3 a条2項で定められる命令において派遣期間について及び派遣しない期間について定められる最低時間賃金を支払わなければならないと規定された。レームプケ教授によれば，2011年2月21日と22日の両院協議会における合意により，ハルツⅣの額と派遣労働に関わる賃金の下限に関する定めが約束されたことによる（Boemke/Lembke, AÜG, § 10, Rn. 9 (Lembke)）。（これらについては，第3節で詳説する）。

172 Thüsing, AÜG, § 10, Rn. 5.
173 Erf. Komm, AÜG, § 10, Rn. 2 (Wank).
174 BAG Urt.v. 2.6.2010, NZA 2011, S. 351.
175 Erf. Komm, AÜG, § 10, Rn. 2 (Wank) ; Thüsing, AÜG, § 10, Rn. 5.
176 Thüsing, AÜG, § 10, Rn. 5.

に行われる許可が、いったん無効となった労働契約を治癒することはない[178]。他の理由より派遣労働契約が無効になる場合には（例えば、代理権限がない）、この擬制は生じない[179]。

擬制は、当事者の意思や認識とは無関係に生じる。派遣元が許可の存在をみせかけたり、事後の消失を通知しなかったり（11条3項、12条2項）、あるいは、当事者が、請負契約であるという見解であったりしたしても、擬制は生じる[180]。外国への労働者派遣が行われている場合には、労働関係の擬制は、行われない[181]。

擬制的な労働関係は、派遣労働者が派遣契約により派遣先での職務を開始する時点で、始まる。これには、派遣契約で指定された時点が考慮される。定まった時期の合意を欠く場合などは、実際上労働が開始された時点が考慮される[182]。当事者が予定された時点で労働者派遣を実際に実施しようとするのが、前提となる。

さらに、重要なのは、同一賃金原則である（労働の対価については、第3節で述べる）。

これらの10条で定められる事由を充たさない場合、主に、労働者派遣事業の許可がない場合、擬制的な労働関係が派遣先企業と派遣労働者との間で生じることになる。反対に、これ以外の場合、現行法では、擬制的な労働関係が生じない。最近では、請負企業が、注文人と労働者との間に擬制的な労働関係を生じさせないため、労働者派遣事業許可を得つつある。この場合には、違法派遣があったとしても（したがって、罰則の適用は受ける）、擬制的な労働関係は生じない、という重要な効果が生じる。

---

177　Thüsing, AÜG, § 10, Rn. 12.
178　Erf. Komm, AÜG, § 10, Rn. 4 (Wank).
179　Erf. Komm, AÜG, § 10, Rn. 2 (Wank); Thüsing, AÜG, § 10, Rn. 5.
180　Erf. Komm, AÜG, § 10, Rn. 5 (Wank).
181　Thüsing, AÜG, § 10, Rn. 7.
182　Erf. Komm, AÜG, § 10, Rn. 3 (Wank); Thüsing, AÜG, § 10, Rn. 9.

d) 擬制される労働関係の内容

10条1項2文ないし5文にある規定は，完結的な規定ではない[183]。労働法，税法ないし，社会保険法の領域でのその他の使用者の義務は，労働者派遣法が特別な規定を予定しない限りでは，適用される[184]。

① 労働時間及び期間　　1項3文により，派遣元と派遣先との間に予定される労働時間が，擬制的な労働関係に対して適用される。これによって，労働時間の予期し得ない変更から派遣労働者を保護している[185]。

労働関係の期間については，派遣元と派遣先で合意される派遣期間に従うというのが実務である[186]。期間の定めのあるものとして予定されるが，これは法律上の要件をみたしていると解されている[187]。例外は，1項2文の擬制であり，擬制的な労働関係は，派遣先での派遣労働者の職務が期限の定めのあるものとして予定され，労働関係の期間設定に，客観的に正当化された理由が存在する場合には，期間の定めのあるものとしてみなされる。客観的に正当化された理由としては，例えば，補助的な労働力に関する一時的な労働力需要の場合や，教育訓練が修了しない等の理由により期間の定めを希望するというような派遣労働者個人の事情による場合にあり得る[188]。代理の場合もあり得る[189]。期間の定めのない期間設定は，問題にならない[190]。

偽装請負の場合，労働者の職務が派遣先において期限の定めのあるものとして予定され得るかについては，派遣関係は重要ではなく，労働者が，当初

---

183　Erf. Komm, AÜG, § 10, Rn. 9 (Wank)．これをこえては，4文においては，事業所に適用される規定とその他の規定が参照される。派遣先事業所においてこれを欠く場合には，比較可能な事業所に適用されているものが適用される（Erf. Komm, AÜG, § 10, Rn. 9 (Wank)）。

184　Erf. Komm, AÜG, § 10, Rn. 9 (Wank).

185　Erf. Komm, AÜG, § 10, Rn. 10 (Wank)；Thüsing, AÜG, § 10, Rn. 18. 契約上の合意がない場合には，1項4文により，事業所に適用される規定とその他の規定が適用される。これに対応する規定がない場合には，比較可能な事業所に通例の労働時間が重要となる（Erf. Komm, AÜG, § 10, Rn. 11 (Wank)）。

186　Schüren/Hamann, AÜG, 4.Aufl., München, 2010, § 10, Rn. 62.

187　Thüsing, AÜG, § 10, Rn. 36.

188　Boemke/Lembke, AÜG, § 10, Rn. 52 (Lembke)；Thüsing, AÜG, § 10, Rn. 42.

189　Thüsing, AÜG, § 10, Rn. 42.

190　Boemke/Lembke, AÜG, § 10, Rn. 52 (Lembke)；Thüsing, AÜG, § 10, Rn. 43.

から，一定期間，派遣先の職務にある，という派遣元と労働者との間で合意されているかどうかが重要である。個々の派遣が連鎖している場合，これらは合算される[191]。したがって，派遣が何度も繰り返され，一時的とはもはやいえない場合（派遣元が労働者派遣事業許可を有していなければ），派遣先での擬制的な労働関係は，この期間行われるという解釈である。

　1項2文によって有効な期間の定めのある労働関係が，さらに継続する場合には，使用者が遅滞なく反対しない限り，期間の定めのないものとみなされる。

　10条1項3文ないし5文による擬制的な労働関係に設定される内容を，派遣先と派遣労働者は，自ら定めるルールによって，解消することができ，これにより，擬制的な労働関係を合意解約によって終了させ，内容上新たな異なった労働関係を将来に向けて設定することができる[192]。

② 賃金　　10条1項4文は，擬制的な労働関係での賃金は，派遣先事業所に適用される規定に従うとする[193]。ここでいう対価とは，派遣労働者の労働の対価を意味し，賃金，手当，成果給（手数料など），場合によっては，ボーナスを含む[194]。まず，派遣先と労働者との間の双方の労働協約の拘束性，並びに一般的拘束力（派遣先の規定として）が先行して適用される。かかる規定，特に，労働協約上の規定が派遣先事業所において存在しない場合には，派遣先事業所における比較可能な労働者の賃金を支払うべきこととなる[195]。

　これに対して，10条1項5文は，派遣労働者は，派遣先に対して，少なくとも，派遣元と合意した労働の対価の請求権を有すると規定する。これは，非典型的な場合を想定しており，派遣先の賃金が，派遣元の賃金よりも下回る場合に，少なくとも，派遣元の合意に沿った対価の請求権を有するとした[196]。

　なお，同一賃金原則違反の効果については，本章第三節三4で論じる。

---

191　Schüren/Hamann, AÜG, § 10, Rn. 68.
192　Thüsing, AÜG, § 10, Rn. 17.
193　Thüsing, AÜG, § 10, Rn. 22.
194　Thüsing, AÜG, § 10, Rn. 23.
195　Thüsing, AÜG, § 10, Rn. 26.

## 第2節　許可関連の規定　167

③　その他（異議申立権）　労働者派遣法10条1項1文は，派遣先との労働関係が強制的に擬制される場合，この限りで，憲法違反であると解する立場がある。職場の選択に関わる基本権12条1項（職業の自由）を侵害している。10条1項1文は，憲法に一致して解釈すると，派遣先との労働関係の擬制に対して，労働者には，異議申立権が，認められると解釈される[197]。10条1項は，基本法12条1項1文に反する。基本法12条1項1文は，職業の自由な選択のみならず，職場の自由な選択も保障する。これには，従属的な労働者の場合，契約当事者の自由な選択も保障の内容に入る。派遣労働者に対して，必要な許可のない労働者派遣の場合，10条1項1文により，自由に選択されたのではない新たな使用者に対して，労働契約関係が強制され，9条1号により，派遣労働者に選択された使用者ではなくなるということによっては，基本法12条1項1文の保護領域の侵害があり得る[198]。

これに対して，異議申立権が認められないとする見解もある[199]。学説でも，10条1項1文の規定は，労働者による異議申立てによって，妨げられるものではないとする[200]。

---

196　Thüsing, AÜG, § 10, Rn. 22. また，労働契約が無効であるにもかかわらず，派遣元企業が対価の一部を支払う場合には，派遣労働者に対する有効な労働契約であれば他方当事者に支払うべき，労働の対価のその他の部分を，派遣元は，他方当事者に支払わなければならない（同条3項）。
197　Hessisches LAG Urt.v. 26.7.2012, 2/9 Sa 1246/00, in Juris.
198　Vgl.Boemke/Lembke, AÜG, § 10, Rn. 38 (Lembke).
199　Hessisches LAG 6.3.2001, 2/9 Sa 1246/00, in Juris.
200　Erf. Komm, AÜG, § 10, Rn. 2 u. 8 (Wank) ; Thüsing, AÜG, § 10, Rn. 6.

## 第3節　同一賃金原則

### 一　はじめに

　ドイツでは，よく知られているように，労働者派遣法上，派遣労働者と派遣先の基幹労働者の同一賃金（equal pay）原則[1]が保障されている。制定法上，これが保障されているのが，ドイツの労働者派遣法上の特徴であると説かれてきた[2]。近時この原則が訴訟において主張され，その適用が認められた判決も出されている[3]。しかし，同一賃金原則適用の例外として，労働協約がある場合に，同一賃金原則を適用除外・逸脱できるとする，いわゆる労働協約による適用除外・逸脱がドイツでは可能であるが，これによる同一賃金原則という堤防の決壊も指摘される[4]。労働関係の弾力化，失業の撲滅と取り組んできたドイツでは，好景気の中，失業率は，低下していくものの，労働者派遣により，悪化した労働条件が蔓延し，派遣労働・業務請負で雇用される者が貧困に陥っているとの指摘もある。例えば，10人に1人の派遣労働者は，ハルツ法Ⅳの基礎保障で生活していると説かれる[5]。他方で，度重なる労働者派遣法の規制緩和が実行に移されてきた歴史がある。これが派遣労働者の労働条件の悪化に

---

　1　ドイツでは，後述するように，労働の対価を含む基本的な労働条件について，派遣先の基幹労働者に比して派遣労働者の労働条件を悪化させてはならないと法律上定められるが，これを講学上では，Equal payの原則として，英語で書かれることが多い。これを日本語に訳す場合，均等処遇原則と訳されるが，むしろ，同一賃金原則と訳すのが適切ではないかと思われるので，本書では，このように訳すこととしたい。
　2　ドイツ法については，大橋範雄『派遣労働と人間の尊厳』（法律文化社・2007年）67頁。
　3　Frankfurt (oder) ArbG Urt.v. 9.6.2011, 3 Ca 422/11, in Juris. 2011年にドイツを訪問した際，金属労組の役員で弁護士のレーバルト氏より，この判決が話題になっていると説明を受けた下級審判決であるが，この判決を紹介する。
　4　Waltermann, NZA 2010, S. 482 (485).
　5　Karthaus/Klebe, NZA 2012, S. 417 (418).

も関係しているとの指摘もある[6]。現代では，こうした視点から，労働者派遣法と同一賃金原則について説かれている。そこで，2011年の段階で最低賃金法は制定にまで至らなかったが，政治的な妥協の結果，派遣労働者との関係で，労働者派遣法において最低時間賃金の規定も新たに設けられた。

　また，2000年代の後半には，薬のディスカウント・ショップ・シュレッカー（Schlecker）の事件が，労働者派遣制度の濫用として，政治的にも，労働法的にも，議論を呼んだ。シュレッカー社は，労働者を解雇し，多くの支社を閉鎖し，MENIARという派遣企業を通じて，新たに開業した支社へ同労働者を派遣させた。その際，当該労働者の賃金は，以前シュレッカー社で雇用されていたときより低く，賃金ダンピングだと同社は非難を受けた。これを受けて，ドイツの立法者は，新たな濫用防止規定を置いた（同法9条2号）。回転ドア条項と呼ばれる。立法草案では実務上の労働者派遣の濫用防止が目的とされた[7]。

　本節では，ドイツ法の同一賃金原則を概観し，派遣労働者をめぐる社会的な状況を敷衍し，ドイツ法の同一賃金原則をめぐる最新の論議もフォローする。その上で，濫用防止の規定や最低時間賃金をはじめとするさまざまな改正事項についても明らかにしていく。

　EUのなかでも，主導的に，労働者派遣法を指令に沿ったものにし，濫用防止をあわせて図っていくドイツ法の改正法が，日本法とは異なって，いかなる方向性を指し示しているのかを明確にする。こうした観点から，本節では，同一賃金原則，協約による適用除外と同一賃金原則，濫用防止条項，小括という順に論じていく。

## 二　同一賃金原則

### 1　同一賃金原則とその逸脱・適用除外規定の経緯

　労働者派遣は，ドイツでは，失業対策の一環として論じられてきた。ハルツ改革により，派遣可能期間（最長派遣期間）を定める規定（その後，前述のよう

---

6　Waltermann, a.a.O., S. 483f..
7　BT-Ds. 17/4804.

に,「一時的な労働」の概念が導入),派遣労働関係の期間設定のための特別な規定,再雇用の禁止規定等は,すべて廃止された。その対価として,ジョブ・アクティーブ法により,派遣期間12ヶ月経過後の不利益取扱禁止の原則が法定化された。引き続いて,2002年12月23日の労働市場における現代の雇用提供のための第一法により,同一賃金が定められた。

　派遣労働の規制緩和は,同一賃金原則にも及んでいる。9条2号によれば,「労働協約は,これとは異なる規定を許容し得る。(…)」と定められる。これは,従来から,EU法レベルでの派遣法による平等取扱原則の適用には,消極的な見解が根強かった[8]。市場の機能を減殺させ,かつ,賃金を引き上げる機能を低下させるというものであった[9]。つまり,「むしろ,派遣労働者には労働市場でのコストのメリットを奪われる」「これは総体では派遣労働の終焉を意味する[10]」。派遣労働での同一賃金の支払いが義務づけられることによって,賃金額が上昇し,それが派遣の雇用を奪わせるというものである。このため,リーブレ教授とクレベック氏 (Rieble/Klebeck) は,ドイツ企業の請負契約への逃走,そうでなければ,外国への逃走につながると指摘していた[11]。

　このような議論も念頭において,上のような適用除外・逸脱に関する規定を置くこととされた。

　立法草案によれば,「平等取扱原則から,派遣労働者の有利または不利に,派遣元に適用される労働協約によって,逸脱され得る。この例外は,労働協約当事者に,労働条件をフレキシブルに形成させ,例えば,労働の対価にあたって総額払いを許すのを可能にし,派遣期間と派遣しない期間について給付をひとつの全体のコンセプトのなかで規整するのを可能にさせる[12]」と述べられている。

　しかし,この規定については,制定当初から,派遣先基幹労働者との(派遣労働者の)同一賃金請求権について,平等取扱原則から除外するという扱いも

---

8　Rieble/Klebeck, NZA 2003, S. 23 ; Picker, ZfA, 2002, S. 469 (539).
9　Rieble/Klebeck, a.a.O., S. 23.
10　Rieble/Klebeck, a.a.O., S. 23.
11　Rieble/Klebeck, a.a.O., S. 23f.
12　Drucks. 15/25.

できてしまう憂慮が示されていた[13]。

## 2　EU2008/104指令

　EU労働者派遣に関する2008年11月19日ヨーロッパ議会及び理事会指令2008/104　5条1項によれば，「派遣労働者の基本的な労働ないし就労条件は，派遣先企業への派遣期間中，派遣労働者がその企業によって同一の職場に直接雇用される場合に，少なくともその者に適用されるであろう労働ないし就労条件に従う」と定められる。11条によれば，発効後3年以内に国内法に置き換えなければならないとする。また，5条3項によれば，「加盟国は，社会的パートナーに対する協議の後，1項に挙げられた規定から除外され得る，派遣労働者の労働ないし就労条件に関する派遣労働者に対する全体的な保護に配慮した規定を含む，労働協約を，加盟国の定めた適切なレベルと基準により遵守，または，締結し得る可能性を社会的パートナーに付与し得る」。理由として，「16. 労働市場と労働条件が多様にフレキシブルな方法で適切なものになるためには，加盟国は，社会的なパートナーに対して，派遣労働者の全体的な保護が確保される限りにおいては，労働ないし就労条件を定めることを許容する」とある。また，その17においては，さらに，加盟国は，適切な保護のレベルが保障される限りにおいては，社会的なパートナー間で国内のレベルで締結される合意を基礎として，平等取扱原則は一定の制限された程度で異なり得るとする。ドイツの国内法は，こうしたEUの規制にも即応する内容となっている。

　雇用政策上行われた派遣労働に関する規制緩和は，結果的には，規制の中身をないものとしたと指摘される。派遣労働の分野で成立した労働協約の要請により，平等取扱原則は，実際上の結果としては，任意法の地位にまで落ちてしまった[14]。

---

13　Lembke, BB 2003, S. 98（102）.
14　Wa○○rmann, a.a.O., S. 485.

## 3 同一賃金原則の内容
### a) 同一賃金原則の規定と基本的労働条件

ドイツの労働者派遣法9条2号においては，次のように同一原則が定められる。

「無効であるのは，

1．(…)

2．派遣先への派遣期間中の派遣労働者に対して，派遣先企業の事業所において比較可能な労働者に適用される労働の対価を含む基本的な労働条件よりも低い労働条件を予定する合意である。(…) 労働協約は，3a条2項による命令で定められる最低時間賃金を下回らない限りで，これとは異なる規定を許容し得る (…)」と定める。

ここでいう基本的な労働条件とは，証明法 (Nachweisgesetz) 2条1項6号の規定と関連して解釈され得る。同規定によれば，

「使用者は，労働関係が合意上開始された後，遅くとも1ヶ月，基本的な契約条件を文書で記し，その文書に署名し，労働者に手交しなければならない。その文書においては，少なくとも，次のことが記載されていなければならない。

(1) (…)

(6) 加給，手当，プレミアム，及び特別手当，並びに，他の労働の対価の構成部分，その期限を含む，労働の対価の構成 (Zusammensetzung) 及びその額」と定められる。

立法者は，この規定を参照して (労働者派遣法11条1項)，基本的な労働条件には，労働時間，休暇，社会的な施設の利用も含むとしている[15]。

他方，この点に関し，EU労働者派遣に関する2008年11月19日ヨーロッパ議会及び理事会指令3条(f)は，次のように概念規定している。

「基本的な労働条件ないし就労条件とは，法律，規則，行政規定，派遣先企業に対し適用される労働協約ないしその他の拘束力ある一般的な類の規定によって定められ，次のような諸点に関係する，労働条件ないし就労条件で

---

15　BT-Drucks.15/25, S. 38, 39.

ある。
 ⅰ）　労働時間，時間外労働，休憩，休業，深夜労働，休暇，祝祭日の各期間，
 ⅱ）　労働の対価」

そのため，学説では，指令の定義通りの制限的な解釈が，法的安定性が得られると説かれている[16]。つまり，同指令では，ⅰ）とⅱ）に関わる賃金，手当が焦点となっており，労働条件全体をさすのではない。これについては，第2章第三節一において詳しく説明しているので，繰り返さない。

b)　比較可能な労働者

比較対象者を要するという規定も，三つの場合に重大な問題をもたらすと指摘される。

第一に，派遣先企業において派遣労働者によってなされる業務と同じ業務をしている労働者が全くいない場合である[17]。同権は果たされないことになる。

第二に，具体的な比較可能性の認定が，職務の面でも，労働条件にとって重要な個人の特徴の面でも，困難である場合である[18]。誰がどのようなメルクマールによって具体的な職務を比較しようとするのか，職務の比較は，分析的に行うのかそれとも手短に行うのか，さらには，比較の関連性は，どのような区別から不可能になるのか，という点が問題になる[19]。

第三に，手続的な理由からである。契約の当事者としての派遣元に対する対価の同権の請求権をしようとする派遣労働者は，比較可能な基幹労働者を見つけ出す必要がある[20]。労働者派遣法13条は，派遣労働者に対して，派遣先に対する情報提供請求権を認める。派遣先企業は，データ保護を理由として，比較可能な労働者の同一性とその具体的な職務の特徴，その協約上の格付け，及び，その都度の労働契約上の賃金を隠すことは許されない[21]。比較される労働者は，

---

16　Thüsing, AÜG, § 9, Rn. 30.
17　Rieble/Vielmeier, EuZA, 2011, S. 474 (497).
18　Rieble/Vielmeier, a.a.O., S. 498.
19　Rieble/Vielmeier, a.a.O., S. 498.
20　Rieble/Vielmeier, a.a.O., S. 498.

他人の賃金確定の手続の客体となってしまう。さらに，派遣元に対する賃金訴えの手続において，同一性，職務の特徴，賃金について公にしなければならなくなる[22]。

これについては，同一賃金請求の要件として，派遣先事業所における派遣労働者と比較可能な労働者が課され，その内容が重要である。これについては，派遣先の基幹労働者（Stammarbeitnehmer）が考慮されるべきであり，他の派遣労働者や下請企業で従事している請負労働者は考慮されない[23]。派遣先の基幹労働者は，職務に関連して（tätigkeitsbezogen）比較可能でなければならず，それゆえ，同一又は比較可能な労働をしていなければならない[24]。比較可能な職務と資格が考慮される[25]。派遣先の労働条件のうち，経験，能力，事業所所属期間は考慮されない[26]。フルタイマーないしパートタイマーとの比較もありえないではない。その場合比較は，労働時間に関する規定を除外して行うことになる[27]。

理論的な問題点としては，EU2008/104指令では，派遣労働者の「仮説的な採用」による比較可能性を考慮すべきとする。つまり，同指令５条１項では，「派遣労働者の基本的な労働条件ないし雇用条件は，派遣先企業に対する派遣期間中，派遣労働者がその企業によって同一の職場に直接雇用される場合に，少なくともその者に適用されるであろう労働条件ないし就労条件に従う」と定められる。ドイツ法は，このカテゴリーを受け入れていない[28]。しかし，派遣

---

21　Rieble/Vielmeier, a.a.O., S. 498.
22　Rieble/Vielmeier, a.a.O., S. 498.
23　Thüsing, AÜG, §9, Rn. 24.
24　Thüsing, AÜG, §9, Rn. 24 ; Boemke/Lembke, AÜG, 3Aufl., Frankfurt.a.M., 2013, §9 Rn. 104.
25　Boemke/Lembke, AÜG, §9 Rn. 104. ハーマン教授は，資格，職業経験，能力，責任能力，身体的な負担を考慮して，比較すべきであるとする（Hamann, EuZA, 2009, S. 306）。
26　Boemke/Lembke, AÜG, §9 Rn. 105.
27　Thüsing, AÜG, §9, Rn. 24. 採用データによって，差別化するという方法もあり得る（Thüsing, AÜG, §9, Rn. 24）。
28　Thüsing, AÜG, §9, Rn. 24 ; Rieble/Vielmeier, EuZA 2011, S. 474 (498). これに対して，派遣法は，このため，解釈によって指令通りに変えられるべきなのではなく，派遣法に則した形に改められなければならないのであると指摘される（Rieble/Vielmeier, EuZA 2011, S. 474 (498））。

先事業所において比較可能な労働者がいない場合には，派遣労働者は，仮定的に，派遣先の賃金構造に組み入れることが行われるべきであると説かれる[29]。派遣労働者が上述の企業に同一の職場に直接雇用されていたとしたら，これに対して妥当する額となる。

派遣していない期間については，同一賃金原則は，除外され得る[30]。派遣されていない期間は，引き下げられた報酬も，適法であるが，（後に述べる）労働者派遣法3 a条による下限（後に記す）を下回ったり，あるいは，良俗違反（民法138条）となってはならない[31]。

## 三　協約による適用除外・逸脱

### 1　同一賃金原則と適用除外・逸脱

#### a)　同一賃金原則の適用と協約能力の無効

同原則の例外としては，協約自治の原則の尊重のため，労働協約が定められる場合には，同原則を免れられるという規定も置かれている。「労働協約は，（…）これとは異なる規定を許容し得る」と定めているのである。労働者派遣の場合に，最大の問題は，労働協約から適用除外を受け，そこから逸脱して，低い賃金を定められている点である[32]。後に述べるシュレッカー事件でもその点が本質的な問題点のひとつであった。

大部分の派遣労働者が労働協約（による適用除外・逸脱）の適用を受けることから，（後に述べるキリスト教労働組合関係の訴訟を除いて）原則であるはずの同一賃金原則を派遣労働者が訴訟で主張しにくい事態に陥っている。こうした

---

29　Thüsing, AÜG, § 9, Rn. 28 ; Boemke/Lembke, AÜG, § 9 Rn. 110.
30　BT-Drucks. 15/25 ; Thüsing, AÜG, § 9, Rn. 29.
31　Thüsing, AÜG, § 9, Rn. 29.
32　協約による逸脱が制度化された経緯については，大橋憲雄『派遣労働と人間の尊厳』73頁以下。こうした労働協約については，藤内和公『ドイツの従業員代表制と法』（法律文化社・2009年）334頁，343頁。同書によれば，連邦労働者派遣業協会（BZA）は大手派遣業者300社を代表し，派遣事業協会（IGZ）は，中小派遣事業者1,000社を代表する（藤内和公・前掲書342頁）。日本法において，同一賃金原則の導入にあたって，協約による逸脱を認めるべきだとする見解として，本庄淳志「改正労働者派遣法をめぐる諸問題」季刊労働法237号（2012年）22頁（35頁）。

状況では，普通の労働者と比べて，派遣労働者は不利益を受けることになる。ドイツキリスト教労働組合連盟（CGB）の加盟組合が，派遣労働とパーソナル・サービス・エイジェンシーのためのキリスト教労働組合の労働協約共同体（CGZPと以下略す）を2002年11月11日に創設し，CGZPは，著しく低い条件を定めた企業別労働協約を締結してきた。

連邦労働裁判所は，2010年12月14日の決定により，CGZPの協約能力がないことを認めた[33]。

裁判所は，まず，「労働者団体は，当法廷の判例によれば，規約に従った任務として，構成員の利益擁護を労働者としての特性において設定しており，労働協約を締結する意思を有している場合に，協約能力がある。また，その団体が自由に形成され，反対者から自由に，独立して，事業所を超えた基礎のもとに組織され，適用される労働協約法が拘束力あると認めていたものでなければならない。さらに，要件は，労働者団体が，協約当事者として任務を意味あるように実現し得ることというのがある。この要件には，構成員によって探索された社会的な反対者に対する実行力と，能力ある組織というのが，入る」と説示した。

CGZPは，上部団体であるが，特に，実行力の要件が問われた。実行力とは，組織の数と財産力，労働協約からわかるとされる[34]。本件で主に問われたのは，CGZPという上部団体が，規約上派遣労働者を代表する組織であったとしても，その下部の団体（の一部）が，規約上派遣労働者を組織することになっておらず，派遣労働者に対して権限（管轄）を有していない場合，上部団体は，下部団体（メンバー，構成員）の組織範囲を超えて労働協約を締結したことになり，かかる労働協約の場合には，実行力に欠けるのではないか，という点であった。本件のCGZPの協約能力の無効確認の申請を提出した，反対当事者の一団体，労働組合ヴェルディは，規約の一部に（添付された規約に）派遣労働者を包むとしていた（ほかに，州が共同の申請人）。この事件では，CGZPの下部団体のDHV（訴訟当時，商業，事務領域の労働者が管轄）とGöd（訴訟当時，公勤務のさ

---

[33] BAG 14.12.2010, AP Nr. 6 zu § 2 TVG Tariffähigkeit. キリスト教労働組合連盟の労働協約については，藤内和公・前掲書345頁。

[34] Junker, ArbR, 12 Aufl., München, 2013, Rn. 463.

まざまな領域の労働者が管轄）が，いずれも，規約上，派遣労働者にまで権限（管轄）を有していなかった。申請人ヴェルディらは，さらに，労働者派遣法9条2号に基づいて，CGZPが同一賃金原則の適用を免れ，法律上の最低の保護を一方的に派遣労働者の負担のもとに悪化させており，社会的な力に欠けていると主張した。

連邦労働裁判所は，上部団体の労働協約能力について，次のように判断している。

> 「いずれにせよ，労働組合の団体が，その構成員の権限の領域外でも，労働協約を締結しようとする場合には，労働協約法2条3項による労働協約能力を労働組合の団体から奪うのは，不相当なことではない。労働組合によって形成される上部団体の協約能力は，その加盟組合員によって代表される労働者の社会的な力に拠ることになる。加盟組合の組織範囲外で労働協約が締結される場合には，かかる実行力を欠くことは，明らかなことである。こうした労働協約の締結は，圧力と反対の圧力によって作用する相当な労働条件の規整の創設を求めていくことはない。このことは，国家の法設定力によって自由に委ねられた労働生活の自由な領域を，労働協約を通じて意義のあるように秩序していく，という，協約自治の機能に反する。これと結びついた協約自治の危殆化が甘受できないのは，労働者の生活の一定の契約形態が，—例えば，業としての労働者派遣のように—法的安定性のあるものではなく，労働者団体の従来の組織範囲から必然的にカバーされるものではない，という理由からである。かかる労働者を組織するために，加盟組合には，自らの組織範囲を規約によって拡大する可能性が残されている」。

労働協約法2条3項[35]の協約法上の要件が充たされていない。特に，CGZPの組織範囲は，加盟組合のそれを超えていると判示したのである。これらにより，CGZPは，協約能力を有しないと判断された。

---

35 労働協約法2条3項及び4項には次のように規定されている。
　「(3)上部団体自体も，労働協約の締結が規約通りの任務の一部である場合，労働協約の当事者になり得る。
　　(4)2項及び3項の場合に，上部団体も，これに加盟する団体も，労働協約当事者の双方の義務の履行に，責任を有している」と。

この訴訟の結果，無効なCGZPの労働協約を参照した派遣元企業には，重要な法律効果が生じた。つまり，派遣労働者らは，労働裁判所において派遣元に対して賃金の支払いを個別に請求したのである。CGZPの労働協約の無効を前提として，派遣労働者の同一賃金請求権を裁判所において争っている。
　この結果，同一賃金請求を認める判決が登場した。それは次のような事件である。
　51歳の女性労働者は，2009年5月4日から2010年6月30日まで，週35時間の週労働時間で，組み立て部門での派遣労働者（Zeitarbeitnehmerin）として，被告のもとで雇用され，2009年5月，6月には6ユーロの税込賃金，2009年7月以降は6.15ユーロで被告（派遣元）に雇用されていた。原告女性は，被告によって，B＆コーポレーション株式会社に派遣された。
　2010年7月1日には，原告女性は，派遣先企業，B＆コーポレーションの工場に直接雇用された。そこでは，被告と契約関係に以前あったのと同一の労働が遂行され，2010年7月1日以降は，週35時間で，1,984ユーロの税込月例賃金を得ていた。これは，税込時間給12.84ユーロに相当する。
　2011年3月9日，フランクフルト（オーデル）労働裁判所における被告に対する訴えによって，女性原告は，被告によって支払われた賃金との税込時間給と，その後B＆コーポレーション株式会社における直接雇用により得た時間給との差額の支払いを求めた。原告女性は，労働者派遣法9条2号，10条4項による同一賃金請求権を有するという見解であった。これは，CGZPの協約能力とこれによって生じる協約の無効から帰結され（先の連邦労働裁判所の判例を前提にしている），その労働協約に基づくすべての賃金の合意は，これによれば，無効であると主張した[36]。
　フランクフルト（オーデル）労働裁判所は，2011年6月9日判決において訴えを一部認容した。2006年6月15日から2010年6月30日までの時期の賃金請求

---

36　被告は，基幹労働者の賃金と被告によって支払われた賃金の差額の事後的な支払いを義務づけられているとした。
　また，原告女性は，連邦労働裁判所の判決が，現在に関連するのみならず，連邦労働裁判所が過去に向かっても，CGZPに協約能力がないと考慮した，という明らかな結論を許すものであるとした。

権について，1万4,809.29ユーロは，理由のあるものとし，2009年5月4日から2009年6月14日までの1,475.76ユーロは，理由のないものとした。労働者派遣法9条2号，10条4項によれば，派遣労働者は，派遣期間のその賃金が比較可能な労働者の賃金より下回る場合，差額の賃金の支払いの請求権を有すると判示した。つまり，同一賃金原則の適用を説示している。6週を超える部分の派遣期間について，同一賃金の請求権が認められた[37]。

このように，一方で，協約能力がないとされた組合の締結した労働協約が無効となる事件においては，労働者派遣法9条2号の同一賃金原則が適用されることになった。

連邦雇用エイジェンシー（へのインタビュー）によれば，混合事業所では，同一賃金原則違反がみられるという。派遣以外の業務（例えば，金属等）を通常は行い，派遣業の許可を得て労働者派遣も行う，といういわゆる混合事業所では，こうした労働協約の適用下に置かれてない。このため，混合事業所には，同一賃金原則に違反しつつ，労働者派遣を続けている事業所があると指摘される。

b) 労働協約と業種加算

他方で，（協約能力が争われることのない）労働協約により，依然として，同原則の適用除外・逸脱がなされている。しかし，協約当事者も，協約政策として，同一原則に「接近」する賃金を支払う協約を締結するようになった。例えば，2012年11月1日以降，連邦パーソナル・サービス使用者連盟（BAP）及び，派遣事業協会（IGZ）は，鉱業，化学，エネルギー産業労働組合，金属産業労働組合，食品・飲食店労働組合，教育・科学労働組合，ヴェルディ，農業産業別労働組合，鉄道・交通労働組合，警察労働組合との間で，次のような賃金額を規定する労働協約を締結している。

---

[37] Frankfurt (oder) ArbG Urt.v. 9.6.2011, 3 Ca 422/11, in Juris.

| 賃金グループ | 西の地域 協約賃金額 | 東の地域 協約賃金額 |
|---|---|---|
| 1 | 8.19ユーロ | 7.50ユーロ |
| 2 | 8.74ユーロ | 7.64ユーロ |
| 3 | 10.22ユーロ | 8.93ユーロ |
| 4 | 10.81ユーロ | 9.45ユーロ |
| 5 | 12.21ユーロ | 10.68ユーロ |
| 6 | 13.73ユーロ | 12.00ユーロ |
| 7 | 16.03ユーロ | 14.01ユーロ |
| 8 | 17.24ユーロ | 15.07ユーロ |
| 9 | 18.20ユーロ | 15.91ユーロ |

　さらに，これをベースとして，2012年11月1日以降，連邦パーソナル・サービス使用者連盟（BAP）及び，派遣事業協会（IGZ）は，金属産業労働組合との間で，次のような賃金額を規定する労働協約を締結している。この労働協約は2012年6月14日に締結されている。派遣期間に応じて賃金が加算され，派遣期間6週経過後で（時間単位及び月単位で）給与の15％，同じく，3ヶ月経過後で20％，5ヶ月経過後で30％，7ヶ月経過後で45％，9ヶ月経過後で50％と，それぞれ加算される仕組みになっている[38]。

　この結果，一番低い賃金グループに対して（賃金グループ1の6週経過後）月186.33ユーロの加算，一番高い賃金グループで（賃金グループ9の9ヶ月経過後）月1,206.53ユーロの加算を可能にしている。これは，先の多業種間での労働協約がベースとなっているのがわかる。9ヶ月以上の勤務で，最大で＋50％の加算額となっている。西の地域と東の地域では，賃金額は異なっている。

　連邦パーソナル・サービス使用者連盟（BAP），派遣事業協会（IGZ）と鉱業，化学，エネルギー産業労働組合は，2012年6月14日，賃金に加算をする，いわゆる業種加算（Branchenzuschlag）の規定を労働協約に設けている（2条3項）。

　「業種加算の額は，派遣期間に応じて，（…）次のようなパーセンテージとなる。
賃金グループ1と2に関しては，
　6週経過後，15％

3ヶ月経過後，20%
　5ヶ月経過後，30%
　7ヶ月経過後，45%
　9ヶ月経過後，50%
賃金グループ3ないし5に関しては，
　6週経過後，10%
　3ヶ月経過後，14%
　5ヶ月経過後，21%
　7ヶ月経過後，31%

**38** 次のような内容になっている。

西の地域（単位：ユーロ）

| 賃金 | 業種加算なし | 6週 +15% | 3ヶ月 +20% | 5ヵ月 +30% | 7ヶ月 +45% | 9ヶ月 +50% |
|---|---|---|---|---|---|---|
| 1 | 8.19 | 9.42 | 9.83 | 10.65 | 11.88 | 12.29 |
| 2 | 8.74 | 10.05 | 10.49 | 11.36 | 12.67 | 13.11 |
| 3 | 10.22 | 11.75 | 12.26 | 13.29 | 14.82 | 15.33 |
| 4 | 10.81 | 12.43 | 12.97 | 14.05 | 15.67 | 16.22 |
| 5 | 12.21 | 14.04 | 14.65 | 15.87 | 17.70 | 18.32 |
| 6 | 13.73 | 15.79 | 16.48 | 17.85 | 19.91 | 20.60 |
| 7 | 16.03 | 18.43 | 19.24 | 20.84 | 23.24 | 24.05 |
| 8 | 17.24 | 19.83 | 20.69 | 22.41 | 25.00 | 25.86 |
| 9 | 18.20 | 20.93 | 21.84 | 23.66 | 26.39 | 27.30 |

東の地域

| 1 | 7.50 | 8.63 | 9.00 | 9.75 | 10.88 | 11.25 |
|---|---|---|---|---|---|---|
| 2 | 7.64 | 8.79 | 9.17 | 9.93 | 11.08 | 11.46 |
| 3 | 8.93 | 10.27 | 10.72 | 11.61 | 12.95 | 13.40 |
| 4 | 9.45 | 10.87 | 11.34 | 12.29 | 13.70 | 14.18 |
| 5 | 10.68 | 12.28 | 12.82 | 13.88 | 15.49 | 16.02 |
| 6 | 12.00 | 13.80 | 14.40 | 15.60 | 17.40 | 18.00 |
| 7 | 14.01 | 16.11 | 16.81 | 18.21 | 20.31 | 21.02 |
| 8 | 15.07 | 17.33 | 18.08 | 19.59 | 21.85 | 22.61 |
| 9 | 15.91 | 18.30 | 19.09 | 20.68 | 23.07 | 23.07 |

9ヶ月経過後，35％
賃金グループ6－9に関しては，加算なし」と規定されている。

繊維・衣服産業，印刷産業，紙・厚紙・プラスティック加工産業，木材・プラスティック加工業も，同様の業種加算を含む労働協約を締結している。

こうした労働協約は，組織率が低いため，規範的に拘束力が及ばない（労働協約法1条1項，4条1項）。しかし，派遣元が提示する労働契約書中に記載される「労働協約，参照」との条項，いわゆる参照条項により，労働協約における賃金規定，業務加算条項が，実際上，派遣労働者に対して（労働契約を通じて）及ぶことになる[39]。

ドイツ労働組合総同盟（DGB）へのインタビューによれば，こうした加算により，協約によっては，最高で，派遣先企業の基幹労働者の90％まで，給与が保障されているという。同一賃金原則が，協約による適用除外・逸脱により骨抜きになっている反面，賃金協約（の参照），及び新たな業種加算の協約上の規定により，同一賃金に「接近」した賃金の支払い（派遣元による）を可能にしている。

## 2 派遣労働の現状と低賃金労働の主な原因
### a) 低賃金の状況

こうした労使の努力にもかかわらず，連邦雇用エイジェンシーの「ドイツにおける労働市場―ドイツにおける派遣労働―現在の進展（Der Arbeitsmarkt in Deutschland- Zeitarbeit in Deutschland- aktuelle Entwicklung）（2012年）」によれば，派遣労働者の収入は，フルタイマーの場合，月額税抜2,702ユーロであるのに対して，派遣労働者等は，1,419ユーロになっている（2010年）。補助的な業務の場合に，賃金の差額があらわになっており，すべての分野で平均を下回っている。金属，電気，技術，サービス分野では，賃金の格差は大きく，1,000ユーロ以上あるとされる。

---

[39] Waltermann, a.a.O., S. 485. この参照条項については，松井良和「労働契約における労働協約の引照条項（Bezugnahmeklausel）をめぐる諸問題」近藤昭雄先生退職記念論文集・法学新報119号5・6号（2013年）755頁。実際の参照条項については，本章第1節四の労働契約書（ひな形）を参照のこと。

また，派遣労働にある税込み賃金が低いフルタイマー（社会保険義務あり）が，労働者派遣の場合，著しく多い。社会保険義務のあるフルタイマーの3分の2未満の額の領域に，その従業員の4分の1がある。派遣労働者がフルタイマーであっても，雇用が安定していない実態が示されている。

　雇用者の3％のみが低所得者層を対象として支払われる基礎保障を受けているにすぎないのに対して，派遣労働者では，10％の者が基礎保障を受けている。基礎保障を受けている派遣労働者が多いのは既述の通りである（本章第1節一2）。職業資格，職務が，労働者派遣の場合，他の労働とは異なっていることと関連していると分析されている。また，派遣労働者の多くが，職業訓練を終えないまま，労働者派遣に入っている者の割合が著しく多い。職業能力，職業訓練が未熟な者が，派遣労働者となり，派遣労働を通じた僅少労働に就いている実態が示されている。

　ノルトライン・ヴェストファーレンでの調査によれば，ヘルパーの領域では，労働者派遣の場合，それ以外の分野のヘルパーより，約45％賃金が低く，管理部門ないし事務部門での労働者派遣の場合，そうでない場合より，約35％賃金が低いとされる[40]。

　連邦労働裁判所の判例によれば，一般論としては，協約賃金が場所的，専門的，および人的な適用領域のすべての事情を考慮して飢餓的賃金を意味している場合には，良俗違反となり得ると説示する[41]。ただし，派遣労働者に関する

---

[40] Ministerium für Arbeit, Gesundheit und Soziales des Landes Nordrhein- Westfalen (Hrsg.), Zeitarbeit in Nordrhein- Westfalen, 2006, S. 73.

[41] BAG Urt. v. 24.3.2004, BB 2004, S. 1909. 1960年生まれの原告は，2000年12月18日から2001年8月3日まで被告で倉庫ないし配達の労働者，補助的な労働力として，Bで雇用されていた。被告との労働契約の前には，原告は，2年間失業者であった。原告はIGメタルのメンバーであった。被告は，連邦レベルで，業の労働者派遣を営んでいた。2000年12月15日の文書の労働契約において，週35時間の労働時間が合意されていた。時間給は，10.89マルクで，2001年5月1日より11.24マルクであった。これは，被告に適用される選択賃金制度（WLS），11.99マルク，2001年5月1日以降は12.38マルクを考慮したものだった。選択賃金制度は，協約上の特別な支払い（休暇金，年間の給付，財産形成のための給付，ならびに，21日を超えた9日間の休暇）の適用による契約賃金を手当の形で10.1％アップする可能性を労働者に与えていた。労働契約6条により，被告に適用される労働協約は，その都度，労働契約の構成部分になると宣言されていた。原告の契約上合意された賃金は，協約賃金に相応していた。

もっとも低い賃金グループの協約上の合意，旧西ドイツの地域5.93マルク，旧東ドイツの地域5.52マルクと比較して，派遣労働者の10.89マルクは，派遣企業に通常の賃金であり，良俗違反ではないと結論づけていた[42]。つまり，当時の判例では，労働協約で定められる派遣労働者の賃金が，良俗違反でないことになる。

　こうした派遣労働者の低賃金の原因は次のようなところにある。労働者派遣法3条は，「(1)許可あるいはその延長は，事実が次のような推定を正当化する場合に，拒否され得る。（…）
3．派遣先への派遣期間中の派遣労働者に対して，派遣先の事業所において比較可能な労働者に適用される労働の対価を含む基本的な労働条件が，保障されていない場合」と定める。法律は，業としての労働者派遣の許可の付与と取消の要件に，同一賃金原則への配慮を挙げている。しかし，上述のように，同条も，3条1項3号における上の規定に続く部分で，例外を設けている。「労働協約は，3a条2項による命令で定められる最低時間賃金を下回らない限りで，これとは異なる規定を許容し得る」と定める。9条2号においてもほぼ同様の規定が設けられている。この協約での適用除外を可能にしている（協約任意性）。この法律上の原則から除外し得るという協約任意性から，法律上の原則の空洞化が可能となっている[43]。

　雇用政策上行われた派遣労働に関する規制緩和は，結果的には，規制の中身をないものとしたと指摘される。派遣労働の分野で成立した労働協約の要請により，平等取扱原則は，実際上の結果としては，任意法の地位にまで落ちてしまったと指摘されている[44]。

　そして，規制緩和および，協約による適用除外と，労働者派遣による劣化した労働条件というのは，相互に因果関係があると説かれている。このように，

---

　　　原告は，適用される賃金の合意が良俗違反であると主張した。原審は訴えを棄却した。ラント労働裁判所によって許可された上告は，原告により支払請求権が追求された。上告棄却。
42　BAG Urt. v. 24.3.2004, BB 2004, S. 1909.
43　Waltermann, a.a.O., S. 485.
44　Waltermann, a.a.O., S. 485.

ドイツ法では，協約による適用除外の可能性を許した結果，同一賃金原則が実行性をもたないものになってしまった，というものである。

### b) EU法との抵触の問題

こうした協約による適用除外について，協約自治に完全に委ねられるべきかどうかについて，学説上，争いがあった。

使用者側の弁護士，ヴィルムゼン/アヌス両氏は，派遣先に適用される協約条件からの個別的なケースに必要な適用除外・逸脱については，協約当事者の理性を信頼していると説く。法律は，さらなる準則を設けていないが，これは適切であると述べている[45]。

しかし，協約規制権限の限界は，良俗違反から，設定し得るはずである[46]。本質的に一般的な民法によれば，特に，民法138条に従う。民法138条1項は，「良俗に反する法律行為は無効となる」と規定する。チュージング教授も，一般論として，協約自治の制約には，民法138条による良俗違反や暴利行為の基準があると説いていた[47]。

問題は，EU法との関係でも生じ得る。EU指令2008/104 5条3項では，次のように規定された。

「加盟国は，社会的パートナーに対する聴聞の後，1項に挙げられた規定を適用除外し得る，派遣労働者の労働ないし就労条件に関する派遣労働者に対する全体的な保護に配慮した規定を含む，労働協約を，加盟国の定めた適切なレベルと基準により遵守，または，締結し得る可能性を社会的パートナーに付与し得る」。

つまり，EU法上は，同一原則からの適用除外・逸脱は，全体的な保護が派遣労働者に保障される限りで，許されるにすぎない[48]。

---

[45] Willemsen/Annuß, BB, 2005, S. 437 (439f). なぜなら，こうした協約（開放）条項の一般的な制限は，規制によって追及される目的のもとでは，有意義ではなく，可能でもないからであるとしている。

[46] Piero Sansone, Gleichstellung von Leiharbeitnehmern nach deutschem und Unionrecht, Baden-baden, 2011, S. 584.

[47] Thüsing, AÜG, § 9, Rn. 39.

[48] Thüsing, AÜG, § 9, Rn. 39.

フクス氏も，派遣労働者にとって相当な保護の水準が保障されて初めて，同一賃金原則からの協約上の適用除外・逸脱が適用になると説いている。2011年の改正前のドイツ労働者派遣法との関係でも，相当な保護水準が派遣労働者に対して達成されなければならないという，協約当事者による基準づくりが，指令の置換えのために，必要であるとする。これによって，本指令5条が明示的に要求する，濫用防止を可能にし得ると説いていた[49]。つまり，指令に一致した解釈を施すと，労働協約が相当な水準のものでなければならない，というものである。

　ベームケ教授は，労働協約は，法的な価値秩序を志向し，部門の特殊性を考慮して，相当な保護をもたらすものでなければならないと説き，平等取扱原則（同一賃金原則）からの協約による適用除外・逸脱については，協約上の規定が，同一の労働条件に近接することを定めるべきであると述べる[50]。

## 3　2011年改正法（最低時間賃金制度の創設）

　前述のように，同一賃金原則以下の賃金を定める労働協約が実務では締結され，その有効性が問われてきたが，同一賃金原則が，低廉な労働協約によって回避されないことを確保するため，最低賃金が各方面において要求され[51]，改正法の議論が展開された。しかし，最低賃金法に関する規定は，当初の連邦議会の草案には盛り込まれず[52]，連邦参議院の態度決定にも規定されることはなかった。そこで，社会法典ⅡとⅩⅡの基礎保障に関する両院協議会（Vermittelung）の手続において，2011年3月23日までの政治的な妥協として，労働者派遣法の改正法に最低賃金の規定が入ることとなった[53]。そして，ついに，協約による同一賃金原則からの適用除外・逸脱に対しては，2011年の改正法により，最低時間賃金に関する規定が新たに設けられた（労働者派遣法9条2号，3a条）。次のように詳細に定められる。

---

49　Fuchs, NZA 2009, S. 57 (63f).
50　Boemke, RIW 2009, S. 177 (182f).
51　Thüsing, AÜG, § 3a Rn. 2.
52　BT-Druck. 17/4804.
53　Thüsing, AÜG, § 3a Rn. 2.

「無効であるのは，
1．（…）
2．派遣先への派遣期間中の派遣労働者に対して，派遣先企業の事業所において比較可能な労働者に適用される労働の対価を含む基本的な労働条件よりも低い労働条件を予定する合意である。（…）労働協約は，3 a 条 2 項による命令で定められる最低時間賃金を下回らない限りで，これとは異なる規定を許容し得る（…）」（9条2号）

「労働者派遣の職務にあるその都度の従業員に対して権限があり（提案権限のある協約当事者），全国で協約上の最低時間賃金を労働者派遣の領域で互いに合意した，労働組合と使用者の団体は，連邦社会労働省に対し，これを賃金の最低限として命令において拘束力のあるものとして定める，共同の提案をなし得る。最低の時間賃金は，その都度の就労場所によって異なり得て，これについて合意された例外，及びその要件を含む，これに対応する請求権の期限を規定し得る。この提案は，派遣期間と派遣されない期間について，画一的な最低時間賃金，ならびに，有効期間を含むものでなければならない。この提案は，文書で根拠づけられるものでなければならない。

(2) 連邦社会労働省は，その命令において，連邦参議院の同意なく，1項により提案された協約上の最低時間賃金が，拘束力のある賃金の最低限として，命令の効力範囲下にあるすべての使用者，ならびに，派遣労働者に適用されると定め得る。命令制定権者は，提案を，内容上変更しないときのみ，命令に含み得る。（…）」（3 a 条）

この規定の模範は，外国人のドイツへの労働者派遣に関して定める，送出し派遣法（AEntG）に規定されている。規定の詳細は，送出し法の規定と字義通りに同じではないが，内容上は同じである[54]。部門特有の最低賃金の拡張のための送出し法に規定される手続が，広範に承継されている。

その後，協約当事者からの提案が長い間なされなかったが，2011年12月18日に最初の規則が公にされ，最低時間賃金は，2012年1月1日より，a）ベルリン，ブランデンブルク，メルケンブルク・フォアポメルン，ザクセン，ザクセ

---

[54] Thüsing, AÜG, § 3a Rn. 4.

ンアンハルトおよびチューリンゲン州では，7.01ユーロ，b）その他の州で，7.89ユーロとされ，2012年11月1日により，a）の州で，7.5ユーロ，b）の州で8.19ユーロとされた（労働者派遣における賃金の下限に関する第一の規則）。

　第二の規則も提案されており，これによれば，a）の州で，7.86ユーロ，b）の州で8.50ユーロとされた（2015年3月31日まで）。2015年4月1日から2016年5月31日まで，a）の州で，8.20ユーロ，b）の州で8.80ユーロ，2016年6月1日から2016年12月31日まで，a）の州で，8.50ユーロ，b）の州で9.00ユーロとなっている。

### 4　同一賃金原則の違反の効果

　労働者派遣法9条2号の効果は，9条2号の要件を充たさない派遣元と派遣労働者との間の合意は，一部無効となる[55]。一部無効は，全体の無効をもたらさない[56]。派遣労働者は，定められた合意の代わりに，労働者派遣法10条4項により，派遣元に対して，派遣先の条件による労働の対価の支払いに関する請求権を有する[57]。10条4項では次のように規定する。

「4　派遣元は，派遣労働者に対して，派遣先への派遣期間について，派遣先の事業所における派遣先の比較可能な労働者に対して適用される労働の対価を含む基本的な労働条件を保障する義務を負う。労働関係に適用される労働協約がこれとは異なる規定を定める限りで（3条1項3号，9条2号），派遣元は，派遣労働者に対して，この労働協約によって義務づけられる労働条件を保障しなければならない。かかる労働協約が，3a条2項により命令で

---

55　Thüsing, AÜG, §9 Rn. 50.
56　Thüsing, AÜG, §9 Rn. 50.
57　他方で，労働者派遣法10条5項では，次のように定めている。
　「5　派遣元は，派遣労働者に対して，3a条2項で定められる命令において派遣期間について及び派遣しない期間について定められる最低時間賃金を支払わなければならない」
　この規定にもかかわらず，派遣労働者は，定められた合意の代わりに，労働者派遣法10条4項により，派遣元に対して，派遣先の条件による労働の対価の支払いに関する請求権を有すると解され得る（Thüsing, AÜG, §9 Rn. 50）。ただし，派遣可能ではない期間については，5項が適用され，派遣労働者は，派遣しない期間について，最低時間賃金を要求しうる。

定められる最低時間賃金を下回る場合には、派遣元は、派遣労働者に対して、派遣先事業所における比較可能な労働者に対し毎時間について支払われる労働の対価を、各々の労働時間につき、派遣労働者に保障しなければならない。9条2号により派遣元と派遣労働者との間の合意が無効の場合、派遣元は、派遣労働者に対して、派遣先の事業所における比較可能な労働者に適用される労働の対価を含む基本的な労働条件を保障しなければならない。」。
 この請求権は、派遣期間に制限されている。
 労働協約が同一賃金の水準より下回って賃金を規定している場合で、最低時間賃金に反する場合、派遣元は、派遣労働者に対して、派遣先事業所における比較可能な労働者に対し毎時間について支払われる労働の対価を、各々の労働時間につき、派遣労働者に保障しなければならない。つまり、労働協約により、命令で定められる最低時間賃金を下回る場合、派遣労働者は、派遣元に対して、派遣先事業所における比較可能な労働者との同一賃金の請求権を有することになる[58]。
 このほか、同一賃金原則違反の場合には、罰金は50万ユーロとなる（16条7a）[59]。同一賃金原則違反が問われるのは、既述のように、主に、混合事業所の場合と派遣企業団体の労働協約が無効の場合である。9条2号違反は、許可の拒否又は撤回の理由になり得る。派遣先が派遣元に対して同一賃金に相応する料金を支払わない場合、派遣元は派遣先に対して差額の請求をなし得る。
 派遣可能ではない期間については、同一賃金原則は適用されない[60]。
 こうした大論争と政治的な妥協の結果、派遣労働者との関係で、最低時間賃金の規定が新たに設けられた。派遣労働者の低賃金が社会問題となり、大論争の末に制定された派遣労働者を対象とする最低賃金に関する規定であるだけに、派遣労働者の賃金を下支えする重要な役割が期待される。

---

58　Thüsing, AÜG, § 3a Rn. 41.
59　Thüsing, AÜG, § 3a Rn. 42.
60　Thüsing, AÜG, § 9 Rn. 50.

## 四　同一賃金原則関連のその他の規定

### 1　同一賃金原則・平等取扱原則のその他の面での拡張

　労働者派遣法旧9条2号によれば，派遣元企業は，派遣先企業に対する派遣の最初の6週間を超えた場合に，派遣労働者との同一賃金の支払いを義務づけられる。旧規定によれば，派遣元企業は，派遣先企業に対する派遣の最初の6週間，その労働関係が協約上規制を受けない状態で失業している派遣労働者に対し，通常支われる賃金よりも低い賃金で派遣することができた。この特別な規定は，派遣労働者の最初の採用に関わっていた。その際，派遣労働者に対し最後に支払われた失業手当金が賃金の下限となっていた。手取りの賃金は，法律に一致させるために，少なくともこの失業手当金に達するものでなければならないというものであった。

　この旧規定の存在のため，上述の同一賃金原則違反を訴えた事例において，フランクフルト（オーデル）労働裁判所は，2011年6月9日の前掲の判決において，派遣先企業に対する派遣の最初の6週間の同一賃金原則違反が，この限りでは，認められない，と判示した。それゆえ，原告は，労働関係の最初の6週分の差額支払請求権は存しないとされたのであった。

　2011年の改正法は，派遣以前6週間失業者だった派遣労働者について，同一賃金原則の適用除外規定を削除した。これにより，労働関係の最初の6週間についても，同一賃金原則の適用が認められることになった。

　平等取扱原則という延長線上で，EU2008/104指令の6条4項に対応して，新たな規定も設けられた。同指令6条4項によれば，「5項にも関わらず，派遣労働者は，派遣企業において，企業によって直接雇用される労働者と同一の条件で，娯楽施設，共同の施設，特に，社員食堂，子の養育施設，その交通手段について，アクセスを有する。異なる取扱いが，客観的な理由から正当化される場合は，この限りではない」と定められる。

　労働者派遣法13b条では，次のような条項を追加した。つまり，「派遣先は，派遣労働者に対して，派遣労働者がその労務の提供を行う，事業所における比較可能な労働者と同様の条件で，企業の娯楽施設，又は，共同の施設へのアク

セスを保障しなければならない。異なる取扱いが，客観的な理由から正当化される場合は，この限りではない。本 1 文の意味における娯楽施設，又は，共同の施設とは，特に，子の養育施設，共同の社員食堂，交通手段である」。ハーマン教授によれば，これには，他に，保養施設，企業の住居，フィットネス，スポーツ施設があるとされる[61]。

## 2 濫用防止規定

2000年代の後半に，本節の冒頭に述べた通り，薬のディスカウント・ショップ・シュレッカー（Schlecker）の事件が，労働者派遣制度の濫用として，激しい論争を引き起こした。シュレッカー社は，労働者を解雇し，多くの支社を閉鎖し，その後，MENIARという派遣企業を通じて，新たに開業した支社へ同労働者を派遣させた。その際，当該労働者は，以前シュレッカー社で雇用されていたときより低い賃金で雇い入れられていた。シュレッカー社では，解雇した労働者を派遣労働者として雇用させる目的を当初から有していたといわれる。

同社は，労働組合ヴェルディ（Verdi）と締結した労働協約を下回ろうとし，ツビッカウでは，販売員に対し，12.7ユーロの代わりに6.78ユーロの賃金を支払うにすぎなかった。かなり多くの支店で協約を下回る賃金を支払っていたとノルトライン・ヴェストファーレン州の労働大臣カール・ヨーゼフ・レーマン氏（CDU，当時）も，非難していた。連邦労働大臣ウーズラ・フォン・レーン氏（CDU，当時）も，事件の経過を調査すると述べ，法違反がないかどうか，新たな法規定を必要とするかどうかを審査すると述べていた[62]。

学説上も，コンツェルン内での派遣労働による賃金のダンピングについての議論が展開された[63]。

シュレッカー事件の後，2010年の時点で，連邦サービス事業者連盟（BDV）

---

61　Hamann, NZA 2011, S. 70 (77).
62　http://www.spiegel.de/wirtschaft/soziales/schlappe-fuer-discounter-schlecker-stoppt-billig-leiharbeit-a-671335.html.　シュレッカー事件については，緒方桂子「ドイツにおける労働者派遣をめぐる新たな動き」労働法律旬報1748号（2011年）22頁（23頁），川田知子「ドイツ労働者派遣法の新動向」法学新報119号 5・6 号（2013年）445頁（463頁）。
63　Böhm, DB 2010, S. 672 (672ff）; Piero Sansone, Gleichstellung von Leiharbeitnehmern nach deutschem und Unionsrecht, S. 48.

とキリスト教労働組合との間では，労働関係の終了後6ヶ月より以前に，従前の使用者とコンツェルン法上結合している従前の使用者，または従前の使用者での，従前のポスト又は比較可能なポストに，より不利な条件で派遣される，派遣労働者に対しては，労働協約が及ばないと規定されていた。

また，中規模パーソナル・サービス業者使用者連盟（AMP）とキリスト教労働組合連盟との間での賃金基本労働協約においても，

「この労働協約は，労働関係の終了後6ヶ月より以前に，
a）　旧使用者の下で，または，
b）　旧使用者と株式会社法15条以下によりコンツェルン法上結合している顧客企業の下で，または，
c）　派遣会社と株式会社法15条以下によりコンツェルン法上結合している顧客企業の下で，

従前のポスト又は比較可能なポストに，より不利な労働条件で派遣される，派遣労働者には，適用されない」と規定されている。

ベーム氏は，スウェーデンの立法例を参考に，かつての使用者の下での退職後6ヶ月の経過前に，株式会社法18条の意味における同使用者又はそのコンツェルン企業に派遣されてはならないと立法提案していた[64]。

このような議論の経過を経て，2011年の改正では，EU労働者派遣に関する2008年11月19日のヨーロッパ議会及び理事会2008/104指令の置き換えが実行され，立法草案が，労働者派遣の濫用禁止を表明し，2011年の改正法は，濫用防止の趣旨から，9条に新たな条項を追加した。

「無効であるのは，
1．（…）
2．派遣先への派遣期間中の派遣労働者に対して，派遣先企業の事業所において比較可能な労働者に適用される労働の対価を含む基本的な労働条件よりも低い労働条件を予定する合意である。労働協約は，3 a条2項による最低時間賃金を下回らない限りで，これとは異なる規定を許容し得る。（…）派遣先への派遣の最後の6ヶ月，派遣先を退職し，又は，株式会社

---

64　Böhm, DB 2010, S. 675.

法18条の意味におけるコンツェルンを派遣先と構成する使用者を退職した，派遣労働者に対しては，上記の労働協約が適用されない」と。

　立法草案においては[65]，実務において，労働者派遣法，また労働協約自体によって禁止されていない労働者派遣の濫用的な動員事例が知られるようになったとし，このシュレッカー事件を念頭に置き，「この規定の挿入（いわゆる回転ドア条項（Drehtürklausel））によって排除されようとしているのは，労働者が解雇され，継続して雇用されず，それゆえ，企業から排除され，6ヶ月以内に，派遣労働者としてより低い労働条件で，派遣先の労働者として再び，従来勤務していた企業，又は，同じコンツェルンの他の企業に，動員される，ということである」と述べられている。

　これにより，派遣先を退職・解雇され，又は，コンツェルン（母企業）を派遣先とする使用者を退職・解雇された場合（期間設定終了を含む），6ヶ月を置かない限り，同一賃金原則違反の労働協約は適用されない。派遣元は，労働者に対して，最初の日より，同一賃金を請求し得る（10条4項4文）。その結果，9条2号の要件を充たす限りでは，同一賃金原則の実行化が図られることになる。

## 五　小　括

　同一賃金原則については，ドイツ法では，協約による適用除外（逸脱）が利用されることで，派遣労働者は低賃金に甘んじざるを得ない立場に陥っていた。従来，同一賃金原則を免れるため，ドイツ法もEU法も協約による適用除外を可能にしていた。しかし，協約自治への配慮のあまり，協約による悪化した労働条件が出現しているというのが，ドイツの労使関係の現状であった。協約による適用除外・逸脱と，劣化した労働条件というのは，相互に因果関係があると説かれている。日本法でも，同一賃金原則を導入した場合に，協約による適用除外・逸脱を可能にすべきであると説く見解がある[66]。段階的にしか同一賃

---

65　BT-Ds. 17/4804.
66　本庄淳志「改正労働者派遣法をめぐる諸問題」季刊労働法237号（2012年）22頁（35頁）。

金原則が導入し得ないという点を考えると，経過的措置としては，こうした方法も考慮に値する。しかし，この見解も，ヨーロッパやドイツでの規整と比較した上での見解であると思われるが，その実態まで捉えた上での見解ではないと思われる。また，EU 法上も，協約による適用除外（逸脱）が，派遣労働者の全体的な保護に資する限りで認められる，という要件が課されている点も看過してはならない。本節で検討した規制とその実態を見る限り，ドイツにおける協約による適用除外・逸脱を許容するやり方が，十分よく機能しているとは言えないと考える。日本の労使関係での現状を考えると，同様の法規制が，さらに，貧困という問題をより深刻なものにするのではないかと推測される。

　この特異な法制をめぐって，さまざまな議論が学説と判例において展開されるなかで，ドイツの労使は，派遣労働者を対象とする労働協約及び，労働協約上の業種加算の規定を置くことで，同一賃金へ接近する協約政策を展開させている。業種加算による同一賃金への「接近」政策は，一方では，いまだ，派遣先での同一賃金原則の水準に達していないという問題点を残しているものの（短所），他方では，給与の低い派遣労働者個人が，会社を相手取って訴訟において同一賃金を請求しにくいなかで，集団的な協約政策によって，派遣労働者の賃金の向上に寄与している（長所）。

　こうした状況の中，ドイツでは，（協約による適用除外による派遣労働者の低賃金を防止するため），最低時間賃金制度が導入され，その賃金水準は，比較的適切な水準にある。これと比較すると，日本の最低賃金は，当事者の努力にもかかわらず，いまだ低い水準にある。その上，日本では，これらの議論はおろか，同一賃金原則自体がいまだ法制度として十分なものとして確立していない。こうした日本法の状況では，EU 法・ドイツ法と比較した場合，法の欠缺が認められ，私法上信義則による平等取扱原則ないし同一賃金原則の確立が望まれる。

　さらに，ドイツでは労働者派遣の濫用防止を予定するさまざまな規定が置かれた。その規制態様は，ややドイツ特有で，シュレッカー事件やコンツェルンでの労働者派遣を念頭に置いて，濫用防止規定が創出された。ヨーロッパ各国において，同一賃金原則を破り，社会保険義務や税の支払義務を免れようとする傾向がみられるのはドイツに限られない。労働者派遣の濫用を防止しようとするのは，わが国においても考慮されなければならない。この労働者派遣の濫

第 3 節　同一賃金原則　195

用防止については，同一賃金原則の潜脱，社会保険義務や税の支払義務からの逃走・コンツェルンでの低賃金・解雇規制逃れなど，その態様が異なるだけで，使用者としての責任を免れることに本質があるのはいうまでもない。ドイツでは，労働者派遣の濫用という疾病に対するに対するひとつの処方箋が出されたということになる。今後，ドイツをはじめとするEU各国，日本法においても，労働者派遣の濫用について，それぞれの国の実態に即した規制のあり方，法理のあり方を考えていくのが，今後の重要な課題であると思われる。

　また，日本の労働者派遣法においては，「派遣元事業主は，その雇用する派遣労働者の従事する業務と同種の業務に従事する派遣先（当該派遣労働者に係る労働者派遣の役務の提供を受ける者をいう。第四節を除き，以下同じ。）に雇用される労働者の賃金水準との均衡を考慮しつつ，当該派遣労働者の従事する業務と同種の業務に従事する一般の労働者の賃金水準又は当該派遣労働者の職務の内容，職務の成果，意欲，能力若しくは経験等を勘案し，当該派遣労働者の賃金を決定するように配慮しなければならない」と規定される（現在は30条の２）。制定法上の均衡処遇原則の対象が，賃金に限定されている。これに対して，EU法上，平等取扱原則の対象は，「ⅰ）労働時間，時間外労働，休憩（Pausen），休業，深夜労働，休暇，祝祭日の各期間，ⅱ）労働の対価」と広く，ドイツ法上も解釈上，対象についてEU法に沿った解釈がなされている。その上，ドイツ法では，法解釈上，派遣先の労働条件が，資格，職務等によって異なる限り，派遣労働者との差異が正当化されるとされ，（職務給であることが前提であるとはいえ）客観的な要素が考慮され，これらの要素が同じ者との同一賃金が要求されている。これと比べると，日本法では，均衡処遇原則を適用させる前提条件としては，職務の内容，職務の成果のみならず，「成果，意欲，能力」等を勘案すると規定され，使用者側の主観的な判断も伴わざるを得ない要素が含まれ，改善すべき点があるように思われる。

## 第4節 労働者派遣の対象業務の限定

### 一 建設業での労働者派遣の禁止の内容と経緯

　建設業での労働者派遣の禁止は，労働者派遣法1b条1文において定められている。
　「通常，現業及び技術的労働者[1]（Arbeiter）によって行われる職務に対する，建設業事業所における，1条による労働者派遣は，違法である」と。
　1982年1月1日に就業促進法12a条として，効力を発した。立法草案[2]では，次の通り，違法な就労の撲滅が目的とされた。
　建設業では，業による労働者派遣の許可は，市場の秩序とこの分野での職務の社会的な安全を脅かすとしている。「建設業において，業としての労働者派遣の許可は，労働市場の秩序と建設業での職務の社会的な安定性を脅かす。1980年には，建設業において，おおよそ6,000の適法な労働者派遣が活動しているが，違法な派遣労働者の数は著しく多くなっている。
　適法な派遣労働者に対する違法な派遣労働者の数が相対的に多いことは，建設業では，特に，ネガティブな影響をもたらす。派遣労働者に対して，その派遣労働者が動員される経済的部門の労働協約が適用されない。労働者は，特に，建設分野の社会金庫の給付を得られず，休暇金庫や賃金調整金庫の給付，追加的な扶助金庫の給付も得られない。派遣労働者の派遣提供を受ける企業は，基幹労働者のみを雇用する建設企業に比して著しく競争上優位する。なぜなら，

---

[1] これまで，時折，Arbeiterを労働者，Arbeitnehmerを被用者と訳されることがあったが，Arbeitnehmerは，法的な概念でもあり，包括的な概念であることから，労働者がもっとも適切な訳語だと思われる。これに対し，Arbeiterは，現業及び技術的労働者をさす。このため，本書では，このように訳した。

[2] BT-Drucksache 8/846. これについては，大橋憲雄『派遣法の弾力化と派遣労働者の保護』（法律文化社・1999年）100頁において要旨が紹介されている。その後の立法過程も，同書は詳しい（大橋・前掲書101頁以下）。

建設業で職務する労働者に対して，派遣元は，特に建設業の社会基金の料金も支払っていない（目下の料金料率で，企業での税抜き総額の22.5％にのぼる）。建設企業へ派遣する派遣元も，請負契約の枠内で類似の給付を提供する建設企業に比して，競争上の利益を有している。

派遣元が就労許可のない外国人や3ヶ月以上の間派遣労働者を派遣することによって，許可を有する派遣元も，違法となる，という危険が，建設部門での比較的高い割合の違法な派遣労働者，特に，就労許可のない外国人の違法就労者によって，もたらされる。派遣元は，派遣を請負契約の実施として偽装するのもまれではない。

建設の分野では，適法な派遣労働者も違法な派遣労働者も同時に雇用する企業がある。それゆえ，この場合，適法な労働力関係の影に，違法な労働者派遣が活動している。建設現場が常に移動するという監視の困難性があることによって，このことは，たやすくなる。」

このように，労働者派遣の禁止については，四つの理由が重要である。

第一に，労働者派遣を許可することは，建築現場での労働者の違法な就労の増加を帰結する。第二に，派遣労働者が協約上の給付から除外されていた。第三に，協約上の拘束力がないことにより，競争上の利益を建設企業にもたらし，派遣労働者によって収益を増やし，その結果，基幹労働者のポストの削減が危惧されている。第四に，労働行政による監視の困難性が挙げられている。

これらの理由が，憲法上の観点から，労働者派遣の禁止を正当化するかどうかは，疑わしいという指摘もある[3]。

これに対して，連邦憲法裁判所は，1987年10月6日決定において，憲法に適合していると判断している[4]。「この禁止は，（…）その影響を理由として，職業選択の自由への侵害に近いものとなる。共同の福祉の理性的な考慮によって正当化されるのではなく，その一般的な利益によってのみ正当化され，派遣元の職業上の阻害よりも，この利益が優先に値する，という方へ重点が置かれる。（…）

---

3　Boemke/Lempke, AÜG, Frankfurt.a.M., 2013, § 1b, Rn. 4.
4　BVerfG Beschluss v. 6.10.1987, NJW 1988, S. 1195.

その経済的，就労政策的ないし社会政策的な観点と目的を基礎に，そして，当該領域の法律を考慮して，どのような措置が，共同の福祉の利益を侵害しようとするのかを判断するのは，主に，立法者の責任である。公共を脅かす危険の一定の予測と評価にあたっても，立法者は，その保護のためにと信じて活動しなければならないと考え，憲法は，立法者にその判断の裁量を与え，その衡量が明らかに誤っており，それが理性的には立法者の措置の基礎を与えない場合に，その裁量を超えているにすぎない。これと類似したことは，立法者の目的の達成のための選択された手段の適切性と必要性の判断について，いえる。憲法裁判所上の事後的な審査にあたっては，特に謙抑性が必要でもある。なぜなら，立法者が，建設業での労働市場での違法な派遣労働によって阻害される秩序の再生にあたり，特に複雑で評価の困難で個々的に不明確な諸関係に影響を与えていかなければならないからである。憲法裁判所上の事後審査のかかる限界を考慮すると，争いのあるこの規定は，職業を営むための規整への実体法上の要請に耐えうるものである。

　この法律によって追求された目的は正当であり，経済政策ないし就労政策の立法者の決定の自由の中にあるといえる。秩序だった労働市場の確保という目的と，安定した労働法上ないし社会保険法上の状況の確保という目的をもった，建設業の労働市場の阻害された秩序の再生は，優れて重要な共同体の利益である。（…）

　この立法者の考えは，主張不可能なものでも，誤っていると証明できるものでもない」と説示する。

　その後，建設業での労働者派遣の禁止は，部分的には，やや後退していく（これについては，四参照）。

## 二　建設分野の労働者派遣禁止に対する批判と法改正

### 1　建設分野の労働者派遣禁止に対する批判

　こうして維持されてきた建設分野の労働者派遣の禁止規制に対しても，EU2008/104指令が出されて以来，ドイツ国内では物議を醸している。

　EU2008/104指令では，既述の通り（第2章第5節）「(1)労働者派遣の動員の

禁止と制限は，一般的な利益を理由としてのみ正当化され，これには，特に，派遣労働者の保護，健康上の保護の必要性，職場の安全，又は，労働市場の円滑な機能を保障する必要性，その都度の濫用を防止する必要性が挙げられる」（4条1項）。労働者派遣の動員の禁止と制限は，一般の利益によって正当化されるとしている。そして，制限を正当化する利益として列挙されているのは，派遣労働者の保護，健康上の保護の必要性，職場の安全，又は，労働市場の円滑な機能を保障する必要性，その都度の濫用を防止する必要性であり，これらによって，正当化されるのが，必要であり，適切である。

こうしたEU2008/104指令を踏まえ，立法時にあげられた，コントロールの欠如というのは，一般の利益にはあたらない，と学説では批判される。絶対的な禁止は必要ではない。より緩やかな手段が活用できる[5]。

闇労働に関する税務監督のコントロールを拡充していくのは，正しいが，だからといって，経済の一部門への派遣を絶対的に禁止するのは，必要なことではない[6]。

建設分野での違法な就労を撲滅するための措置として，当時の就労促進法12a条の禁止措置（これについては，次の2で述べる）が講じられた。当時も，これは，それほど説得力のあるものではなかったと指摘される[7]。

就業許可と社会的な保護なしに建設現場では多くの労働者が就労しているが，就労禁止によって就労を違法とみなすことによっては，この問題は解決しない[8]。実際上は，請負契約や委託契約に流れ，使用者はこれによって逃走し，偽装請負や偽装独立事業者となっている。かかる違法な就労の形態は，コントロールするのが困難であり，撲滅も難しい。業者は，労働者派遣法上の許可も，行政上の審査にも服していないからである[9]。

リーブレ教授/フィールマイヤー氏によれば，国は，絶対的な禁止に関しての権限自体を創り出し得るものではない。コントロールの創出が，禁止に比し

---

5　Rieble/Vielmeier, EuZA, 2011, S. 474（492）.
6　Rieble/Vielmeier, EuZA, 2011, S. 492.
7　Böhm, DB 2011, S. 473（475）.
8　Böhm, DB 2011, S. 475；Hamann, EuZA, 2009,S.287（313f.）.
9　Böhm, DB 2011, S. 475.

てより緩やかな手段である。一経済領域の完全な禁止が必要なわけではない。労働者派遣法1b条は，指令違反であり，この規定は，撤廃されるべきである[10]。同指令の理由の20では，「本指令の適用から帰結する派遣労働者の保護の改善により，派遣労働に関連して適用があり得る諸制限と禁止について，規則的な審査が正当化され，場合によっては，廃止が正当化される。一般の利益を理由としてもはや正当化できない場合，とりわけ，労働者保護を理由として正当化できない場合には，廃止が正当化される」と説明されている。2002年10月11日のヨーロッパ議会の雇用及び社会的事項に関する委員会では，正当化される利益を明示し，EU労働者派遣に関する2008年11月19日のヨーロッパ議会及び理事会2008/104指令は，既述のように規定したのは重要である[11]。

残された制限が，労働者派遣指令に一致するかは，疑問がもたれている。派遣労働者の保護と健康保護，職場での安全の要請は，制限を正当化させるものではないと説かれる[12]。なぜなら，労働者派遣指令は，平等取扱原則（同一賃金原則）に関する派遣労働者の保護を保障することで，十分であるとみているからである。健康保護と職場の安全の要請に関する基準が2001年6月25日のEEC91/383理事会指令に規定されている。これに従い，派遣労働者の職務は，事業所に適用される労働保護法の公法上の規定に十分服している。

さらに，建築業における労働者派遣の制限は，労働市場の円滑な機能と濫用事例の撲滅という目的によって正当化はなしえないと述べられている[13]。第一に，派遣労働について，なぜ建築分野の労働市場が機能しないと考えるのかが明らかでない。建築分野の派遣は，1.3％であったが（ausmachen），禁止の緩和にもかかわらず，2000年から2004年までの時期に，著しくは増加はしなかった。この分野の大部分の労働条件は，伝統的には，一般的拘束力を有すると宣言された労働協約によって規制され，派遣労働にも拡張されている。国内の建設業の保護と失業の削減は，純粋に経済的な種類の目的として，サービスの自由の制限を正当化し得るものではない[14]。

---

10　Rieble/Vielmeier, EuZA, 2011, S. 492.
11　Rieble/Vielmeier, EuZA, 2011, S. 492.
12　Hamann, EuZA, 2009, S. 286 (313).
13　Hamann, EuZA, 2009, S. 313.

現在では，労働行政のコントロールないし監督の可能性も著しく改善しているとも指摘される。このことは，その都度の違法な労働者派遣が，建設業においても，たやすく確認し得るため，禁止規定はもはや必然的なものではない[15]。

また，派遣先事業所における社会的給付によって，競争の歪曲が排除されるということが帰結される。指令は，派遣企業を使用者として認め促進するのを（指令2条）目的としているから，競争の歪曲の議論は，もはや労働者派遣の制限を正当化するものではない[16]。

## 2 禁止の規制緩和

まず第一の規制緩和は，共同企業体（Arbeitsgemeinschaft）に関して，1985年12月20日の就労促進法の改正法による[17]。労働者派遣法1条1項2文として，次のような規定が置かれる。

「ある工作物の製作のために形成される共同企業体（Arbeitsgemeinschaft）への労働者の派遣は，使用者が共同企業体の構成員であり，共同企業体のすべての構成員に対し同一の経済領域の労働協約が適用され，そして，すべての構成員が共同企業体契約に基づいて独立した契約給付の提供を義務づけられている場合には，労働者派遣ではない」と規定され，一定の場合に，建設分野の労働者派遣が許容された。

第二の規制緩和は，1994年9月20日の建設分野の就労促進法に拠る。かかる例外によって，建設事業所において競争能力とフレキシビリティが高められるべきであるとされた。解雇と操業短縮の危険が削減されるとされた。立法者は，協約上の規定のこれに対応する規定による社会金庫の現況を考慮して，建設業労働協約の適用を確保しようとした。

1994年9月20日の改正就労促進法による12a条2文の挿入によって，さらに規制は緩和される。改正就労促進法による12a条2文においては，

「建設業の事業所に対し，同一の一般労働協約ないし社会金庫労働協約，ま

---

14　Hamann, EuZA, 2009, S.313.
15　Boemke, RIW 2009, S. 177（182）.
16　Boemke, RIW 2009, S. 182.
17　BGBl.I S. 2484.

たは，その一般的拘束力が及ぶ場合に，労働者派遣は許容される」と改められる[18]。

1997年3月24日の労働者派遣法では，ほぼ同じ規定が1b条2文に定められ[19]，ヨーロッパ司法裁判所において，このドイツの労働者派遣法旧1b条2文の規定により，外国の企業が，（労働協約への拘束性の要件を充たすために）ドイツでの営業地・支店の創設を強制されるとして，共同体法違反であるか否かが問われた。

ヨーロッパ共同体の委員会が，ドイツ連邦共和国が，欧州共同体設立条約52条及び59条の義務に反しているという確認の訴えをヨーロッパ司法裁判所に起こしたものであった。理由は，次のようなものであった。

a) 他の国で開業している建設企業がドイツ市場での共同企業体の枠内で国境を越えた労働の提供をなし得るのが，それが，本店がドイツにあるか，あるいは，少なくとも，営業所がドイツにある場合で，自らの人員を雇用し，この人員のために企業別労働協約を締結している場合に限られる（ドイツ労働者派遣法1条1項2文）。

b) 他の建設事業所が，国境を越えた労働者を派遣し得るのが，本店がドイツにあるか，あるいは，少なくとも，営業所がドイツにある場合で，自らの人員を雇用し，そして，ドイツ使用者連盟の構成員として一般労働協約ないし社会金庫労働協約が及ぶ場合に限られる。

c) ドイツにおいては，建設事業所とみなされる場合で，つまり，人員がもっぱら管理ないし販売の任務，計画，監視ないし賃金労働（Lohnarbeit）を委ねられ，ドイツの就労地域において，この営業所が，事業所全体の労働時間の50％を超えて，建設の労務の提供を行う労働者を雇用しなければならない場合，建設事業所とみなせる支店をドイツにおいて創設し得ない。

当時の労働者派遣法旧1b条の規定は，「通常，労働者によって行われる職務に対する，建設業事業所における，業としての労働者派遣は，違法である。派遣元の事業所に対して，同一の一般ないし社会金庫労働協約または，その一

---

18　BGBl. I S. 2456.
19　BGBl. I S. 594.

般的拘束力が及ぶ場合の，建設業の事業所間において，労働者派遣は許容される」と規定されていた。

委員会の見解によれば，ドイツの法規定が欧州共同体設立条約52条及び59条（当時）に反し，委員会は条約違反手続を開始した。

欧州共同体設立条約52条（当時）では，「いずれかの加盟国の国民の他の加盟国の領域における居住の自由に対する制限は，次に定める規定の枠内で禁止する。この禁止は，いずれかの加盟国の国民が他の加盟国の領域で設立する代理店，支店又は子会社の設立に対する制限に及ぶ。」と規定されていた。

欧州共同体設立条約59条（当時）では，

「共同体内におけるサービスの自由な提供に対する制限は，次の規定の枠内において，サービスの提供の対象となる国以外の共同体内の国に居住する加盟国の国民に対して禁止する」。

1997年9月17日の文書で，ドイツ連邦共和国にこの点について意見表明を要請した。1997年11月21日の回答は，委員会を納得させるものではなかった。1998年12月22日，委員会は，このため，態度決定をドイツ連邦共和国に送り，2ヶ月の期限を設けて，これに対処するよう要請した。ドイツは，この態度決定を法的な期間内に回答せず，委員会は，後に遅れて送られ，争点となる法規定の改正草案を，不十分と考え，ヨーロッパ司法裁判所に対し，確認の訴えを提起した。

ヨーロッパ司法裁判所は，2001年10月25日判決において，次のように判断した。

a）の規定（支店の必要性）は，欧州共同体設立条約59条に反し，自由なサービスの自由を害し，建設業労働者の社会的な保護の目的達成のために必要な程度を超えている。

c）の規定も欧州共同体設立条約59条に反すると判断した[20]。

一方で，この規定は，これらの外国の建設企業の市場への参入を困難にする。ドイツ国内での支店の設置資格を，支店設置を困難な形でしか実現し得ない基準によっているからである。他方で，この規定が，ドイツ企業に対し，他国の

---

20　EuGH Urt.v. 25.10.2001, Rs. C-493/99, NZA 2001, S. 1299.

企業と比べて，負担が軽いものになり得るからである。管理部門の人員ならびに，技術的及び販売の人員をドイツ国内の支店で雇用するのは，それほど重要ではない。国内の企業の本店で雇用される人員によってこれらの任務を担わせ得るからである。2002年12月23日の労働市場における現代の雇用提供に関する第一法6条2号によって，変更を受け，次のように，建築業における労働者派遣の禁止の二つの例外を設ける[21]。EU法の準則に沿うため法改正がなされた。

1b条2文において，

「労働者派遣は，次のような場合に，許される。

a) 建設業の事業所と他の事業所に及ぶ一般的拘束力あると宣言された労働協約が，このことを規定する場合に，かかる事業所間及び他の事業所において

b) 派遣元事業所に対して，同一の一般労働協約ないし社会金庫労働協約，または，その一般的拘束力が，最低3年間明らかに及ぶ場合に，建設業の事業所間において」。

かかる，いわゆる労働市場における現代の労務提供に関する第一法（ハルツ第一法）によって，まず，2文a)において，一般的拘束力あるものとして宣言された建築業の労働協約が労働者派遣を許容する限りで，建設業での労働者派遣の禁止が緩和された。これによって，建設業事業所と他の事業所との間の労働者派遣が一定の要件のもとで許されることとなった[22]。この建設業の労働者派遣禁止の例外は，派遣元のみならず，派遣先にも適用されなければならないこととなる。

1b条2文aの例外の要件は，これに対応した労働協約が労働者派遣を明示的に予定し，一般的拘束力あると宣言したときである[23]。建設業では，四つの協約領域からなっており，本来の建設業，屋根業，造園業・運動場設置業，足

---

[21] BGBl. I S. 4707, 4718. このほか，1項に次のような文が挿入された。「ヨーロッパ経済地域の他の加盟国に取引地 (Geschäftssitz) を有する使用者に対しては，ある工作物の製作のために形成される共同企業体への労働者の派遣は，かかる使用者に対して，共同企業体の他の構成員と同様に，同一の経済領域のドイツの労働協約が，適用されない場合で，2文のその他の要件を充足する場合には，労働者派遣ではない」と規定された。
[22] 以上については，Vgl. Thüsing, AÜG, § 1b, Rn. 30f..
[23] Thüsing, AÜG, § 1b, Rn. 34.

場業の四つの協約領域があるが，これらの業界は，特有の社会金庫を持っている。これらの協約領域内での労働者派遣は適法である[24]。これにより，異なった協約領域からなる使用者間での競争の歪曲が回避され得る[25]。協約の拘束は，使用者の側のみ存在しなければならず，派遣労働者の側が協約に拘束されているかどうかは，重要ではない。さらに，これらの関連企業が，同じ労働協約の適用領域に入り，建設業の協約当事者がひとつの労働協約を合意し，その効力領域が，上に列挙した協約領域の少なくとも一つをカバーしつつ，建設業以外の一つの領域をもカバーする場合があるが，これらの場合にも，例外の要件は充たされることになる[26]。

2文bは，建設業の労働者派遣の旧規定に類似して，派遣元事業所が，少なくとも3年間，同一の一般労働協約ないし社会金庫労働協約，または，その一般的拘束力によって，明らかに適用を受ける場合に，許容されるとした。2文b（旧1b条2文）によって，「派遣元事業所に対して，同一の一般労働協約ないし社会金庫労働協約，または，その一般的拘束力が，最低3年間明らかに及ぶ場合に」，建設業の事業所間の労働者派遣が許容されることとなった（旧2文の規定は，2文bとなった）。これが，現行の2文の原型である。

2002年12月23日の労働市場における現代の雇用提供に関する第一法によって，建設業での労働者派遣の禁止の緩和を目的として，1b条が改められ，二つの例外を設けたことになる。

これら二つの要件（2文aあるいはb）がたとえ充たされるとしても，これとは別に，有効な労働者派遣許可は必要である[27]。

また，既述のヨーロッパ司法裁判所の判決の後，冒頭の1b3文が2002年12月23日の労働市場における現代的な雇用提供に関する第一法[28]によって新たに規定された。

「2文に反して，ドイツの一般労働協約ないし社会金庫労働協約が，又は，

---

24　Thüsing, AÜG, § 1b, Rn. 38a.
25　Thüsing, AÜG, § 1b, Rn. 38a.
26　Thüsing, AÜG, § 1b, Rn. 34.
27　Thüsing, AÜG, § 1b, Rn. 32.
28　BGBl. I S. 4607.

一般的拘束力があると宣言された労働協約が，外国の事業所に対して及ばない場合に，ヨーロッパの経済地域の他の加盟国に本店を有する建設業の事業所について，労働者派遣は，派遣先事業所に及ぶのと同一の一般労働協約ないし社会金庫労働協約の効力領域下にある，職務を明らかに主に最低3年間遂行する場合に，許される」。

このようにして，現行の法規定となった[29]。

「通常，現業及び技術的労働者[30]（Arbeiter）によって行われる職務に対する，建設業事業所における，1条による労働者派遣は，違法である。この労働者派遣は，次のような場合に，許される。

 a) 事業所に適用される一般的拘束力あると宣言された労働協約が，このことを規定する場合に，建設業事業所と他の事業所間において

 b) 派遣元の事業所に対して，同一の一般ないし社会金庫労働協約またはこれらの一般的拘束力が最低3年間明らかに及ぶ場合に，建設業の事業所間において

2文に反して，ドイツの一般労働協約ないし社会金庫労働協約が，又は，一般的拘束力があると宣言された労働協約が，外国の事業所に対して及ばない場合に，ヨーロッパの経済地域の他の加盟国に本店を有する建設業の事業所について，労働者派遣は，派遣先事業所に及ぶのと同一の一般労働協約ないし社会金庫労働協約の効力領域下にある，職務を明らかに主に最低3年間遂行する場合に，許される」。

この1b1文の禁止は，経済活動の領域での労働者派遣に対して適用される。この禁止は，請負契約等その他の形態での契約による建設事業所に対する第三者への動員には，拡張されない[31]。また，この点は重要な点であるが，かかる労働者派遣の禁止は，建設業に対して及び，建設関連業（Baunebengewerbe）

---

29 2011年4月28日の労働者派遣法改正のための第一法において，「業としての」という文言が削除された（BGBl. S. 642）。

30 これまで，時折，Arbeiterを労働者，Arbeitnehmerを被用者と訳されることがあったが，Arbeitnehmerは，法的な概念でもあり，包括的な概念であることから，労働者がもっとも適切な訳語だと思われる。これに対し，Arbeiterは，現業及び技術的労働者をさす。このため，本書では，このように訳した。

31 Thüsing, AÜG, 3.Aufl., 2012, München, §1b, Rn. 12.

に対しては，及ばない[32]。

通常，現業及び技術的労働者（Arbeiter）によって行われる職務に対してのみ，同条により，労働者派遣は禁止される[33]。営業職員や技術者は，この規定の適用外である[34]。

場所的には，労働者派遣の禁止は，ドイツ連邦共和国の領域に対してのみ適用され，労働者が国内の住所がある派遣元によって，業として，外国の事業所に派遣される場合には，1 b 1 文は適用されない[35]。

## 三　禁止違反の効果と実態

### 1　労働者派遣法 1 b 条違反の効果

労働者派遣法 1 b 条 1 文は，民法134条の意味における禁止法を意味し，労働者派遣法 1 b 条に違反する場合，労働者派遣契約は無効となる[36]。

これに対して，派遣労働契約（派遣元と労働者との間の労働契約）の効果については，異なった解釈がある。

労働者派遣法 1 b 条の違反は，派遣労働契約の無効を帰結するという見解がある。10条 1 項 1 文の類推により，派遣元と派遣労働者との間の労働関係が擬制される。労働者派遣法 1 b 条 1 文における建設業事業所での労働者派遣の禁止による労働者派遣法10条の法律効果（擬制的な労働関係の成立）が排除されるとは，労働者派遣法 1 b 条からは読み取れないとする[37]。

これに対し，労働者派遣法 1 b 条の違反により，派遣労働契約は無効にはならないという見解もある。同条は，派遣元と派遣労働者との間の労働契約の締結を一般的に禁止しようとするものではなく，建設分野での雇用の違法な形態

---

32　Boemke/Lempke, AÜG, § 1b, Rn. 9.
33　Thüsing, AÜG, § 1b, Rn. 25.
34　Thüsing, AÜG, § 1b, Rn. 25.「通常」の解釈にとって，重要なのは，これに対応する協約上の規定が特徴的であるので，労働者と職員の職務の限界付けに当たっては，建築業の労働協約が考慮される（Thüsing, AÜG, § 1b, Rn. 25a）。
35　Thüsing, AÜG, § 1b, Rn. 28.
36　Thüsing, AÜG, § 1b, Rn. 48.
37　Ulmer, AÜG, 4.Aufl., Frankfurt a.M., 2011, § 1b, Rn. 27.

を妨げ，ならびに，競争上の正義の利益の下に，建設業全体で，従業員に対し協約上の社会的な給付を認めさせることにある。それゆえ，労働契約は有効である[38]。但し，派遣元が許可を有していない場合には，10条1項，9条1文により，派遣先と派遣労働者との間に，労働関係が法律によって成立すると述べる。

　連邦労働裁判所は，立法者が，労働者派遣事業許可のない業としての労働者派遣の法律効果と，許可を有する派遣先による建設業での違法な業としての労働者派遣の法律効果とを，分けて規制しようとし，それゆえ，無意識的で，計画性のない法律上の欠缺ではなく，労働者派遣法10条は類推適用されず，そのため，労働関係が擬制されないと説示している[39]。「問題の状況が顕著であるにもかかわらず，労働者派遣法1b条1文による違法な労働者派遣の場合に，派遣元と派遣労働者との間の契約は無効となると規制しなかったという事実は，立法者が『よく納得して（beredte）』沈黙していることを示している。これに加えて，労働者派遣法16条1項1b文において，労働者派遣法1b1文に反して，故意又は過失によって，業として労働者を派遣し，職務をさせている者は，秩序違反とすると立法者は定めている。この規定は，立法者が，派遣禁止に対する違反があり得ることを意識していたことを示している。それでも，立法者が，派遣元の許可がない業としての労働者派遣の場合のみ，労働関係が，派遣先と派遣労働者との間で，成立するとみなす（労働者派遣法10条1項1文，9条1文）と規定した場合には，このことは，労働者派遣法1b条1文に反する業

---

38　Boemke/Lempke, AÜG, § 1b, Rn. 22.
39　BAG Urt.v. 13.12.2006, AP Nr.31 zu § 1 AÜG. この事件では，原告・建設業追加的社会金庫（ZVK）が，建設業の社会金庫の保険料について，労働協約の共同の機関として，徴収機関であった。一般的拘束力ある労働協約の請求期間において，この徴収が定められていた。被告1は，有限会社として建設企業を営んでいた。その個人責任のある社員が，被告2である。1997年10月から1999年10月まで，M建設マネージメント有限会社は，被告1に業として6人の派遣労働者を派遣していた。M有限会社は，業としての労働者派遣の許可を得ていた。
　　ZVKは，被告1が，6人のMから派遣される労働者についての社会金庫の保険料を支払うべきであるとして，12851,99ユーロを連帯債務者として支払うよう求めた。9条1文，10条が類推適用され，労働関係が派遣労働者と派遣先との間で擬制されるという見解であった。前審は，訴えを棄却している。ZVKは上告。上告棄却。

としての労働者派遣の場合に，この法律効果を意図していなかった，ということの論拠となり，法律違反を秩序違反として罰し，業としての労働者派遣遂行に必要な派遣元の信頼性の判断に当たって，このことを考慮するのが，十分であり，かつ，相当であると考えた，ということの論拠となる」と判示している。これにより，労働者派遣法1b条違反の場合に，派遣先と派遣労働者との間の労働関係が擬制されないと結論づけられている。

　さらに，本条の違反は，営業上の規定，秩序違反となる[40]。営業法上は，派遣元が1b条に反する場合には，労働者派遣事業許可の撤回（労働者派遣法5条1項3文），許可の不延長（3条1項）となる。1b1文違反は，労働契約上の派遣元の義務違反を意味し，違法となる。しかし，問題にならないのは，1b1文に反した労働者派遣の個々の禁止である。これについては，労働者派遣法は個々の派遣を禁止する法的な規定を置いていない[41]。

　秩序違反が問題になる場合には，労働者派遣事業許可を有している派遣元も，派遣先も，16条1項1b号により罰金を支払うべき秩序違反となる[42]。当該労働者自身は，制裁を受けることはない。1b条はむしろその保護を目的としている[43]。派遣元が労働者派遣事業許可を有していない場合には，16条1項1b号（1b条違反の場合）は，16条1項1号の特別規定（許可のない場合）によって排除される[44]。

## 2　建設業への派遣禁止に関する労働行政の実態

　労働者派遣法1条1号ないし1b号，6号及び11ないし18号による秩序違反は，罰金最高3,000ユーロで罰せられる（労働者派遣法16条2項）。連邦雇用エイジェンシーの地方局は，16条1項による秩序違反として，罰金を命じ，2005年から2008年の間に，総計3,819件の罰金手続が許可官庁によって命じられ，その年度ごとの数は次の通りである。

---

40　Thüsing, AÜG, § 1b, Rn. 56.
41　Thüsing, AÜG, § 1b, Rn. 57.
42　Thüsing, AÜG, § 1b, Rn. 58.
43　Thüsing, AÜG, § 1b, Rn. 58.
44　Thüsing, AÜG, § 1b, Rn. 58.

| 年 | 罰金手続数 |
|---|---|
| 2005年 | 514 |
| 2006年 | 574 |
| 2007年 | 592 |
| 2008年 | 2,139 |

　労働者派遣法1b条2bによる建設業での派遣の禁止の例外がある場合には，まず，建設事業所の特性の証明を必要とされる。さらに，同一の基本協約ないし社会金庫労働協約へ属しているという要件がみたされなければならない。連邦雇用エイジェンシーによれば，派遣元の建設事業所であることの証明は，簡単ではないとのことである。多くの派遣先は，派遣元が派遣の権限を有しているかどうか，そして，建設事業所の特性を建設事業所の派遣のための要件として有しているかどうかを注意していない。いくつかの事例では，労働者派遣事業の許可が付与された後，派遣元の建設事業所の特性が失われており，こうした建設業派遣は違法であるため，許可官庁は，秩序違反手続を開始し，後に，派遣業の許可延長の申請を拒否したとされる[45]。

　派遣会社ネプトゥーン（へのインタビュー）では，溶接工の建設業派遣を行ったときには，溶接工と請負契約を締結したとされる。この会社は，労働者派遣事業の許可を有しているが，ドイツでは，建設業への派遣は許されないことから，請負契約を通じて建設業への人員の動員を可能にしている。その場合の移動費，宿泊費は，請負企業たる同社が負担し，これを注文人へ請求したとされる。この派遣会社へのインタビューによると，建設業と建設関連業の区別が困難であることから，建設関連業への労働者派遣という名目のもとに，実際には建設業への派遣（違法派遣）を行っているとのことであった。

　このほか，建築組み立て関係の企業の場合で，建築産業への最低賃金を支払う代わりに，低い賃金を支払う場合（例えば，7.5ユーロ）が明らかにされている[46]。その場合，闇労働を用いて，疾病の場合の賃金（賃金の80％），休暇，祝

---

45　"Elfter Bericht der Bundesregierung über Erfahrungen bei der Anwendung desArbeitnehmerüberlassungsgesetzes－AÜG－"

46　Mahr, illegale Beschäftigung, 2011, S. 18f.

日の場合の賃金なども支払わず，通勤手当も支払わない。これによって，企業は，1,000時間の総労働時間に対して，通常，3万5,170ユーロかかるところを1万ユーロですむことになっている[47]。この場合，税金も支払わない場合，1万ユーロの利益を不当に受けることになる。この企業が，他の企業に対して競争上の利益を享受することになる。

## 四　小　括

　ヨーロッパ法上，労働者派遣の禁止と制限が一般的な利益を理由として正当化される場合に限られる。それは，EU2008/104指令によれば，次のような場合であった。
―派遣労働者の保護
―健康上の保護
―職場の安全
―労働市場の円滑な機能
―その都度の濫用を防ぐ必要性
　ドイツの建設業における労働者派遣は，違法な就労の撲滅が目的として長く禁止されてきたが，この一般的な禁止自体についても，その妥当性に疑いがもたれつつある。EU法上は，労働者派遣の禁止と制限が上のような利益によって正当化されるかどうかという審査が必要とされていた。これに対して，わが国においても，労働者派遣が禁止される業種について，規制緩和が議論されるものの，緩和を主張する側も，禁止維持を主張する側も，やや政治的な色彩を有している。禁止が正当化されるかどうかのルールはもちろん，いかなる利益を擁護するものなのかという，理性的で法律学的な議論を欠いている。
　他方で，度重なる規制緩和により，ドイツでは，建築業における労働者派遣の禁止の例外を設けている。かかる例外規定によって，労働者派遣自体は，増加はしていないとされ，労働市場への効果は少ないと捉えられている。

---

47　Mahr, illegale Beschäftigung, S. 20.

## 第5節　ドイツにおける偽装請負をめぐる法規制

### 一　ドイツにおける請負契約・偽装請負の現状

　ドイツ労働者派遣法の主な機能の一つに，許可のない違法な派遣労働の克服があった。しかし，法の意図に反して，偽装請負が広がっており，IG建設労働組合の代表ヴィーゼフーゲル氏によれば，請負契約なしには，ドイツ企業は，市場で活動できずにおり，特に，労働者派遣が禁止されている建設部門では，偽装請負が多く用いられ，下請け企業との請負契約の多くは，共同決定と建設業の最低賃金を免れるための「隠れ派遣（verdeckte Leiharbeit）」となっていると指摘する[1]。建築の領域では，EU以外の国からドイツ企業への偽装派遣も行われ[2]，人件費はかなり抑えられている。コストを考えると，真の請負契約によるアウトソーシングがあり得るが，他企業の労働者の動員により，コストを大幅に引き下げられる[3]。派遣労働，パートタイム労働とともに，請負労働は，フレキシブルな労働関係を支えている。これらの者がドイツの低所得層をなしている[4]。

　請負労働は，基幹労働者のポストをも脅かす。金属労組のアンケートによれば，36％の事業所委員会は，請負契約により，基幹労働力のポストが失われていると答えている[5]。

　違法派遣に関する労働法上の制裁は，実際上，派遣先への労働関係の擬制

---

[1] Der Spiegel, 5/2012, S. 73.
[2] Schüren/Hamann, Arbeitnehmerüberlassungsgesetz（以下Schüren/Hamann, AÜGと略す），4.Aufl., München, 2010, Einleitung, Rn. 5.
[3] Schüren, WiVerW 2001/3, S. 173 (174).
[4] Karthaus/Klebe, Betriebsratsrechte bei Werkverträge, NZA 2012, S. 418.
[5] Online- Umfrage des Vorstandes der IG Metall（Pressekonferenz 16.2.2011）；Süddeutsche Zeitung v. 28.11.2011, S. 1. Vgl. Karthaus/Klebe, a.a.O., S. 417.

(いわゆる擬制的な労働関係），賃金，社会保険料や税についての派遣先・派遣元の責任，罰金などのシステムから成っている。

偽装請負と派遣労働をめぐっては，法的な限界点をめぐる法理論が展開している。これについては，判例と学説が早くから対立しており，日本と比べても，はるかに説得力のある議論が展開されている。

また，偽装労働をめぐって，従業員代表である事業所委員会の広範な参加権，つまり集団法的な枠組み作りをめぐる模索がなされつつある。

日本でも労働者派遣について活発な（やや政治的な議論も含め）議論が行われてきたが，たとえ，労働者派遣の規制が強化されていったとしても，派遣会社が業務請負のほうへ業務を転換・シフトさせれば，労働者派遣法の規制を免れられる，という声が，日独ともに伝えられる。これを前提に考えれば，労働者派遣のみを規制対象として念頭に置けばよいということでは，もはや済まされず，偽装請負が同時に規制対象として考慮されなければならないところである。本節は，そうした問題意識から，ドイツにおける偽装派遣の現状とそれに対する規制を検討し，日本における偽装派遣をめぐる議論を新たに発展させていこうとするものである。

## 二　ドイツにおける請負契約・偽装請負の実態と問題点

### 1　派遣の隠れ蓑としての偽装請負の一般化と低賃金・長時間労働の実態

ドイツの有力紙シュピーゲル（der Spiegel）によれば，労働組合NGG（Gewerkschaft Nahrung Genuss）所属の肉の解体業従業員の90％は，請負会社と労働契約を締結しており，最も安い労働力は，ルーマニア出身の労働者の労働力であり，ルーマニアのこれらの労働者は，12時間から16時間働いているとされる。同組合の代表によれば，現代における奴隷であるという[6]。ザールブリュッケンのヘル（Höll）という企業は，320人の従業員で，肉やソーセージの商品をディスカントさせるために生産しているが，秋には，倒産を申請せざるをえず，その後，約百人の従業員が解雇されている。この企業でも，ルーマニ

---

6　Der Spiegel, 5/2012, S. 73.

アの労働者が，請負労働者として工場で支えていた。

　ザクセン州のポルシェやBMWの工場では，正規社員として働いているのは，少数であり，半分は，請負契約を通じて働いているという。ライプツィッヒのBMWでは，ヴィーザック（Wisag）やテュッセン・クリュッペ・アウトマーティブ（Thyssen Krupp Automative）など，請負労働のため，26の業者と契約している。ヴィーザックは，約400人の従業員を清掃労働力として，ポルシェやBMWに送っている。BMWの工場では，これらの労働者は，月税込で約千ユーロで働き，基幹労働者とは離れて働いている。その際，ヴィーザックは，BMWと直接の契約関係はなく，BMWの主導により，派遣会社，テュッセン・クリュッペ・アウトマーティブを介して働かせている，とされる[7]。インゴルシュタットのアウディでも，金属労組の見積りでは，開発部門の技術者の半分が請負契約をベースとしており，請負労働者は，月800ユーロを下回って働いており，35時間の代わりに，40時間で働いているという。

　建設部門での労働者派遣は原則として禁止されている。請負契約は労働者派遣法の適用下にはないため，建築部門では，請負契約は魅力的なものとなっている[8]。先に述べた通り，派遣会社ネプトゥーン（へのインタビュー）では，請負契約を通じて建設業への人員の動員を可能にしている。この会社は，労働者派遣事業の許可を有しているが，ドイツでは，建設業への派遣は許されないことから，溶接工と請負契約を締結したとされる。

　これらの場合，賃金請求権が脅かされるばかりか，ポスト自体も脅かされるという。さらに，請負労働は，基幹労働者のポストをも脅かしている。金属労組は，前述の通り，36％の事業所委員会が請負契約により，基幹労働力のポストが失われているという認識を示している。派遣労働からの逃げ道になっている[9]。

---

7　Der Spiegel, 5/2012, S. 74.
8　Däubler, ArbR 2, Reinbek bei Hamburg, 2009, Rn. 2029.
9　Online -Umfrage des Vorstandes der IG Metall（Pressekonferenz 16.2.2011）； Süddeutsche Zeitung v. 28.11.2011, S. 1. Vgl. Karthaus/Klebe, Betriebsratsrechte bei Werkverträge, NZA 2012, S. 417.

## 2 請負契約の形態

派遣法や偽装請負に多くの著作のあるシューレン（Schüren）教授によれば、次のような偽装請負の形態がある。

### a) 労働者派遣許可のない偽装請負契約

偽装の請負契約を締結する場合に、労働者派遣事業の許可を受けずに業務を行う場合がある。この場合は、労働者派遣契約及び労働契約は無効となり（労働者派遣法9条）、派遣労働者と派遣先との間に、法律上の擬制的な労働関係が生じる（労働者派遣法10条)[10]。

今日では、こうした労働者派遣事業の許可のない企業による偽装請負は、減少している。請負企業が労働者派遣事業許可を得て、次に示すように、請負契約での人員の動員まで行っている。

### b) 労働者派遣許可のある偽装請負契約

これに対して、労働者派遣事業の許可をもつ派遣元が、請負契約という衣をまとって、労働者を派遣している場合、かかる派遣は、判例によれば、派遣労働者と派遣先との間の擬制的労働関係は認められない[11]。

シューレン教授によれば、こうした状態は、まれではないという。派遣元の大部分は、真の請負業務とともに、人材の派遣を行う。それは二つの理由から行われると説明する。

まず、派遣先が、人員のみを必要とするが、企業政策的な独自の判断から請負業務にのみ（時間単位ではなく）お金を支出するという場合である。このような請負契約が締結される。事業所委員会は、人員自体は必要であるため、黙認をするという[12]。

もう一つは、一定の従業員をはじめから、長期の派遣をさせようとするため、「請負契約」を選択する。または、適法な派遣期間の終了時に、同じ派遣労働者で継続して働かせるためにも、請負を用いる[13]。質の高い労働力の場合によ

---

10　Schüren, WiVerW 2001/3, S. 176.
11　BAG Urt. 13.8.2008-7 AZR 269/07.
12　Schüren, WiVerW 2001/3, S. 177.

くおこるとされる。

　このような形の請負契約は，上述の通り，労働者派遣事業の許可があるため，違法な労働者派遣とはならない。

## 三　請負と派遣の法的な区別についての基準

### 1　判例における基準

　こうした状況の中で，連邦労働裁判所の判例では，請負と派遣の法的な区別についての基準を定立している。

　労働者派遣は，ドイツ労働者派遣法1条1項2文に従い，派遣先に労働力を利用させ，その労働自体が，派遣先の命令とその利益において遂行される場合に，あり得る[14]。連邦労働裁判所は，業務委託契約ないし請負契約に基づいて，

---

13　Schüren, WiVerW 2001/3, S. 177.
14　BAG Beschluß v. 11.9.2001, EzA § 99 BetrVG 1972 Einstellung Nr 10. 当事者は，使用者による他企業の従業員の就労の破棄を争っている。

　　使用者（女性）は，約250人の労働者で，鋳鉄作業を営んでいる。いわゆる，着色と腐食保護（Taufgrundierung）は，使用者の事業所の自らの部屋で行われていた。相当の色をもったタンクに一部が沈むようになっている。2000年1月31日まで，使用者は，労働者Rを一つのシフトでこの職務に就かせた。必要に応じて，二つ目のシフトで，使用者の別の労働者を就労させるか，または，派遣労働者を就労させていた。従業員Rは，2000年1月31日まで，老齢を理由として，労働関係を退職している。2000年2月1日より，着色と腐食保護は，企業Ⅰの一人または複数の従業員によって実行している。

　　企業Ⅰは，清掃業の一企業であり，1996年5月以来，請負契約に基づいて，当該使用者の鋳物業の領域で清掃事業を実施する企業である。この作業に関して，請負契約が，2000年1月17日締結され，特に，次のように規定されている。

　　「請負契約

　　　企業Ｊと企業Ｉ.OHGとの間で，次のような請負契約が締結された。
　　　企業Ｊは，鋳造の着色の補助作業を企業Ｉ.OHGへ完全に与えることを約束する。
　　　企業Ｊは，この委託のため別室を与える。
　　　企業Ｊの従業員は，企業Ⅰの従業員に対して，命令権限はない。これらの者は，企業Ⅰの上司に唯一服する。
　　　明示的に，企業Ⅰの従業員は，企業Ｊの組織の経過に統合されず，労働時間の把握は企業Ｊの時間記録システムによって単一化するという理由から，実施される。
　　　記録されたデータは，もっぱら企業Ⅰと企業Ｊとの間の算定のために利用され，企業Ｊの算定リスト（Abrechnungslisten）には記録されない。
　　　着色されたパーツは，F. J. によって納入され，受け取りに来る。

ある職務が事業所に委託されたときで、もともと、業務委託をなした企業（事業所の所有者、注文人）が、労働関係に特有の命令権を内在させ、ある時間と場所による派遣についての決定をなす場合には、事業所における編入が、その企業において必要であるとしている[15]。次のように判断している。

> この業務の付与は、週1280DMの固定価格で、付加価値税を加えて、行われる。
> この価格は、約40時間の委託の量に相当する。
> 委託の量が変更される場合には、企業Ｊの操業短縮や時間外労働によって、相当に調整される。
> 不服は、直接、受託者にすべきものとする。
> 本委託は、2000年２月１日に開始する。」

企業Ｉの従業員は、加工した部品を、使用者のフォークリフトによって、倉庫から受け取られ、着色と腐食保護処理され、そのパーツを倉庫の場所に再び戻される。企業Ｉの従業員は、事業所に適用される労働時間と並行して働くが、一時間の延長もあり得る。保護靴は、企業Ｉによって自由に利用できる。危険物規則20条による命令ならびに、安全記録票の掲示は、当事者の使用者（女性）によって行われる。企業Ｉは、従業員のために鋳業の領域のカギを与え、この使用者（女性）の労働時間外でも、着色と腐食保護の領域に入れるようにしている。従業員は、付与されたＰＣから情報を獲得でき、加工される部品とともに付与される、箱または、格子上の箱に、付属の文書を得られる。企業Ｉの従業員が新たな塗料を必要とする場合には、塗料を入手する使用者（女性）の従業員に述べることになっている。使用者（女性）の従業員は、順序を決め、委員会が処理する。企業Ｉの従業員が通常の労働時間で片づけられるより多くのパーツが加工される場合には、時間外労働を命じ、またはさらなる従業員を投入するのは、企業Ｉの義務となる。

企業Ｉ自身は、誰を動員し、特に、休暇中の場合や当初動員されていた従業員の疾病の場合の代理の事例では、誰を動員するかを決める。

事業所委員会は、企業Ｉの従業員の雇用にあたり、派遣の形態で共同決定義務のある雇入れもあり得ると考えた。企業Ｉは、着色と腐食保護の作業のためには、要件を充たしていない。一人の人を置いているだけだと主張した。

事業所委員会は、I.OHGとの契約との枠内での、また、「着色の補助作業」に就労する労働者との就労を破棄するよう、申請した。

当該使用者は、この申請を棄却する求めた。使用者は、企業Ｉは、請負契約に基づいて業務を行っている。事業所組織法99条の意味での雇入れは、それゆえ、存しない。すべての質問、見解の相違、そして、問題は、企業Ｉの従業員に寄せられるとの見解を主張した。

労働裁判所は、この申請を棄却した。ラント労働裁判所は、事業所委員会の異議を棄却した。ラント労働裁判所によって許可された異議申立てによって、事業所委員会は、その申請をさらに追求し、連邦労働裁判所に判断を求めた。使用者（女性）はかかる異議を棄却するよう求めた。上告棄却。

---

[15] BAG Urt.v. 11.9.2001, EzA § 99 BetrVG 1972 Einstellung Nr 10.

「当法廷の判例によれば，事業所組織法99条の意味における雇入れのためには，事業所で勤務する者と事業所の所有者たる使用者との法的関係が重要なのではない。共同決定権は，むしろ，この者を事業所へ編入することによって，生じる。この意味での編入は，事業所における業務委託契約や請負契約に基づいて事業所における業務を委託される，他企業の労働者の場合にも，可能である。しかし，これには，事業所において既に雇用された労働者と協働してある職務が行わなければならず，その職務は，性質上，命令と結びついていて，事業所の労働技術的な目的の実現に資し，そして，それゆえ，使用者によって組織されなければならないことが，必要である。人は，使用者が，ある労働関係に典型的な命令権を持ち，人員動員のための決定を場所と時間により行うというように，事業所の労働組織に統合されていなければならない。使用者は，少なくとも，分割された使用者の地位の意味においては，部分的に使用者の機能を果たさなければならない」。

この事件では，裁判所は，二審と同様，着色と腐食保護のために使用者（女性）へのI企業によって動員された従業員の編入がないこと，注文人，使用者（女性）が，労働関係に典型的な命令権を有していないこと，注文人が，着色と腐食保護を実施する労働者の動員について業務時間の決定を行っていないことを重視し，労働者派遣ではないと判断している。注文人から，場所と化学的な装備，塗料を与えられ，PCのなかに順序や着色に関する情報が与えられており，着色の選択と入庫指示を注文人の課長が行うなどしていたとしても，この事実を変えるものではない。投入企業によって誘導，コーディネートされ，狭い場所で共同して作業していたとしても，この事実からは労働者派遣かどうかは判断し得ないとしている[16]。

---

16 本文の説示に加えて，次のように判断して，労働者派遣ではないと判断している。
　「これらを考慮して，I.OHGの従業員の就労は，事業所組織法99条に代わる労働者派遣法14条3項によれば，共同決定義務もない。派遣労働者の就労が問題になっているのではない。
　労働者派遣の場合に，派遣先に対して，労働者を利用させる。これは，事業所における独自の観念と目的により，独自の労働者と同様に，労働者を動員するものである。労働力は，事業所に完全に派遣先の事業所に組み入れられ，その命令により労働を実施する。この場合，これを欠いている。なぜなら，すでに述べたように，Iの従業員は使用

業務の委託を受けた企業の職務の詳細，双方の労働者のある場所における緊密な労働的な協働，他企業（注文人）によってもたらされた事業所の経過等の補助的な役割の不可欠性，他企業（注文人）の職員による誘導とコーディネーション（Koordination）があれば，十分である。自らの労働者に対する他企業（注文人）の人員による使用者の特有の命令権が認められ，当該職務が，長く，就労される事業所の労働者によって実施され，一定期間さらに実施されるという事情があれば，十分であるとする[17]。

最近の判例では，連邦労働裁判所は，派遣労働者は，派遣先事業所において編入され，その命令権に服するかどうかを審査している[18]。

設計者が，20年以上のもの間，継続的に発電所に動員されていたケースで，もっぱら，動員先企業の命令を受けており，労働時間も同企業のものが適用され，専門的監督も同企業の従業員から受けていたという場合であった[19]。W社

---

者の事業所に組み入れられていないからである」。
17 BAG Urt.v. 11.9.2001, EzA § 99 BetrVG 1972 Einstellung Nr 10.
18 BAG Urt.v. 13.8.2008 7 AZR 269/07.
19 事実の概要は次のようなものであった。1982年11月22日より，1995年3月31日まで労働契約により，電気関連の設計者としてW社（被告）に勤務していた。R株式会社（被告の権利の承継人）のF発電所に，動員されていた。W社と締結した労働契約には，次のように規定されていた。「本企業は，顧客での企業内又は企業外の業務を従業員に割り当てる権限がある。後者の場合には，労働の指示は，顧客が与え，同様に，従業員は，その都度与えられる労働時間にあわせなければならない。人事権は，これによっては変更を加えられない」

原告は，F発電所においては，T局へ割り振られた。Tのグループリーダーは，専門的労働者へ職務を割り当てていた。原告は，休暇について，被告（動員先企業）の従業員と合意し，その労働不能を直接，被告会社の権利承継人に通知していた。

原告は，W社との直接労働契約を（1995年3月31日までの解約告知期間）解約した。上のR株式会社によって1995年4月1日に直接雇用されたからである。

原告は，この契約締結後，F発電所におけるかつての職務を継続した。

2006年2月1日に労働裁判所で提起された訴えにより，原告は，原告と被告W又は権利承継人Rとの間で，労働関係が1982年12月1日より存在することの確認の訴えを提起した。企業Wは，この時点では，被告の権利承継人Rに対し，労働者派遣の許可なく，業として労働者派遣を行っていたと述べた。

原告は，追加的に，当事者の間で，1982年12月1日以降，労働関係が存在するという確認も請求した。

前審は，訴えを認めた。一審被告が上告。一審原告は差戻しを主張した。連邦労働裁判所は，上告を棄却した。

は労働者派遣事業許可を有していなかった。さらに，1982年12月1日から1995年まで派遣可能期間（当時）を超えて派遣先にW社は原告を派遣していた。派遣は一時的なものではなく，R社のF発電所に原告は編入していた。また，原告は，休暇について，被告（動員先企業）の従業員と合意し，疾病による欠勤（労働不能）を直接，動員先企業に通知していた。これらの諸点から，連邦労働裁判所は，上述の基準に基づいて，労働者派遣を肯定した。これにより，設計者と動員先企業との間での擬制的な労働関係が確認された。

また，同様に，労働者派遣が肯定された判決では，原告会社（請負企業）は，切断（Ausbein）と解体仕事の特別な会社として称し，これに対応した専門的な人員により，その都度独立した下請け企業として，営業していたが，労働者派遣事業の許可を有していないケースであった。同社は，M市の屠殺場を営んでいる被告会社（大企業，注文人）との間で，1997年3月7日に，当事者は，請負枠組み契約と称する合意を締結していた。この合意に基づき，1997年3月10日以降，請負企業は，個別の注文に従い，「独立して，独自の責任のある商品の切断と解体，包装，商品化，納入，送付用冷蔵庫への入庫」を引き受けていた。原告会社（請負企業）の従業員は，被告会社（注文人）から貸与された市の屠殺場において，被告の送付用冷蔵庫から，家畜の牛を得て，解体し，骨と脂肪をはがし，牛肉を被告の顧客の基準に従って切り，中を空にし，値札をつけ，これを最終的には，被告の送付用の冷蔵のホールに持っていくという作業を行っていた。裁判所は，従業員が（屠殺業を営む）被告会社（注文人）から品質のチェックと監督を受けていた事実，そして，そのため，被告会社自ら又は原告（請負企業）の従業員を通じて，労働者が指示を受けていた事実を重視して，これらが請負契約には疎遠なものであるとして，労働者派遣を肯定した[20]。

---

[20] BGH Urt.v. 25.6.2002 NZA 2002, S. 1086. 当事者の共同の作業は，1998年1月23日の文書により，被告の解約により終了した。原告（請負企業）は，63,356,71マルクの額の残りの対価とその見解によれば正当性のない即時解約を理由として62,970,49マルクの損害賠償を被告（注文人）請求した。

ラント裁判所は，一審原告に対し，請負契約による残りの対価を61,827,55マルクの額で認め，その余の点では訴えを棄却した。控訴により，一審被告は，棄却を求めた。控訴審は，1999年12月28日の疎明（Prozessleitender Verfügung）により，請負契約関係は

第5節　ドイツにおける偽装請負をめぐる法規制　221

　これらに対して，近時の注目されるべき判例に，空港での（航空安全のための）荷物検査が，被告会社から有限会社（Ｆ社）に委託され，Ｆ有限会社が自ら有する労働者を空港へ動員させたという事件があった。労働に関連した命令，シフトでの労働者の動員方法，懲戒としての警告は，いずれも有限会社Ｆ社で行っていた。Ｆ有限会社は，その従業員のため，「HAM局の素描（Stationsprofil）」を作成した。Ｆ有限会社の従業員のためのハンドブックが，被告の勤務上の命令に添付された。「HAM局の素描（Stationsprofil）」の3.2は，一般的な命令，器具の利用について，職場での行動，ならびに，疾病，遅刻の場合の告知について記載されていた。
　しかし，被告は，委託先のＦ社に対し，レントゲン機能のある荷物検査器，爆発物感知器，その他の機器を使用させた。被告会社とＦ社との間で，実施契

---

成立せず，違法な派遣関係が存在すると指摘し，一審被告に投入された従業員に支払われた賃金，不当利得の調整方法での引き渡しを原告が請求できるとし，一審被告の控訴が見込みの薄いものであると指摘した。さらに，一審原告の主張によりもともと請求された損害賠償請求権について，さらに売り上げの90％で決着させ，その額は，労働者派遣の枠内では納得のいくものだと指摘した。一審原告の代理人が1999年12月31日にこの疎明（Verfügung）は送達された。2000年１月21日の口頭弁論で一審被告にその訴答書類が渡されたのち，一審原告はその内容に反論しなかった。控訴審は，取り消されるべき判決を変更し，訴えをすべて棄却した。これに対して，一審原告が上告した。上告により，原判決は破棄され，差し戻された。
　原審は，次のように判断した。派遣元と派遣労働者との労働契約は無効となり，擬制的な労働関係が認められる。派遣先で就労を始めて以降は，派遣先での従業員の労働関係が開始される。原告会社が従業員に賃金を支払ってしまった場合には，原告に対し派遣元は請求できない。しかし，原告は派遣先に対して賃金を請求し得る。この限りで，派遣元は，派遣先に不当利得の返還請求権を有するとした。ところが，原告は，従業員への支払いを請求しなかった。原審は，かかる支払い請求がない，また，請求額について具体的ではないとした。
　連邦労働裁判所は，これに対し，2000年１月21日の口頭弁論での原審の指摘義務の履行が十分でないという原告の上告が正当であるとした。控訴審は，1999年12月28日の疎明（Prozessleitender Verfügung）により，請負契約関係は成立せず，違法な派遣関係が存在すると指摘した。これによれば，原告と被告の合意は労働者派遣法9条2号により無効になり，被告で業務を行った従業員へ原告会社が支払った賃金は，不当利得により請求できるとした。しかし，問題は，原審ではその額は売り上げの90％で，「それは労働者派遣の枠では納得ができる額だ」とされた。上告審は，原告による対価の請求と不当利得の請求が考慮されるため，裁判所による指摘は，適切なものでなければならないとした。請求額とは異なり，（90％とする）請求額を退ける根拠について手続違背があるとした。そのため，原審の判断は破棄差戻された。

約を締結し，同実施契約には，次のように規定されていた。

「1条　委託者は，H空港での航空安全法5条による乗客検査サービスを受託者に対し委託する。(…)

4条(2)　受託者は，業務目録から生じる最低の規制内容を勤務上の命令に受け入れる義務がある。この勤務上の命令は，管轄の連邦警察局，提供開始の一ヶ月前に意見調整する。

5条　対価

(1) 受託者の給付の報酬として，委託者は，受託者に対し，乗客検査の労働力ごとに，提供された時間につき，一括払いの賃金を・・・の額で支払う。

10条　監督/命令　(…)

(2) 受託者は，監督の期間全体に，管理権につき担当者が自由に使用することを保障する。命令権は，受託者の従業員に対して，優先的に行使され，管理権限を保持する。連邦警察の命令は，直接差し迫った危険の回避のため必要である限り，実施上の組織単位で行われる。連邦警察の職員のかかる命令は，受託者の管理者の命令に優先する。」

つまり，連邦警察の命令は，直接差し迫った危険の回避のため必要である限り，動員される労働者に直接行使され得ることとされていた。また，被告会社とF社との間の実施契約に基づき，管理権限につき，被告の従業員が命令できるとし，業務実施上，受託者は命令を受け入れる義務を負うとされた。

連邦労働裁判所は，「実施契約は，Fに雇用された安全労働力のための命令権をF有限会社が被告に委譲することを定めるものではない。実施契約10条は，契約上の業務提供の委託を考慮し，航空安全の領域での危険回避にあたって顧慮されるべき公法上の標準を考慮して，連邦警察とF有限会社との間の互いの権限を規制している。実施契約10条3項2により，原則的にはF有限会社の管理機能によって命令権を従業員に対し行使される。実施契約10条3項1文により，検査時間全体の期間中，この管理権限により従業員が使用されることをF有限会社が保障している。実施上の組織単位での直接的な命令は，直接的に差し迫った危険の回避のために必要な限りで，連邦警察に許されている。被告がこの動員に基づいて監督権限ないし干渉権限を航空安全のアシスタントに対して有する限りでのみ，連邦警察の実施契約10条2項が専門的な命令の付与の可

能性を認めている。実施契約の10条3項3文後段によれば，争いのある場合には，連邦警察官による命令が，動員された航空安全のアシスタントに対するF有限会社の専門的労働力の命令に，先行する」と判断した。

つまり，被告会社（委託者）とF有限会社（受託者）との間の実施契約に基づき，F有限会社（受託者）の従業員が命令できるとし，次のようにさらに判断した。

「原告の見解に反して，F有限会社が，被告の詳細な基準をHAM局の素描（Stationsprofil）のなかに受け入れたという事情や，この指示が，航空安全の一般的な業務上の指示や被告の航空安全の枠組み計画に，添付資料として，添えられていたという事情は，労働者派遣を肯定するものではない。規範的な基準を守られるべき，安全の検査がどのようにおこなわれるかを，航空安全業においては委託者が通常定めている。旅客の検査にあたっては，航空交通安全の卓越した重要性から，より高い質のスタンダードが定められており，これは，航空安全法のさまざまな国内の法上の規定や，ヨーロッパのレベルでの規定（…略…）によって規制されている。HAM局の素描（Stationsprofil）は，委託者によって希望された法律に一致した質のスタンダードを，プロジェクトに関連した指示として，表すものである」。つまり，F有限会社（委託者）の業務上の指示を被告会社（受託者）が受け入れ，これを被告会社（受託者）が労働者への指示書（HAM局の素描）に書き入れていた，という事情によっては，F有限会社（委託者）が労働法上の命令を労働者に対して行っていた，ということが帰結されない，と裁判所は判断した。これらにより，違法な労働者派遣になるとはいえないと判断された[21]。

従来の判例においても[22]，民法645条1項1文において明らかにされるような，請負契約上の注文人の命令権の行使と，労働契約上の類の命令の付与との間で，十分に区別されていた。つまり，「これと関連するコントロールする権利ないし吟味する権利を含めて，請負契約上の命令権の行使からは，労働者派遣契約の存在は推断されない。第三者の諸命令が，対象に（gegenständlich）

---

21　BAG Urt.v. 18.1.2012, NZA RR 2012, S. 455. 当事者は，違法派遣を理由として擬制的労働関係の成否を争っている（労働者派遣法10条1項）。
22　BAG Urt.v. 13.5.1992, 7 AZR 284/91- NZA 1993, 357.

限定され，それゆえ，提供されるべき請負給付に関連しているならば，それは請負契約の存在を示している。これに対して，労働契約上の命令は，労働者派遣を肯定する」のである。リーブレ教授は，こうした命令上の区別を支持する[23]。

これに対して，ハーマン教授は，こうした区別はつきづらいと指摘する[24]。対象に限定した業務遂行上の指示が大きくなればなるほど，使用者の命令の余地はなくなり，これによって，労働者派遣は肯定されやすくなると述べる。請負契約上の業務遂行の指示と，人に向けられた労働法上の命令は，互いに排除するわけでない。ひとつの同じ命令が，義務づけられた給付対象を具体化するものでもあるし，義務づけられた労働の提供を具体化するものでもあると説得力ある批判を述べている。かかる見解は，以下でみる行政上の基準に即応する。

## 2　行政による基準

税行政の闇労働に関する税務監督（Die Finanzkontrolle Schwarzarbeit der Zollverwaltung，略称FKS，以下FKSと称す）は，闇労働撲滅法（Schwarzarbeitsbekämpfungsgesetzes（SchwarzArbG））2条による審査の範囲内で，請負契約も審査している。労働者派遣と請負契約の限界付けについて，次のような基準を立てている[25]。

―性質的に個別化し得て，請負企業に帰属可能な，請負成果に関する合意とその作成
―注文人に対する請負企業の処分の自由
―注文人の事業所で勤務する労働者に対する請負企業の命令権
―請負企業による企業のリスクの負担，特に，瑕疵担保（Gewährleistung）
―成果に根ざした請負給付の算定

FKS中央税務署ミュンヘン（へのインタビュー）によれば，注文人の事業所で活動する労働者に対する，請負企業の労働法上の命令権は，重要な基準であるが，請負契約と労働者派遣の制限についての唯一の基準ではない。一つの基

---

23　Rieble, ZfA, 2013, S. 137（164）.
24　Schüren/Hamann, AÜG, § 1, Rn. 134（Hamann）
25　Drucksache 17/6714, S. 3.

準の存在が，一定の契約類型（労働者派遣又は請負契約）を推定させるものではない。契約形態の多様性を考慮して，重要な限界に関する基準を重要視する場合は，総合的な判断の枠組みの中で，注文人への人員の動員を一定の契約形態に組み込むことについての判断がなされるとする。

　同署によれば，注文人に対し契約に適った瑕疵のない適宜の仕事の完成が義務づけられることが，請負企業の特徴であるので，注文人は，瑕疵のある仕事の目的物を受け取る義務はない。瑕疵担保義務が，瑕疵がある場合の注文人の権利（民法634条）から，生じるとされる。瑕疵のある仕事の目的物は，注文人は，民法634条により，特別な要件がみなされる場合に，次のような請求権がある。

―民法635条による追完請求権[26]
―民法636条，323条，326条5項による契約解除，又は民法638条による対価の減額請求権
―民法636条，280条，281条，283条，311a条による損害賠償請求権，又は，民法284条による費用償還請求権

　FKSは，請負契約の実施にあたって，契約文書のみならず，契約の実際上の運用も監視を行うこととなっている。契約の実際上の運用から，どのような権利と義務を当事者が考慮しているかを最もスムーズに推論しうるはずである。ただし，瑕疵担保に関しては，審査は，通常，契約上の合意に限られている。多くの場合，法的な規定に即応した瑕疵担保が合意されていないことが明らかになるという。同署によれば，「製作される目的物に対して請負企業が責任を負わない」（実際に同署が摘発したケースでの請負契約書の文言）と請負契約に定めを置くことは，違法派遣の兆表であるとする。

　このほか，具体的に基準の内容をみていくと，「性質上個別化し得て，請負企業に帰属可能な，請負成果に関する合意とその作成」という要素は，次のような内容のものである。請負契約では，契約に特有の特有な給付が，顧客や委託者のために一定の仕事の成果をもたらすために，請負労働者が約束された仕

---

[26] 民法635条1項によれば，注文人は，追完を請求する場合には，企業は選択により瑕疵を除去し又は新たな仕事を製作しなければならない。

事の目的物の製作と調達を行う[27]。例えば，自動車のドアの製作にあたり，注文人の労働者と混合して，ベルトコンベヤーに個々の請負労働者を動員することは，労働者派遣の兆候である。注文人の企業の他の労働者とともに，請負企業の労働者が同じラインでこれを製作する場合，その生産物は，性質上個別化し得ず，必ずしも請負企業に帰属可能とはいえない。この場合，違法派遣の証となり得るという。これに対して，ドアの製作の完成を請負労働者のみで，注文人の下で製作するのは，請負契約そのものであるという。

「注文人に対する請負企業の処分の自由」とは自らの責任で組織することでもある。請負契約の場合，請負企業は，仕事の製作のためまたは合意された経済的な成果の達成のために必要な行為自身を組織しなければならない（その際，履行補助者を扱う）。同企業は，契約において予定される雇用の履行に対して，又は，義務づけられた仕事の製作に対して，責任がある。請負企業は，仕事の種類，経過，又は，配分を自ら決定していなければならず，労働力を自ら配置しなければならない。

「注文人の事業所で勤務する労働者に対する請負企業の命令権」とは，労働法上の命令権限をさし，例えば，請負企業又はその代表による労働者に対する指揮命令権をさす。職務の場所と種類，時間に関するものや労働のテンポなどの命令がこれに入る。「注文人に対する請負企業の処分の自由」の場合，請負契約上の自らの組織上の責任（とそのための命令）が問われるのに対し，この要素は労働法の命令が問われる。

「成果に根ざした請負給付の算定」とは，連邦雇用エイジェンシーの説明書（Merkblatt）16 a 版によれば，請負契約の典型的な給付内容に従い，対価の算定が成果に向けられて行われる必要がある。このことが意味するのは，労働の成果が報われるということである。請負給付が成果で算定されず，時間で対価が算定される場合，請負契約が，違法な派遣の兆表にはなり得る。

原則的には，総合的な判断が行われるため，すべての事情を考量することが，

---

[27] 顧客のために企業が一定の建築物を製作したり，自動車を修理したりする。顧客は，仕事の目的物が，瑕疵なく譲渡され，建築計画，建築説明書（例えば利用される建材），技術上のルールに従い，製作されるよう，請求権がある。これとの関係では，買取（民法640条），危険負担（民法644条），瑕疵担保（民法633条以下）が特徴的である。

請負契約と労働者派遣の具体的な境界づけのためには，適切であるとされる。

### 3 学説による区別の基準

#### a) ヴァンク教授による区別の基準

さらに，ヴァンク教授は，労働者派遣法で追求された目的に注目する[28]。労働者派遣を特徴づける，使用者の地位の分割は，労働者保護を危殆化していく。労働者派遣は，真摯でない派遣元から労働者を保護しようとしている。この労働者派遣という要件と，労働者派遣法の縮減という法律効果の関連は，請負契約との限界づけに影響を及ぼす[29]。限界づけは，人材派遣を行う場合その真摯さまたは落ち度から，推断される。

一般に，請負の成果が義務づけられているかどうか，使用者が請負独自の企業のリスクを負っているかどうかが重要である。引き受けるべき請負契約上の義務を充たし得る，独立した企業組織を有している場合には，独自の企業のリスクの引受けを肯定する。部門特有の慣習を考慮し，請負給付の種類も重要であると述べる。使用者の義務の実際上の引受け（賃金支払いなど），及び人事権限も重要である。使用者が，請負契約上の義務の実現のために必要かつ部門に通有しているよりも，人事権限により多くを割り当てているどうかが，問われるとする。これに対して，人員の動員中の命令権は，わずかな兆候でしかないとする[30]。

この観点をさらに突き詰めていったと思われるのが，次の見解である。

#### b) シューレン教授による区別の基準

シューレン教授は，労働者派遣という形態をとった偽装請負を真の請負契約と区別するのは，実務では困難であるとする。むしろ，より簡便であるのは，真の請負契約と偽装請負を区別することであるとする。請負契約の場合，一定の義務づけられた仕事の製作を契約上合意された方法でもたらすことに本質が

---

[28] Müller- Glöge/Preis/Schmidt, Erf. Komm, 13.Aufl., München, 2013, AÜG § 1, Rn. 20 (Wank).

[29] A.a.O., Rn. 21 (Wank).

[30] A.a.O., Rn. 21 (Wank).

ある。どれだけ，それに時間を要するか，どのように，その仕事のために従業員を組織するかは，請負企業の問題である。請負企業は，雇用契約とは異なり，請負契約の場合，瑕疵担保の責任が存する[31]。

請負企業は，ある成果を保障するところに，請負契約の意義が見出され，そのため，瑕疵担保を引き受ける。瑕疵担保の引受けは，実務では，証明可能なものである[32]。「ほとんどすべての大きなプロジェクトでは，真の請負企業は瑕疵を引き起こした場合，最終的に修補しなければならない。この瑕疵は，注文人の命令によって，注文人の負担なく，除去されるが，その際，民法633条[33]やVOB4条2文7の意味において，修補される[34]」。「瑕疵担保は，それが多くの場合記録されるということをこえて，長所をもたらすものである。なぜなら，瑕疵担保は，双方の側にとって，不愉快なことであり，請負企業にとっては，常に高くつくもので，時間をとらせるものである[35]。」

もし，ある請負企業が，一連の事件で，注文人のために業務を行うような状態を創りだしたが，その会社の従業員によって引き起こされた瑕疵を，対価なく，除去することがないか，あるいは，これに対応した値引き・控除がなされなければならないものであれば，この場合は，請負契約という性格を否定できる。この意味で，注文人が自ら修補し，あるいは第三者に修補させなければならなかったという場合，特に，決算における控除も，瑕疵担保としてみなされる。また，注文人が請負製作中の建設上の欠損を請負企業に対して自ら非難し，注文人自らがこれを請負人に請求することなく明白に除去した場合も，請負企業の契約上の責任があってしかるべきである[36]。

---

31　Schüren, WiVerW 2001/3, S. 186.
32　Schüren, WiVerW 2001/3, S. 189.
33　民法633条は，企業は，注文人へ，物的ないし法的の瑕疵なく，仕事を完成させる義務があると規定する。
34　Schüren, WiVerW 2001/3, S. 188. これに続いて，「比較的小規模の注文では，瑕疵担保の事例を欠くが，契約上は瑕疵担保が合意されており，その際，この瑕疵担保義務が真摯に合意されたものかどうかが問われなければならない」とシューレン教授は述べている。
35　Schüren, WiVerW 2001/3, S. 188.
36　Schüren, WiVerW 2001/3, S. 188. 口頭での非難が，無対価での修繕を伴わせるかどうかは，重要であるとする。このことが請負契約であることを示すからである。注文人が

以上のように，シューレン教授は，請負契約の場合，瑕疵担保の責任が存することに着目し，これを主な要素として，請負契約と労働者派遣とを区別しようとしている。

## 4　違法派遣の効果と擬制的な労働関係

　労働者派遣法9条1文による違法な派遣労働の労働法上の効果は，労働者派遣法10条1項において規制される。派遣先と派遣労働者との間には，法律によって，労働契約関係が擬制される。

　労働者派遣法旧13a条の廃止の結果，労働者派遣法1条2項による違法な職業紹介があったとしても，派遣先と労働者との間の擬制的な労働関係は成立しないこととなった。労働者派遣法10条は，労働者派遣法9条1号による派遣労働契約が無効の場合の1項による特別な労働法ないし民法上の効果を定めている。判例及び有力な見解によれば，請負企業が，労働者派遣事業許可を有している場合には（そういう場合も多い），たとえ，裁判例で立てられた請負契約と派遣労働契約との間の基準を超えたとしても，擬制的な労働関係は成立しない[37]。これに対して，裁判例で立てられた請負契約と派遣労働契約との間の基準を超えた場合，擬制的な労働関係は成立する見解もある[38]。

## 5　小　括

　ドイツの判例では，第一の要件（命令権）中心に判例され，他の（重要ではない）付随的な要素が，請負契約と労働者派遣との限界のために，必要とされている[39]。

---

　　支払う修補は，これに対して，派遣労働に関する明らかな兆候である。なぜなら，労働派遣におけるリスク配分に沿うものであるからであるとする（Schüren, WiVerW 2001/3, S. 189)。
[37]　BAG Urt.v. 2.6.2010, NZA 2011, S. 351 ; Boemke/Lempke, AÜG, Frankfurt a.M., 2013, § 10 Rn. 17 ; Thüsing, AÜG, München, 2012, § 10, Rn. 10.
[38]　Ulber, AÜG, § 10, Rn. 13.
[39]　シューレンは，請負契約と労働者派遣の区別のために，請負人による瑕疵担保責任の有無を強調する（Schüren, Wirtschaft und Verwaltung, 2001, S. 173 (189)）。請負企業が瑕疵担保責任を引き受けるかどうかは，同企業が企業のリスクを自ら負うかどうかのひとつの兆候でしかない。

請負契約では，民法上，請負企業が，合意された方法で，適時，仕事の完成を行うことが義務づけられる。その際，通例，請負企業は，自らの企業のリスク（請負特有の，その部門通例のリスク）を引き受ける。請負契約の場合には，1．命令権を注文人が負わないこと，2．請負契約により請け負った業務を自己の業務として当該契約の相手方から独立して処理するものであること，特に，請負企業が事業主としての仕事の完成まですべての責任を負うことが求められる。そうでなければ，請負契約と民法上認めることは困難である。請負契約と偽装請負との差異から，雇用契約とは異なり，請負契約の場合，瑕疵担保の責任に着眼し，学説を定立しており，興味深い。

　これに加えて，ドイツの行政FKSは，緻密な基準を設けて違法派遣を取り締っている。ここでも，民法上の請負契約の性格から，基準を設けている。こうした基準を踏まえて，近い将来請負契約と偽装請負に関して法律が制定される可能性がある。

　CSU，CDU，SPDとの間の2013年の連立協定「ドイツの将来を形作る」では，請負契約形成の濫用を防止するのを目的として，労働者の負担のもとに請負契約の場合の違法な契約の構造は，回避されなければならないとしている。このため，コントロールないし審査の等級の審査能力を闇労働税行政に集中し，組織的に効率的にし，これを容易にし，十分な範囲で個人化させ，事業所委員会の情報権と協議権を確保し，具体化し，隠れ労働者派遣に対し制裁を課していくことが必要であると述べる。請負企業と注文人は，派遣許可の提示がある場合には，許可のない労働者派遣を営むものよりも，劣悪に扱われることはない。請負労働者の法律上の労働保護が確保されなければならない，とされている。

## 四　事業所委員会の参加権と情報提供権

　事業所組織法80条2項により，事業所委員会は，その任務の実現のため，適時かつ包括的に使用者から情報提供を受け得る。この情報提供は，使用者と労働関係にはない者の就労にも拡張され得る。この規定は，請負契約の場合にも適用され，重要である[40]。なぜなら，実際上，請負契約が問題になるのか，あるいは労働者派遣が問題になるのかを，事業所委員会は判断する責任があるか

らである[41]。判例では，事業所委員会は，他企業の労働者の動員日，動員の時期を列挙するリストの閲覧を自由に要求し得るとする。従業員の基礎である他企業との契約の閲覧を要求し得る[42]。

ところが，前述の労働組合NGGによれば，アンケート対象の事業所委員会の60％が閲覧をしていないとするが，これは判例の法状況を反映するものではない。これは，事業所組織法の文言が十分に明確ではないことに起因するとデュベル教授は，指摘する[43]。

同法99条は，20名を超える選挙権を有する企業において，雇入れ，格付け，格付け変更および配転について，事業所委員会は同意を拒否し得ると規定する。偽装請負との関係で問題になるのは，偽装請負の場合，命令権を有しないまま就労させる企業と請負労働者との間では，労働契約関係がないことである。

実務では，ドイツ赤十字における事業所委員会は，当時，期限のない労働者派遣が違法派遣であったこと等から，予定される就労を拒んでいる[44]。このケースでは，同事業所における基幹労働者と比べて低い労働条件で請負労働者が就労している，ということも同意拒否の理由であった。

この点について，事業所組織法99条における雇入れは，労働契約関係の設定を前提とはせず，そこで雇用される労働者と協働して，命令に拘束される職務によって事業所の労働技術的な目的を実現するために，ある者が，事業所に組み入れられる場合には，共同決定義務のある雇入れといい得るという見解がある[45]。この場合，事業所委員会は同意を拒否し得ると解することになる。事業所委員会は，雇入れにあたって，人選に関する基準について共同決定し得る（事業所組織法95条）。共同決定権は，請負労働力の事業所での動員が雇入れと評価され得る場合，生じる。使用者が労働契約を締結していないことによって，共同決定権は排除されないというものである[46]。

---

40　Karthaus/Klebe, a.a.O., S. 419.
41　Karthaus/Klebe, a.a.O., S. 419.
42　BAG Urt. 31.1.1989, NZA 1989, S. 932.
43　BT-Ausschuss für Arbeit und Soziales, in: Ausschlussdrucksache, 17（11）853（Schriftliche Stellungnahme, Düwell）.
44　Vgl. BAG Beschluss v. 25.1.2005, AP BetrVG 1972 zu § 99 Einstellung Nr. 48.
45　Karthaus/Klebe, a.a.O., S. 419.

これに対し，連邦労働裁判所は，請負の場合，次のような場合には，人員の事業所への編入を欠いているため，事業所組織法99条は適用され得ないとも解している[47]。委託者（注文人）の事業所組織に編入していないのである。「なぜなら，これらの人員が，委託者の事業所で職務を行い，これによってなされる雇用提供，又は，これによって作成される作業が，種類，範囲，商品，時間，場所について，事業所の労働組織で計画されたものであるからである。どの程度の外的な事情が，事業所の労働者の協働を必要とするかは，重要ではない。これに付け加えられなければならないのは，これらの人員自身が，使用者の労働組織に編入しており，その結果，使用者が，労働関係に典型的な労働の動員について，時間と場所についても決定を行っており，これによって，人員に関する権限を有していることである」と説示し，この事件においては，事業所組織法99条における雇入れを否定している。つまり，請負企業（使用者）が，労働関係に典型的な労働の動員について，時間と場所についても決定を行っているかどうか，これによって，人員に関する権限を有しているかどうかという要素を重視して判断している。

この事件では，事業所組織法99条の「雇入れ」にあたるための上の要素を欠いているため，注文人のもとでの請負労働者の就労について，一般に，事業所委員会の共同決定権（同法99条）が認められないかについては，この判決では明らかでなく，その後の最上級審での判決を待つ必要がある。

これに対し，同条における雇入れにあたるとして，共同決定権を肯定した例には次のような裁判所の判決がある。ドイツの事業所委員会が，スウェーデンの自動車産業のコンツェルン企業における遅番のシフトの導入を争った事件において，特別なシフトについて，将来的に倉庫業務にスペシャライズされた企業に対して，使用者の倉庫の領域で任務のはっきりしない領域の処理を委託することを考えていることを人事課が事業所委員会に伝えた。事業所委員会は，

---

[46] Karthaus/Klebe, a.a.O., S. 423. 雇用が請負契約の方法で予定される場合，事業所でのポストが，選択基準に従って，占められてはいない。請負契約から生じる，該当者と選択基準の差異は，共同決定権を侵害し，事業所組織法99条2項2文による同意権を侵害する。

[47] BAG Urt. 5.3.1991, AP Nr. 90 zu § 99 BetrVG.

合意が存在しないことから、これを実施しないことを求め、懸案の二つ目のシフトを補充の倉庫で導入するのを求め、また、二つ目のシフトで人員を増強することを求め、シフトの計画について共同決定権を考慮すべきことを求めた。使用者は、回答において、態度を改める理由がないとし、事業所委員会は、文書において、その見解を繰り返し、使用者がこれらの措置をさらに実施していく場合には、裁判でこの事項を説明していく旨を告げた上で、事業所委員会は裁判所で仮処分を求めた。労働裁判所は事業所委員会の申立てを認め、使用者の抗告は控訴審において認められなかった。

控訴審のフランクフルト・ラント労働裁判所は、「このシフトが継続する場合、(…) 事業所組織法87条1項、99条によるかかる共同決定権が、無に帰すまたは、将来的に実現しないであろうから、訴訟物の関連で（民事訴訟法935条）、事業所委員会が、倉庫部分での追加のシフトにおける他社の利用を仮処分により禁止させることができると労働裁判所は適切に認めた。事業所組織法87条による事業所委員会の共同決定権は、遅番でのFa.D.の労働者の動員により、侵害された」と判断した[48]。真正の請負契約であるにもかかわらず、労働者が動員企業（注文人）に編入されているため、事業所組織法87条1項2号によるその導入について共同決定しなければならない。この共同決定権には、シフトや雇用契約を含むとした。かかる理由から、他社の人員の動員は、事業所組織法99条の意味における雇入れであると判断した。

これらの判断の差異は、注文人に労働者が編入しているかどうかによっている。特に、使用者が、労働関係に典型的な労働の動員について、時間と場所についても決定を行っており、これによって、人員に関する権限を有していることであるかどうかが重要である[49]。前者の事件では、請負企業がこれらの権限を有していたのに対し、後者の事件では、シフトの計画について、注文人が決定・操作しており、時間についての決定を注文人が行っていた[50]。

こうした判例の状況を受けて、党派リンケ（DIE LINKE）は、より明確に、

---

48　LAG Frankfurt Beschluss v. 24.10.1999, DB 1990, S. 2126.
49　Franzen, Drittbezogene Betriebsratsrechte im Einsatzbetrieb, in: Rieble/Junker/Giessen, Freie Industriedienstleistung als Alternative zur regulierten Zeitarbeit, München, 2012, S.85（97）.

事業所組織法99条2項のカタログに，他企業の労働力利用を入れることを提案している[51]。同意拒否権を請負契約について明確にしようとするのは，基幹労働者にとっての不利益を憂慮してのことである。

## 五　日本法と比較した場合のドイツ法の特徴

請負と派遣労働の区別をめぐっては，判例が早くから形成され，日本法の指針と類似した基準が確立している。しかし，興味深いのは，これと並んで学説

---

50　ほかに，共同決定権が，請負契約など第三者の企業の労働力利用について，肯定された例には次のようなものがある。ドイツポストから承継された会社（使用者）で，M支社において2,000人の労働者と職員を雇用する会社が，I会社と請負契約を締結し，人員をI社へ動員させ，24時間の出張サービスを顧客の事業所で行っていた。2001年12月15日より，動員先のI社の下では事業所委員会の関与の下で，コンピューター制御の入門チェックを行っていた。使用者は，人物の認証のため，指紋認証のシステムをIに動員される労働者を対象に導入させ，門を解錠するのにかかる認証が必要とされていた。事業所委員会の申立てにより，労働裁判所は，2002年2月18日，使用者に対し，仮処分により，指紋認証を要求する限りでは，Iに動員される労働者のIへの就労を禁止した。その後，使用者の従業員が，Iの従業員が同行され，指紋認証なしに，Iへの入門が可能になった。仮処分は和解により終了し，和解により，使用者は，入門検査から得られた個人情報を破棄させる義務を負った。事業所委員会は，訴訟において，入門の監視システムを理由として，Iへの動員が事業所組織法87条1項1号及び6号の共同決定権事項であると主張し，使用者がかかる義務を侵害するため，共同決定義務の不作為を請求した。労働裁判所はかかる請求を認めたが，ラント労働裁判所はこれを否定した。連邦労働裁判所は，「使用者は，かかる場合に，第三者の行為の規則を引き受け，その労働者にこれを設定する。これに対し，顧客は，事業所に動員される他社の労働者に対し，秩序違反に関して命令を付与する契約上の権限を直接有しない。（…）使用者は，きちんとした共同決定権の保護が保障されるというのを，これに相当する契約形成により確保しなければならない。使用者はこれによって，企業の自由が，不適法に侵害されることはない」と判断し，事業所組織法87条1項1号による共同決定義務違反を認めた。また，事業所組織法87条1項6号の意味における「監視」とは，のちの認識を可能にするため，労働者の行為や給付に関する情報により，経過が調査され，何らかの方法で記録されることである。技術的装備が，労働者に関する行為ないし給付の情報を調査し，又は記録するのに客観的にふさわしい場合に，それが監視のために選定される。（…）こうした場合にも，事業所委員会が共同決定権を行使し得ることを，第三者との契約形成により保障しなければならない」として，「指紋認証のスキャンは，労働者を監視するための役立つ事業所組織法87条1項6号の意味における技術的装備である」とし，事業所委員会の請求を認めた（BAG Beschluss 27.1.2004, NZA 2004, S. 556）。

51　BT-Ausschuss für Arbeit und Soziales, in: Ausschlussdrucksache, 17 (11) 853.

が形成されていることであり，この問題の区別の基準について行政上の指針とは異なる見解を積極的に示されることのない日本の学説とは異なる様相を示している。特に，労働者派遣や偽装派遣に多くの著作や論文のあるシューレン教授が，雇用契約，請負契約と偽装請負との差異から，新たな見解を示しているのが興味深い。雇用契約とは異なり，請負契約の場合，瑕疵担保の責任が存することに着目しているのである。日本でも，ドイツと同様の，違法派遣の場合の派遣先の労働契約の申込みみなしの規定が施行される。何が違法派遣なのかを改めて問われることで，偽装派遣の禁止の射程が広がり得る可能性も秘めている。請負と派遣労働の区別をめぐる再考が日本法では望まれる。その際，重要なのは，この問題をめぐる日本の行政とドイツの行政上の基準との間に類似性がみられることである（第4章第2節六1）。ドイツのFKSの基準の場合，請負契約の性質から限界点を導出している。

　また，ドイツでは，集団法上も，従業員代表である事業所委員会の情報提供請求権や違法派遣の拒否などが権利としては確立しつつある。日本法上も，偽装請負や労働者派遣が問題になるケースで，裁判を通じて文書提出命令が出されることがあり得るが，本来は，団体交渉などの集団的な労使関係の枠組みの中で，情報提供がなされるのが望ましいところである。請負契約による動員の理由，基幹労働者への影響，請負契約の内容（企業，契約期間，動員の期間，動員の範囲，任務・作業），従業員の数，請負契約の内容，請負契約の適切さなどが，集団的な自治のなかでが実務上考え得る。そうすると，法的には，これは，不当労働行為の誠実交渉義務の問題として，偽装請負との関係で，情報提供義務の範囲が問われることを意味している。同時に，偽装請負をめぐっては，注文人企業での事業所委員会による業務請負の拒否がドイツ法上問われているからしても，日本法上，ある企業での業務請負の受入れをめぐって，労使で団体交渉し得る仕組みが，特に，団体交渉義務との関係で，確立し，定着していくのが望ましいということもわかる。

## 第6節　派遣労働者の事業所委員会を通じた企業の決定への参加

### 一　はじめに

　ドイツでは，元来は，労働組合とは別個の従業員代表組織，事業所委員会（Betriebsrat）の参加に関する規定は，派遣法の中にはなかった。1981年の違法就労撲滅のための法律によってはじめて，派遣労働者の事業所組織法上の地位に関する規定が労働者派遣法14条に置かれた[1]。労働者派遣法14条では，派遣元の事業所に派遣労働者が帰属する旨が定められた。当時は，派遣先での事業所委員会（以下，派遣先事業所委員会と称す）に対しては，派遣労働者は，選挙権も被選挙権も有していなかった。この規定は，2001年7月23日の事業所組織法の改正によって改められ，派遣先事業所において3ヶ月以上派遣された派遣労働者は，派遣先事業所委員会における選挙権を有するようになった。これに対し，派遣労働者は，派遣先事業所委員会における被選挙権を依然有していない（同法7条）。

　事業所委員会は，同権的な参加の思想によって特徴づけられる[2]。事業所委員会が，事業所や企業における決定にあたって，個別法的ないし集団法的な労働者の利益を考慮することで，使用者の権限を制限しようとするものである。選挙によって選ばれた従業員代表が，その組織を運営するため，組織の正当性が付与される。その意味では，事業所におけるデモクラシー（Betriebliche Demokratie）という思想と深く関わる[3]。事業所において，派遣労働者が多くのウエートを占めるようになり，派遣労働者も派遣先での従業員代表組織の一

---

1　BGBl I 1981, 1390.
2　Wiese/Kreutz/Oetker/Raab/Weber/Franzen, Gemeinschaftskommentar zum BetrVG, Köln, 2010, Einleitung, Rn. 79 (Wiese).
3　Gemeinschaftskommentar zum BetrVG, Einleitung, Rn. 81 (Wiese).

構成員となり得るのかという問題も重大な問題となっている。派遣先での事業所への帰属性（Betriebszugehörigkeit）と呼ばれる概念が派遣労働者にも認められるかが問われる。また，労働者派遣法14条2項2文ないし3文により，派遣先の事業所において，派遣労働者は，事業所組織法上の権利ないし義務を有することとなっている。しかし，いかなる限度で，派遣先において，事業所委員会が派遣労働者の利益を代表することになるのかが，重要な解釈上の問題となっている。とりわけ，労働者派遣では，賃金を支払う経営者と，指揮命令により労働を受領する経営者とが二分されるため，派遣先の事業所委員会が，派遣先のいかなる決定に関与できるのかが問題となっている。

　以下では，1．労働者派遣の状況と参加の可能性，2．参加に関するドイツ法的な観点，それぞれの議論を検討した後，3．事業所委員会の参加権とその実態，4．被選挙権者と事業所の構成員性の問題を順に見ていくこととする。特に，事業所委員会の個々の参加権では，Wassermann/Rudolf, Leiharbeit als Gegenstand betrieblicher Mitbestimmung, Düsseldorf（2007）の実態報告等を用いながら，派遣先事業所委員会の参加の実態を明確にしていく。

## 二　労働者派遣の状況と参加の可能性

　ドイツでは，労働者派遣は，低賃金セクターであるとされ，労働の質が問われるようになった。本来であれば，一つの方法として，経営者は，労働条件を引き上げることにより，労働者のモチベーションを高め，これにより，優れた労働力を引きとどめ，それが副次的には労働の質を高める。しかし，労働者派遣では，賃金を支払う経営者と，指揮命令により労働を受領する経営者とが二分することに本質があり，上のような図式の下で，労働条件を高め，労働の質を高めることが困難である。それだけに，派遣先での従業員代表組織である事業所委員会の役割は大きくなるはずである。また，ドイツでは，従来，労働組合が産業別で組織され，事業所での派遣労働者の労働条件や労働の質の問題は，二次的な問題であるとされがちでもあった。

　ハルツ委員会の勧告を下に，労働市場における現代における労務提供のための第一法はこの部門の規制緩和をもたらした。2002年12月23日の労働市場にお

ける現代の雇用提供のための第一法により，労働者派遣法も改正された。労働者派遣関係の期間設定のための特別な規定，労働者派遣契約の期間を初回の派遣可能期間に一致させるという原則（Synchronisationsverbot）に関する規定，派遣可能期間（Höchstüberlassungsdauer）の規定は，すべて撤廃された。派遣分野での雇用の潜在的な可能性を広げることが考慮された。労働者派遣は，派遣先には，フレキシビリティを作り出し，派遣先は多くの短期の需要に対して外部の人的な労働力に頼っていった。他方で，この改革法の結果，人的なコストの削減を可能にしていく。第3節で述べたように，労働協約により同一賃金原則からの適用除外・逸脱が可能であり，労働組合が関与するもとで低賃金が可能になるという，矛盾した役割を労働組合は果たしてきた。これに対し，ドイツの労働組合とは別個の従業員代表組織，事業所委員会（Betriebsrat）は，こうした社会状況の下で同一賃金の実現にも乗り出していく。さらに，常用代替をおそれ，正規雇用が削減されていくのをおそれる事業所委員会は，興味深いことに，派遣先への派遣労働者の派遣の削減に取り組むようになる。

　求職者にとっては，低賃金であっても，労働者派遣は労働市場への道を提供する。さらには，派遣労働者は，基幹労働者とともに労働することで，直接雇用へのチャンスを期待し，派遣先への接着効果を期待する。事業所委員会もこれにも無関心ではありえない。BMWでは，2013年に，ドイツ全体で74万5,000人の基幹労働者がいるなか，1万3,000人の派遣労働者が派遣されていたが，派遣労働者のBMWでの直接雇用化（直用化）を段階的に図るため，同年に，事業所委員会はBMWと交渉し，3,000人の派遣労働者の直接雇用を果たした。

　基幹労働者は，解雇制限と効果的な共同決定，並びに高い賃金等を得ている。派遣労働者は，派遣先とは労働契約関係には立たない。派遣元との関係での解雇制限は，派遣元での職場のポストを十分保護するものではない。短期的には，労働者派遣は，雇用のバッファーであり，調整弁である。ポストの削減が危惧されるとき，派遣労働者が派遣先企業の外へ出されることとなる[4]。正規従業員は，経営を理由として解雇される際，社会計画による金銭補償により，補償

---

4　以上について，Vgl. Rieble, Kollektivarbeitsrechtliche Regulierung beim Entleiher, in: Rieble/Junker/Giessen（Hrsg.），Zukunft der Zeitarbeit, München, 2009, S. 65（67）.

金を得るが，派遣先が派遣契約を解除するのは随意に可能である。中期的には，派遣労働者が増加すると，企業を小さくし，事業所の規模を小さくし，事業所委員会を作らないでよい規模となり，共同決定のルールを逸脱することを可能にする。ドイツの判例によれば，派遣労働者は派遣先で選挙権はあるが，事業所委員会の規模（委員の数）を決定する際には，派遣労働者はカウントされない[5]。共同決定の力を削減し，又は無力にするために，使用者は派遣労働者をより多く投入する，という危険がある[6]。

## 三 参加に関するドイツ法的な観点

### 1 強制的団体としての事業所委員会の労働条件の規制権限の正当性

事業所委員会の労働条件の規制権限の正当性についての支配的な見解は，事業所のパートナーの集団的な権限が，（事業所組織法77条4項1の規範的な効力に基づいて）他人決定的な強制的な秩序を意味していると捉える[7]。この規制権限は，労働契約によっては正当化できない。労働契約締結にあたって，労働者は，一般に，事業所委員会に入ることを意欲しないし，意思表示もしない。つまり，団結体への団結の自由，とりわけ消極的な団結の自由（団結体に入らない自由）がない形で，労働者は，強制的に事業所委員会へ加入する。その意味で，事業所委員会が労働条件を規制するにあたって，その規制の秩序は，（自

---

5 BAG Beschluss v. 10.3.2004 AP § 7 BetrVG 1972 Nr. 8.
6 Rieble, a.a.O., S. 72.
7 Aksu, die Regelungsbefugnis der Betriebsparteien durch Betriebsvereinbarungen, Baden- baden, 2000, S. 51f., Waltermann, Rechtsetzung durch Betriebsvereinbarung zwischen Privatautonomie und Tarifautonomie, Tübingen, 1996, S. 235 ; Kreutz, Grenzen der Betiebsautonomie, München, 1979, S. 74 ; Rieble, Arbeitsmarkt und Wettbewerb, Berlin u. Heidelberg, 1996, S. 571 ; Müller- Franken, Die Befugnis zu Eingriffen in die Rechtsstellung des einzelnen durch Betriebsvereinbarung, Berlin, 1997, S. 165 ; Veit, Die funktionelle Zuständigkeit des Betriebsrats, München, 1998, S. 144,169 ; Richardi, Kollektivgewalt und Individualwille bei der Gestaltung des Arbeitsverhältnisses, München, 1968, S. 316 ; Witgruber, Die Abkehr des Arbeitsrechts von der Vertragsfreiheit, Berlin, 1999, S. 75.
　なお，ドイツの事業所委員会については，藤内和公『ドイツの従業員代表制と法』（法律文化社・2009年）が詳しい。

己決定的ではなく）他人決定的な強制的な秩序であるというものである。かかる見地から，労働条件の規制について，私的自治の原則への介入がなされていく。かかる介入が正当化されるのは，事業所委員会の規制権限がいかなる労働条件を決しようとしているのかによるというのが有力な見解である[8]。支配的な見解は，事業所委員会の規制権限は，賃金，総労働時間等実質的な労働条件については，正当化されないと解している[9]。これらは，自己決定権によって正当化される協約自治の役割である。実際上も，産業別労働協約が，伝統的には賃金や総労働時間について規整を加えていく。これに対し，使用者の指揮命令権と関わり，労働契約の双務関係とは関わらない労働条件，週労働時間への配分，懲戒権などの形式的な労働条件については，事業所委員会の規制権限は正当化され得ると解している[10]。

　こうしたドイツ法の現在の到達点を考慮すると，労働者派遣との関係では，次のような視点が重要となる。まず，第一に，派遣先への事業所委員会の参加は，総労働時間等実質的な労働条件に関する規制権限は正当化されないであろう。第二に，また，派遣先への事業所委員会の参加は，週労働時間への配分，懲戒等形式的な労働条件については，規制権限は正当化され得る。

　第三に，重要なのは，労働者派遣の場合，派遣元と派遣先にそもそも，責任が二分されるという視点である。賃金については，労働者派遣の場合，派遣元が賃金支払義務を負うため，そもそも，この点での派遣先に対する事業所委員会の参加というのが考えられない。ただし，派遣先には，同一賃金原則が適用されるため，その限りで，事業所委員会の参加が可能かどうかが問われるといえる。解雇についても同様であり，派遣先は，直接，派遣労働者と労働契約関係には立たないため，派遣先が派遣労働者を解雇するということはありえない。したがって，社会計画等の経済的な事項についての派遣先事業所委員会の参加

---

[8] Müller- Franken, a.a.O., S. 201f.f., 216 ; Aksu, a.a.O., S. 172f.f..

[9] Müller- Franken, a.a.O., S. 349 ; Aksu, a.a.O., S. 185. Veit, a.a.O., S.374, 423 ; Reichold, Betriebsverfassung als Sozialprivatrecht, München, 1995, S. 514f.f. ; Richardi, a.a.O., S. 320 ; Rieble, a.a.O., S. 573.

[10] Aksu, a.a.O., S. 179 ; Kreutz, a.a.O., S. 197 ; Richardi, a.a.O., S. 319 ; Reichold, a.a.O., S. 524f..

は，想定外である。

　こうした視点から，人事的な事項，社会的事項，経済的な事項に関する派遣先事業所委員会の参加がいかなる限度であり得るかがドイツ法上考えられることになるが，労働者派遣法上は，さらにかかる視点は深められていく。

## 2　事業所への帰属性と事業所委員会の参加

　労働者派遣法14条では，
「(1)派遣労働者は，派遣先でのその労働の提供の期間の間も，派遣元の事業所の構成員にとどまる。

(2)派遣労働者は，派遣先企業における監査役会における労働者代表の選挙にあたり，また，派遣先企業の事業所組織法上の労働者代表の選挙にあたり，被選挙権者ではない。派遣労働者は，かかる労働者代表の面会時間に訪問する権限を有し，派遣先における事業所集会ないし年少者集会に参加する権限を有する。事業所組織法の81条，82条1項，及び84条ないし86条は，派遣先で職務を行う派遣労働者に関しても，派遣先に適用される。

(3)派遣労働者の労働の提供の受け入れ前に，派遣先の事業所委員会は，事業所組織法99条により，参加し得る。その際，派遣先は，事業所委員会に対して，12条1項2文により派遣元の文書による説明を提出しなければならない。さらに，派遣先は，12条2項による派遣元の通知を遅滞なく事業所委員会に知らせる義務がある。

(4)1項および2項1文および2文ならびに3項は，連邦職員代表法の適用についても文字通り適用される」
と規定される。

　たとえ，その事業所への編入が，少なくとも，法律上規制される業としての労働者派遣の場合，弱いものであったとしても，第三者に派遣される労働者は，派遣元の従業員集団の一部をなすことになる[11]。立法者は，元来派遣先と派遣元の事業所への派遣労働者の二重の事業所帰属性（Betriebszugehörigkeit）を

---

11　Dörner, in: Kohte/Dörner/Anzinger, FS Wissmann zum 65. Geburtstag, München, 2005, S, 286（288）.

認める，という意図であったのが読み取れる[12]。しかし，事業所組織法が，事業所委員会，中央事業所委員会，コンツェルン代表委員会の権限の分配の問題を回避しようとし，事業所委員会間の権限の限界を画そうとした[13]。そこで，立法者は派遣元事業所にあらゆる事業所組織法上の権利を帰属させた[14]。労働者派遣法14条において，派遣元の事業所に派遣労働者が帰属する旨が定められたのは，こうした趣旨による。

確定した判例では，事業所の所有者と労働関係にあり，使用者の事業所組織内で従属的な労務を提供する労働者が，事業所組織法の意味での事業所への帰属性がある（betriebszugehörig）とされる。「事業所所有者との労働関係」と「事業所組織への編入」が認められる企業との関係で，事業所委員会が参加できるということになる。ドイツの派遣会社から他の会社に派遣される場合に，ドイツの派遣会社への従業員性（Belegschaft）が認められると説示している[15]。この事件では，派遣元との事業所への帰属性は否定されないとし，これにより，派遣労働者が，派遣元事業所委員会での選挙権と被選挙権がないことを理由とした，派遣元企業（契約上の使用者）の事業所委員会選挙無効確認の訴えを裁

---

12　Drucksache, 14/5741, S. 36.
13　Müller- Glöge/Preis/Schmidt, Erf. Komm, 13.Aufl., München, 2013, AÜG, § 14, Rn. 4 (Wank).
14　Erf. Komm, 13.Aufl., München, 2013, AÜG, § 14, Rn. 4 (Wank).
15　BAG Beschluss. v. 22.3.2000, NZA 2000, S. 1119. 派遣先事業所への派遣労働者の帰属性が認められるかについて次のように判断している。「労働者が契約上の使用者から他の経営所有者へ労働の提供のため派遣され，この者からこの事業組織に実際上編入する場合，このことが，原則的に，他の経営所有者の事業所への事業所組織法上の帰属を基礎づけるものではない。このことは，労働者派遣法14条１項が示している。これによれば，派遣先における労務提供の期間中も，派遣元の事業所での構成員にとどまると規定されている。立法者は，派遣元（契約上の使用者）と派遣先（＝事実上の使用者）との間の派遣労働関係の場合に生じる使用者の機能の分化がある場合にも，派遣先の事業所での実際上の編入よりも，契約上の基礎に基づく派遣元との法的関係という事業所組織法上の観点を考慮しこれに重点を置いている。派遣先事業所での事業所組織法上の個々の権利が労働者派遣法14条２項，３項によって派遣労働者に認められる場合に限り，この実際上の編入を考慮に入れているにすぎない。派遣先への派遣労働者の完全な事業所への帰属性は，これによっては基礎づけられない」と。このようにして，派遣元への事業所への帰属性は否定されないと判断された。これにより，派遣労働者が，派遣元事業所委員会での選挙権と被選挙権がないことを理由とした，派遣元企業（契約上の使用者）の事業所委員会選挙無効確認の訴えを棄却した。

判所は棄却した。

　しかし，シューレン教授は，これに反対しており，派遣労働者にとって重要な決定は，派遣先企業において行われると述べる。事業所の共同決定は，例えば，休暇の計画（87条1項5号），労働時間（2号），事業所の秩序（懲戒，1号）に関して，派遣先において，行い得る。長期の派遣の場合には，集団法的には，派遣元との結びつきは，一層弱いものとなる。派遣先が重要な命令を行うからである。このため，結果的には，派遣労働者の二重の事業所所属性（派遣元のみならず，派遣先にも所属すること）が，一判例に反して一重要となると主張されている[16]。

　デュルナー判事も，「派遣労働者が，時間的な制限なく，または繰り返し長期に動員された場合には（かつては公法上の2年の制限を超えている場合），一時的ではなく，派遣元は，職業紹介者と同様，賃金の支払いを除いて，使用者の権利を果たしておらず，個々の場合に，使用者と派遣先との間で労働契約上の拘束力はなく，派遣先事業所への帰属性が認められ得る。許可をもったあるいはもたない派遣元の唯一の任務が，唯一の契約の当事者に従業員を利用させることになる場合には，まさに言い得るであろう。これは，コンツェルンの場合にもいえる。（…）派遣労働者は，派遣先への事業所に所属しているものとみなされる[17]」と述べている。これにより，派遣先事業所委員会に派遣労働者が所属し，同事業所委員会が派遣労働者を代表すべきだとする。

　学説では，派遣される労働者の事業所所属性の二重性を支持する学説がある[18]。事業所の所属性は，労働者の主たる給付義務と結びついているのではなく，他の事業所における労働者としての実際上職務を行っていることと結びついており，命令権限と結びついているからである。派遣労働者は個人法的な労働条件によって規制されるのではなく，集団的な労働条件と関わっているので，命令権を行使する使用者の意思形成にあたって，事業所組織法上の参加の可能性を必要とする。このことは，労働者派遣の場合には，派遣先の使用者のみならず，派遣元の使用者にも，あてはまる。派遣元も命令権を完全には失わない

---

16　Brors/Schüren, BB 2004, S. 2744（2751）.
17　Dörner, a.a.O., S, 298.
18　Thüsing, AÜG, § 14, Rn. 15.

からである。労働者には，集団の労働条件に派遣元で関わり続ける[19]。

　これに対して，判例では，派遣労働者に関わる措置の場合に，派遣元の事業所委員会または派遣先の事業所委員会が共同決定し得るかは，契約上の使用者（派遣元），あるいは，派遣先が，（共同決定義務のある）決定を行うかによると解されている[20]。使用者の権能が分化している場合には，事業所組織法上の共同決定権限は，いずれの使用者に各々の機能が帰属しているかによる。派遣先の企業の使用者の権能が問題になる場合には，原則的には，派遣先の事業所委員会は，事業所組織法上，権限があると解される[21]。契約上の使用者（派遣元）が行使する権能が問題になる限りでは，派遣元の事業所委員会が参加することになる[22]。こうした観点から，事業所委員会の参加権が各々問題になる。

## 四　事業所委員会の参加権とその実態[23]

### 1　人事事項に関する共同決定

　人事事項について，派遣労働者を対象としては，派遣先事業所の事業所委員会の権限の限界づけにあたっては，契約締結者の派遣元，または派遣先が決定を行うかによる。

　使用者は，事業所委員会に対し，人事計画，特に，現在及び将来の人員の需要，ならびに，これによって生じる人的な措置や職業訓練の措置について，適

---

19　Thüsing, AÜG, § 14, Rn. 15. 14条を超えて，派遣先の参加権が認められるかどうか，失われるべきなのか，どの程度派遣先事業所に派遣労働者が帰属するのかは，14条の規定から読み取れない。14条では，14条1項ないし3項までの規定のみが，派遣先において，派遣先で就労する派遣労働者に適用されるのか，あるいは，派遣先事業所の事業所委員会によってのみ派遣労働者の参加権が認められ得る，すべての場合について，派遣先の事業所の事業所委員会が，権限を有しているのかについては，明確にしていない。14条の事業所委員会の権利は，完結的なものではない（Thüsing, AÜG, § 14, Rn. 99）。

20　BAG Beschluss v. 19.6.2001, NZA 2001, S. 1263；Thüsing, AÜG, § 14, Rn. 100；BAG Urt. v. 17.6.2008, AP Nr. 34 zu § 99 BetrVG 1972 Eingruppierung.

21　BAG Beschluss v. 19.6.2001, NZA 2001, S. 1263；Thüsing, AÜG, § 14, Rn. 100.

22　Thüsing, AÜG, § 14, Rn. 100.

23　この項の記述以外には，事業所組織法81条（任務・責任・職務の種類等に関する情報提供義務），82条（事業所に関わる事項についての聴聞権・提案権），83条（人事記録の閲覧権），84条・85条・86条（不服申立権）に基づく権利が派遣労働者には認められる。

宜及び包括的に，情報提供しなければならない（事業所組織法92条1項）。現在及び将来の業務にどれだけの労働力が必要か，そして，この労働力がどのような知識と能力を備えていなければならないかを確定されなければならず（「人員需要計画」），また，確定した需要がどのようにして充足されるのか（「人員充足計画」），あるいは，既存の余剰人員をいかにして除去すべきか（「人員削減計画」）が計画されなければならない。その上，事業所委員会は，使用者に対して，人事計画の導入とその実施について，提案をなし得る（同条2項）。

　この92条に基づく義務は，95条により強化されている。雇入れ，配置転換，格付け変更，解雇に関する選考指針の作成にあたり，事業所委員会は，同意権（1項）を有する[24]。派遣労働者の派遣は，特に，人事計画に関わり，どれほど将来に労働力の需要がなくなるのか，という問題に関わっている。派遣先は，事業所委員会に対して，事業所組織法92条1項1文による派遣労働者の（予定される）雇用について情報提供し，その契約について，事業所委員会と協議しなければならない[25]。

　事業所組織法99条によれば，事業所委員会は，雇入れ，配置転換，格付け，又は，格付け変更に関して，同意を拒むことができる（同条1項）。反対に，事業所委員会がその同意を拒む場合には，使用者は，労働裁判所に，同意を補充する申請を行い得る（同条4項）。労働者派遣法14条3項によれば，派遣労働者の労働の提供の受け入れ前に，派遣先の事業所委員会は，事業所組織法99条により，参加し得ると規定される。

　ドイツで大きな争点となっているのは，まず，派遣労働者の派遣先への派遣が，上述の意味での雇入れ（事業所組織法99条1項）にあたるかどうかである。事業所委員会は，基幹労働者の保護のために，派遣労働者の派遣先への派遣に重大な関心を抱き，実際上，同意を拒むことがある。

　派遣労働者の派遣にあたっての共同決定は，応募者の保護に役立つのではなく，新たにインテグレーションする従業員の利益に役立つ。連邦労働裁判所によれば，「事業所組織法99条における雇入れについては，事業所において職務

---

24　以上については，レービッシュ『現代ドイツ労働法』（法律文化社・1992年）209頁，211頁以下。
25　Rieble, a.a.O., S. 88.

を行う者が，事業所所有者としての使用者との関係で存する，法的な関係が重要なのではない。共同決定権は事業所にこの者が編入していることによってむしろ生じる」。派遣先での労働者派遣の開始は，事業所組織法99条1項1文における雇入れにあたる[26]。

派遣先への派遣が同条の雇入れにあたるとすれば，次のような場合に，具体的には，事業所委員会は，同意を拒むことができる。

―法律や労働協約に反する場合（事業所組織法99条2項1号）
―雇入れの選考指針（事業所組織法95条）に反する場合（同法2項2号）
―経営上又は人的な理由がないまま，事業所で雇用される労働者が解雇されるという（事実によって証明される）危惧がある場合（3号），特に，基幹労働者が解雇されるという危惧がある場合[27]
―人事計画によって予定される応募者又は労働者が，法律違反等により事業所の平和を乱すおそれがある場合（6号），特に，後述の直接雇用化の場合[28]

通常20人以上の選挙権者を有する企業においては，派遣労働者の派遣（雇入れ）は，共同決定義務を負う。ライプツィッヒにおいて1,100人を工場で雇用するBMWは，134人の派遣労働者の派遣先への派遣（雇入れと呼んでいる）を派遣元から受け入れようとし，派遣先事業所委員会は，2011年12月12日，文書で，その塗装工らの派遣（雇入れ）について，承認をしなかった。同社は，裁判所に対し，同意の補充を申立て，ライプツィッヒ労働裁判所は，事業所委員会が行わなかった同意について，その補充を認めた[29]（同社は勝訴）。この訴訟

---

[26] BAG Urt. v. 11.9.2001 EzA § 99 BetrVG 1972 Einstellung Nr 10. 編入の意味については以下のように判示している。「この意味における編入は，雇用契約や請負契約によって事業所での業務を委託される，他企業の労働者の場合にもあり得る。これには，しかし，この者が，事業所にすでに雇用されている労働者と共同して行うものである必要があり，その職務が，その職務上命令に拘束され，事業所の労働技術的な目的の実現に役立ち，それゆえ使用者によって組織されている職務である必要がある。この者は，事業所の労働組織に統合されていなければならず，その程度は，使用者が，労働関係に典型的な命令権を内在させ，時間と場所による派遣の決定をなすほどでなければならない。使用者の地位が分割された意味でのこの使用者の機能を，部分的には使用者が行使するものでなければならない」と。

[27] Kraft, in: Dauer-Lieb/Hommelhoff/Jacobs/Kaiser/Weber（Hrsg.）, Festschrift für Konzen zum siebzigsten Geburtstag, Tübingen, 2006, S. 439（447）.

[28] Kraft, Festschrift für Konzen, S. 448.

では，一時的な労働を超えた派遣が，法律違反となるかが争点となった[30]。

同様の訴訟で，上告審まで問題になった事件に，連邦労働裁判所は，2013年7月10日決定において，事業所委員会が派遣労働者の無期限の派遣について同意を拒んだ事件がある（この事件一時的な労働の箇所で取り上げた）。「この規定は，拘束力のない単なるプログラム規定ではなく，一時的ではない労働者派遣を禁止したものである。これは，派遣労働者の保護に役立つものである」と説示し，無期限の派遣に関する事業所委員会の同意拒否を適法とした[31]。この決定は，「一時的な労働」の概念を制限的に解釈し，期間無制限の派遣が「一時的な労働」ではないと判断した点も重要である。これにより，事業所委員会が派遣労働者の無期限の派遣について同意を拒んだ場合に，かかる同意拒絶が適法となった（第3章第1節三）。

判例によれば，派遣労働者の格付けについては，派遣元が行う[32]。この事件では，使用者は電子部品と装備を生産しており，40人の労働者をW事業所で雇用していたが，必要に応じて，P有限会社の派遣労働者を受け入れていた（製造業派遣）。これにあたって，連邦派遣連盟とドイツ労働組合総同盟傘下の複数の労働組合との間で締結された労働協約が適用されていた。関連する賃金一般労働条約（Entgeltrahmentarifvertrag）により，労働者は，異なった賃金グループで基準に従って格付けされていた。2006年6月に，使用者は，派遣労働者の同年7月4日から8月4日までの派遣（雇入れ）の同意を求め，事業所委員会はかかる派遣について同意した。同時に，事業所委員会は，格付けについては異議を申し立てた。使用者は，事業所組織法99条1項による格付けについて，事業所委員会の同意を得る義務がないことの確認等を求める訴えを労働裁判所に提起した。連邦労働裁判所は，「派遣労働者に関わる措置にあたって，派遣元又は派遣先の事業所委員会の権限の限界点は，契約設定者としての派遣

---

29　Leipzig AG Beschluss v. 23.3.2012, 5 BV 85/11.
30　この事件では，原告側が，一時的な労働とは，パートタイム就業促進法14条における正当化事由に該当すべきであるという考えに基づいて，雇入れが一時的な労働にあたらないと主張したが，一時的な労働とは，パートタイム就業促進法14条における正当化事由に該当しなければならないわけではないと裁判所は判断した。
31　BAG Beschluss v. 10.7.2013, NZA 2013, S. 1296.
32　BAG Urt. v. 17.6.2008, AP Nr. 34 zu § 99 BetrVG 1972 Eingruppierung.

元，または派遣先が，共同決定義務を負う決定を行うかによる。派遣労働者の格付けを決定するのは，派遣元である。派遣労働者が労働契約上の関係に立つのは，派遣元との関係のみである。派遣元に対して，派遣労働者は賃金請求権を有するのみである。この給付関係に賃金規則が適用されるならば，派遣労働者の当該格付けについては，賃金支払義務のある派遣元，つまり契約設定者のみが決定する。

かかる決定への参加権は，派遣元事業所のために設置される事業所委員会に帰属する。派遣元事業所委員会のみが，契約設定者ないし派遣元事業所の所有者に対して，事業所組織法による参加権を持ち得る。（…）派遣先使用者の事業所における事業所委員会は，事業所の所有者に対する事業所組織法上の法的地位は有しない」と判示した。これにより，労働契約関係に立つのは，派遣元のみとされ，よって，賃金支払義務を負う派遣元のみが，当該派遣労働者の格付けを行い，格付けについては派遣元事業所委員会のみが参加権を有するとされた。ここで，重要なのは，共同決定義務を負うのが，その決定を行う者であるという視点を示したことである。

さらに，ドイツにおいては，企業が経済的な危機に陥った場合に，一週又は一日の労働時間のうち，必要な限りで，労働契約で定めた限りで，労働者を呼び出し，賃金を支払うが，呼び出されない時間は，自宅で待機するという雇用形態がある。呼出労働と呼ばれる。パートタイム就労促進法12条によれば，「使用者は，その労務の提供を労働の欠落に応じて提供させ得る。この合意は，一週又は一日の労働時間の長さを定めなければならない。週の労働時間が定められない場合には，10時間の労働時間が合意されたものとみなす。（…）」と規定される。ドイツの労使関係において呼出労働が用いられるのは，企業が経済的な危機に陥った場合には，決してまれではない。この呼出労働を派遣の形態でなし得るかが，裁判所で争点となったことがある。この事件では，派遣先と派遣元との間で，派遣労働者のプールをつくる合意を締結し，その合意では，具体的な時期に言及せず，使用者は，無期限にそのプールから必要に応じて呼出労働をなし得るとした。その場合，個々の派遣について，時期や派遣期間，労働者の名前，そのプロフィールもいずれも明示されなかった（プールに入る労働者と一般的に派遣の時期が示されたのみで，個々の派遣との関係で，いつ，誰が，

どこに派遣されるかは，具体的に明示されていなかった）。

連邦労働裁判所は，「確定した連邦労働裁判所の判例によれば，ある者が，そこで雇用されている労働者とともに，その労働技術的な目的を，命令によって拘束された職務によって実現するために，使用者の事業所に編入している場合には，事業所組織法99条１項１文の意味における雇入れがあり得る。この者が事業所所有者との関係で立つ法的な関係が重要なのではない」と一般論を述べた上で，「労働者派遣法14条３項，事業所組織法99条１項によれば，共同決定義務があるのは，派遣先事業所における実際の派遣があってはじめて，生じる。ここでは，むろん，各々の短い実際上の雇用について，共同決定義務がある」と説示した。労働者派遣の特性は，派遣先事業所における事業所委員会の共同決定権を制限するものではない。このことは，使用者と派遣元が，使用者の要請により動員に至る派遣労働者の具体的な選択を，派遣元に委ねる場合にもいえる。かかる場合にも，あらゆる派遣と交換は，労働者派遣法14条３項の意味における新たな受入れを意味し，そして，事業所組織法99条１項による事業所委員会の共同決定権を生じさせる。本件の場合のように，共同決定が，派遣労働者のプールへの受け入れに限定され，共同決定が最初の一回に限定される場合，将来的に，どの程度頻繁に，どの程度の長さで，いかなる時期的な範囲で，派遣労働者が派遣されるかが，まったく明らかではない場合，労働者の雇入れにあたっての「事業所委員会の共同決定権は，広範に，価値のないものとされ，意味あるものとして擁護されなくなるであろう」と判断し，使用者の申立て（裁判所に対する同意を補充すべきとの申立て）は，認められないと判断した[33]。

## ２　派遣労働者の直接雇用と派遣労働者の制限

使用者は，上記のように，事業所委員会に対し，人事計画，特に，現在及び将来の人員の需要，並びに，これによって生じる人的な措置や職業訓練の措置について，適宜及び包括的に，情報提供しなければならない（事業所組織法92条１項）。さらに，事業所委員会は，雇用の確保と促進についての提案をなし

---

[33]　BAG Beschluss v. 23.01.2008, AP Nr 14 zu § 14 AÜG.

得る（事業所組織法92ａ条）。事業所委員会は，労働者派遣のポストを基幹労働者のポストへ転換することを提案し得る[34]。調査によれば，19％の事業所において，労働者派遣を基幹雇用にするという，派遣労働者の直接雇用を実施している[35]。かなり多くの事業所でこうした問題に取り組んでいる。

BMWでは，2013年に，3,000人の派遣労働者を派遣先の事業所に基幹労働者として直接雇用した。BMWでは，2013年現在，１万1,000人の派遣労働者が働いている。中央事業所委員会の委員長，ショーホ氏によれば，2013年初頭では，１万3,000人の派遣労働者が派遣されていたが，企業サイドは，派遣労働者の数を示すのは拒んでいたとされる。3,000人の必要な専門的労働力を選抜し，いったん彼らを派遣会社が解雇し，BMWに雇い入れたという。労働者派遣を削減し基幹労働力を増やすことが，交渉の重要な関心であったので，成功であったと述べる[36]。訴訟にもなった先のライプツィッヒでは，1,100人の派遣労働者と2,800人の基幹労働者がいる。労働者派遣の期間雇用への転換が達成されたというのは，重要なシグナルであると事業所委員会では述べている[37]。

2014年には，さらに，派遣労働者の直接雇用化を図ることになり，ドイツ全体で74万5,000人の基幹労働者がいるなか，約6,500人に派遣労働者を制限し，派遣労働者の割合を約８％にまで制限するのがBMW事業所委員会の目的であるとされる。2012年に約１万2,000人いた派遣労働者と比べれば，約半数になると報じられている[38]。

エアバスでは，2020年までの雇用保障のため，2012年に，事業所委員会と使

---

[34] Rieble, a.a.O., S. 88.
[35] Wassermann/Rudolph, Leiharbeit als Gegenstand betrieblicher Mitbestimmung, S. 24.
[36] http://www.berliner-zeitung.de/wirtschaft/bmw-flexible-festangestellte-statt-leiharbeiter,10808230,19485830.html
[37] 半面で労働者側は，売れ行きが後退した場合，生産を縮小し停止するために，休暇を命じるという譲歩をしたとされる。15日までの休暇を犠牲にして，あらゆるシフトを削減することに将来的には応じざるを得ないと述べる。一人の従業員に対して8,000ユーロにもおよぶ成果報酬は支払われなくなり，時間外労働は，労働時間口座で，貯蓄されることになる。
[38] http://www.faz.net/aktuell/wirtschaft/unternehmen/automobilindustrie-60-000-leiharbeiter-auf-der-kippe-12168706.html

用者との間で交渉がもたれ，派遣労働者を制限し，300人の派遣労働者を基幹労働者として雇用することが約された。教育訓練生もこの直接雇用引受けの対象となる。生産性を改善でき，フレキシビリティが模索される限りでは，長期に合意が継続することになり得るという[39]。

派遣先事業所にとっては，現代における奴隷労働とも言われる派遣労働者を多く使っているというのが，企業にとってのイメージにも関わる。派遣労働者の直接雇用化により，企業イメージのダメージを防ぐことが可能となる。派遣労働者にとっては，基幹雇用に転じることができるというのは，切なる希望であり，それが事業所委員会での参加を通じて実現しているのが示されている。

事業所委員会による労働者派遣へのコントロールは，量的には，派遣労働者の割合の制限（クオータ制）によって，行われている。事業所での法的な権限として，事業所組織法95条に基づく選択基準，99条に基づく雇入れにあたっての同意権が，事業所委員会には残されている[40]。

自動車会社オペルと事業所委員会は，基幹労働者の3％まで派遣労働者でポストを充たすことができるという事業所協定をボッフムにおいて締結している[41]。目的は，予想される余剰人員からポストを埋めるのが目的とされる。事業所協定は次のような内容である。

「1．派遣労働者は，ボッフムの工場では，次のような措置により，一時的に，雇い入れられ，雇用される。

2．派遣の前には，当該ポストが自らの基幹労働者によって埋められるかどうかを審査する。これには次のような措置がある。

―給付減少の労働者（疾病ある労働者）や中高年の利用

―最長4週間の時間的な制限との関係で派遣労働者の派遣の前に終了する，期間の定めのある労働契約の延長

―工場Ⅰ，Ⅱ，Ⅲの余剰人員の活用

---

39　http://www.abendblatt.de/wirtschaft/article2039049/Airbus-will-weitere-300-Leiharbeiter-uebernehmen.html
40　Rieble, a.a.O., S. 97.
41　Betriebsvereinbarung Leiharbeit im Zusammenhang mit einer Business- Mall（Opel, 29.3.2004）.

さらに，派遣の前には，リュッセルハイムやカイザースラウテルンの工場からの従業員が利用され得るかを，審査する．（…）
4．派遣労働者の数は，その都度の基幹労働者の最大3％に達する．人員を必要とする理由は，事業所委員会に通知しなければならない．
5．派遣労働者の派遣には，派遣元の労働協約による拘束に基づき，派遣元が協約賃金を支払うのが前提となる．その額により，一度限りの手当や（例えば，クリスマス手当や休暇手当のような）一回限りないし特別な支払いも含む，派遣元によって支払われるべき賃金が，オペルのプレミアム・グループに沿うものとなる．
6．派遣労働者が，どの主な分野（粗造の組立て，組立て，最終組立てなど），どのライン，シフトに入るのかを定める．
7．基幹労働者を派遣労働者によって置き換えられることは，あってはならない．（…）」

　調査によれば，調査対象の35％の事業所において，派遣労働者数の制限の合意が締結されているとされる[42]。比較的多くの事業所において，事業所協定による派遣労働者数の制限が合意されているのがわかる。ちなみに，同じ調査で，8％の事業所委員会において派遣期間の制限，19％の事業所委員会において，教育訓練の決定に参加している。事業所委員会にとっては，基幹労働者のポストの維持・確保が至上命題であり，重大な関心事である。経営者にとっては，人事コストを削減し，季節的な仕事のピークを考えて人事投入したい反面で，（特に工場において）派遣労働者を多く使用しているというのが企業イメージに関わっており，あまり派遣労働者を多くできない事情もある。これが，経営者にとっては若干の負担となり得るが，結果的には，常用代替防止に役立っている。

---

[42] Wassermann/Rudolph, a.a.O., S. 24. こうした派遣労働者数の制限についての事業所委員会の取り組みについては，藤内和公・前掲書348頁。オペル，ダイムラー社，などの例が分析されている。

## 3　社会的事項に関する共同決定

　事業所組織法87条では，次のような事項（社会的事項と呼ばれる）に関して，事業所委員会と使用者との間で，共同して決定しなければならないとされる。実際には，事業所協定と呼ばれる協定を締結する。このような事項を共同決定事項と呼び，かかる事業所委員会の権利を共同決定権，こうした使用者の義務を共同決定義務と呼ぶ。

「(1)事業所委員会は，法律又は，労働協約のない限り，以下の事項に共同決定しなければならない。

1　事業所の秩序の問題，及び，事業所における労働者の行為
2　休憩を含む一日の労働時間の開始と終了，ならびに個々の週の労働時間の配分
3　事業所に通例の一時的な労働時間の短縮と延長
4　賃金支払いに関する時期，場所及び種類
5　使用者と参加労働者との間で合意が付与されない場合，一般的な休暇の原則の作成および休暇計画，ならびに，個々の労働者の休暇状況の確定
6　労働者の行為や給付を監視するために定められる技術的な設備の導入と利用
7　法律上の規定又は労働災害防止規定の範囲内での労働災害と職業病防止の規則，並びに健康保護に関する規則
8　事業所，企業，コンツェルンに利用が限られている，社会的施設の形態，構築，管理
9　労働契約関係の成立を考慮して労働者に貸し出される，住居の割当て及び解約及び利用条件の一般的な決定
10　事業所の賃金形成，特に，報酬の原則の作成，及び，新たな報酬方法の導入と適用ならびに，その変更
11　出来高ないし，プレミアムの数式の規定，及び，金銭的要素を含むこれと比較可能な成果に関連した賃金
12　事業所提案についての原則
13　グループ作業の実施に関する原則；この規定の意味におけるグループ作業とは，事業所の経過の範囲内で，労働者のグループが，これに委ねられ

た全体の任務を本質的に自らの責任で処理する場合に，いえる。
(2) 1項による事項について合意が成立しない場合には，仲裁委員会（Einigungsstelle）が決定する。仲裁委員会の裁定は，使用者と事業所委員会の合意を補充する」。

このうち，派遣先の事業所委員会が，使用者の決定への参加が問われるのは，主に次のような事項と理解されている。

社会的事項については，
―労働時間とその延長（事業所組織法87条2号，3号）
―事業所の秩序（1号）
―休暇の原則設定（5号），監視（6号）
―労働災害・職業病防止ならびに健康保護（7条）[43]
このうち特に重要な役割を果たしているものについて，詳細に検討する。

### a) 労働時間の一時的な短縮及び延長

まず，事業所では，もともと，労働時間の配分，労働時間の一時的な短縮及び延長は，共同決定に服する。通常の労働時間の長さは，共同決定から除かれる。労働時間の配分に関わるのは，日々の始業時刻と終業時刻，休憩時間，及び週の労働日への労働時間の配分である。事業所委員会は，労働契約上規制される総労働時間の長さには，関われないが，総労働時間の週への労働時間の配分には関わり得るというものである。労働時間の短縮または超過勤務の同意にあたり，事業所委員会の同意を得ることを義務づけている（労働時間とその延長（3号））。問題は，労働者派遣の場合に，派遣先の事業所委員会がこうした権限があるかであるが，これには，派遣先も権限があると解されている[44]。

派遣先の時間外労働規則によって，派遣労働者の週の契約上の労働時間を超えている場合でも（超過労働），派遣元は，そもそも，派遣契約において，派遣労働者についての指揮命令権を派遣先に譲渡しているのが通常である[45]。

派遣労働者は，通例の週の労働時間が週35時間を超えている派遣先事業所に

---

43 Thüsing, AÜG, § 14, Rn. 118 f.f.
44 BAG Beschluss v. 19.6.2001, NZA 2001, S. 1263.

第6節　派遣労働者の事業所委員会を通じた企業の決定への参加　255

派遣され，派遣先事業所の労働時間が派遣労働者に適用されていたというケースにおいて，事業所委員会が，かかる場合には，事業所組織法87条1項3号による共同決定権が，派遣先事業所委員会に帰属しているとの確認の訴えを求めた事件において，連邦労働裁判所は次のように判示して，派遣先事業所委員会の共同決定権を確認した。「契約設定者が超過勤務の給付を派遣先事業所において適用される事業所に通例の労働時間の長さまで命じることを派遣先に委ねることで，派遣先事業所での共同決定権の保護が，派遣労働者から奪われてはならない。この権限は，派遣先に対して，派遣契約におけるこれに対応した合意によってのみ認められる。派遣の時点まで，派遣先によってなされる合意に基づいて，派遣労働者が週35時間の労働を超える労務の提供まで動員されるということが確認される場合には，労働時間の延長についての決定は，契約設定者（訳注：派遣元）にある。これと異なることがいえるのは，派遣先事業所における派遣労働者に対して，派遣先の後の決定に基づいて，超過勤務が命じられる場合であり，この命令が派遣先事業所において通例の労働時間の一時的な延長をもたらす場合のみである。なぜなら，この場合，共同決定義務のある規制の問題が，事業所委員会管轄の派遣先事業所に関連して，提起される。このことは，使用者によって危惧される，二つの事業所委員会の二重の権限を，排除する。」と述べて，派遣先事業所における派遣労働者が，派遣先の後の決定に基づいて，超過勤務が命じられる場合であり，派遣先事業所で通例の労働時間の一時的な延長に導かれる場合，派遣先事業所委員会に対し，超過勤務・労働外時間についての共同決定権が確認されるとしている[46]。そして，二つの事業所委員会，派遣先と派遣元事業所委員会がそれぞれが共同決定権を有している，という二重の権限は，認められないとしており，派遣元の事業所委員会の共同決定権が失われることになる。

　事業所委員会は，労働時間の配分，労働時間の一時的な短縮及び延長にあ

---

45　Rieble, a.a.O., S. 86. 事業所組織法87条1項3号における労働時間の一時的な延長又は短縮に関しては，延長と短縮は区別される。労働時間の短縮については，派遣元に対する派遣労働者の労働契約上の請求権とは関わらない。労働時間の短縮については派遣先事業所のみが共同決定し得る（Rieble, a.a.O., S. 85）。
46　BAG Beschluss v. 19.6.2001, NZA 2001, S. 1263.

たって，従業員の諸利益を擁護するため，共同決定し得ることになる。実際の実務では，60％の派遣労働者が，派遣先の要請により時間外労働に応じていると述べている[47]。また，派遣先は，事業所委員会と共同して，派遣労働者に対して一定のシフトを割り当てることができる。BMW（へのインタビューによれば）では，労働時間口座を導入しているが，これにあたって，事業所協定を派遣先として事業所委員会と締結し，実施している[48]。

b) 事業所の秩序（事業所組織法87条1号）

事業所の秩序に関する権限については，事業所委員会の参加は，派遣先のみで行われると解されている。派遣先は，事業所における組織権能を内在的に有しているからである。共同決定は，使用者の命令権のコントロールに資する[49]。事業所での共同決定は，例えば，喫煙禁止についても，及ぶ[50]。監視カメラの導入，労働安全保護のためのハンドブックについても及んでいく。これらの事項については，派遣先事業所が共同決定権を行使し得ると解されている。

c) 賃金形成と同一賃金原則

次に，賃金については，派遣元が支払うことになっている。このため，派遣先事業所委員会は，派遣元が労働者に支払う賃金については，影響可能性がない[51]。しかし，事業所組織法87条1項10号による共同決定は，企業の利益に向けられ，また，随意な賃金形成から，労働者を保護し，ここでは，事業所内の

---

47　Wassermann/Rudolph, a.a.O., S. 26.
48　650人を抱える自動車産業の事業所委員会の代表は，少ない時間給で働かせるには，どれだけ時間外労働をさせるかによる。事業所委員会の義務は，従業員のグループの間で正しい給付に配慮することであるが，それは困難であり，またほとんど無理であると述べている（Wassermann/Rudolph, a.a.O., S. 22.）。
　　900人の従業員のうち，400人の派遣労働者を抱える電子関連の事業所では，派遣労働者が基幹労働者よりも多く働いていることが明らかにされている。また，別の事業所では，派遣労働者が時間外労働をすることにより，不服が少なくなり，事業所の静穏が保たれると事業所委員会の代表が述べている（Wassermann/Rudolph, a.a.O., S.22）。
49　Kraft, Festschrift für Konzen, S. 449.
50　Rieble, a.a.O., S. 87.
51　Rieble, a.a.O., S. 86.

賃金構造の相当性と透明性を生成する[52]。労働協約による同一賃金原則からの適用除外が認められていることから、賃金ダンピングがあり得る[53]。派遣労働者が、派遣先事業所における基幹労働者よりも不利に取り扱われている場合には、派遣先事業所委員会は関与し得る。BMWでは、派遣先事業所委員会のイニシアティブにより、事業所委員会と使用者との交渉の結果、派遣先での同一賃金が実現している。(基幹労働者を中心とした) 金属労組が使用者団体と締結した金属産業労働協約があるが、これを契約上参照させることとし、これを実現している。

ヴァッサーマンとルドルフ両氏による実態調査によれば、201人以上の事業所では、15％の事業所において、事業所委員会が参加権により同一賃金の原則に関与している[54]。しかし、小さな事業所では、ほとんど行われていないとされる。全体として、同一賃金の領域には、事業所委員会が、わずかな事例でしか参加できていないとされる。派遣先の事業所委員会にとっては、同一賃金の適用は、困難な問題となっていると説明されている[55]。

## 4　経済的事項に関する共同決定

派遣のポストが削減される場合には、事業所の縮小にあたり、組織変更ないし社会計画 (102条以下) は、適用されると解されている[56]。従業員の参加については、20人以上の企業を対象として、組織変更につきドイツの労働組合とは別個の従業員の代表組織、事業所委員会 (Betriebsrat) に通知しこれについて協議することを義務づけている[57]。組織変更が行われるべきかどうか、また、いつ、どのような形で行われるかについて規定づくりをするのである (利益調

---

52　BAG Beschluss v. 31.1.1984, AP Nr. 3 zu § 87 BetrVG 1972 Tarifvorrang.
53　Kraft, Festschrift für Konzen, S. 453.
54　Wassermann/Rudolph, a.a.O., S. 24.
55　Wassermann/Rudolph, a.a.O., S. 24.
56　Rieble, a.a.O., S. 94.
57　事業所組織法111条1項は、「原則的に20人の選挙権のある労働者を有する企業において、企業は、従業員または従業員の重要な部分について重大な不利益を帰結し得る予定中の組織変更について、事業所委員会に対し適宜かつ包括的に通知し、事業所委員会と予定中の組織変更について協議しなければならない」と規定する。

整Interessenausgleichという)。組織変更が問題になるのは(事業所組織法111条3文)，事業所の縮小，閉鎖(1号)，移転(2号)，合併，分割(3号)，事業所の組織・目的，または事業所施設の根本的な変更(4号)，新たな労働手法および開発手続の導入(5号)である。つまり，合併，吸収合併，分割，解雇等の場合に，かかる組織変更として扱われる。

この組織変更で主に問題になるのは，事業所全体または重要な事業所の部門の縮小および閉鎖(1号)がある。事業所の縮小とは，物的な経営手段の縮小を指し，そのうち労働者に経済的な不利益を与えるものと解されている。連邦労働裁判所の判例によれば，差し迫った経営を理由とした従業員の人員削減は，物的な経営手段の縮小を指し，かつ，労働者に経済的な不利益を与えるものであると解されている[58]。

ただし，一定規模の人員削減でなければならず，その要求される規模の基準は，解雇制限法17条の大量解雇規定が予定する数とパーセントの基準による[59]。つまり，21名以上59名までの労働者を擁する事業所では，6名の労働者，60名以上499名までの労働者を擁する事業所では，労働者の10%あるいは26名の労働者，500名以上の労働者を擁する事業所では30名の労働者を解雇する場合でなければならない。

これらの基準を充たす場合に経営を理由とした解雇は，本号でいう事業所全体または重要な事業所の部門の縮小であると解される。例えば，600人の解雇者数は，全従業員の5%に充たさない場合，これによって人員削減の要求される数を充たさない場合，連邦労働裁判所は，「事業所の縮小ではない」と判断している[60]。

支配的な見解は，派遣労働者の削減は，事業所組織法111条3文1号(事業所の縮小)，112a条(利益調整)の適用下にないと解する。これらの規定は，

---

[58] BAG Urt.v. 15.10.1979, AP Nr. 5 zu § 111 BetrVG 1972 ; BAG Urt.v. 22.1.1980, AP Nr. 7 zu § 111 BetrVG 1972.

[59] BAG Urt.v. 22.05.1979, AP Nr. 3 zu § 111 BetrVG 1972.

[60] BAG Urt.v. 22.1.1980, AP Nr. 7 zu § 111 BetrVG 1972. 高橋賢司「ドイツにおける企業再編と従業員代表組織の参加制度」毛塚勝利編『事業再構築における労働法の役割』(中央経済社・2013年) 425頁 (426頁)。

労働契約関係の存在を前提にしており，業としての労働者派遣の場合，派遣労働者と派遣先との間には，労働契約関係が存在しないからである。112条，112ａ条の意味や目的も，継続的な雇用の可能性がない，事業所に所属しない労働者の不利益を調整するものではない[61]。派遣先事業所内で，ポストの喪失が予定される場合に，従業員の不利益を調整するための社会計画（例えば，配転措置，解雇の補償金など）が予定される場合，派遣労働者には適用がない[62]。

これに対して，派遣期間の経過により，派遣労働者が派遣されていたポストがなくなった場合には，別であり，この場合には，人員削減により，組織変更が問題になり得る[63]。

## 五　被選挙権者と事業所の構成員性の問題

かつては，事業所委員会の選挙については，判例によれば，事業所に構成する労働者である必要があった。事業所の構成員性には，「事業所の所有者との労働関係」と「事業所組織への編入」が必要とされた。派遣労働者の場合，派遣先の事業所における派遣労働者はこれらの要件を充たしていないとされた。労働者派遣法14条では，次のように規定される。

「(1)派遣労働者は，派遣先でのその労働の提供の期間の間も，派遣元の事業所の構成員にとどまる。

(2)派遣労働者は，派遣先企業における監査役会における労働者代表の選挙に

---

[61] Schüren /Hamann, AÜG, 4.Aufl., München, 2010, § 14, Rn. 351. Ebenso Thüsing, AÜG, 3.Aufl., München, 2012, § 14, Rn. 184 ; Boemke/Lempke, AÜG, 3.Aufl., Frankfurt. a.M., 2013, § 14, Rn. 152 (Boemke).

　例えば，これに対して，リーブレ教授は，30％従業員がいなくなった場合に，これによって，労働組織としての事業所が著しく変更されるのは，疑いがない。この従業員の30％が通常の労働者なのか，それとも，派遣労働者なのかは，組織単位としての事業所にとっては差異をもたらさない。したがって，組織変更の要件が肯定され，少なくとも，企業には事業所委員会に対する通知義務ないし協議義務が生じることになる（Rieble, a.a.O., S. 95f.）。

[62] Schüren/Hamann, AÜG, § 14, Rn. 353 ; Boemke/Lempke, AÜG, § 14, Rn. 152 (Boemke).

[63] Schüren/Hamann, AÜG, § 14, Rn. 352.

あたり，また，派遣先企業の事業所組織法上の労働者代表の選挙にあたり，被選挙権者ではない。派遣労働者は，かかる労働者代表の面会時間に訪問する権限を有し，派遣先における事業所集会ないし年少者集会に参加する権限を有する。事業所組織法の81条，82条1項，及び84条ないし86条は，派遣先で職務を行う派遣労働者に関しても，派遣先に適用される。

(3)派遣労働者の労働の提供の受け入れ前に，派遣先の事業所委員会は，事業所組織法99条により，参加し得る。その際，派遣先は，事業所委員会に対して，12条1項2文により派遣元の文書による説明を提出しなければならない。さらに，派遣先は，12条2項による派遣元の通知を遅滞なく事業所委員会に知らせる義務がある。

(4)1項および2項1文および2文ならびに3項は，連邦職員代表法の適用についても文字通り適用される」と規定される。

2001年6月23日の事業所組織法の改正法により，「選挙権者は，満18歳以上の事業所のすべての労働者である。他の使用者の労働者が労働の提供のため派遣され，この者が3ヶ月以上事業所に派遣される場合，選挙権を有する」と規定される（同法7条）。つまり，労働者は，3ヶ月以上の派遣先事業所における派遣により，派遣先事業所において，選挙権を有することになる（同法7条2文）。これにより，他の株式会社の労働者の投入による基幹労働者の侵食に対抗するために，周縁的な労働者から基幹労働者へ転換できるようにした[64]。但し，労働者派遣法14条2項によれば，派遣労働者の派遣先事業所委員会での被選挙権は認められていない。

さらに，事業所組織法9条によれば，
「事業所委員会は，原則として，事業所において，次の数の委員から成る。
5から20人の選挙権のある労働者の事業所においては，1人，
21人から50人の選挙権のある労働者の事業所においては，3人の委員，
51人から100人の選挙権のある労働者の100人の事業所においては，5人の委員，
101人から200人の労働者の事業所においては，7人の委員，

---

[64] Erf. Komm, 13.Aufl., München, 2013, AÜG, §14, Rn. 6（Wank）.

(…)

7,001人から9,000人の労働者の事業所においては，35人の委員」と規定される。

確定した判例によれば，事業所に所属する労働者とは，事業所の所有者と労働契約関係を有し，かつ，使用者の事業所組織に編入している労働者である。「派遣労働者はこの要件を充たしていない。なぜなら，労働者派遣は，使用者と派遣先の労働契約上の関係がないことによって特徴づけられるからである」[65]（a事件）。

また，別の事件で，派遣元事業所での派遣労働者の被選挙権が問われ，連邦労働裁判所は，この権利を肯定し，派遣元での事業所委員会選挙の有効性を認め，取り消しえないとした[66]。裁判所は，「事業所組織法7条1項による選挙権，及び，事業所組織法8条1項1文による被選挙権があるのは，事業所所属性のある労働者のみである。これは，労働者が，事業所所有者との労働契約関係に立ち，使用者の事業所組織内で従属的な労働関係を提供する労働者である。この事業所所属性の構成要件に該当するのは，労働者が，原則的に労働契約によって成立し，例外的に，法律によって（例えば労働者派遣法10条）によって成立するが，さらに，使用者の経営組織への編入によって成立する，事業所所有者との労働関係である」という一般論を説示した後，この事件では，ドイツの派遣会社が自らの名前で労働契約を締結し，他企業へ労働者派遣をしていたが，使用者（派遣会社）の「N事業所では就労せず，同社の経営組織には編入していなかった。それでも，労働者は，労働者派遣法14条1項に従い，その都度のコンツェルン企業内の事業所での労働提供にもかかわらず，事業所組織法上派遣させていた使用者の構成員であり，これによって，事業所組織法7条1項，8条1項1文の意味における事業所所属がある」と判断した（b事件）。

a事件，b事件ともに，事業所委員会の規模（委員の数）を決定する際には，法解釈上，①労働者が，事業所所有者との労働契約関係に立ち，②使用者の事

---

[65] BAG Beschluss v. 10.3.2004 AP BetrVG 1972 § 7 Nr. 8.
[66] BAG Beschluss v. 20.4.2005 NZA 2005, S. 1006. 多国籍のコンツェルン内の派遣が問題になり，派遣される従業員が，事業所委員会の選挙に計算に入れられるかかが問題となった。

業所組織内で従属的な労働関係を提供していることである[67, 68]。

しかし，判例に対する批判としては，事業所組織法7条と9条の解釈を総合すると，派遣労働者は，派遣先事業所において，事業所委員会の選挙権はあるが，事業所委員会の規模（委員の数）を決定する際には，派遣労働者はカウントされないという結果になってしまう，ということが挙げられている[69]。

こうした判例及び学説の理解では，派遣労働者の派遣により，人的なコストの削減も可能になってしまう。同法9条などにより，派遣労働者が事業所成立のための数に数え上げられないならば，派遣先の事業所委員会は，自動的に小さくならざるを得ず，それゆえ，（人的なコストの削減も可能であるため）使用者にとってはコスト的にお買い得となってしまう。この間引きが，事業所の利益代表の目的に矛盾している場合には，これらのことは受け入れられない[70]。また，基幹労働者の一部分が長期にわたって派遣労働者によって置き換えられるならば，事業所委員会での委員の数が減少してしまう。この判決は，EU2008/104指令に一致しない。7条2項によれば，派遣先事業所において，労働者代表の設定にあたって，派遣労働者をカウントし得ることを，加盟国は予定しうる（第2章第4節）[71]。

事業所組織法9条の意義と目的は，事業所委員会の利益と権利を代表する，事業所委員会の委員数が，事業所の構成員の労働者の数に相当に比例することを確保することにある。それゆえ，事業所組織法9条によれば，事業所委員会の委員の数は，従業員の規模に拠っている。同法9条等の枠内で算定する際に，

---

67 Vgl. BAG Beschluss v. 10.3.2004 AP BetrVG 1972 § 7 Nr. 8
68 クロイツ教授は，9条の事業所の構成員性は，事業所の所有者との労働契約関係だけでも，事業所との実際上関係（実際上の編入）だけでも，足りないと説く。その双方が必要とされる（蓄積理論と呼ばれる）。労働者派遣法14条2項において，派遣労働者が，派遣先企業の事業所組織法上の労働者代表の選挙にあたり，被選挙権者ではないこと，また，同3項において，派遣労働者の労務の提供の受け入れ前に，派遣先の事業所委員会は，事業所組織法99条により，参加し得ると規定されていることからすると，（派遣労働者のように）実際上の編入だけでは，法律は事業所の構成員性を認めるということにはならないという証左に他ならないと述べる（Kreutz, in: Kohte/Dörner/Anzinger (Hrsg.), Festschrift für Wissmann zum 65. Geburtstag, München, 2005, S. 364 (368f.))。
69 Thüsing, § 14, Rn. 63 ; Rieble, a.a.O., S. 72 ; Schüren, SAE, 2004, S. 165.
70 Brors/Schüren, BB 2004, S. 2745 (2751).
71 Thüsing, § 14, Rn. 63.

派遣労働者と期間の定めのある労働者との間を異なって扱う理由は存しない[72]。
　基幹労働者が派遣労働者などに置き換えられていくのも，時間の問題である[73]。
　さらに，立法趣意書によれば[74]，同法7条2文（派遣先事業所委員会での派遣労働者の選挙権の付与）により，派遣先への事業所所属性が認められるとしている。これは，9条の枠内で，事業所委員会の成立のために労働者数を数える際，派遣労働者が一緒に数え上げられることを意味する[75]。
　判例では，①労働者が，事業所所有者との労働契約関係に立つこと，②使用者の事業所組織内で従属的な労働関係を提供していること，という二つの要素が必要としている。しかし，①と②の要素が必要であるといっても，通常，派遣労働者は，派遣先の事業所内で編入しているのだから，論理的には，派遣元への事業所所属性はないことになりそうである。しかし，それでも，判例は，労働契約関係を重視して，派遣元への事業所所属性を認めている[76]。結局，①の労働契約関係がどこにあるかのみで，事業所所属性を説いていることになる。特に，上記のb)の二つ目の判決を見るとき，このことは，顕著である。この事件では，②の要素の充足性は否定され，①の要素のみで，派遣元への事業所所属性は肯定されている。
　以上の議論は，判例によれば事業所委員会の成立には数え上げられない派遣労働者の増加により，企業が，事業所委員会を作らないでよい規模となり，共同決定のルールを逸脱することを可能にしてしまう。共同決定の力を無力化させないため，いかに解するかという深刻な解釈上の問題である。先のヴァッサーマン/ルドルフ氏の調査によれば，82％の事業所において，2006年の選挙において，約3万2,000人の選挙権のある基幹労働者に比して，約1万500人の選挙権のある派遣労働者がいたとされる。派遣労働者は，選挙権者の約25％を占めている[77]。全体のかなり大きなウエートを占めているといえる。同調査に

---

72　Brors/Schüren, BB 2004, S. 2751.
73　Brors/Schüren, BB 2004, S. 2751.
74　BT-Drucks. 14/5741, S. 36.
75　Däubler, AUR, 2001, S. 285 (286).
76　Thüsing, § 14, Rn. 14.

よれば，約30％の事業所委員会が，選挙権のある派遣労働者の数を算入するように，使用者側と合意を締結している。派遣労働者の割合が多い事業所では，43％の事業所が，こうした合意をもとに，選挙権のある派遣労働者の数を割合に算入している。約1割弱の事業所では，派遣労働者のほうが基幹労働者よりも多いと説明されている。このように，選挙権のある派遣労働者の数を算入しているとすると，約43％の事業所において，事業所委員会が代理して交渉するケースが，より多くなると答えている。これに対し，約70％の事業所では，選挙権のある派遣労働者の数を算入すべきであるとの使用者と事業所委員会との間の合意はないとされる。

## 六　小　括

　従業員代表組織である事業所委員会は，使用者の一方的な決定権限を制限するために，設置される。ドイツでは，派遣先の事業所において，一定程度参加権が認められることとなっている。労働者派遣に対しては，事業所委員会は，かなり柔軟な対応をしているようである。調査によれば，派遣労働者を一般的に廃止するあるいは排除するという強行的な目的を有している事業所委員会は，全体の25％にすぎない。これに対して，派遣労働者を受け入れ，同等に扱っていこうと試みる事業所委員会は，32％，フレキシビリティのクッションとして利用しようとする態度であるのが，43％となっている[78]。ややプラグマチスティックな事業所委員会が圧倒的に多い。そして，派遣労働者の数が事業所に増えると，それだけ代表する任務を負うため，追加的な任務を引き受けることになる。これにより，かなり多くの事業所委員会が，著しい過剰な負担を負っていると感じている[79]。派遣労働者を受け入れることにより，克服し得ない困難に直面しているとされる。雇用社会の中で派遣労働者を孤立させず，保護のネットの中に包摂させることは，労働法的には重要なことである。その際，従業員代表組織は，使用者の一方的な権限から基幹労働者及び派遣労働者を保護

---

77　Wassermann/Rudolph, a.a.O., S. 13.
78　Wassermann/Rudolph, a.a.O., S. 16.
79　Wassermann/Rudolph, a.a.O., S. 28.

し，とりわけ，派遣労働者の利益を擁護することが求められる。しかし，派遣労働者の取り囲まれた状況が困難な状況であるがゆえに（派遣先での同一賃金の困難さ，派遣労働者と基幹労働者の葛藤・摩擦の回避，派遣労働者の制限や直接雇用化の難しさ），それだけ，ドイツの事業所委員会には，その代表任務の困難性が生じているといえる。

それにもかかわらず，まず，派遣労働者の派遣，格付けにあたって，同意権の付与権が一定の場合に事業所委員会には認められ得る。特に，派遣労働者の派遣そのものについて，事業所委員会が同意を拒む事件が漸増している。

また，基幹労働者の派遣労働者への置換えを懸念する事業所委員会は，派遣先での派遣労働者の直接雇用化や派遣労働者の削減にも取り組んでいた。これが，結果的に，常用代替防止に寄与している。法律そのものによって，こうした問題に取り組むのが，使用者の営業の自由の壁のために困難であるのに対して，事業所の自治のなかで，他国にも見い出しがたい魅力ある実務が発展しつつあり，大変興味深い。日本法では，直接雇用化を果たすために，派遣先への直接雇用を団交で求めたり，違法派遣の場合に派遣先での雇用確認を裁判所に求めたりしているが，いずれも十分には成功していないのとは，大きく異なっている。しかも，日本法では，直接雇用化にあたって，派遣先の使用者の一方的な決定によって人選を行っているのに対して，これらが交渉の対象となっている点がドイツ法の実務の優れた点である。

さらに，超過勤務，時間外労働の削減というプリミティブな役割において，事業所委員会は重要な機能を果たしている。派遣労働者が，超過勤務に応じざるを得ない状況の中で，事業所委員会の関与の下で，派遣先の使用者の命令権を縮減しようとしている。

同時に，時間外労働の問題を含めて，ドイツの判例では，派遣先に事業所委員会の参加が認められるかどうかの基準は，「事業所所有者との労働関係」と「事業所組織への編入」が認められるかどうかによるとされているものの，最終的には，派遣労働者に関わる措置の場合に，派遣元の事業所委員会または派遣先の事業所委員会が共同決定し得るかは，いずれの事業所が（派遣元，あるいは，派遣先が）決定を行っているかによる[80]。集団的労使関係において，従業員代表組織が交渉を求める場合に，形式的な労働契約関係の有無にこだわら

ないのは，法律学のロジックとしては正しいといえる。

　いずれも，監督行政を念頭に置いた労働者派遣法の国家的な保護のシステムとは別に，雇用社会の中で，従業員代表による民主的なコントロールによって，使用者の権能を制約し，派遣労働者の保護を図りつつ，基幹労働者をも保護しようとしている。こうした従業員代表の役割は，また発展の途にあるところで，よりいっそうの発展の余地を残していると思われる。奴隷労働あるいはこれに類似する悪名高いものとされる労働者派遣に対して，大企業もコンプライアンスに十分配慮して，集団的な自治の枠内で，よりクリーンな人事管理に乗り出す，現代の大企業の姿が投影されている。

---

80　BAG Beschluss v. 19.6.2001, NZA 2001, S. 1263 ; Thüsing, AÜG, § 14, Rn. 100 ; BAG Urt. v. 17.6.2008, AP Nr. 34 zu § 99 BetrVG 1972 Eingruppierung.

第4章

# 日本法をめぐる状況と将来像

## 第1節　雇用の安定性をもたらす労働者派遣政策とは

　わが国の労働者派遣を考える際，忘れ難いのは，2008年以降リーマンショック時の派遣関係の終了により派遣元から期間満了を理由として労働契約を終了させられたり，あるいは，派遣元から労働契約を経済的な理由により解約されたりした，いわゆる派遣切りが多く行われたことである。職も住む場所も失った人たちを救うため，「年越し派遣村」が設立され，その動きは全国にまで波及した。労働者派遣や期間雇用による貧困問題が焦点となっていた。秋葉原・無差別殺傷事件の被告人が，派遣労働者であり，職場やネットから孤立した若者の姿がクローズアップされたため，労働者派遣をはじめとした若者をめぐる雇用のあり方が問われた。

　内閣府の調査では，ニートの状態にある若者のなかには職歴のない者もいるが，何らかの職歴がありながら，離転職，失業，ニートの状態を繰り返しているのが一般的である[1]。不安定雇用と称される非正規雇用者，派遣労働者の雇用は，容易に終了し，正社員として雇用されることなく，失業と不安定雇用を繰り返す。人々が不平等に感じるのは，このサイクルから逃れることができないことによってである。このため，冒頭に述べた通り，非正規雇用や労働者派遣と失業を繰り返すだけとなり，セカンダリーな労働を提供する者に転じ，現代において非正規労働や労働者派遣は，自己の状態を自己の意思と努力によって変えられない，一種の「身分」としての性格を有するに至っているといえる。

　大方の人にとっては，派遣切りやネットカフェ難民，秋葉原の無差別殺傷事件（さらには東日本大震災さえ）が忘却のかなたにあったとしても，雇用社会の基本構造は変わっておらず，貧困の問題は日本社会に横たわっている。歴史的にみても，80年代に富の「格差」は最も縮小したものの，その前後では，貧困

---

[1] 社会生産性本部「ニートの状態にある若年者の実態及び支援策に関する調査研究報告書」（平成19年）70頁。

の問題は深刻そのものである[2]。雇止めを中心とする労働法の規制は，こうした問題を食い止めるには，無力なのであろうか。

この節では，EU法，ドイツ法での検討を踏まえて，わが国での労働者派遣の将来像を探る。特に，わが国では，労働者派遣法の改正をめぐってはその都度激しい批判にさらされるものの，改正法のオールタナティブ（代替案）が示されることはほぼない。本節では，上のような状況を考慮して，雇用の安定性をもたらす労働者派遣政策とは何か，というのを問うとともに，労働者派遣のあるべき法制のあり方を示す。

## 一　労働者派遣の規制と状況

### 1　はじめに

労働者派遣や業務請負の分野は，長い間，職業安定法により労働者供給事業として禁止されてきた。職安法44条では，「何人も，次条に規定する場合を除くほか，労働者供給事業を行い，又はその労働者供給事業を行う者から供給される労働者を自らの指揮命令の下に労働させてはならない」と規定されている。また，労基法6条においては，「何人も，法律に基いて許される場合の外，業として他人の就業に介入して利益を得てはならない」と規定されている（職安法44条と労基法6条の行政解釈については，以下の本章第2節一）。

しかし，現代では，必ずしも悪質な中間搾取が横行しているわけではなく，むしろ，サービス経済化に伴う職業の専門分化，外注・下請け化及び労働者のニーズにあった就業形態の必要性が次第に認識されるようになったとされ[3]，1985年に労働者派遣法が制定され，労働者派遣事業が合法化された。この時期，正社員に見られる長期雇用慣行に悪影響を与えることが懸念され（いわゆる常用代替），専門的業務（当初13業務，その後16業務，26業務まで拡大）および長期雇用を行わないのが一般的で特別な雇用管理が必要な業務（3業務）について

---

2　橋本健二『「格差」の戦後史』（河出ブックス・2009年）61頁以下，175頁以下。
3　高梨昌『詳解労働者派遣法』第3版（エイデル研究所・2007年）27頁，立法の経緯については，中島正雄「労働者派遣法の前史と制定過程」和田肇・脇田滋・矢野昌浩編『労働者派遣と法』（日本評論社・2013年）2頁が詳しい。

のみ労働者派遣事業が認められた（いわゆるポジティブリスト方式）。

　その後，1999年の労働者派遣法の改正により，「臨時的，一時的な労働力の需給に関する対策」と位置づけ，常用代替となることを防止する観点から，1年以内の一時的な業務については，労働者派遣を禁止された業務以外の業務では，原則として自由に労働者派遣を利用することが認められることになった（いわゆるネガティブリスト方式）。

　2003年改正により，派遣先の過半数労働者の代表からの意見聴取を条件に3年までの期間を定めうるとした。

　いわゆる専門業務（政令26業務）については，派遣可能期間の制限のない業務とされていた。政府は，①雇用を期間内に限定することになり，派遣労働者の雇用の安定を図れない，②期間満了直前の解約と再派遣の繰り返しにより期間を定めても実効性が確保できないとし，期間の定めは置かれないとした[4]。その上で，3年とする行政指導が行われたが，業務取扱要領を改め，政令26業務などについては派遣可能期間が存在しないことになった。これについては，派遣の継続化の容認を意味し，臨時的労働需要に応じるための派遣という本来の性格と背離するものであるとの批判があったところであった[5]。

　2003年の改正により，また，製造業への派遣も解禁され，当初その派遣可能期間は1年とされていたが，2006年3月1日から，3年まで可能となった。現在禁止される業務は，港湾運送，建設，警備，医師・看護師等医療関係である。

## 2　労働者派遣の現状（に関する認識）

　若者は，学校や大学を中退したり，卒業しても就業できずにいたりすると，パート，期間雇用，労働者派遣に入ることが多い。80年代より，第一次的な労働市場と第二次的な労働市場の分化が唱えられ，いったん非正規雇用や労働者派遣で雇用されると，正規雇用に転換されにくい。不景気になれば，雇用の調整弁とされてきた非正規雇用者や派遣労働者は雇止めや解雇の対象となり，労

---

[4] 第102回国会・衆議院社会労働委員会議事録1985年（昭和60年）4月16日16頁，同22頁以下。参議院社会労働委員会議事録1985年（昭和60年）6月6日9頁。

[5] 萬井隆令「派遣期間の制限と直接雇用申込義務」和田肇・脇田滋・矢野昌浩編『労働者派遣と法』（日本評論社・2013年）112頁（115頁）。

働市場の外へ放出され，失業者へと転じる。失業者から再び職を得たとしても，再び非正規雇用者や派遣労働者になっていく。前述の通り，ニートの状態にある若者のなかには職歴のない者もいるが，何らかの職歴がありながら，離転職，失業，ニートの状態を繰り返しているのが一般的である[6]。前提として，労働者派遣や非正規雇用の周辺には脆弱な労働者が少なくないことが指摘される。学校の未修了，引きこもりや長すぎる無業，進学猶予により，労働市場への入り口に到達せず，いったん労働市場へ参入しても，職場での人間関係でのつまづき，ミスや疾病を許容しない職場の雰囲気，就労能力の不十分さにより，雇止め・解雇を通じて，労働者は労働市場から比較的容易に締め出されている。ミュンヘン大学のリーブレ教授によれば，ドイツでも労働者派遣に入る労働者には，学校を修了していない未熟練労働者が多いという。労働者派遣の前提には，教育と教育訓練とが未熟な若者が多いということが挙げられる。

　半面で，非正規雇用や派遣労働者は，働きながら貧困にある，いわゆるワーキングプアとなりやすいのは，世界的な傾向である。かつては，非正規雇用，とりわけパートタイマーの対象は，兼業農家や（男性が家計内で生計を支える）女性が多かったといわれる。現代においては，単身者や扶養義務者が，自らの生計を支えるために，非正規雇用や労働者派遣を引き受けている。単身者や扶養義務者が雇止めや解雇の対象となれば，その経済生活上の打撃はより深刻なものとなるのは，明らかである。失業者世帯では，他に有業者がいない場合でも，実収入，可処分所得は，勤労者世帯のおよそ半分の水準であり，有業者がいない場合では，約4分の1の水準となっている[7]。雇用保険が終了した後の失業者や，又は，雇用保険を受けられない失業者にとっては，求職者支援，つまり，職業訓練給付金制度が制定された。職業訓練給付金制度は，当該職業訓練が受けられる期間のみ，求職者はかかる給付を受けられるが，職業訓練が終了した者は，同じ給付を受け続けることはできない。対象となる職業訓練も，大都市や地域の中枢都市に集中するため，地方に住んでいるために職業訓練を

---

6　社会生産性本部「ニートの状態にある若年者の実態及び支援策に関する調査研究報告書」（平成19年）70頁，小杉礼子編『フリーターとニート』（勁草書房・2005年）21頁以下，71頁。
7　平成24年度厚生労働白書145頁。

受けられない者は，求職者支援を受けられない。従来の職歴を生かすため職業訓練を受けない者も，求職者支援を受けられない結果を招いている。しかも，仮に，求職者が職業訓練給付金を受給しても，その給付額も比較的低く設定されている[8]。

　労働者派遣の場合，時間当たりの単価は高くても，日本法の場合，登録型の派遣労働者の場合，派遣されない期間の賃金が保障されない。より問題なのは，ドイツ法では，派遣元は，派遣されない期間の賃金を支払わなければならないが（第3章第1節Exkurs 4)，日本法には，こうした法規制と解釈を欠いていることである。問題の核心は，労働者派遣の制度が登録型であるかどうか，日雇い派遣が禁止されるかどうかというよりは，むしろ，派遣されない期間の賃金を支払うべき法制になっていなかったことにあると思われる。リーマン危機時の調査，厚生労働省「日雇い派遣労働者の実態に関する調査及び住居喪失不安定就労者の実態に関する調査」（平成19年）によれば，日雇い派遣労働者の7割超が34歳以下の若年層であり，短期派遣労働者の一月当たりの平均就業日数については，14日となっていた。また，3ヶ月の平均月収を見ると，13.3万円となっていた。厚生労働省「平成24年派遣労働者実態調査の概況」によれば，現在の就業中の賃金（基本給，税込みの時間給換算額をいう。以下同じ）をみると，「1,000円〜1,250円未満」が29.9％と最も高く，次いで「1,250円〜1,500円未満」，「1,000円未満」がそれぞれ20.2％となっている。「平均賃金」は1,351円となっており，これを性別にみると，男が1,495円，女が1,236円，派遣の種類別では，登録型が1,263円，常用雇用型が1,432円となっている。しかし，時間給が高くなっていったとしても，派遣されない期間が存在する限り，派遣労働者らの所得は高くはならない。所得の低い労働者（非正規労働者や派遣労働者）は，結婚や子どもづくりをしにくい。厚生労働省の「21世紀成年者縦断調査」によれば，結婚割合は，男性正社員で47.6％，非正社員で16.8％，女性正社員で36.0％，非正社員で26.0％となっており，非正社員は正社員と比較して結婚割合が低い。希望する子供の数も，男性・女性ともに非正社員の場合には，最も低く，実際

---

8　高橋賢司「日本における求職者支援のあり方と職業訓練受講給付金制度」季刊労働法232号15頁（2011年）24頁。

の子供の数についても，男性が正社員である場合には，1.79～1.9人程度であるが，非正社員の場合には1.09～1.36人となっている。いまや正社員か非正社員かは，「家族形成における格差」まで生じさせている。

　日本社会は格差社会，貧困社会であると指摘されて久しい。かつては，同じ会社内，同じ学校内，同じ業界内等，「閉じた共同体空間」のなかで競争が繰り広げられ[9]，平等の問題は処遇の画一性に向けられていた。就業規則における画一的な処理，リストラの段階における正規従業員雇用の確保等がそうである。また，有給の不取得，服務規律違反事件に代表されるように，日本の雇用社会は，画一性から逸脱する労働者の個の主張を許さない社会でもあった。その結果，平等の問題としては，閉ざされた競争空間の中での処遇の微小な差異が問題とされてきたのであった[10]。しかし，現代は，個々の会社や学校や業界を超えたところにある，「閉じた共同体空間の外部」にある大きな不平等が問題になっている。現代における不平等を削減し，貧困社会を改善すべく，日本の労働法学の力量が問われている。

## 二　平成26年改正案の経緯と内容

### 1　平成26年の改正案

　「規制改革会議」は平成25年1月23日に設置され，内閣総理大臣の諮問を受け，経済社会の構造改革を進める上で必要な規制改革を進めるための調査審議を行い，内閣総理大臣へ意見を述べること等を主要な任務とした。このなかで，雇用ワーキング・グループ座長鶴教授は，同年3月28日第1回目の会合で，ジョブ型正社員に関する雇用ルールの創設，解雇ルールの見直し（整理解雇4要件のあり方，解雇補償金制度の創設），労働者派遣の合理化，企画業務型裁量労働制の見直し，フレックスタイム制の見直し，民間人材ビジネスの規制の見直しを今後議論するとした。

　幾度も討議を重ねた上で，雇用ワーキング・グループ報告では，ジョブ型正

---

9　苅谷剛彦『階層社会と教育危機』（有信社・2001年）175頁。
10　苅谷剛彦・前掲書175頁。

社員の雇用ルールの整備，有料職業紹介事業の規制改革，労働者派遣制度の合理化を提言し，労働者派遣については，業務区別の廃止，「人」をベースにした派遣期間の上限設定（臨時的・一時的業務として最長3年までという派遣期間の上限を設定するというように，業務に応じて派遣期間の上限を設定する規制手法を，人を単位とした規制手法に転換すべきではないかとしていた），規制根拠として，「常用代替防止」から「派遣労働の濫用防止」（実態にそぐわない派遣の利用や低処遇・不安定雇用の防止）という基本理念への新たな転換，EU諸国のように均衡処遇の原則の適用が事実上の常用代替の歯止めとなるよう法整備が提言されていた[11]。

日本人材派遣協会は，前年の12月に続いて[12]，平成25年にも次のような提案を行っている[13]。

―派遣社員のキャリア形成と雇用継続を両立させるため，同一派遣先での派遣期間が3年を超えた派遣社員には，本人の希望に基づき，例えば次のような措置を行う。①派遣先企業への直接雇用の支援，②他の派遣先（紹介予定派遣を含む）の紹介，③派遣元による常用雇用[14]

―同一の派遣先（部署/業務）における，同一派遣労働者の派遣期間の上限を3年間とし，特定の労働者を派遣労働者という立場のままで，正社員のように恒常的・継続的に使用し続けることを防止すべき

―同一の派遣社員の派遣期間の基準は，派遣社員本人に着目する「人単位の期間制限」に変更

―日雇い派遣の承認・拡大[15]

---

11　規制改革会議雇用ワーキング・グループ報告。
12　日本人材派遣協会「今後の労働者派遣制度についての 基本的な考え方」（平成24年12月19日）。
13　日本人材派遣協会「労働者派遣の現状と今後の労働者派遣制度のあり方」（2013年7月26日）。
14　ただし，同一場所での派遣就業を望む派遣社員が多いことから，その就業安定を図るため，本人の希望に基づき3年経過後最長2年を限度として派遣期間を延長できることが望ましいとする。
15　家計補助のために働く主婦層や，就職活動中のつなぎ収入を得るために日雇派遣を利用していた求職者の多くが，年収制限が逆に足かせとなって，家計の補助が出来なくなっていると指摘する。

――「26業務」の区別の撤廃
――「みなし雇用」規定の撤廃
　今後の労働者派遣制度の在り方に関する研究会報告書（平成25年8月20日）を経て，平成25年末に開催された厚生労働省労働力需給制度部会では，同年12月12日において，「労働者派遣制度の改正について（報告書骨子案（公益委員案））」が示される。その後労働者派遣制度の改正について建議を経て，平成26年2月21日に労働政策審議会に対して諮問した「労働者派遣事業の適正な運営の確保及び派遣労働者の保護等に関する法律等の一部を改正する法律案要綱」について，2月28日，同審議会から厚生労働大臣に対して答申が行われ，厚生労働省は，これを受けて法律案を作成し，国会に提出した。
　改正法案は次のような内容となっている。
――特定・一般の区別を撤廃，すべての労働者派遣事業を許可制へ
――26業務という区分及び業務単位での期間制限の撤廃
――一定の場合を除き，派遣元事業主は，派遣期間の上限に達する派遣労働者に対し，本人が引き続き就業することを希望する場合は，以下の「雇用安定措置」の付与（①新たな就業機会（派遣先）の提供，②派遣元事業主において無期雇用，③その他，教育訓練，雇用の安定に特に資すると認められる措置[16]）
――個人単位の期間制限について
　　派遣先の同一の組織単位[17]における同一の派遣労働者の継続した受入れは3年を上限へ
――派遣先に対し，同種の業務に従事する労働者の賃金の情報提供，教育訓練，福利厚生施設に関する配慮義務[18]
――派遣元に対し，段階的かつ体系的に派遣就業に必要な技能及び知識を習得できるための教育訓練，職業生活の設計に関する相談機会の確保その他の援助

---

16　派遣先への直接雇用の依頼を含む。
17　組織単位は，業務のまとまりがあり，かつ，その長が業務の配分及び労務管理上の指揮監督権限を有する単位として派遣契約上明確にしたものとする。
18　同一の事業所等において1年以上継続して同一の派遣労働者の役務の提供を受けている場合，その事業所等において通常の労働者の募集を行うときは，募集に係る事項を当該派遣労働者に周知する義務も設けられる。

派遣先単位の期間制限について，詳細に述べると，以下を例外とする。①無期雇用の派遣労働者，②雇用の機会の確保が特に困難である派遣労働者で雇用継続を図る必要のあるもの（60歳以上の高齢者），③現行制度で期間制限の例外となっている日数限定業務，有期プロジェクト業務，育児介護休業の代替要員等の業務への派遣[19]。また，派遣先は，一定の例外を除き，同一の組織単位ごとの業務について3年を超えて継続して派遣労働者を受け入れてはならないものとするとしながら，派遣先が，派遣労働者の受入開始から3年を経過するときまでに，当該事業所における過半数労働組合（過半数労働組合がない場合には過半数代表者）から意見を聴取した場合には，さらに3年間労働者派遣の役務の提供を受けることができるものとする。その後さらに3年が経過したときも同様とする。

## 2　平成26年の労働者派遣法改正法案の評価すべき点

平成26年の労働者派遣法改正法案については，他の国の法制と比較して評価すべき点も少なくない。

ドイツ法においても，労働者派遣事業は許可制とされ，従来，日本法において存在した届出制については，比較的たやすく派遣事業に参入できるという問題点があった。改正法案では，特定・一般の区別を撤廃し，すべての労働者派遣事業を許可制に転じることになっている。

26業務という区分及び業務単位での期間制限の撤廃も，わかりにくい規制であったのは，立法者が考える通りである。議論の余地のあるのは，その規制の変え方である。

また，派遣の固定化を防ぎ直接雇用を推進しておかなければならない，と考えるのは正当であり，改正法案は，派遣元事業主は，派遣可能期間の上限に達する派遣労働者に対し，本人が引き続き就業することを希望する場合は，以下の「雇用安定措置」を付与（①新たな就業機会（派遣先）の提供，②派遣元事業主において無期雇用，③その他，教育訓練，雇用の安定に特に資すると認められる

---

19　これらについては，建議によれば，派遣終了により無期契約の労働者を解雇してはならないと指針に設けるほか，許可基準とする。

措置）すべきとしている。この点についても，直接雇用の推進の立法手段はほかにもあり得るところであり，この点は検討の余地があり，後に後述する。

　また，国際的にみて評価されるべき規制としては，派遣元事業主は，均衡を考慮した待遇の確保について，当該派遣労働者に説明しなければならないとしている。ドイツ法において，労働者が，派遣先の比較可能な労働者の賃金の情報提供を派遣先企業に対し求められることとしている（13条）。かかる請求権がなければ，そもそも同一賃金は達せられないのであるから，かかる規定の法制化は避けられなかったと思われる。

　さらに，改正法案によれば，派遣元事業主は，その雇用する派遣労働者が段階的かつ体系的に派遣就業に必要な技能及び知識を習得することができるように教育訓練を実施しなければならないとしている。EU2008/104指令では，6条5項aにおいて，「派遣労働者の職業的な発展と雇用の可能性を促進するため，派遣企業への教育訓練ないし継続訓練，子の養育施設についての派遣労働者のアクセス―派遣されない期間においても―を改善する」と定められている。従来学説においても，これと類似の労働者需給調整システムである職業紹介の場合には，あくまでも求人者と求職者との間の斡旋を行うにすぎないのに対して，労働者派遣の場合には，労働者の能力開発・教育訓練を通じて市場のニーズに応じて人材の育成を図りながら，その能力に適した良好な就労・雇用機会を提供することを最大の特徴としていると指摘されていた[20]。派遣元による教育訓練措置の義務化が中小の派遣会社の淘汰，派遣会社の大規模化にもつながるおそれがある。しかし，教育訓練を通じて，派遣労働者を正規雇用への道につなげるのであれば，全体としては望ましい方向性であるといえる。

　その上，改正法案は，派遣先が，当該派遣先に雇用される労働者に対して利用の機会を与える福利厚生施設については，派遣労働者に対しても，利用の機会を与えるように配慮しなければならないとしている。同指令6条4項によれば，「5条1項にも関わらず，派遣労働者は，派遣先企業において，同企業によって直接雇用される労働者と同一の条件で，娯楽施設，共同の施設，特に，

---

[20] 浜村彰「労働者派遣の今後の法的規制のあり方」日本労働法学会誌112号（2008年）44頁（48頁）。

社員食堂，子の養育施設，その交通手段について，アクセスを有する。異なる取扱いが，客観的な理由から正当化される場合は，この限りではない」。派遣先に対し，労働者の教育訓練，福利厚生施設に関する規定を創設するのは，EU法の水準に適合するものである。

同一の事業所等において1年以上継続して同一の派遣労働者の役務の提供を受けている場合，その事業所等において通常の労働者の募集を行うときは，募集に係る事項を当該派遣労働者に周知する義務も，同様にEU法の水準に比肩するもので（EU指令2008/104 6条1項，本書第2章第4節），評価しうる。

これに対し，同一賃金原則，派遣先企業への参加規定等のEU法の最重要項目については，法規制を控えたままとなっている。この点に関しては，必要な改正事項について，改正されていないという批判[21]がある。

### 3　平成26年改正法案の問題点

労働者派遣法改正の最も大きな焦点は，派遣可能期間に関する改正である。そこで，以下では，この問題について論じていく[22]。

今までと大きく異なるのは，まず専門26業種のみ無期限の派遣が可能であったのに対して，改正法案では，専門26業種の制限が撤廃され，①無期雇用の派遣労働者，②雇用の機会の確保が特に困難である派遣労働者で雇用継続を図る必要のあるもの（60歳以上の高齢者），③現行制度で期間制限の例外となっている日数限定業務，有期プロジェクト業務，育児介護休業の代替要員等の業務への派遣について，期間的に無制限な派遣が可能になる。従来1年を原則としていた派遣期間は，改正法案では3年となっている。

派遣可能期間をめぐる改正点については，学説では，批判は根強く，特に，間接雇用を固定化，常態化させることにつながることへの懸念がある[23]。

---

[21] 棗一郎「再び労働者派遣法の規制緩和は許されない」労働法律旬報1805号（2013年）20頁（22頁）。

[22] これ以外の改正点の評価については，有田謙司「『労働者派遣制度の改正について』（建議）の検討」季刊労働法244号（2014年）62頁以下が詳しい。

[23] 有田謙司・前掲論文74頁，棗一郎・前掲論文22頁，沼田雅之「『今後の労働者派遣制度の在り方に関する研究会』報告書の評価と課題」労働法律旬報1805号（2013年）6頁（9頁），西谷敏・五十嵐仁・和田肇・田端博邦・野田進・萬井隆令・脇田滋・深谷信夫

さらに，改正法案では，①から③の例外的な場合に期間の定めのない派遣が可能になる上に，かかる例外にあたらない場合も，派遣先での派遣可能期間が3年を超える期間労働者派遣の役務の提供を受けようとするときは（派遣先単位の期間制限），過半数組合ないし過半数代表者の意見聴取という簡易な手続的な要件が課される。もちろん，これらの手続的要件を充足せずに，3年を超える派遣を行った場合，労働契約申込みみなし制度の適用があることとなる。学説では，過半数組合等から意見聴取をすれば，過半数組合等が反対の意見であっても，同意を要するとはなっていないので，継続して派遣労働の役務の提供を受け入れることができてしまうとの懸念はある[24]。改正法案40条の2第5項では，過半数組合等が反対の意思を表明している場合には，方針を説明する等が求められるとするが，これにとどまっている。労働組合の組織率が低く，労働者の意見を反映させる代表として過半数組合ないし過半数代表者等がその役割を担うということとなれば，これらの機関が常用代替が生じているかの実質的な判断は期待できず，このスキームは形骸化したものとならざるをえないであろうと批判される[25]。手続的な要件を充足させることにより，容易に派遣期間の更新ができることとなる。違法派遣の場合の労働契約の申込みみなし規定（平成27年10月施行予定）の適用範囲も，狭まる可能性がある。

　同案における基本的な考えとして「派遣先の常用労働者との代替が起こらないよう，労働者派遣は臨時的・一時的な利用に限ることを原則」と唱えられている（例えば公益委員案）。ところが，無期の派遣，及び，3年を超えた（一定の要件はあっても）派遣契約の更新が認められる場合，「一時的な労働」ではなくなり，「原則の例外」を自ら設けることにつながる。

---

『日本の雇用が危ない』（旬報社・2014年）所収の論文，西谷敏「全面的な規制緩和攻勢と労働法の危機」17頁（33頁）。ほかに，萬井隆令「労働法理への叛旗」131頁以下，脇田滋「『ブラック企業型労使関係』ではなく働く者にやさしい労働政策を」143頁（147頁）。五十嵐仁「第二次安倍内閣が目指す労働の規制緩和」45頁，和田肇「質の悪い雇用を生み出すアベノミクスの雇用改革」87頁，田端博邦「産業競争力会議ペーパー批判」99頁，野田進「限定正社員の位置づけ」119頁，深谷信夫「自由な企業活動と日本国憲法の原理」153頁，同「安倍労働規制改革」174頁。

24　有田謙司・前掲論文73頁，沼田雅之・前掲論文11頁。
25　新谷信幸「労働者派遣法改正に向けて」労働法律旬報1805号（2013年）14頁（17頁）。

従来，業務が1年であっても，その前に業務が終了した場合は，派遣労働者は派遣元へ帰ることが想定されており，かつ，派遣可能期間が繰り返されることで法律上の派遣期間を超えた場合には，派遣可能期間の規定違反となっていた（ムサシ鉄工事件・名古屋地判平成22年3月25日等多数）。また，これまでは，専門26業務種違反により，派遣可能期間違反となる事件があった（パナソニックエコシステムズ事件・名古屋高判平成24年2月10日労働判例1054号76頁，パナソニック電工事件・名古屋高判平成24年4月20日）。改正法案のもとでは，これらが大きく変わり，労働者派遣制度の見直し案に関するＱ＆Ａによれば，「個人単位の期間制限」は，同じ派遣労働者が，同じ職場（「課」レベルを想定）で働ける期間について，3年を上限とすることが提案されたものです，と説明される。臨時的・一時的な働き方と位置づけることを原則とすべきとされたことを受けて提案されているものである。派遣労働者のまま同じ職場で同じような業務を長期間続けることは，不安定な雇用形態である有期の派遣労働への固定化を招きかねないことや，一定の期間後に職場が変わることによるキャリアアップの契機を確保するとの考え方から，正社員の人事異動の周期などを参考に，上限は3年とされている。しかし，異なる組織単位（「課」を想定）を異動すれば，続けて同じ企業への派遣が可能となってしまう。

　EU法は，前述のように，2008年に，指令により，派遣は「一時的な労働」と定義づけ，ドイツ法でも，EU法の規制を重視し，派遣は「一時的な労働」に限るという法改正を行った（第3章第1節）。ドイツ法における規制の見直しである。その結果，ドイツの上告審，連邦労働裁判所の判断により，期間無制限な派遣は違法とされている。いまでは，派遣可能期間の規制がないときのほうがよかったというドイツの学者は皆無である。これと比べて，日本法が派遣可能期間を撤廃する方向に進むと，反対方向へ規制の舵をきることになる。以上の2点，①派遣先における過半数組合ないし代表者の意見聴取を経た3年を超える派遣労働による提供，②異なる組織単位での3年を超える派遣就労は，「一時的な労働」の概念を超えており，将来的には望ましくない。これら①と②の規制がある限り，直接雇用化を促進するという「一時的な労働」の機能を奪ってしまうおそれがある[26]。

　また，EU2008/104指令では，同指令5条5項において，「加盟国は，濫用的

なこの条項の適用を防ぎ，特に，本指令を回避するため，前後して連続する派遣を防ぐため，国内法ないし慣習により必要な措置をとる」と規定しており（本指令5条5項）[27]，派遣の連続的な更新と派遣労働者の交換が，違法な潜脱と解されているが，かかるEU法での動向からも離反していくことを意味する。

## 三　労働者派遣の将来像（ヨーロッパの標準）

### 1　フレキシビリティとフレキシキュリティの概念

80年代以来，フレキシビリティの概念が，ドイツと日本の労働法へもたらされてきた。OECDのレポート[28]では，労働の分野のフレキシビリティとは，次のように定義されていた。

ⅰ）広いレベルでの経済での実労働コストのフレキシビリティ
ⅱ）職業と企業を超えた相対的労働コストの順応性
ⅲ）労働の移動性
ⅳ）労働時間のフレキシビリティ

経済学者は，常に，失業の撲滅を目的として，労働市場の機能不全を問題としてきた。EU2008/104指令は，特に，雇用の安定と労働市場の分化減少と結びついて，フレキシビリティの促進を強調した。2002年の派遣労働者の労働条件に関するヨーロッパ議会及び理事会指令提案は，フレキシブルな労働組織を新たな契約の枠組みで導入し，「規整された柔軟性の新たな形態」も導入するべきだとし，当該労働者に対し相当な安定性とより高い職業上の地位を保障し，これによって，同時に，企業の需要に調和させることが大切だと述べた。2007年12月には，ヨーロッパ委員会は，共通のフレキシキュリティの原則に同意しているが，これは，労働市場においてフレキシビリティと安定性との間に均衡の取れた関係を考慮するもので，労働者のみならず，グローバル化によって要請されるチャンスを活用する使用者にも，助力するものであるとする。

---

26　本書第3章第1節参照。
27　本書第2章第2節一。
28　OECD, Labour Market Flexibility, Report by a high- level group of experts to the Secretary- General, Paris 1986.

EU2008/104指令は，その提案にあるようにこのコンセプトに連なっている（第2章第1節）。また，指令の提案では，派遣の社会での受容性の向上が，派遣の長所を伸ばすことにもつながることも強調している。こうした理念自体は，日本の学説においてよく紹介されているが，少なくとも，フレキシビリティと規制緩和は，日本の立法においても，経済成長を目的として追求され，雇用の安定性は部分的に考慮されつつある。問題はその具体的な内容である。

労働者派遣法制の規制緩和が雇用全体へもたらす効果はあるのかも焦点となり得る。現代の労働法において難しいのは，雇用に関する規制（解雇，期間雇用，労働者派遣）が厳格であるほど，企業は，採用を抑制し，雇用を減少させるといわれることである。日本の雇用関係において，全体として雇用が増加していかないなか，正社員での雇用が困難であれば，非正社員や派遣労働者でも，雇用の可能性を付与するフレキシブルな雇用形態を維持，促進していくべきとの考えもありうる。規制の強化を一方的に唱えることはできず，常に，その規制の効果を検証すること，特に国際比較により検証することが必要となる。

失業の撲滅を目的とした労働市場の機能不全について論じられる場合には，日本のマクロ経済学者からも，フレキシビリティの雇用への影響については疑問がもたれている。不景気の時期には，労働需要の不足が問題の重点であり，そのため，雇用を生み出す，より多くのイノベーションにより新たな産業が（日本やアメリカではグリーン・エネルギー），見つけ出される必要がある。この限りでは，景気の悪い時期には，フレキシビリティが機能する余地はあまりない。小野教授によれば，「需要不足で不況が起こっているなら，いくら臨時契約を増やしても，経済全体で働くことのできる人数は決まっているから，その分常勤労働者が減るだけで失業総数は減らない。したがって，不況期の雇用流動化は効率化には結びつかない[29]」。好景気の時期のみ，フレキシビリティが成長と雇用に役立つのである。雇用が減少する不景気の際には，労働者派遣の規制緩和が意味があるという考えは，成り立たないことになる。実際，日本が不景気であった2008年以降2012年までの4年間で，労働者派遣はむしろ減少の一途をたどっている（平成19年133万人，平成23年96万人）[30]。労働者派遣契約の

---

[29] 小野善康『不況のメカニズム』（中公新書・2007年）204頁。

解除，雇止めが行われれば，雇用は縮小される上に，そうであるがゆえに，労働者派遣に対する警戒感が生じ，ブラックでダークなイメージが雇用縮小の一助になっていることも否定できない。EU2008/104指令提案にあるように，派遣の社会での受容性を向上させることこそ，派遣のメリットを生かしていくことにつながるのではないだろうか。

## 2 労働者派遣の将来像とオールタナティブ（代替案）―ドイツ・フランス法の標準を目指して

では，次にフレキシビリティを考慮しつつ，雇用の安定性に配慮する法規制とはなにかが問われる。

ドイツ法では，いったんは，ハルツ法改革により，派遣可能期間が無制限となったが，全体的には，好景気の早い時期に，労働者派遣によって企業が雇用に反応したため，基幹労働者の雇用が増加し，派遣労働者の数が増加した。これにより，雇用全体の増加に対して労働者派遣が貢献していた。しかし，2011年に一時的な労働の概念が導入され，好景気が続く現在では，派遣労働者数の数は減退した。企業は，好景気を信じ，基幹労働者を雇用するようになっていった。派遣労働の後退の理由は，「一時的労働」の概念の導入と同一賃金原則の見直し（最低時間賃金制度導入）により，派遣労働者が，派遣先企業において基幹雇用者として雇用されていったから，と連邦雇用エイジェンシーは説明している（本書第3章第1節）。

比較法的には，日本法では，特に，1999年の改正にあたっては，ILO181号条約を踏まえ，日本の立法者は，労働者派遣を「一時的な労働力需給」と位置づけ[31]，労働者派遣法制を説明し，当時派遣可能期間を1年に制限するとした。その意味では，日本とドイツの立法者の出発点は同一であった。その手段が異なるに過ぎない。フレキシビリティを労働者派遣の領域で確保するために，派遣可能期間を専門的な26業種を除いて，1年から3年に延長した。専門26業種については，派遣可能期間を撤廃していた。平成26年の改正法案により，期間

---

30　総務省「労働力調査（詳細集計）」（年平均）。
31　高梨昌・前掲書41頁。

の定めのある労働契約を締結する場合には，3年まで可能とするとし，派遣可能期間の制限の撤廃が提案されているが，これでは「一時的な労働」という概念が一層形骸化していく。

　ドイツは，反面で，派遣可能期間撤廃により，ワーキングプアにあふれ，常用代替も進んだ。日本において派遣期間を撤廃する場合，同じ危険が進んでいくのが危惧される。少なくとも，仮に，従来の「緩い」労働者派遣の規制が，労働者派遣の増加につながっていくとしても，質の低い労働が生み出されているだけではないかという疑問が生じ得る。規制緩和の結果，景気によい一時期にわずかにその分労働者派遣数を増加させ，雇用全体にわずかに好影響をもたらしたとしても，ワーキングプアを増加させることにメリットがあるのであろうか。多くの先進国の場合，景気が浮揚すれば，いずれにせよ，―規制緩和までしなくても―通常は，派遣労働者数も雇用全体も増えていくのが予想される。問題の焦点は，つまり，規制緩和の分だけ雇用が増加するというメリットが，ワーキングプアのディメリットを上回ると考えられるかである。規制緩和の分だけ，―好景気分の雇用増加分に加えて―「働きながらにして貧困」という事態を作り出し，人間の尊厳をも損なわせる労働を増加させることに意味があるのであろうか。また，派遣労働の場合，深刻なのは，仮に，好景気の場合に，派遣労働者数が増加したとしても，不景気の局面に入れば，簡単に，派遣契約が解約され，派遣労働者が雇止め・解雇され，その数が著しく減少することである。こうした状況のもとでは，労働者派遣法のさらなる規制緩和が，雇用を生み出す夢の起爆剤になり得るかは不透明であると同時に，雇用の質が問われざるを得ないことになる。

　これと比べると，ドイツでの好景気時の経済社会は，比較的健全であった。労働者派遣の法政策を一時的な労働，同一賃金原則との関係での最低時間賃金制度の導入へと転換させ，好景気な時期には，正社員の雇用が増え，労働者派遣が減少している（第3章第1節）。日本では，好景気に転じても，非典型雇用の割合が増え続け，労働者派遣は伸び悩んでいる。ドイツでは，好景気時は，健全な規制により，安定的な雇用が生まれているという常道をいく。雇用を増やすだけではなく，質の高い雇用を増やさなければならない，というのがEUの基本的な姿勢であった。これが今後の日本の雇用政策で最も考慮されなけれ

第1節　雇用の安定性をもたらす労働者派遣政策とは　285

ばならない点である。

　こうした状況のなかで，日本の労働法の規制に最も影響を与える，フランス，ドイツの労働者派遣法では，共通の規制がとられるようになった。最も重要な共通点は，—小さな違いはあるものの—①一時的な労働，②平等取扱原則（同一賃金原則），③違法派遣の場合の労働契約の申込みみなし（擬制的な労働関係），④期間の定めのある労働契約の正当化事由の列挙である[32]。ドイツ法は，①については，2002年のハルツ法改革によって，派遣期間規制の撤廃を行い，②同一賃金原則についても適用除外を認めていたため，フランス法とは異なる方向へ進んでいたが，2011年の法改正により，1．一時的な労働の概念を導入し，2．同一賃金の逸脱に対して最低時間賃金（下限）を導入し，雇用の安定性を顧慮し，EU2008/104指令の置換えを行おうとしたとドイツでは説明される。これが，ドイツ，フランス法の到達点であるし，労働者派遣研究の到達点である。日本も長い時間がかかるとはいえ，こうした①〜④の方向に進むものと思われるし，そうあるべきである。一時的な労働は，日本の1999年の労働者派遣法改正法で，日本法における出発点となったとされ，現行法でも，法の理念とされている。しかし，ドイツ法では，これが単なるプログラム規定となってしまうべきではなく，法規範となっている。無制限な派遣は，上告審において，「一時的な労働」ではなく，許されないと判断された（第3章第1節）。

　さらに，派遣先企業における「一時的労働」とはいえない期間の派遣について，従業員代表組織が同意を拒否できる法制及びその解釈も，重要であり特筆できる（わが国でいえば，派遣期間違反の場合における派遣先での労働組合の団体交渉義務の問題）。EU域内であるドイツ，フランスでは，①〜④の規制のほかにも，共通の規制が多い。「雇用の安定性」という新たな政策理念へ転換するための労働者派遣法制とは何かを本書では説いたが，それは，①一時的な労働，②平等取扱原則（同一賃金原則），③違法派遣の場合の労働契約の申込みみなし（擬制的な労働関係），④期間の定めのある労働契約の正当化事由の列挙の柱をもつ規制であり，それを有する両国の規制は，日本の労働者派遣の法政策にお

---

[32]　フランス法については，野田進「有期・派遣労働契約の成立論的考察」菅野和夫古稀記念論集（有斐閣・2013年）191頁（203頁以下）参照。

いて，今後，長きにわたって，考慮しなければならない到達点であるはずである。特に，①と②が規制されることによって，コストと効率性を考慮する企業による直接雇用が促進していくものと考える。

また，これと類似の労働者需給調整システムである職業紹介の場合には，あくまでも求人者と求職者との間の斡旋を行うにすぎないのに対して，労働者派遣の場合には，労働者の能力開発・教育訓練を通じて市場のニーズに応じて人材の育成を図りながら，その能力に適した良好な就労・雇用機会を提供することを最大の特徴としている[33]。

こうしたことと「一時的な労働」の概念が結びつくと，単純労働力・専門的労働力を問わず，派遣元において教育訓練され，「一時的な労働」にある労働者派遣を通じて，派遣労働者を正社員へ転換させるだけの職業能力を獲得・発展させることができるといえる。

## 四　補論　派遣労働者の保護の必要性

### 1　労働者の派遣先に対する組織的従属性

労働法においても，個人の自由，自己決定は実現されるべき価値として重要視された。論者によって力点が異なるが[34]，従属労働の出発点は，実感から遊離していると断じ[35]，もはや食えないという戦後ではないという出発点からその自立を説き[36]，従属性の概念を否定していった[37]。しかし，自己決定や自立の理念は，規制緩和，貧困社会，グローバル化の進行を妨げるだけの役割を果たすことはなかったといえる。このため，日本の雇用社会にあっては，自己決

---

[33] 浜村彰「労働者派遣の今後の法的規制のあり方」日本労働法学会誌112号（2008年）44頁（48頁）。

[34] 西谷教授は，労働者の意思表示がその自由な自己決定に裏づけられているかどうかについて裁判所による慎重な判断が必要であり（西谷敏『労働法における個人と集団』（有斐閣・1992年）82頁以下），また自由な自己決定を法的に担保する制度（例えば重要な意思表示に関する撤回権）の整備が必要であるとしている。

[35] 籾井常喜『プロレイバー労働法学に問われているもの』前田達男・萬井隆令・西谷敏『労働法学の理論と課題』（有斐閣・1988年）75頁（83頁以下，85頁）。

[36] 道幸哲也『職場における自立とプライヴァシー』（日本評論社・1995年）4頁，163頁。

[37] 土田道夫「労働保護法と自己決定」法律時報66巻9号（1994年）56頁。

定権を補完し，制約する別の原理を必要とする。近時の新自由主義，規制緩和の潮流に対して，何らかのオールタナティブ（代替案）を追求しなければならない。その意味で，90年代以降の労働法学は，この状況に対処しうる理念の創造をなしえず，近時の新自由主義，規制緩和の潮流に対して，無力であったといわざるを得ない[38]。

ようやくリーマン危機以後，いきすぎた規制緩和が「格差社会」「貧困社会」を生み出しているとの批判が高まり，大量の派遣労働者や有期雇用労働者が解雇され，又は雇止めされと，批判と反省は頂点に達した。西谷教授は，労働者は使用者に対する従属性の度を強め，貧困と異常な長時間労働の蔓延のなかで，改めて生存権が注目されるという状況になっている。労働法を，労働者の従属性を出発点に据え，生存権やディーセント・ワークといった理念を基礎とする，市民法とは異なった独自の法領域として把握することの必要性を改めて唱えている[39]。

また，生活保障法の理念として，労働者を従属的な主体としてのみととらえるのではなく，労働者の主体性を重視し，労働者が自己のライフスタイルを自由に選択できることを基調にとらえる職業能力の育成を基礎づける理念の必要性が説かれている[40]。

第一に，国家が，学校教育を超えて，安定的な雇用を得させるための職業能力の養成を責務とすべきであるとする。

第二に，非正規労働者や貧困に陥っている労働者は，その職業生活の開始時または転職時につまづいている場合が多いことから，キャリアアップを図りながら，より職業能力の高い安定した雇用に移行することを支援する仕組みが必要である。そのために，社会保障政策との連携が必要であると説く[41]。

現在，多くの派遣労働者又はパートタイム労働者は，地域の労働市場で職務を営んでいる[42]。彼らは，期限のある労働関係において，いくつかのオファー

---

[38] 高橋賢司「なぜ労働法学は規制緩和と貧困社会に無力だったのか」労働法律旬報1712号（2010年）57頁（58頁）。

[39] 西谷敏『人権としてのディーセント・ワーク』（旬報社・2011年）298頁，301頁。

[40] 島田陽一「貧困と生活保障」日本労働法学会誌122号（2013年）100頁（107頁）。

[41] 島田陽一・前掲論文108頁。

のなかでの自由な職業上の選択をなしているが，地域での労働条件は，多くの場合，企業によってそれほど大きく異なっているわけではない。派遣労働者は，派遣会社に対して，賃金のアップを請求できるが，その上昇額はわずかであり，賃金アップができるケースは，無期雇用で19.0%，無期以外の常用で9.3%，常用以外では，4.3%にすぎない[43]。しかも，派遣労働者の能力が高くその派遣料金の高いことを理由として，派遣切りされることもある[44]。労務の提供先と賃金の支払元が二分する労働者派遣法の建前の下では，派遣労働者は，派遣元の賃金に依存することになる。派遣労働者はあまり労働組合によって組織化されていない。女性が，育児休業の後に復帰するためには，期間の定めのない労働契約を締結するのは困難である。たいていの派遣労働者やパートタイム労働者には，職業上の広範囲な経験や知識を欠いている。これによって，彼らは交渉能力を使用者ほどは有していない。その上，派遣先企業のもとで，派遣労働者が組織的に組み入れられ，不可欠な労働力の一部をなしている。場合によっては，注文人に労務指揮権がある限り，違法な業務請負の場合でもこの事態は変わらない。この限りでは，労働者には組織的な従属性が存する。（派遣先）企業組織において，労務の提供の本質ないし労働契約関係の特殊性と結びついて，人格の危険にさらされる労働者を保護する要請は依然存在している。派遣先・注文人企業におけるうつ自殺[45]，労災事故[46]，いじめ[47]は，後を絶たない。

　派遣契約ないし業務請負契約が解除されたり，また，派遣契約ないし業務請負契約が自然終了したりすると，派遣契約ないし業務請負契約の一方当事者たる派遣元企業ないし請負企業に，別のユーザー（派遣の場合派遣先）がない場合には，労働契約そのものも，解約（解雇）されたり，あるいは，雇止めされてきた。これにより，労働者は，労働契約を失い，場合によっては，派遣元が

---

[42] 転職によって，より有利な労働条件を提供される，賃金のよい派遣労働者がいる。
[43] 厚生労働省職業安定局需給調整事業課「労働者派遣の実態に関するアンケート調査（派遣元調査）」（平成24年12月実施）。
[44] 例えば，パナソニックエコシステムズ事件・名古屋高判平成24年2月10日労働判例1054号76頁。
[45] アテスト事件・東京高判平成21年7月28日労働判例990号50頁。
[46] 綾瀬市シルバー人材センター事件・横浜地判平成15年5月13日労働判例850号12頁。
[47] ヨドバシカメラ事件・東京高判平成18年3月8日労働判例910号90頁。

提供していた社宅をも失い，職も住居も失う。法形式上は，派遣先は，派遣元との派遣契約につき解除の自由を有しているものの，派遣先は，「解雇権濫用法理」の潜脱が許される結果，派遣先が労働力を不要とみなすと，派遣先は随意に解除が可能となった。こうした法的な枠組み自体に対して，十分修正する判例法理を構築できずにいた。派遣先が有する「解除」権の行使・不行使を含めて，実際上は，派遣先は，自らの下での指揮命令関係において，派遣労働者を組織している立場にあるとみ得る。

こうした保護の必要性が認められる限りでは，国による積極的な保護のための施策が必要であるといえる。

## 2　社会国家原理と社会的排除

不安定な雇用にある労働者の保護との関係では，以前に，社会国家原理（社会的包摂の必要性）について論じたことがある[48]。EUのレベルでも，欧州共同体設立条約137条において，共同体が加盟国の活動を支持し補足する事項として，「a) 労働者の健康および安全を保護するため，とりわけ労働環境の改善，b) 労働条件，c) 労働者の社会保障および社会的保護，d) 労働契約終了の場合の労働者の保護，e) 労働者の情報および協議，（…）j) 社会的排除に対する闘い」が規定され，アムステルダム条約のなかで，加盟国と協調して社会的排除と闘う旨を明記し，2000年のニース欧州理事会では，社会的排除を実施するよう加盟国に要請することを決定されたが，これは，満足の行く仕事，あるいは仕事一般，所得，住宅，医療サービス，教育へのアクセスができない人々が増加し，社会的統合を脅かしていることに対する取り組みの必要性が生じていることを考慮するものであった。続く，リスボン条約でも，ヨーロッパ連合の目的として，社会的排除の撲滅を規定した（同条約2条3）[49]。さらに，EUの欧州委員会は，2008年2月3日の勧告において，EUの根本原理として，人間の尊厳の確保のため，社会的な排除の撲滅を目的に掲げている（Amtblatt L

---

[48] 高橋賢司「労働法学における新たな法思想『社会的包摂』の可能性」山田省三・石井保雄編『労働者人格権の研究上巻　角田邦重先生古稀記念』（信山社・2011年）25頁。

[49] 引馬知子「インクルーシブな社会を目指すEUの実践」月刊社会運動402号（2013年）11頁（12頁）。

307, 11）。EUの欧州委員会「雇用，社会的事項並びにインクルージョン」では，貧困と社会的排除への取り組みとして，1．労働市場，最低所得，ヘルスケア，教育，住居，基礎的な銀行口座等，あらゆる政治領域での措置，2．社会的排除の問題サポートのためのEU基金のよりよい利用，3．社会的な保護と社会的排除に対する取り組みのためのEU諸国での政治的な合意作り，4．参加の枠組み等を挙げている。EU内で1,200万人が貧困と社会的排除のリスクにさらされており，2020年までにこれを200万人に削減すると約されている。

　イギリスのコリンズ教授によれば，仕事からの排除は，そのコミュニティーでの利益・恩恵に参加する機会を個人から奪う。失われる非物質的な恩恵には，友人，コミュニティーのなかでの社会的な地位の達成，コミュニティーでの参加を含む有意義な活動を行う機会が含まれる[50]。仕事なしには，市場社会の市民を結び付けるコミュニティーの細い糸は，切断され，秩序や社会的な繋がりのあったもののいくばくかの崩壊へと導く[51]。

　雇用法は，社会システムにおける崩壊の潜在的な根源を根絶し，削減する目的で，社会的な排除を削減しミニマムにする機能を有している[52]。社会的排除と戦う戦略上重要な要素は，税，生活保護，教育，（完全雇用促進目的の）マクロ経済政策と関わり，雇用法は，きわめて重要な付随的な役割を果たす[53]。社会的な排除の永続的なパターンをなくすために，雇用主の解雇決定や解雇を制限する規制がある。現代では，性，人種，組合所属を理由とした解雇決定を雇い主が行うことは違法である。合理的な理由のない雇用関係を終了させる権限も付与されている。規制は，社会的な排除の他の原因をも取り扱い，例えば，新たなスキルで労働力に教育訓練するよう雇用主に要求している[54]。従業員のオブリゲーションと両立する労働時間を作ることも必要となる（家族にフレンドリーな措置）。このようにして，雇用法は，自由を保護する以上のものを達成しようとするのである[55]。かかる観点は，より普遍的に通有しうる価値を包含

---

50　Collins, 2.ed., Employment Law, Oxford, 2011, S. 21.
51　Collins, a.a.O., S. 22.
52　Collins, a.a.O., S. 22.
53　Collins, a.a.O., S. 22.
54　Collins, a.a.O., S. 22.

していると思われる。

## 3　日本の雇用社会における社会的排除の特色

　日本の雇用社会における社会的排除と貧困を考える際には，日本の雇用の特質に照らして，社会的排除をなくすための法制ないし法理が考えられるべきである。これには，日本の雇用法制の問題点が日本の雇用社会の脆弱性を生む原因にもなっているため，法制度や法理の問題も，関わってくる。

　非正規労働者や派遣労働者は，前述のように，学校を中退したり，卒業時に就職活動しなかったりした後，いくつかの段階で正規就労への経路を離れ，その過程で，期間の長短はあれニートの状態を経験している。非正規雇用あるいは労働者派遣であるという身分から，容易に諸契約を解約され得る地位にある。派遣元による雇止め・解雇を通じて，派遣労働者は失業者へと転じられたりする。派遣労働者は派遣先での直接雇用を望んでまじめに働いても，その誠実さや仕事の丁寧さが必ずしも評価されず，派遣先に直接雇用されない。学校を終えた後のジグザグに，失業と非正規雇用や労働者派遣との行きつ戻りつの職歴のなかで，貧困化と「社会的排除」に至っている[56]。端的にいうならば，日本の雇用社会における社会的排除の本質は，「正規労働者中心の雇用社会からの排除」である。

　そこで，①非典型雇用や労働者派遣に陥らないため，これらの労働市場での入口の規制が問われるし，②非正規労働者や派遣労働者になった場合に，そこから（解雇や雇止めにより）労働市場の外へ排除され失業者とならない出口の規制が問われる。また，③非正規労働者や派遣労働者の所得保障，及び，失業

---

55　Collins, a.a.O., S. 22. 近時日本でも，有田教授は，就労価値の法的把握を目指し（有田謙司「『就労価値』論の意義と課題」日本労働法学会誌124号（2014年）111頁），生存権のなかに「社会的包摂」の側面を含むものとし，労働権を再構成し（有田謙司・前掲論文115頁），労働権と「就労価値」実現の責任主体を国及び使用者とし（有田謙司・前掲論文117頁），そのための立法政策として，ディーセント・ワークの創出，就労の場から排除されない権利の保障（有田謙司・前掲論文117頁），ディーセント・ワークでない就労を強制されない権利の保障，「就労」を通じた社会的包摂の支援制度の整備を説いている（有田謙司・前掲論文118頁以下）。

56　小杉・前掲書19頁。

者の所得保障[57]も重要な問題になる。④派遣労働者の直接雇用化も重要な焦点であり、①④の問題は、⑤労働者代表の参加の問題にも関わる。

　そこで、第一に、労働市場の入口（採用）の段階において、若者が当初非正規雇用や労働者派遣を活用してもその後正社員になっていくことも少なくないドイツ法と比較しても、日本の労働市場の場合、若者がいったん非正規社員や派遣社員になった場合、正社員への道が閉ざされてしまう、という特色がある。派遣先への直接雇用が少ないという原因が考えられるが、この問題について、労働者派遣との関係では、労働者派遣の規制が重要であり、とりわけ、一時的な労働を起点とすること、及び派遣期間を長く設定しないことが、重要な観点である。ドイツ法での経験を見る限り、労働者派遣は「一時的な労働」とし（派遣可能期間撤廃からの政策変更）、低賃金の温床であった同一賃金からの適用除外を改めざるを得なかった（最低時間賃金の下限の設定）。労働者派遣への入口において、規制を緩やかにしすぎないことにより、多くの労働者が労働者派遣へ安易に入り込まないように、制度設計することが大切である。それが正規従業員へ採用されることなく、非正規雇用・労働者派遣と失業を繰り返すというサイクルを立つことにつながる。日本法では、直接雇用化を促進するさまざまな施策が取り込まれつつあるが、直接雇用化のための決定的な施策にはなっていない。ドイツ法のように、一時的な労働の概念と同一賃金原則（及び最低時間給制度）を導入することが、直接雇用化を促進する重要なファクターとなり得ることはすでに述べた通りである。

　第二に、派遣労働者実態調査（厚生労働省委託研究、2013年）によれば、直接雇用の打診の有無をみると、「正社員の打診を受けたことがある」が17％と高く、次いで「契約社員の打診を受けたことがある」13％、「パート・アルバイトの打診を受けたことがある」5％となっている。「ない」は70％を占める。直接雇用の可能性が圧倒的に少ない。派遣労働者の数を縮小させ、直接雇用化を促進していくのは、本来的には、立法・行政の役割であるはずである。しかし、これにとどまらずに、雇用社会における従業員の代表が派遣労働者を正社

---

[57] これについては、高橋賢司「日本における求職者支援のあり方と職業訓練受講給付金制度」季刊労働法232号（2011年）15頁。

員に雇い入れさせるという参加の発想が不可欠である。また，派遣労働者数の制限にも取り組みうるはずである。基幹労働者の派遣労働者への常用代替を懸念するドイツの従業員代表組織，事業所委員会は，派遣労働者の数の制限，派遣労働者の直接雇用化にも取り組んでいた。派遣労働者の派遣は，派遣先における「雇入れ」にあるとされ，事業所委員会の同意なくして，派遣が不可能となっている。事業所の自治のなかで，他国にも見い出し難い魅力ある実務が発展しつつあり，大変興味深い（第3章第6節）。これに対し，日本法では，直接雇用化を果たすために，派遣先への直接雇用を団交で求めたり，違法派遣の場合に直接雇用を裁判所に求めたりしているが，いずれも十分には成功していない。派遣先の団体交渉義務の有無の再検討が求められる。

第三に，労働市場の出口においても，パート，派遣労働者については労働契約終了を根拠として労働契約が更新されず，労働市場の外へ放出され，再び労働市場のなかへ入ることも困難な事態が生じている。労働契約関係の存続保護の程度に，期限の定めのある労働契約と期限の定めのない労働契約との間に差異を設ける判決もしばしばであり[58]，比較的緩やかな基準の適用により，労働者派遣契約の更新拒絶が可能となっている。また，不更新条項の締結により労働者派遣契約が更新されないこと[59]，または，更新が一度だけである旨を明らかにされることにより[60]，労働契約の更新を拒絶された例もある。この場合，更新拒絶を表明しさえすれば，雇止めしたいという契約の自由が貫徹されることを意味する。派遣元が派遣労働者を雇止め・解除する場合，特に，単身の派遣労働者が雇止め・解雇の対象となり，場合によっては住む場所すら失い，家も職場もない状態に陥った。現代の非正規雇用，労働者派遣の対象が単身者も多く含まれていることを考えると，所得の裏打ちのない単身者が社会的に保護の対象となり得るかが検討の対象とならなければならない。社会国家原理において，こうした者が社会的に排除されないよう，これらの者の社会包摂が宿命であると考えられるのである。派遣労働契約の雇止め・解除に関する研究も課題である。これについては，別の節において検討する（第4章第3節参照）。

---

58　ヤンマー事件・大阪高判平成23年12月22日。
59　日本トマソン事件・大阪高判平成23年9月30日労働判例1039号20頁。
60　ムサシ鉄工事件・名古屋地判平成22年3月25日。

## 4 均等(衡)処遇原則について

　さらに，現行法では，派遣労働者と正規労働者との間の平等取扱原則の規定や法理が十分なものではない。労働者派遣法は，派遣元は派遣労働者の賃金，および教育訓練，福利厚生等について決定する際に，派遣先で雇用される労働者との均衡を考慮することが義務づけられている。つまり，同法は，派遣元事業主は，派遣先において同種業務に従事する労働者の賃金水準との均衡に配慮しつつ，派遣労働者の従事する同種の業務に従事する一般の労働者の賃金水準又は当該派遣労働者の職務の内容，職務の成果，意欲，能力もしくは経験を勘案し，当該派遣労働者の賃金を決定するように配慮しなければならないと規定する。

　厚生労働省が平成24年1月に発表した2010年度の労働者派遣事業報告書によると，この年度に派遣社員1人当たりに支払われた平均日給は1万1,792円(前年度比0.4％増)である[61]。平成24年度労働経済白書によれば，正規に対する非正規の年収の水準は，2005年の32％から2011年には32.6％にとなっているが，依然として，非正規は正規の3割強の水準にとどまっている。正社員との賃金格差はまだ十分には縮小していない。これらの状況を踏まえると，私的自治の原則に介入して，均衡処遇原則を政策的に確立することには，一定の意義が認められる。平成25年の厚生労働省労働力需給制度部会では，EU指令，労働契約法20条，パートタイム労働法8条等他の枠組みを労働者派遣制度に導入しようとする案と(政策的に)均衡待遇の強化策をとるという案が考慮されたが，結局，本格的な実施のための法改正は見送られている。

　EU法上，平等取扱原則の対象は，「ⅰ)労働時間，時間外労働，休憩(Pausen)，休業，深夜労働，休暇，祝祭日の各期間，ⅱ)労働の対価」と広く，ドイツ法上も解釈上，対象をEU法に沿った解釈がなされている。その上，ドイツ法では，法解釈上，派遣先の労働条件が，資格，職務等によって異なる限り，派遣労働者との差異が正当化されるとされ，(職務給であることが前提であるとはいえ)客観的な要素が考慮され，これらの要素が同じ者との同一賃金が要求されている。これと比べると，日本法では，均衡処遇原則を適用させる前提条件と

---

61　http://www.topics.or.jp/editorial/news/2012/04/news_133350205482.html

しては，職務の内容，職務の成果のみならず，「成果，意欲，能力」等を勘案すると規定され，使用者側の主観的な判断も伴わざるを得ない要素が含まれ，改善すべき点であるように思われる[62]。

　派遣労働者が事業所において業務に見合った正社員との同一賃金を裁判上訴求しにくい現状を踏まえれば，単に政策的に均衡処遇原則を定立するにとどまらず[63]，法規範的な観点から，平等取扱義務を構成し，これに関わる請求権を確立することが要請されよう。わが国の学説においては，比較法的な観点から，派遣労働者の同一賃金原則が主張される反面，わが国の労働者派遣の就労に即した形での同原則をめぐる緻密な法解釈論が，十分には行われてこなかったといわざるをえない。とりわけ，学説において，同種労働者，同原則の根拠，内容と効果，それぞれの検討はまだ十分には行われてこなかったため，これらについて，法解釈を確立することが求められる。

　派遣労働者と基幹労働者との間の平等取扱原則については，いかなる法的基礎によるべきかという点がまず問われる。「恣意的な差異は，同時に，そのように扱われる者の人間の独自の価値を侮り，無視すること[64]」を意味する。この点を考えると，一般的人格権に基づく労働法上の平等取扱原則により，派遣労働者（及び請負労働者）と同種の労働者との平等取扱原則を信義則上基礎づけるべきであると解される。もともと，派遣労働者が事業所において業務に見合った派遣先の社員との同一賃金が支払われていない現状を踏まえれば，単に政策的な面から均衡処遇原則を定立するにとどまらず，法規範的な観点から，平等取扱義務を構成し，労働者の請求権を確立することが要請されよう。なぜなら，労働契約においては，賃金支払いと労働提供という交換関係のみならず，人間としてその人格が労働の提供にあたって伴わざるをえないからである。労働者の生活は，その大部分を労働関係によって規定されており，労働者の自尊

---

[62] 本書第3章第3節五。沼田雅之「2012年改正労働者派遣法の概要とその検討」和田肇・脇田滋・矢野昌浩編『労働者派遣法と法』（日本評論社・2013年）27頁（41頁）は，同条が適用される余地がないことを指摘し，これらの要素も，何ら比較対象のない考慮要素であるという問題点を指摘している。

[63] 高橋賢司「改正派遣労働法とその解釈上の課題」ジュリスト1446号（2012年）52頁（57頁）。

[64] Coing, Festschrift für Hans Dolle, Bd. 1, Tübingen, 1963, S. 112.

心や家族・仲間からの尊敬もその仕事のありようによって決まってくるもので，労働契約関係に基づく労働は，労働者にとっては，身体的，肉体的能力の発展，したがって，人格の発展を可能ならしめるものである（Vgl. BAG Beschluss v. 27.2.1985, AP Nr. 14. zu § 611 BGB Beschäftigungspflicht）。そうであるからこそ，労働者派遣によってひとたび派遣会社及び派遣先から不相当に不平等に取り扱われれば，労働者の有する職業への誇りが失われ，「他者からの承認」の機会を奪われ，労働を通じた人格の発展が妨げられざるを得なくなる。派遣先の不相当に低い派遣料金，これに基づく派遣元の賃金支払い決定は，恣意的で，差別的で，随意な行為である。現実の労使関係において，派遣労働者を対象とした賃金支払いが当該労働者にとって承服しがたいのも，十分な職業的な能力，経験を有した者が，ただ「派遣労働者」であるということによって，賃金等対価の支払いが低い額にとどまっている，という不条理さにあるのではないかと考える。このことを踏まえれば，派遣労働者の業務，責任，時間に応じた平等な賃金の支払いにつき，平等取扱原則を法規範化し，私的自治の原則への介入を正当化すべき根拠は，十分あるといえる。パート労働法において均衡処遇原則が制定されていない当時，丸子警報器事件・長野地上田支判平成8年3月15日判決労働判例690号32頁は，「原告らを臨時社員として採用したままこれを固定化し，二か月ごとの雇用期間の更新を形式的に繰り返すことにより，女性正社員との顕著な賃金格差を維持拡大しつつ長期間の雇用を継続したことは，前述した同一（価値）労働同一賃金の原則の根底にある均等待遇の理念に違反する格差であり，単に妥当性を欠くというにとどまらず公序良俗違反として違法となるものと言うべきである」と判断されたが，これと同様に，派遣法に基づく賃金の同種労働者との均衡原則（政策的な規定）とは別に，私法上，平等取扱義務を規範化することが可能となると考える。

このように，派遣法上の均衡処遇原則とは別に，私法上の平等取扱原則を確立する場合，いかなる射程範囲をもつべきなのかが問われる。わが国の労働市場の状況を考えると，仮に，均等待遇が直ちには困難であるということが依然考慮されていると推測される。平成26年の法改正にあたっても，前年の厚生労働省労働力需給制度部会において，EU指令を参考とした場合，わが国と欧州諸国とでは賃金決定の仕組みが大きく異なることをどう考えるかという点が懸

念されている。しかし，この問題は，パートと正社員の均等処遇の問題にあたって議論された問題であり，労働法学的には解決済みである。前掲・丸子警報器事件・長野地上田支判平成8年3月15日判決は，①従事する職種，作業の内容，②勤務時間及び日数並びにいわゆるQCサークル活動への関与等すべてが同様であること，③臨時社員の勤務年数，④会社への帰属意識等が同一という事情の下で，「原告らの賃金が，同じ勤務年数の女性正社員の八割以下となるときは，許容される賃金格差の範囲を明らかに越え，その限度において被告の裁量が公序良俗違反として違法となると判断すべきである」と判断している。そこで，日本的な雇用システムの下で，派遣労働者と基幹労働者との間では，①従事する職種，作業の内容，②勤務時間及び日数等，③勤務年数等がほぼ同一であることを考慮して，判断することができる。つまり，派遣・請負労働者は，業務内容，責任，労働時間が同じ労働者と同等の「労働対価」を派遣元に対し（違法派遣の場合には派遣先に対して）請求し得ると考える。かかる労働の対価には，賃金，賞与，退職金が挙げられると解される。こうした解釈基準は，日本の雇用社会に適合的なものであり，裁判上の法解釈のみならず，法政策上も考慮されてよいものであると考える。

## 第2節　いわゆる違法派遣をめぐる法理

　平成20年9月ころから，信用性の低い個人向け住宅投資（サブプライムローン）問題による住宅ローン資産等の値下がりに起因して多額の損失を計上したアメリカ大手証券会社リーマン・ブラザーズの経営破たんにより，アメリカの経済危機は，日本にも波及した。同年10月には世界同時不況の様相を呈した。内閣府は，平成21年1月の月例報告において，景気の基調については，「景気は，急速に悪化している」と下方に変更し，これは，世界経済が一段と減速するなかで，第一に，輸出や生産が極めて大幅に減少するなど，企業部門の状況が異例の速さで悪化しており，第二に，雇用情勢が急速に悪化しつつあり，所得が弱い動きとなっているなかで，個人消費がこのところ弱まっていることなどを踏まえたものだと発表した。経済の先行きについては，当面，悪化が続くとみられ，急速な減産の動きなどが雇用の大幅な調整につながることが懸念されていた。派遣労働者が就業している事業所について，この年，過去1年間に労働者派遣契約を中途解除したことがあった事業所の割合は19.9％に及んでいた。平成20年10月から平成21年6月までで，派遣又は請負契約の期間満了，中途解除による雇用調整及び有期契約の非正規労働者の期間満了，解雇による雇用調整について，同年4月17日時点で厚労省が把握できたものは，全国で3,253事業所，約20万7,000人，就業形態別でみると，派遣労働者が13万2,458人，期間工等の契約社員が4万4,250人，請負労働者が1万6,189人，その他，1万4,484人であった。労働者派遣契約の更新拒絶，解雇は，多くの企業において，平成20年9月に発生したいわゆるリーマンショックの影響により，派遣労働者の就業していた職場においても平成21年以降大幅な生産調整を行う必要があって行われたものであった。

　派遣先の現場における生産の都合のみが優先され，全国的規模で雇用情勢が極めて厳しくなっている状況の下，ただでさえ年の瀬を迎え，急な求職活動や住居探しには非常に困難を伴う時期に突然の派遣打切りが決定され，こうした派遣先による予測外の突然な労働者派遣契約の中途解約により，労働者は，派

遣会社らから解雇を通告され，年の瀬を迎えて生活の不安にさらされ，落ち着いて正月を祝うこともできないまま，求職活動などをしなければならなかった者も多く，労働者らが被った経済的及び精神的な打撃には甚大なものがあった。

多くの事件では，労働者派遣法による規制をないがしろにしながら，他方で，雇用主は派遣会社であるとして，派遣労働者の就業の機会の確保に向けた配慮を十分にはしないまま，派遣先が，突然に労働者派遣契約を中途解約するに至ったものが多い。労働者派遣法による派遣期間の制限を超えていた就業をさせていたにもかかわらず，労働者派遣契約を中途解約するに至るものもある。一方で，労働者の行為や疾病を理由として派遣先による派遣契約を解除する事件もあった[1]。

派遣労働者と派遣会社ら間の派遣労働契約が，派遣先企業を就業場所とし，短期の雇用期間を定める雇用契約である場合には，派遣労働者らと派遣会社らとの間の派遣労働契約は，派遣元企業である派遣会社らと派遣先企業との間の労働者派遣契約の帰すう（更新の有無や解除）に事実上連動する関係にある。このことは，いわゆる登録型派遣労働契約の場合について一般的に指摘されているところであるが，このことから，派遣先企業の派遣会社との間の労働者派遣契約に対する措置（更新の有無や中途解約など）は，派遣労働者である派遣労働者の雇用の維持又は安定に重大な影響を与えることになるのはいまさらいうまでもない。

## 一　法律上の規定

民法625条は，「使用者は，労働者の承諾を得なければ，その権利を第三者に譲り渡すことができない」（1項），「労働者は，使用者の承諾を得なければ，自己に代わって第三者を労働に従事させることはできない」（2項）と規定して，雇用契約の一身専属性を定めている。また，職業安定法44条は，原則として労働者供給事業を禁止するとともに，何人も労働者供給事業を行う者から供給さ

---

[1] ジェコー事件・さいたま地熊谷支判平成25年1月7日。この事件も含めて，本節において掲載誌の記載のないものは，掲載誌の見当たらなかったものである。予めご了承いただきたい。

れる労働者を自らの指揮命令の下に労働させてはならないと定めており，労働者供給禁止の例外として認められた労働者派遣についても，労働者派遣法は，これを厳格な法規制のもとに許容している。労働関係法規が，雇用契約について直接雇用を原則とし，労働者供給を禁止し，例外的に許容された労働者派遣においても厳重な派遣期間等の規制を設けているのは，事業主が直接雇用責任を負わない形態での労働力の利用を広く認めると，労働者の地位や権利を不安定にし，その利益を損なうことになるためであって，労働者の権利・利益の保護のために上記のような規制が設けられていると考えられている。

1985年の労働者派遣法制定当初は，派遣対象とすることのできる業務を限定列挙するポジティブリスト方式がとられ，対象業務を専門職業務（ソフトウェア開発等）と特別の雇用管理を必要とする業務（駐車場管理等）の16業種に限定されていた。

1996年改正により，対象業務は26業務に拡大された。

さらに，1999年改正により，これらの対象業務は原則自由化され，例外的に禁止される業務のみを列挙するというネガティブリスト方式に転換し，禁止される業務は，港湾運送，建設，警備，医師・看護師等医療関係とされた（当時は製造業務も派遣の禁止される業務であったが，その後許されることとなった〔当初1年，2006年3月1日より3年まで可能となった〕）。

一般業務に関わる派遣を「臨時的，一時的な労働力の需給に関する対策」と位置づけ，常用代替となることを防止する観点から，「同一の業務について」は派遣可能期間は1年とした。

2003年改正により，1999年改正で自由化された派遣（専門業務型26業務以外の1年短期のテンポラリーワーク型派遣）については，派遣先の過半数組合又は過半数労働者の代表からの意見聴取を条件に最長3年までの期間を定めうるとした。

派遣可能期間についての規制を逃れるために，期間満了後ある日数をおいて再び派遣を利用する脱法行為を防ぐ趣旨で，行政指導によりいわゆるクーリング期間として次の派遣までに最低3ヶ月をあけなければならない[2]。

現行法の下では，派遣可能期間に制限のある業務については，派遣元は，派遣先に対して，同期間の満了までに同期間をこえて労働者派遣を行わない旨の

通知をしなければならず，派遣先は，この通知を受けた場合に，当該派遣業務に当該派遣労働者を引き続き使用するときは，同期間満了までに，当該派遣労働者が当該派遣先に雇用されることを希望する場合には，同人に対して雇用契約の申込みをしなければならないとされた。派遣可能期間の制限を設けた以上，派遣可能期間を超えて派遣労働者を引き続き労働者派遣の形態で受け入れることは許されず，派遣元から派遣停止の通知を受けたにもかかわらず受入れを続ける場合には，直接雇用へ移行すべし，との考え方によるものであると説明される[3]。裁判例では，派遣元から派遣停止の通知がない場合，派遣先には直接雇用の申込義務はないと解するものが多い[4]。

いわゆる政令26業務については，派遣可能期間の制限のない業務とされていた。政府は，①雇用を期間内に限定することになり，派遣労働者の雇用の安定を図れない，②期間満了直前の解約と再派遣の繰り返しにより期間を定めても実効性が確保できないとし，期間の定めは置かれないとした[5]。その上で，3年とする行政指導が行われたが，その行政指導も，3年以上の派遣受入れを前提とする規定の新設（当時）を機に，2004年2月に廃止され，政令26業務などについては派遣可能期間が存在しないことになった。これについては，派遣の継続化の容認を意味し，臨時的労働需要に応じるための派遣という本来の性格と背離するものであるとの批判があった[6]。

これにより，当時，派遣先が3年を超える期間継続して同一業務に同一の労働者を受け入れている場合で，当該同一業務に労働者を雇い入れようとするときは，当該労働者に対して雇用契約の申込みをしなければならないとされた。

これらの申込義務は，派遣労働者が承諾して初めて，労働契約が成立する。

---

2 1999年5月14日衆議院労働委員会，5月27日参議院労働・社会政策委員会における渡邊信職安局長の答弁。
3 菅野和夫『労働法』第10版（弘文堂・2012年）269頁。
4 いすゞ事件・東京地判平成24年4月16日労働判例1054号5頁，三菱電機事件・名古屋高判平成25年1月25日労働経済判例速報2174号3頁等多数。
5 第102回国会・衆議院社会労働委員会議事録1985年（昭和60年）4月16日16頁，同22頁以下。参議院社会労働委員会議事録1985年（昭和60年）6月6日9頁。
6 萬井隆令「派遣期間の制限と直接雇用申込義務」和田肇・脇田滋・矢野昌浩編『労働者派遣と法』（日本評論社・2013年）112頁（115頁）。

平成24年の改正法では，違法派遣の場合，派遣先が違法であることを知りながら派遣労働者を受け入れている場合には，派遣先が派遣労働者に対して労働契約を申し込んだものとみなすとされていることから，改正法が施行された後は（この部分の施行は3年後）派遣先による「労働契約の申込みみなし」が問われることになる（40条の6）[7]。ただし，派遣先が，その行った行為が次の各号のいずれかの行為に該当することを知らず，かつ，知らなかったことにつき過失がなかったときは，この限りでないとされ，違法派遣とは，①派遣禁止業務への派遣，②派遣元事業主以外からの派遣，③派遣受入期間制限違反の派遣，④偽装請負（派遣法などの適用を免れる目的で，請負その他労働者派遣以外の名目で契約を締結し，労働者派遣の役務の提供を受けること）とされる。過失の意義や（派遣法等を）「免れる目的」が狭く解されることにより，本条の意義が消滅しないよう，これらの意義を合理的に解する必要がある。仮に，これが多くの過去の事件に適用されたならば，②④（③はやや疑問）は肯定され得る。従来，派遣労働契約の更新拒絶，派遣先企業での直接雇用が争われた代表的な事件，松下プラズマディスプレイ（パスコ）事件・最二小判平成21年12月18日労働判例993号5頁では，当初労働者派遣法違反を行っていた事案であった。この規定が施行されれば，訴訟で問題になった直接雇用の問題はほぼ解消される。

従来は，労働者派遣法40条の6が施行される前は，1．職業安定法44条と違法派遣，2．労働者派遣法の各規定の取締規定の性格の存否，3．黙示の労働契約の成否が問われる。今後は，特に，4．平成27年10月に労働者派遣法40条の6が施行された後は，労働契約の申込みみなし規定の適用，さらには，5．労働者派遣と請負契約の基準，6．直接雇用をめぐる派遣先の団交応諾義務の

---

[7] 直接雇用義務の法規制化される前の代表的な見解としては，脇田滋「労働者派遣法改定の意義と法見直しに向けた検討」日本労働法学会誌96号（2000年）71頁（86頁）。従来の規制（雇用契約の申込義務）の問題点については，浜村彰「改正労働者派遣法の検討」労働法律旬報1554号（2003年）20頁（25頁）等。このほか，有田教授は，今日，ディーセント・ワークの保障をもその規範的内容とすると考えられる憲法27条からの要請としての直接雇用の原則の観点から，偽装請負の最も効果的な抑制策を考えるとき，受入れ企業の使用者責任を問うことができるよう，偽装請負と認定される場合，違法派遣先である受入れ企業と派遣労働者との間に，当該労働者の反対の意思表示がない限り，労働関係の成立を推定する定めを検討すべきだと指摘していた（有田謙司「偽装請負」法学教室318号（2007年）2頁（3頁））。

有無が問題になる（5と6は，同法40条の6が施行される以前も問われ得る）。
　以下では，1～6について，順に論じていく。

## 二　職業安定法44条と違法派遣

### 1　職業安定法44条をめぐる議論
　判例や学説において問題になっているのは，職業安定法44条の効果である。労働者派遣法に違反する労働者派遣が行われた場合においても，派遣会社と派遣先企業との間の派遣契約および，派遣労働者と派遣元との間の雇用契約が無効になるかどうかが主に問われている。
　前掲・松下プラズマディスプレイ（パスコ）事件・最二小判平成21年12月18日は，注文人と労働者との間に雇用契約が締結されていないのであれば，上記3者間の関係は，労働者派遣法2条1号にいう労働者派遣に該当すると解すべきである。そして，このような労働者派遣も，それが労働者派遣である以上は，職業安定法4条6項にいう労働者供給に該当する余地はないものというべきである，と説示している。
　ただし，各裁判所の判断方法では，大方これに従うものばかりであるが[8]，これとは異なる論理をたどる判決もある。
　多重派遣事件が行われたNTT事件では，「職安法4条にいう労働者供給を業として行なうものとして，職安法44条に違反することになり，当該労働者就業に介入して利益を得た者は労基法6条に違反することになる」としながら，「職安法44条及び労基法6条の趣旨並びに労働者派遣法の取締規定としての性質，さらには労働者を保護する必要性等にかんがみれば」，これらの条項違反があっても，労働契約は無効ではないと判断されている[9]。
　日本原子力研究開発機構事件では[10]，職安法44条で労働者供給事業を禁止す

---

[8]　積水ハウス事件・大阪地判平成23年1月26日労働判例1025号24頁，前掲ジェコー事件・埼玉地熊谷支判平成25年1月7日，前掲三菱電気事件・名古屋高判平成25年1月25日等。
[9]　NTT事件・大阪高判平成23年2月17日。
[10]　日本原子力研究開発機構事件・京都地判平成24年2月23日〔掲載誌なし〕。

る趣旨は，使用者責任が不明確になること，労働の強制が行われること，中間搾取のおそれがあることがあげられるところ，これらの趣旨に反しないため，出向契約が職安法44条に違反するとしても，無効にならないと判断されている。

　学説では，「労働者派遣」に該当する偽装請負は，労働者派遣法が定めるその要件や規制を充足していない点で違法性を生じさせるが，他方，それに該当する以上「労働者供給」の定義から除かれるので（職安法4条6項），労働者供給事業の禁止（同44条）には該当しないとするとも説かれている[11]。荒木教授も，概念上労働者供給から除外された労働者派遣は，その「概念」に合致する限り，仮に労働者派遣法の規制に違反しても，そのことゆえに直ちに，労働者供給に該当することにはならないと説かれる。違法な派遣のみが労働者供給の概念から除かれた，という解釈も主張されているが，派遣法2条1号および職安法4条6号という労働者派遣の概念は，適法か否かには関わらない。もし仮に，違法派遣は労働者供給に該当し，職安法44条の労働者供給禁止違反になるとすると，派遣法4条により禁止されている港湾運送業務，建設業務等への労働者派遣は労働者供給となり，職安法44条違反に対する罰則（64条9号）に処されることとなるはずである。しかし，派遣法4条違反については，同法59条1号で，職安法44条違反と全く同じ刑罰を科している。このほかにも，派遣法は同法違反に対して独自に罰則等の規制を行っている。このことは，現行の派遣法は，同法違反の労働者派遣であるからといって職安法44条の禁止する労働者供給となるわけではないことを前提に，違法派遣については派遣法の枠組みのなかで処理する制度設計となっていることを示している。そうすると，派遣法違反であれば当然に労働者供給に当たると解すること，さらには，そのことを根拠に派遣労働者と派遣先との間の労働契約成立を当然に導くことは困難というほかはない[12]。

---

[11] 菅野和夫・前掲書262頁，荒木尚志『労働法』第2版（有斐閣・2013年）489頁以下，濱口桂一郎「いわゆる偽装請負と黙示の労働契約」NBL885号（2008年）13頁（19頁）。反対西谷敏『労働法』第2版（日本評論社・2013年）468頁。

[12] 荒木尚志・前掲書489頁以下。

## 2　行政解釈の経緯と（指摘される）問題点

　戦後，職業安定法（昭和22年11月30日法律第141号）旧44条では，「何人も，第四五条に規定する場合を除くの外，労働者供給事業を行ってはならない」と規定された[13]。労働省職業安定局編『雇用対策法・職業安定法・緊急失業対策法』（労務行政研究所・1970年）430頁によれば，労働者供給事業とは「他人の求めに応じて自己の支配下にある労働者を供給してその使用に供させる事業」と定義された。

1948年2月職業安定法施行規則が改正され（第4条），同規則4条では，次のように規定されている。

「一　作業の完成について事業主としての財政上及び法律上の全ての責任を負うものであること。

二　作業に従事する労働者を，指揮監督するものであること。

三　作業に従事する労働者に対し，使用者として法律に規定された全ての義務を負うものであること。

四　自ら提供する機械，設備，器材（業務上必要なる簡易な工具を除く。）若しくはその作業に必要な材料，資材を使用し又は企画若しくは専門的な技術若しくは専門的な経験を必要とする作業を行うものであって，単に肉体的な労働力を提供するものでないこと」。

当初，これら4要件をすべてみたさない限り，労働者供給事業とみなして，禁止するというものであった。

　濱口氏によれば，占領終了後は，この請負4要件は，緩和の方向に動き出していった[14]。戦後は，労働者供給事業である請負（偽装するものを含めて）は徹

---

[13]　現行法職業安定法44条は，「何人も，次条に規定する場合を除くほか，労働者供給事業を行い，又はその労働者供給事業を行う者から供給される労働者を自らの指揮命令の下に労働させてはならない」と規定される。

　戦前の労働者供給の規制については，鎌田耕一「労働者供給事業禁止規定の立法趣旨と意義」労働法律旬報1108号（1984年）62頁（68頁）が詳しい。

[14]　濱口氏によれば，法形式的には，1952年2月に規則4条を改正して，「専門的な企画，技術」を「企画若しくは専門的な技術」に改めただけであるが，その解釈を大幅に改め，かつこれに併せて，それまでの産業別認定基準をすべて廃止し，新たな基準は作成しないこととした。これに関する疑義照会において，「最近往々にして一旦直用制を実施した事業所が，その直用労働者を解雇し，その作業を請負で業者に発注する傾向が見受けら

底的に禁止する一方，労働者供給事業でないと認められた請負を労働法規制から完全に免責するものであった[15]。

1985年，労働者供給事業の一部を，労働者派遣という概念で捉え合法化する，労働者派遣法が制定され，労働者供給事業を禁止してきた職安法の原則は，重要な修正を加えられる。

労働者派遣法２条１号が労働者派遣について「自己の雇用する労働者を，当該雇用関係の下に，かつ，他人の指揮命令を受けて，当該他人のために労働に従事すること」と定義し，「当該他人に対し当該労働者を当該他人に労働させることを約してするものを含まない」と規定している[16]。

つまり，労働者供給事業の一部を，労働者派遣という概念で捉え合法化したことになる。また，職安法４条１項６号では，「労働者供給」に，労働者派遣に該当するものを含まない旨の一文を設けた。つまり，「労働者供給」とは，「供給契約に基づいて労働者を他人の指揮命令を受けて労働に従事させることをいい，労働者派遣事業の適正な運営の確保及び派遣労働者の保護等に関する法律（昭和60年法律第88号。以下「労働者派遣法」という。）第２条第１号に規定する労働者派遣に該当するものを含まないものとする」と規定した。

これに加えて，労働者派遣法制定の前後，労働省は労働者供給の概念について従来とは異なる解釈，供給元が労働者と労働契約を締結している限り，労働者供給には該当しないとする解釈をとるようになった[17]。

「労働者派遣事業の適正な運営の確保及び派遣労働者の就業条件の整備等に

---

れるが，これはその請負作業が合法的に認められる以上，職業安定機関として何ら干渉すべき筋合いではない」と述べているように，この時期には再び外注化が急ピッチで進み，彼ら構内下請業者の労働者は社外工と称されるようになった（濱口桂一郎「請負・労働者供給・労働者派遣の再検討」日本労働法学会誌114号（2009年）81頁（83頁））。

15　濱口桂一郎・前掲論文83頁以下。
16　例えば，裁判例では，本件出向契約については，本件受入協定，被告NATの出向規定及び被告原子力機構の技術開発協力員についての取扱いから明らかな通り，いわゆる在籍出向であり，被告NATが原告を雇用しながらも，被告原子力機構が，出向労働者である原告に適用できる限度で自社の就業規則を適用し，労働者災害補償保険の適用事業主となるなど少なくとも出向契約関係の限度で雇用させることを約して行われるため，労働者派遣に該当せず，労働者供給に該当する，と判断したものがある（前掲日本原子力研究開発機構事件・京都地判平成24年２月23日）。

関する法律の施行に伴う関係法律の整備等に関する法律（仮称）案要綱」（1985年2月5日付け。中央安定審議会に対する諮問案）には，「第一　職業安定法の一部改正」として，派遣法に「規定する労働者派遣は労働者供給に含まれないものとする」としている。

さらに，「労働者派遣と請負，出向，派遣店員及び労働者供給との関係等」によれば，「供給元と労働者との間に労働契約関係がある場合であっても，供給先に労働者を雇用させることを約しているものは労働者派遣に該当せず，労働者供給に該当する」としている[18]。

「労働者派遣事業と請負により行われる事業との区分に関する基準」（昭和61年労働省告示第37号，最終改正平成24年厚生労働省告示第518号）においては，偽装請負が労働者派遣にあたらない場合について，職安法44条との関係は指摘していない。

これらの問題点として，次のように指摘される。「労働者供給事業であることを隠蔽するために，独立した請負ないし業務受託事業であるかのように偽装を凝らすのが一般である。したがって，労働者と労働契約を結び，労働者が発注企業で就労する際には現場監督者の体裁をとった労働者を指名・配置し，自らは就業規則を定め，賃金台帳も作成し，賃金を支払い，社会保険にも加入する等々といったことを行なう。派遣法制定後も，派遣法対象業務についてであっても，派遣法によるわずかな規制さえも免れるために業務委託などの法形式を利用した，実質的な労働者供給事業が横行しているが，労働省の新解釈に

---

17　労働力需給システム研究会の提言（1979年4月）や「労働者派遣事業問題調査会」（1984年2月）を経て，中央職業安定審議会・労働者派遣事業等小委員会「労働者派遣事業問題についての立法化の構想」（1984年11月17日，ジュリスト831号（1985年）45頁）では，「現行法の労働者供給事業のうち，供給元と労働者との間に雇用関係があるものは労働者派遣事業」となるとされている。

18　「労働者派遣と請負，出向，派遣店員及び労働者派遣供給との関係等」4-ロ。
　①派遣法の枠組みに従って行われる場合は，原則として，派遣先（供給先）に労働者を雇用させることを約して行われるものとは判断しない，②派遣元が企業としての実体をもたない個人などで，派遣遣自体が派遣元の組織に組み入れられるような場合，および，派遣先の労働者募集，賃金支払いの代行となっている場合，その他これに準ずる場合は，派遣先（供給先）に雇用させることを約していると判断することがあるとしている。

従えば，そのように形式さえ整えれば労働者供給事業と判断されることはなく，取締りはいっさいないことになる[19]」と。

高梨教授によれば，派遣先と労働者との間は雇用関係はなく，事実上の指揮命令の関係にとどまる場合に限って，労働者派遣とすることにした趣旨は，労働者を派遣先に雇用させることを約してする形態では，派遣元と労働者との間の労働契約が形骸化する蓋然性が高いこと，雇用主としての責任を負うのが，派遣元，派遣先いずれになるのか，不明確になること，派遣先と労働者との間に雇用関係を生じさせる形態は職業紹介によっても可能で，かつその方が労働者保護の点で問題がないことによる[20]。

これらにより，反対解釈として，供給先に労働者を雇用させることを約していないものは，労働者派遣であり，たとえ違法である場合も労働者供給に該当しないという解釈を招きかねない，という問題点が指摘されている[21]。

また，登録型派遣では，派遣の注文を受けた段階では，「自己の雇用する労働者」ではない。その労働者が「自己の雇用する労働者」になるのは，労働者派遣が開始される時点である。ところが，そこから過去に遡って，まだ「自己の雇用する労働者ではなかった者」を「自己の雇用する労働者」であったかのように見なして，その配置行為として派遣が行われるという法律構成をとっているにすぎない[22]。和田教授も，登録型派遣は労働者派遣のために派遣労働者を雇うというのが実態であり，労働者派遣法2条1項にいう「自らの雇用する労働者」を他人のために労働に従事させるものではなく，それは，むしろ，派遣元が使用者責任を負ってくれるというサービスつきの職業紹介というべきものであり，労働者派遣といえるか疑問があるとしている[23]。

国会が労働者供給を職安法44条によって禁止し，同66条によって違反には罰則を科している行為を政府—労働省が解釈だけで実質的に許容し，開放してし

---

19 萬井隆令・山崎友香「『労働者供給』の概念」労働法律旬報1557号（2003年）6頁（16頁）。
20 高梨昌『詳解労働者派遣法』第3版（エイデル研究所・2007年）275頁。
21 萬井隆令・山崎友香・前掲論文20頁。
22 濱口桂一郎・前掲論文日本労働法学会誌114号88頁。
23 和田肇「労働者派遣の法規制に関する総括的検討」和田肇・脇田滋・矢野昌浩編『労働者派遣と法』（日本評論社・2013年）353頁（378頁）。

まうことは許されないと説かれる[24]。「ただ派遣の形成をとりさえすれば労働者派遣法違反だけが問題となり，職安法第44条違反は成立しない，といった結論が社会的に相当だとも考えられない[25]」と指摘される。

「労働者派遣事業の適正な運営の確保及び派遣労働者の就業条件の整備等に関する法律（第３章第４節関係）の施行について」基発第333号では，派遣が労基法６条が禁止する中間搾取に該当するのではないかという問題についても，「他人の就業に介入する」とは，使用者と労働者の中間に，第三者が介入して，その労働関係の開始手続において，媒介又は周旋をなす等その労働関係について，何等かの因果関係を有する関与をなしていることとしている。さらに，派遣は，「派遣元と労働者との間の労働契約関係及び派遣先と労働者との間の指揮命令権関係を合わせたものが全体として当該労働者の労働関係となる…派遣は，労働関係の外にある第三者が他人の労働関係に介入するものではなく，労働基準法第六条の中間搾取には該当しない」とし，「労働者供給については，供給先と労働者との間に実質的な労働関係があるので，供給元による労働者の供給は，供給先と労働者の労働関係の外にある第三者である供給元の『他人の労働関係に介入する』こととなる」とし，「なお，供給元と労働者との間に労働契約関係がある場合においては，労働者派遣と同様，供給元は『他人の労働関係に介入する』ものではない」としている。

これらについては，派遣元は「他人」である労働者の派遣先における「就業に介入」しているが，派遣法によって容認されているされているがゆえに，労基法６条にいう「法律に基づいて許される場合」に該当するとして，同条の適用を免れるだけのことであると批判される[26]。

行政の解釈解釈については，いかにも概念法学的な文理解釈であるとの感は免れない，と批判される[27]。また，派遣元は，他人である労働者の派遣先における「就業に介入し」ているが，派遣法によって容認されているがゆえに，労

---

24　萬井隆令・山崎友香・前掲論文22頁。
25　萬井隆令「労働者派遣法と労働者保護法制」龍谷大学法学部編『法と民主主義の現代的課題　龍谷大学法学部創立二十周年記念論文集』（有斐閣・1989年）450頁（464頁）。
26　萬井隆令・山崎友香・前掲論文23頁。
27　萬井・前掲論文「労働者派遣法と労働者保護法制」464頁。

基法6条にいう「法律に基づいて許される場合」に該当するとして，同条の適用を免れるだけのことである[28]。派遣元は派遣先の指示に基づく労働者の就労を発生，存続させるものであるから，派遣先の労働者の「就業」に〈何らかの因果関係を有する関与〉を行い，「介入」していることは，明白であるとの重要な指摘がある[29]。派遣元が労働者と労働契約を結んでいる場合，請負業者が企業としての実体がないとか，賃金支払代行機関であっても，中間搾取にあたらないと解していることになるが，それは解釈論として不都合があると説かれる[30]。

かかる批判的な観点からは，労働者派遣は一般法である職業安定法で禁止されている労働者供給事業のなかから特別法である労働者派遣法の規制の下に行われるもの限り適法化されたのであるから，偽装請負については原則通り職業安定法違反となると説かれる[31]。

## 3　小括―行政解釈と学説の対立を踏まえて

このように，労働者派遣法違反の場合，①職安法44条[32]のみならず，労基法6条[33]は公序なのではないか，②労基法13条違反ではないかという疑問がもたれている[34]。つまり，職安法44条及び労基法6条は，労働関係の基本原則たる中間搾取の禁止および直接雇用原則を定めた公序であり，その違反は民法

---

28　萬井隆令・山崎友香・前掲論文23頁。
29　萬井隆令「労務提供に関わる三者間関係の概念について」日本労働法学会誌114号（2009年）70頁（78頁）。
30　根本到「職安法44条，労基法6条と労働者派遣法の関係」和田肇・脇田滋・矢野昌浩編・前掲書56頁（68頁）。
31　萬井隆令・前掲論文「労働者派遣法と労働者保護法制」464頁，根本・前掲論文65頁。塩見卓也「職安法44条・労基法6条違反の私法的効力について」労働法律旬報1759号（2012年）（71頁）74頁。
32　和田肇「受入れ会社と社外労働者との間の労働契約の存否」名古屋法政論集228号（2008年）303頁（319頁），塩見卓也・前掲論文74頁。野田教授も，労働者派遣が派遣法に違反する場合，労働者供給の実態が認められる場合があり，その場合，派遣元と労働者との間に雇用の実態が見られない場合があり得ることを指摘し，かかる場合に限り，職安法44条違反の成否を論じることができるとしている（野田進「松下PDP事件・大阪高裁判決が展開する三つの『雇用契約』」労働法律旬報1682号（2008年）20頁（21頁））。
33　塩見卓也・前掲論文75頁。
34　塩見卓也・前掲論文75頁。

90条により無効となると解すべきであるし，労基法6条違反が認められるのであれば，それに抵触する契約部分は労基法13条の効力により無効となるはずであると説かれる[35]。労基法13条が存在する以上，職安法44条および労基法6条は単なる取締法規であるとは到底いえないというものである。

また，職安法や労働者派遣法は，政策的な法律であるが，健全な労働市場を確保・維持することを目的とした経済法令であり，特に常用代替の制限という労働者派遣法の基本的な趣旨に関わる派遣対象業務や派遣期間等の法規制は，経済法令による「公序」を形成しており，これも民法90条の公序となると解すべきとも説かれる[36]。

派遣法1条の目的に「職業安定法と相まって」と規定されていることや，職安法44条が直接雇用の原則を要請していることに加え，常用雇用の代替防止という趣旨に照らし，例外的に許容された「労働者需給システム」であることなどの理由によって，派遣法を逸脱した労働者派遣も，職安法44条との関係がなくなることは妥当なことではないと指摘がある[37]。

根本教授は，上の見地から，あらゆる派遣法違反行為が，常に職安法44条違反を引き起こすわけではないが，重大な違反行為については，職安法44条に基づく直接雇用の原則の規範的要請を考慮しなければならないと述べる[38]。労働者派遣法40条の6（平成27年10月施行予定）が施行されたのちも，職安法44条の規範的な意義は失われないとし，派遣先が事前面接などの派遣労働者を特定する行為を行った場合（26条7項）など，派遣法40条の6が規定していない派遣法違反行為の場合には，直接雇用の原則を定めた職安法44条違反を考慮して，派遣先の雇用責任が生じうるかを問題とするべきであると述べている[39,40]。

---

35 塩見卓也・前掲論文75頁。
36 和田肇「労働者派遣の法規制に関する総括的検討」和田肇・脇田滋・矢野昌浩編・前掲書354頁（364頁）。
37 根本到・前掲論文64頁以下。
38 根本到・前掲論文65頁。
39 根本到・前掲論文65頁以下。
40 これに対し，また，毛塚教授（毛塚勝利「偽装請負・違法派遣と受入企業の雇用責任」労働判例966号（2008年）5頁（9頁））と浜村教授（浜村彰「労働者派遣法の今後の法的規制のあり方」日本労働法学会誌112号（2008年）44頁（45頁））は，民法623条が二者間の雇用契約を想定し，民法625条が雇用契約の一身専属性を規定しており，両者合

このように，労働者派遣法違反がある場合，労働者供給に該当し職安法44条違反，労基法6条違反を構成するかをめぐって争われる。批判的な見解の主な関心は，職安法が労働者を供給先が使用することをも禁止し，違反に対する罰則は双方に適用することとしている（職安法44条，64条9号）のに対し，派遣法は，主として派遣元の事業活動を規制し，対象業務以外の業務についての派遣，無許可の派遣事業，期間を超えた派遣など法律に違反した場合，派遣元にだけ刑罰を科し，派遣先は刑罰を受けることはない（派遣法59条1号・2号，61条3号）というところにあるといわれる。つまり，職安法44条違反となれば，供給元のみならず供給先もまた同じ罰則（職安法64条4号）の適用を受けることになるというものである。また，上述のような労働者派遣法違反の場合に，職安法44条が適用されないとすれば，派遣元には零細企業も多く，反対に，派遣先には大企業が多いという実情に照らせば，労働者派遣法違反を刑罰をもって禁圧することの実効性に格段の差を生じさせることになる。職安法44条違反が成立しないという行政解釈に対して批判的な学説には，この価値判断も作用しているようにも思われる。

これに対して，そもそも，職業安定法の立法趣旨としては，職業安定局によれば，次のように説明されている。

「労働者供給事業を行う者が随時他人の求めに応じて労働者を供給するためには，常に労働者を自己の支配下においていなければならないのであって，両者の間には支配従属関係が存在する。この支配従属関係は，明確な雇用関係に基づいている場合もあるが，多くは実力的な支配関係なかんずく封建的な親分子分という身分関係に基づいて発生している。また，この関係は経済的又は精神的支配関係に基づく場合もある。かかる支配従属関係の存在は，労働者供給事業を行う者の意思によって，労働者の意思は殆ど考慮されず，即ち労働者の職業選択の自由は認められず，労働者の自由意思を無視して労

---

わせて直接雇用の原則を示しているとする。但し，これに対しては，民法は原則として任意規定であるから，当事者の合意によって同原則を排除しうる点で，強行法規的に直接雇用の原則を定めた職安法44条とは意義が異なるという批判がある（萬井隆令「偽装請負における業者従業員と発注元との労働契約関係の成立について」労働法律旬報1694号（2009年）17頁（28頁））。

働を強制することとなるおそれがある。また、労働者供給事業が支配従属関係を利用して労働者に本来帰属すべき賃金の頭はねを行う場合も少なくない。かかることは封建的な雇用慣習の残滓というべきものであって、個人の人格と権威とを尊重する民主主義の精神―日本国憲法の精神に反するものであり、労働の民主化を阻害するものである。労働力の需要供給の結合過程における労働の民主化と産業に対する寄与とを目的とする職業安定法は、日本国憲法に定められる労働者の基本的人権を保障しつつ、産業に必要な労働力の充足を図ることをその使命とするものであり、このような非民主的雇用慣習を打破することは必要である。第四十四条が労働者供給事業を原則的に禁止する趣旨もここに存する[41]」と。

中間搾取の禁止についても、利益を得て介入することを禁止する趣旨であることが述べられている[42]。労働基準法の第六次案まではこの規定は見られず、第六次修正案の段階で中間搾取の禁止の規定は、強制労働の禁止（5条）のあとに挿入された[43]。

また、当時の職業安定局によれば、職安法44条にいう「使用」とは、他人の労働力を自己のために利用することをいう。したがって、使用者として労働者を直接指揮監督して労働力を利用する場合はもちろん、労働基準法上の使用者ではなくても、作業の施設、工程等の実態からみて作業上直接間接に指揮監督関係がある場合をも指すと解されていた[44]。かかる趣旨と定義からすると、労働者派遣法が制定された後、①注文人が指揮監督を行っている場合には、職安

---

41　労働省職業安定局編『職業安定法解説』（雇用問題研究会・1956年）311頁。
42　労働省職業安定局編・前掲書311頁。鎌田教授は、北海道労研と呼ばれる機関による資料によりつつ、規定解釈をめぐる対立が政府部内に存在し、商工省が、職安法44条の趣旨は、「中間搾取乃至強制労働等の所謂人夫供給業で肉体労働力を主体として営まれる請負作業等の排除を目的としている」と主張したのに対し、労働省はその趣旨を「単に中間搾取強制労働の排除を目的とするものだけではなく広く雇用形態の民主化を図ろうとするもの」とし、さらに、この雇用の民主化の思想は「労働力を利用とする者とこれを提供しようとする者との間に介在する非民主的な者更には介在の意義を認められない者等を排除しようとする精神を含む」としたものであるとする（鎌田耕一・前掲論文・労働法律旬報1108号72頁）。
43　渡辺章編『日本立法資料全集51労働基準法(1)』（信山社・1996年）295頁。
44　労働省職業安定局編・前掲書314頁。

法44条違反が生じるのは当然である。しかし，これに反して，②派遣受入期間制限違反，③派遣禁止業務違反等の場合，―労働者に対する指揮監督関係が注文人のもとにあるとはいえない限りでは―，労働者派遣法違反は生じるが，②③の事実からただちに職安法44条違反は生じる余地はないというべきである。このため，違法な派遣のみが労働者供給の概念から除かれた，という解釈は，困難である。しかし，これらすべての場合で，派遣元（請負企業）と労働者との間の労働契約が有効となるかどうかは，―職安法44条違反とは別に―，公序良俗違反，強行法規違反の有無の可能性がある[45]。

さらに，労働者派遣法という新たな法律の制定および度重なる改正により，規制内容とその手法に変化が生じているのも，重要な事実である[46]。

つまるところ，この問題は，結局，労働者派遣法の各条項等の違反が，それ

---

[45] さらに，岡田幸人・本件調査官解説ジュリスト1417号（2011年）145頁（147頁）では，労働者供給事業の中から特別法である労働者派遣の規制の下に行われる限り適法化されたのであるから，偽装請負については原則通り職安法違反となるという解釈について，労働者派遣法2条1号および職業安定法4条6項（「労働者供給」には労働者派遣法2条1号に規定する労働者派遣に該当するものを含まない，と規定する）の文理に照らして無理がある解釈であると指摘されている。

[46] 例えば，厚生労働大臣は，派遣先が派遣可能期間を超えて労働者派遣を受けており，かつ当該派遣労働者が当該派遣先への直接雇用を希望している場合において，当該派遣先に対し，一般的な指導・助言権限に基づき当該労働者を受け入れるべきことを助言・指導していたにもかかわらず，当該派遣先がこれに従わなかったときは，当該派遣先に対し，当該派遣労働者を雇い入れるように勧告できるとしている（49条の2第2項）。労働局からは，派遣労働者につき，注文人において直接雇用を指示されることもある（日本トマソン事件・神戸地判姫路支判平成23年2月23日労働判例1039号35頁，大阪高判平成23年9月30日労働判例1039号20頁，三菱電機事件名古屋高判平成25年1月25日）。労働者派遣のうち，労働者派遣法40条の2に違反するものについては，労働者の雇用の安定を図るための措置を講じた上で，労働者派遣の受入れを中止すること，当該労働者が希望する場合は，雇用の申込みをすることと是正指導をされているケース（ヤンマー事件・大阪地判平成23年2月7日〔掲載誌なし〕）や，労働者派遣の受入れを中止するという是正のための措置をとるよう指導を受けるケース（パナソニックエコシステムズ事件・名古屋地判平成23年4月28日労働判例1032号19頁）も知られる。その上，平成27年10月以降は，①派遣禁止業務への派遣，②派遣元事業主以外からの派遣，③派遣受入期間制限違反の派遣，④偽装請負（派遣法などの適用を免れる目的で，請負その他労働者派遣以外の名目で契約を締結し，労働者派遣の役務の提供を受けること）の各場合に，派遣先による「労働契約の申込みみなし」が問われることになる。派遣先の責任は，加重する方向に傾斜しつつある。

それ強行法規違反か否か，公序良俗違反となるか否かによって，決せられることになる。問題は，これらの条項が，強行法規たる性格，公序たる性格をそもそも有しているかどうかが，重要である。これについては，以下において，検討していく。

## 三　労働者派遣法の各規定の取締規定の性格の有無

　労働者派遣法違反がある場合に，派遣労働契約及び派遣契約が無効となるか否か，については，前掲・松下プラズマディスプレイ（パスコ）事件・最二小判平成21年12月18日は，労働者派遣法違反がある場合に，派遣労働契約及び派遣契約が無効となるか否かについては，「労働者派遣法の趣旨及びその取締法規としての性質，さらには派遣労働者を保護する必要性等にかんがみれば，仮に労働者派遣法に違反する労働者派遣が行われた場合においても，特段の事情のない限り，そのことだけによっては派遣労働者と派遣元との間の雇用契約が無効になることはないと解すべきである」と説示している[47]。

　最高裁調査官の解説によれば，本判決は，派遣元と派遣労働者との間の雇用契約を無効とすべき特段の事情が存在しうることを認めているが，その内容としていかなるものがあるかについて具体的な説示をしているわけではないとする。「これは，労働局による指導等に対応して出現すべき脱法的な違法派遣の態様は今後も様々なものが想定されることから，その態様によっては派遣元と派遣労働者との間の雇用契約が無効になる可能性があり得ることをあらかじめ宣明にしておくという趣旨であって，現時点において具体的な事案を本判決が想定されているわけではないものと推測される」。いずれにせよ，上記「特段の事情」の具体的な判断基準や当てはめについては，今後の事例の集積を待つほかないものと思われる[48]。

---

　47　松下プラズマディスプレイ事件・最二小判平成21年12月18日労働判例993号5頁。
　48　岡田幸人・ジュリスト1417号（2011年）145頁（147頁）。同調査官解説によれば，派遣元と派遣労働者との間の雇用契約を原始的に無効であると解すべき場合には，もはや労働者派遣法にいう「労働者派遣」の定義に該当しなくなるものと解される。なお，その後の「特段の事情」を判断した代表的な判決に，マツダ事件・山口地判平成25年3月

労働者派遣法違反がある場合に，派遣労働契約及び派遣契約が無効となるか否か，というこの問題点については，公法的な規定から私法上の効果を生じさせるか，という労働法上よく議論されてきたテーマと深く関わっている。

　公法上の規定や取締規定から，私法上の効力をただちに一切発生させない，とは言い切れない[49]。

　問題になるのは，派遣法違反があったとき，派遣元と派遣労働者との間の派遣労働契約，派遣元と派遣先との派遣契約は，有効であると断ずることができるかどうかである。

## 1　違法派遣の類型

　この問題を論ずる前に，まず，労働者派遣法違反となった場合いかなる場合

---

13日労働判例1070号6頁がある。

[49]　行政法においては公法・私法の性質上の違いや両者の区別する基準に理論的な関心が寄せられてきた。原田教授によれば，伝統的な理解では，公法の意義と性質は次のようなところにあるとされる。行政法に関する法の性質は，国家と国民の間の権力支配の関係を規律するところに求められる。警察，租税，収用などの作用は，いずれも国や公共団体が優越的な立場に立って公権力を行使し，国民に命令を強制することをその本質的属性として営まれる行政活動である。これに対して，給付行政にかかわる作用や経営的行政，財産管理にかかわる作用などのように，国家が統治権の座から降り，国民と対等な立場で実施する非権力的な作用があり，行政主体と国民は支配服従の関係ではなく，対等な関係であるとされるが，そのすべてを私法原理に任せてしまうと，公益の実現・行政目的の達成に支障が生じることから，行政目的の公正かつ円滑な実現を図るために私法原理とは異なる特別な法的扱いが必要とされ，行政特有の特殊な法が定められる（河川法，道路法，都市公園法，下水道法，生活保護法，健康保険法，老人福祉法，介護保険法などがある）（原田尚彦『行政法』全訂第7版補正2版（学陽書房・2012年）17頁以下。こうした権力作用を規律する法は，私法にはみられない行政特有の性質を有するものであり，行政固有の原理に立脚した法であるとみなされなければならないと説く（原田尚彦・前掲書18頁）。これによれば，通説は，これらの法規を，公法の一部門に加えて，伝統的公法と呼んだ。

　公法・私法との区別の基準については，古くからさまざまな説が有り，その代表的なものとしては，法律関係の当事者にその他の行政主体が加わっているかどうかによって区別する主体説，権力服従の関係に関する法か対等当事者間の関係に関する法かによって区別する権力説，および，公益に関する法か私益に関する法かによって区別する利益説が挙げられる（今村成和・畠山武道『行政法入門』第9版（有斐閣・2012年）19頁）。これらは，公法，特に行政法の範囲を画する基準にはなっているものの，ある行政法規が公序を設定するか，それとも取締規定をなすかの問題とはもちろん異なっている。ここで問われているのは，後者の問題である。

があるのか，整理してみる。

労働者派遣法違反が問題になった事件について，裁判例はいくつかに分類できる。いかなる事由によって違法が問われたかによって分類すると次のようになる。

a) 指揮命令が注文人にある場合（いすゞ事件・東京地判平成24年4月16日，前掲日本トマソン事件・大阪高判平成23年9月30日，日本原子力研究開発機構事件・京都地判平成24年2月23日等多数），

b) 派遣期間違反（前掲三菱電機事件・名古屋高判平成25年1月25日，ムサシ鉄工事件・名古屋地判平成22年3月25日等多数），

c) 専門26業務への非該当（パナソニックエコシステムズ事件・名古屋高判平成24年2月10日労働判例1054号76頁，パナソニック電工事件・名古屋高判平成24年4月20日），

d) 対象業務違反（ホクトエンジニアリング事件・東京地判平成9年11月26日判例時報1646号106頁）とがある。

問題になったケースでは，請負企業と注文人との間で，請負契約を締結する場合がほとんどであるが，出向を通じて実質的に労働者派遣を行っていたという場合（前掲日本トマソン事件・大阪高判平成23年9月30日，前掲日本原子力研究開発機構事件・京都地判平成24年2月23日）もある。経営を理由として派遣先が派遣契約を解除したケースも多く（前掲三菱電機事件・名古屋高判平成25年1月25日），労働者の疾病を理由とした派遣先による労働者派遣契約の解除もある（ジェコー事件・さいたま地熊谷支判平成25年1月7日）。これに対して，偽装派遣が発覚し，労働局を通じて行政指導・勧告を受け，派遣労働者を派遣先企業が直接雇用し，その後，期間満了を理由に雇止めされたケースも多い。労働局において，派遣先の無期雇用を指導・勧告されたにもかかわらず，派遣先での直接雇用を有期雇用とし，公然と期間満了を理由として派遣契約を解除した事件も少なくない。

## 2 取締規定論への疑問

裁判例では，派遣元・派遣先ともに私法上安全配慮義務があることは認められている。鹿島建設事件・福岡高裁昭和51年7月14日判決[50]は，かつて，「注文人，請負人間の請負契約を媒介として事実上，注文人から，作業につき，場

所，設備，器具類の提供を受け，且つ注文人から直接指揮監督を受け，請負人が組織的，外形的に注文人の一部門の如き密接な関係を有し，請負人の工事実施については両者が共同してその安全管理に当り，請負人の労働者の安全確保のためには，注文人の協力並びに指揮監督が不可欠と考えられ，実質上請負人の被用者たる労働者と注文人との間に，使用者，被使用者の関係と同視できるような経済的，社会的関係が認められる場合には注文人は請負人の被用者たる労働者に対しても請負人の雇傭契約上の安全保証義務と同一内容の義務を負担するものと考えるのが相当である」と説示した。

　私法上の安全配慮義務違反の損害賠償請求が問題になる際には，労働安全衛生法，じん肺法等の公法上の義務から，私法上の安全配慮義務をそのまま認めることがあるのはやや一般化している[51]。例えば，この事件では，労働基準法及び労働安全衛生規則，じん肺法等から，じん肺訴訟において，石綿粉じんの発生飛散抑制義務，健康診断義務，教育義務，マスク配布及び着用指導義務を認め，安全配慮義務違反を肯定している。

　労働者派遣との関係でも，派遣可能期間超過のケースにおいて，派遣元，派遣元代表取締役の共同不法行為を肯定した裁判例もある。労働関係法規の趣旨からすれば，事業主が，三者間契約により，他の事業主から提供される労働者の労働力を第三者労働力として利用する場合には，その第三者労働力の利用の形式や方法が適法・適正なものでなければならないはずである。第三者労働力の適正利用義務を，当該労働者に対し，信義則上負っているものと解すべきである[52]。裁判例では，「派遣先企業である1審被告Yには派遣労働者である1審原告らの雇用の維持又は安定について一定の配慮をすることが一般的に要請されていることが示されているというべき」とされ，派遣先による派遣契約の中途解約による不法行為の損害賠償請求権を認めている[53]。また，他の事件で

---

50　最一小判昭和55年12月18日判例時報992号44頁は，原審の判断を概ね維持しつつ，遅延損害金の起算点に誤りがあるとして，破棄自判としている。

51　さいたま地判平成24年10月10日。

52　毛塚勝利「偽装派遣・違法派遣と受入企業の雇用責任」労働判例966号（2008年）5頁（特に9頁以降）。

53　前掲三菱電気事件・名古屋高判平成25年1月25日。

は，原告Ａに対しては，正社員の代替として十分な成果があったにもかかわらず，代替人材が得られるや派遣料金の高さを理由として派遣切りしたが，名古屋地裁は，「かかる被告の原告Ａに対する仕打ちは，いかに被告が法的に雇用主の立場にはないとはいえ，著しく信義にもとるものであり，ただでさえ不安定な地位にある派遣労働者としての勤労生活を著しく脅かすものであって，派遣先として信義則違反の不法行為が存在するというべきである」と判断し，原告Ｂに対しては，①26専門業種へ非該当，よって，②派遣期間違反，③労働者のこれらの事態（①により派遣元が派遣契約を締結できない，②により派遣切りせらざるを得ない）の認識不可能性，④当該派遣労働者を狙い撃ちにして派遣を打ち切り，⑤派遣理由の具体的な説明なし，団体交渉拒否，⑥当該派遣切り後，他の派遣元から派遣労働者の継続的受入れから，名古屋地裁は，「派遣労働者を受け入れる派遣先として著しく信義にもとる対応というべきであり，派遣先として信義則違反の不法行為が成立するというべきである」と判断している[54]。これらの扱いが私法上違法とするものでもあり，従来の学説や裁判例にはない優れた法理である[55]。

## 3　新たな視点―民法・行政法の裁判例・学説の検討を通じて

　行政法と民法との関係では，制度の趣旨等を考慮して，民法上公序良俗に反して無効とした裁判例もある。

　かつて，煮乾いわし売買当時施行の臨時物資需給調整法はわが国における産業の回復振興に関する基本的政策及び計画の実施を確保するために制定されたものであり，同法に基づく加工水産物配給規則は，昭和22年内閣訓令3号指定配給物資配給手続規程に従い右目的達成のため物資及びその需給調整方法等を特定し同規則2条によって指定された煮乾いわし等の物資については法定の除外事由その他特段の事情の存しない限り同規則3条以下所定の集荷機関，荷受機関，登録小売店舗等の機構を通ずる取引のみの効力を認め右以外の無資格者

---

54　前掲パナソニックエコシステムズ事件・名古屋地判平成23年4月28日。
55　これに対して，注文者に対する不法行為の損害賠償責任を否定した事案も少なくない（前掲いすゞ事件・東京地判平成24年4月16日，前掲NTT事件大阪高判平成23年2月17日）。

による取引の効力を認めない趣意であって，右以外の無資格者による取引は無効と解すべきであると判断した[56]。戦時中の物資がきわめて乏しい状況の下で正規のルート以外の流通を排除しようとする立法者意思が読み取れるとして，統制法令違反の契約が無効と判断されている[57]。

　さらに，最高裁は，「有毒性物質である硼砂の混入したアラレを販売すれば，食品衛生法4条2号に抵触し，処罰を免れないことは多弁を要しないところであるが，その理由だけで，右アラレの販売は民法90条に反し無効のものとなるものではない。しかしながら，前示のように，アラレの製造販売を業とする者が硼砂の有毒性物質であり，これを混入したアラレを販売することが食品衛生法の禁止しているものであることを知りながら，敢えてこれを製造の上，同じ販売業者である者の要請に応じて売渡し，その取引を継続したという場合には，一般大衆の購買のルートに乗せたものと認められ，その結果公衆衛生を害するに至るであろうことはみやすき道理であるから，そのような取引は民法90条に抵触し無効のものと解するを相当とする」と判断した[58]。

　これに対して，谷口教授は，「統制に従うことが社会道徳となっておりその違反が道徳違反と意識される場合には，法規の不知を問わず，その道徳違反の非難される心情に対する制裁として取戻を拒否すべきだと考え，一応，客観的には，統制違反＝強行法規違反＝公序良俗違反で無効で，給付は不法原因給付だが，主観的には給付者に違法認識を欠くが故に取戻拒否の制裁を認める要なし」との基本的立場から，このような判決が「統制違反給付が概念的か一律的に当然に不法原因給付であるとか，ないとか断定しないで，具体的に当時の社会情勢において反道徳醜悪行為と見られるや否やにより判断すべきだとする判旨は，（…）賛成したいと思う」と述べておられる[59]。

　また，「宅地建物取引業法17条1項，2項は，宅地建物取引の仲介報酬契約

---

56　最二小判昭和30年9月30日判例時報64号16頁。
57　大橋洋一『行政法　現代行政過程論』（有斐閣・2001年）83頁。こうした解決に疑問を提示している学説として，例えば，川井健『無効の研究』（一粒社・1979年）26頁（80頁以下）。
58　最一小判昭和39年1月23日判例時報362号52頁。
59　谷口知平「統制法違反の給付と不法原因給付の成否」民商法雑誌44巻4号（1961年）684頁以下。

のうち告示所定の額を超える部分の実体的効力を否定し，右契約の実体上の効力を所定最高額の範囲に制限し，これによって一般大衆を保護する趣旨をも含んでいると解すべきであるから，同条項は強行法規で，所定最高額を超える契約部分は無効であると解するのが相当である」と上告審は判断している[60]。

ここで紹介したような民事的な効力を否定し，無効と判断するのは，例外に属する[61]。しかし，これらの判例法理をみるとき，共通する論理がみられる。まず，無効を明示的に規定していなくても，立法者が民事取引の効力をも否認するほど強い決定の下に規制を定めていると解釈される場合には，かかる法令違反の民事取引は無効と解される[62]。また，行政法規それ自体が禁止規定，罰則規定となっていたとしても，そこからただちに民事上の効力を否定するわけではなく，行政法規の趣旨を解釈し，かつ，「公衆衛生」「一般大衆を保護」等，媒介する論理と価値（公益）を介して，民事上の効力を否定している。当該取引の悪質性を主張するだけでは足りず，取引を通じて，何らかな重要な公益を害することがなければならないことになる。

さらに，労働者派遣法の場合とは異なり，行政法上の個別の条文の趣旨を解釈した上で，上のような結論を導いている。これに対し，最高裁は，「労働者派遣法の趣旨及びその取締法規としての性質，さらには派遣労働者を保護する必要性等にかんがみれば，仮に労働者派遣法に違反する労働者派遣が行われた場合においても，特段の事情のない限り，そのことだけによっては派遣労働者と派遣元との間の雇用契約が無効になることはない」と，労働者派遣法全体を取締法規と解しているように読め，個別の法令の趣旨を判断しようとはしていないように受け取れる（その意味では，従来の判例と相違しているとも読める）。

このように考えると，取締法規か強行法規なのかについての区別の基準も問われてくる。近時では，基本権保護をも公序の内容となるという民法の新たな公序理論を用いて[63]，職安法44条違反は，公序違反になるという興味深く説得力ある見解も，労働法学上主張されている[64]。

---

60　最一小判昭和45年2月26日判例時報587号29頁。
61　大橋洋一・前掲書83頁。
62　大橋洋一・前掲書82頁。
63　山本敬三『公序良俗論の再構成』（有斐閣・2000年）286頁，287頁。

## 4 小括——これらの判例と学説をふまえて

そもそも，民法上の議論は，取引当事者である二当事者の議論であり，派遣法上の議論は，請負会社・注文人・労働者を含む三当事者間の議論であるという差異があるほか，労働者は違法行為に関与しないという差異はある。しかし，派遣法に関わる判例では，「取締法規→派遣労働者を保護→無効とはならない」としながら，雇止めの効力は否定し，結果的に，派遣労働者の保護にはなっていない，という点も特筆できる。

米倉教授は，①規定の趣旨，②倫理的批判の程度，③取引の安全，④当事者の信義・公平，によって判断するとする[65]。これに加えて，ここでいう行為の禁止・制限に対する要請の強さを考慮しなければならないとしても，その要請が強い場合には，単に規制を加えるのみならず，その行為の効力まで否定しないことには，行為の禁止・制限を実現することはおぼつかない[66]。また，行為の禁止・制限に対する要請の強さがどの程度であるかを判定するにあたっては，その時代の社会の人々の意識，特に，違反行為に対して人々が抱く法感情，倫理的な非難の程度を十分考慮すべきであるとする[67]。公益上の要請がきわめて強い場合には，③，④のファクターを無視してでも，その行為は無効とされてしかるべきであるとしている[68]。大村教授も，上の①〜④が区別の基準であることに同意しつつ[69]，警察法令は，その法令によって取引が犠牲にされるのを防ぐため私法上の効力は否定されないものの，経済法令は，法令目的と取引効力は無縁ではなく，取引の効力を否定することが必要なことが多いと述べている[70]。公法と私法は二元的に分離されるものではないことを示しつつ，私法上の公序が法令の目的実現をサポートするものであると述べている[71]。労働者派

---

64 沼田雅之「労務供給の多様化と直接雇用の原則」日本労働法学会誌112号（2008年）35頁（40頁）。
65 米倉明「法律行為(10)」法学教室53号（1985年）20頁（30頁以下）。
66 米倉・前掲論文31頁。
67 米倉・前掲論文32頁。
68 米倉・前掲論文33頁。
69 大村敦志「取引と公序（下）」ジュリスト1025号（1993年）66頁（69頁）。
70 大村敦志・前掲論文71頁以下。
71 大村敦志・前掲論文72頁。

遣法も，警察法令とは解しがたく，取締法規であるとして，一概に私法上の効力を否定できるとは思われない[72]。

　行政法学者の大橋教授によれば，行政法令の趣旨が明確ではないことが多いため，上の基準の中で，②の社会的非難の程度の要件が大きな役割を果たし，無効の根拠規定としても，民法90条の公序良俗違反の援用が通例となっている[73]。行政法学的には，行政法令違反に着目することになるが，行政法令違反は，多くの場合，民事取引の効力を決定する唯一の規定因子ではなく，契約解釈における総合考慮の一要素にすぎない[74]。

　ここで重要であると考えるのは，請負会社・注文人が，違法行為を行い，あるいはこれに加担し，反社会的，反倫理的な行為を行っている点である。特に，派遣法に反する違法行為を行いつつ，利益を上げながら，労働力が不要となると雇止めを行う点が，反社会的であり，反倫理的である。

　上の考察での観点を生かすと，少なくとも，①命令権を注文人が行使しているという典型的な労働者派遣法違反の場合には，労働者派遣制度を濫用・潜脱するという重要な違法行為を行っている。また，②派遣可能期間に違反する場合には，常用代替禁止という労働者派遣制度の本質に関わるものである。いずれも，これらにより，労働市場の需給システムを歪曲させる，という公益にも反しつつ，派遣（ないし請負）労働者の保護にも資するものではない。

　これら①，②に関わる労働者派遣法等の関連規定は，強行法規と解しうるのではないかと思われる。強行法規であるか否かの問題と公序良俗違反があるか否かの問題は別問題である[75]。強行法規違反かどうかは，具体的な事情を勘案して，請負会社及び注文人の行為態様などを問題にし得る。かかるアプローチによる場合には，①，②の労働者派遣法等の関連規定が強行法規かどうかを個

---

72　沢井教授も，臨時的物資統制法（物資流通統制法等），警察政策的統制法（営業統制法等），社会政策的統制法（労働基準法等），経済政策的統制法（独占禁止法等）とを分け，社会政策立法については，社会的弱者保護の観点から私的自治の限界を画すものであり，当然，強行法規としての性格をもつと説く（沢井裕「統制違反の効力」契約法大系刊行委員会『契約法大系Ⅰ』（有斐閣・1962年）43頁（49頁以下））。

73　大橋洋一・前掲書83頁。
74　大橋洋一・前掲書83頁。
75　大村敦志・前掲論文71頁。

別に判断しうるのみならず（労働者派遣法全体が取締法規と解する判例との差異），他の行為態様等を個別に問題にし得ることになる。①，②に関わる労働者派遣法等の関連規定に違反する労働者派遣が存する場合には，具体的な事情を勘案して，請負企業と労働者との間の労働契約，請負企業と注文人との請負契約は，無効になると解する余地があるというべきである。

　これに対しては，労働者派遣法の各条に反するのみならず，職安法44条にも違反と解され，かかる職安法44条違反によって，請負契約のみならず，労働契約も無効にできるのでは，という効果の点も問題になる。しかし，職安法44条違反となるかどうかは，一方の基準（有力説の定義）に従う限りで，労働者供給にあたることとなるにすぎず，法解釈として，困難が伴うことは既に述べた。もし，仮に，職安法44条違反となるという見解による場合，労働者供給の定義を，一つの基準（有力説の定義）によることとし，これによって，労働者派遣法の各条項の違反が職安法44条にあたるかどうかを問うこととなり，その上で，職安法44条が強行法規違反かどうかを判定し，無効か否かがようやく決せられるといえ，いくつもの争点で争いある解釈を越えなければならなくなる。それならば，労働者派遣法違反が問われる場合，これらの条項が，強行法規たる性格をそもそも有しているかどうかを問い，かかる違反から無効となっているかどうかを問う方が，法解釈としては，筋道がはっきりしているように思われる。

　以上から，請負会社・注文人が，派遣法に反する違法行為を行いつつ，利益を上げながら，派遣労働力が不要となると雇止めを行う点が，反社会的であり，反倫理的であるとし，少なくとも，①命令権を注文人が行使しているという典型的な労働者派遣法違反の場合には，労働者派遣制度を濫用・潜脱するという重要な違法行為を行っているとみなし，また，②派遣可能期間に違反する場合には，常用代替禁止という労働者派遣制度の本質に関わるものとみなし，いずれも，これらにより，労働市場の需給システムを歪曲させる，という公益にも反しつつ，派遣労働者の保護にも資するものではないと解することから，①と②の違法性が認められる限りで，具体的な事情を勘案した上で，請負会社と労働者との間の労働契約，請負会社と注文人との請負契約は，無効になると解する余地があるというべきである。

最高裁判所調査官の解説によれば，前掲・松下プラズマディスプレイ（パスコ）事件・最二小判平成21年12月18日において，派遣元と派遣労働者との間の雇用契約を無効と解すべき特段の事情が存在し得ることを認めているが，「これは，労働局による指導等に対応して出現すべき脱法的な違法派遣の態様は今後も様々なものが想定されることから，その態様によっては派遣元と派遣労働者との間の雇用契約が無効になる可能性があり得ることをあらかじめ宣明しておく趣旨であって」，現時点において具体的な事案をかかる判決が想定しているわけではないものと推測されると述べているが[76]，これは，最高裁判例において，労働者派遣法違反の場合に，態様によっては，労働契約が無効になり得る旨を述べていることを意味している。
　なお，派遣労働契約の無効を問題にするこうした見解に対しては，黙示の労働契約の成否を論じるのに，派遣労働契約の無効を前提にするものではない学説もあるが[77]，裁判所が十分検討に値する法律構成である。

## 四　黙示の労働契約の成否[78]

　私的自治の原則を採用するわが国の法制の下では，当事者の意思を媒介する

---

76　岡田幸人・前掲論文147頁。
77　浜村彰「違法な労働者供給・労働者派遣と労働契約関係」法学志林第98号1巻（2001年）143頁（148頁），野田進・前掲論文1682号22頁，和田肇「労働者派遣の法規制に関する総括的検討」和田肇・脇田滋・矢野昌浩編・前掲書365頁以下。
78　最近の裁判例を分析したものに，この節で個々に引用したもののほか，和田肇「労働契約における使用者の概念」労働法律旬報1585号（2004年）4頁，和田肇・脇田滋・矢野昌浩編『労働者派遣と法』（日本評論社・2013年）所収の各論文，根本到「職安法44条，労基法6条と労働者派遣法の関係」89頁，西谷敏「労働者派遣の法構造」69頁，野田進「特定行為の禁止と紹介予定派遣」89頁，伊須慎一郎・三浦直子「政令26業務の内容と意義」102頁，萬井隆令「派遣期間の制限と直接雇用義務」112頁，武井寛「労働者派遣と労基法」120頁，緒方桂子「労働組合法における派遣先企業の使用者性」132頁，豊川義明・萬井隆令「松下PDP事件」148頁，中野麻美「伊予銀行・いよぎんスタッフサービス事件」159頁，井上幸夫・堅十萌子・和田肇「松下PDP事件最高裁判決以前の下級審裁判例」175頁，塩見卓也「松下PDP事件最高裁判決以後の下級審判決」188頁，藤内和宏「許可された業務以外での労働者派遣と派遣法33条2項違反の効力」225頁，山川和義「一般労働者派遣事業許可取消事件」218頁，濱畑芳和「労働者派遣契約における派遣元の義務」245頁を参照。

ことなく，労働契約が成立するという解釈が可能かどうかは非常に困難な問題である。フランス法では，労働契約において無期原則を採用しており，労働者派遣が一定の法規定に違反するときには，派遣先は当該労働者と期間の定めのない労働契約を締結していたものとみなされると指摘される[79]。ドイツ法では，労働者派遣事業許可を派遣元が有しない場合，労働契約は無効とされ，派遣先との労働契約関係が成立したものとみなされるとの規定がある（本書第3章第2節五）。

平成24年改正法が施行された後は（この部分の施行は27年10月）派遣先による「労働契約の申込みみなし」が問われることになる[80]。従来，派遣労働契約の更新拒絶，派遣先企業での黙示の労働契約の成否が争われた代表的な事件，松下プラズマディスプレイ（パスコ）事件・最二小判平成21年12月18日では，当初労働者派遣法違反を行っていた事案であった[81]。この規定が施行されれば，訴訟で問題になった派遣法違反の場合の派遣先での労働契約の成立はほぼ解消される。

しかし，リーマンショック時の事件は，まだ継続している段階であるし，派遣先（ないしは注文人）と労働者との間の黙示の労働契約の成立の存否をめぐっては多くの裁判例が存在しているのも事実であるから，本節において，派遣先（ないしは注文人）と労働者との間の黙示の労働契約の成立の存否について，若干の検討を行うこととする。

## 1 派遣先と派遣労働者との間の黙示の労働契約の成否

裁判例では，当初から社員と下請社員全員が順繰りに送出部の各業務を分担し渾然一体として業務を行っており，下請社員は事実上被申請人会社（注文人）職制の指揮命令によりその業務を遂行しており，下請社員が作業を行うにあ

---

[79] 野田進「有期・派遣労働契約の成立論的考察」菅野和夫古稀記念論集（有斐閣・2013年）191頁（208頁）。

[80] 直接雇用義務の法規制化される前の代表的な見解としては，脇田滋「労働者派遣法改定の意義と見直しに向けた検討」日本労働法学会誌96号（2000年）71頁（86頁）。従来の規制（雇用契約の申込み義務）の問題点については，浜村彰「改正労働者派遣法の検討」労働法律旬報1554号（2003年）20頁（25頁）等。

[81] 松下プラズマディスプレイ事件・最二小判平成21年12月18日労働判例993号5頁。

たって使用する放送機器設備はすべて被申請人会社の所有物であって作業衣，ネーム・プレート，カッパ等も注文人の被申請人会社$Y_2$から下請社員へ支給若しくは貸与され，賃金が，請負会社の$Y_1$の賃金体系により下請社員に直接支払われていたが，申請会社の者が，出勤表や休暇，欠勤届の管理，第一次的な人事考課等を行っており，出張日当，宿泊料，弁当代等は社員と同じ基準で被申請人会社$Y_2$から直接支払われており，その他に奨励金的な復配祝金や社長賞が同社から申請人ら下請社員に支払われることもあった場合[82]，裁判所は，この頃には請負会社の$Y_1$との請負契約は「単なる法的外装に過ぎない」とし，「申請人らは被申請人会社の職制等の指揮監督のもとに労務を提供していたことが明らかで，申請人らと被申請人会社との間には使用従属関係が存在し，又申請人らの行う業務は被申請人会社の社員によっていつでも代替できる内容のものであり，請負代金の名目で$Y_1$に支払われているものも実は一定の仕事に対する報酬ではなく申請人らの労務の提供と対価的牽連性を有し実質は賃金とみるべきものであるから，被申請人会社と$Y_1$との間の請負契約は請負契約ではなく，職業安定法44条の禁ずる労務供給契約にほかならないというべきであって無効であるといわなければならない」と判断し，「申請人らの提供する労働に客観的に見合う金額を賃金とする黙示の雇用契約が成立していたものとみるのが相当である」と判断している[83]。

　サガテレビ事件の地裁判決においても，業務委託契約は法形式上のものにすぎず，実態は申請人Xらとの間に使用従属関係が存在するもの，即ち労働契約が存在すると評価される方がより自然であり，しかも，右の法形式そのものが請負会社Aと被申請人Y会社間の業務委託契約を基本に据えていたところ，「同契約は，前に検討したとおり職安法44条に違反し，公序良俗に反するものであった」。しかるところ，既述のとおり，職安法44条は労働者を保護し，労働の民主化をはかる規定であるから，右無関係社告によって被申請人会社が違法な労働者供給事業への加担から身をひく結果になるとはいえ，それが同条の目指す労働者保護及び労働の民主化をはかることに全く逆行する結果をも招来

---

82　近畿放送事件・京都地決昭和51年5月10日労働判例252号16頁。
83　前掲近畿放送事件・京都地決昭和51年5月10日。

することは容認すべからざる背理であって，右契約を盾に，申請人らの提供した労働を，申請人らとの労働契約の意思表示の合致と無関係のものと主張することは，法の許容しないところと解される。そして，「申請人らと被申請人間の客観的に存した使用従属関係の有無とその内容は単に事実上のものにとどまるというのでは正確な説明がつき難く，労働契約という概念でのみ架橋が可能となることに思いを致すと，表示上から客観的に推認される被申請人会社の意思は，昭和50年6月1日時点で申請人らとの間に労働契約の存在することを容認していたもの即ち，後記する申請人らの労働契約締結の申込みを黙示的に承諾済みであったというに帰するのである」と説示し，申請人Ｘと被申請人会社（注文人）との間の黙示の労働契約の成立を認めた[84]。

サガテレビ事件につき，本多教授は，同事件の意見書において，「当事者の個人的・主観的意思よりも，客観的な事実を重視し，あくまでも実態に即して法の適用関係や理論構成を決定するものである。もっとも，そこにたんなる事実上の労働関係ではなく，労働契約関係が成立しているというためには，当事者の意思を問題にせざるを得ない。意思関係を全く抜きにした合意＝契約というものはありえないからである」とし，「そこに認められる当事者の意思は，あくまでも客観的な事実の中から推定される客観的推定的意思とみるべきであろう」とし，注文人と下請け労働者との間に黙示の労働契約が成立していると認めるべきであるとしている[85]。

秋田教授は，サガテレビ事件を受けて，「労働契約における契約の推定操作について」論じ，労働契約における法的推定の意味を具体的に六つの場合を指摘している。

(1) 当事者間に明示の労働契約が締結されていないで，その存否が不明な場合に，労働契約そのものの存在を指定する場合

---

[84] サガテレビ事件・佐賀地判昭和55年9月5日労働判例352号62頁。この頃の裁判例を分析したもので，以下で引用したもののほか，萬井隆令『労働契約締結の法理』（有斐閣・1997年）229頁以下，和田肇「労働契約における使用者概念の拡張」平出慶道・今井潔・浜田道代編『現代株式会社法の課題』（有斐閣・1986年）243頁以下などがある。

[85] 本多淳亮「親会社と事業場内下請労働者の労働契約関係」労働法律旬報1011号（1980年）29頁（34頁）。

(2) 労働契約の契約条項が強行法規の定める禁止規定に違反し，法的に無効と見られる場合に，これに代わる契約条項を推定する場合
(3) 労働契約が存在しているにもかかわらず，当事者の一方が，一方的に解約の意思表示をした場合に，その存続を推定する場合
(4) 労働契約に紛争の解決に必要な明示の条項が欠けている場合に，正当と思われる条項を推定する場合
(5) 既存の労働契約の条項が一方的に変更されて，その有効性につき争いがある場合に，正当な条項を推定する場合
(6) 集団的労使関係の場で，団体交渉の決定や労働協約の締結により雇用条件が変更された場合に，契約条項を推定する場合[86]

その上で，裁判所による労働契約の推定作業は，労働契約条項の空隙を補う作業としての「補充的作業」，および労働契約そのものの存在を推定する「創設的推定」の二つの場合につき検討し，「創設的推定」の事例として上記サガテレビ事件を取り上げ，Y（注文人）がA（請負企業）に対してX（労働者）の分として支払い，AがXに支払っている対価は，実体上，「YがXに支払っているものとみなして雇用契約成立の要件を充足させているのであろう[87]」としている。続けて，「XA間の雇用契約の締結の時点からAに代ってXの使用者たるべき地位にあったことになるから，もし，XがAによって不当に中間搾取されていた分の賃金相当額をXに対して支払わなければならないという問題も派生的に生じるであろう[88]」。「XとYとjoint employerの関係に立ち，雇用契約がXA間とXY間に重複して存在して存在しうることを認めるという考え方も成立つ[89]」と述べておられる。

---

86 秋田成就「労働契約における契約の推定操作について」社会科学研究第26巻3・4号（1975年）172頁（180頁）。
87 秋田・前掲論文199頁。
88 秋田・前掲論文199頁。
89 秋田・前掲論文200頁。岸井教授は，社外工や事業所内下請労働者の労働関係が問われた事件を分析し，事実上の使用従属関係が存在し，かつ，それ以上の実態があれば，労働契約関係が派遣先企業との間で成立しているとしている。岸井貞男「不当労働行為における使用者（一）」月刊労委協258号（1977年）2頁（18頁）。岸井教授は，労働関係がそれを基礎づける労働契約の有効無効にかかわらず労働契約が締結されるという事実的労働関係説を社外工や事業所内下請労働者の労働関係に採用することは必ずしも妥

近時も，違法な派遣が行われているとしたら，コンプライアンスの視点から
それは法的に保護に値しなくなっていること，こうした場合には直傭原則が再
び登場してきてもおかしくはないこと，派遣先の派遣労働者の雇用を努力義務
とする労働者派遣法40条の３が導入される（当時）に至っていること等を理由
に，違法性が強い派遣の場合には，派遣労働者と派遣元労働者を無効とし，派
遣先の「使用の意思」を推認して，これと派遣労働者の間の労働契約の成立を
肯定すべきではないだろうかと指摘し，違法性が強い場合としては，派遣対象
業務以外の業務に従事したり，あるいは派遣元が使用者責任の重要な部分を果
たしていない場合等が考えられると説かれている[90]。労務指揮権の行使とそれ
への服従という「事実上の使用従属関係」から，黙示の労働契約の存在が推認
されることになるとする[91]。

　また，浜村教授は，派遣対象業務以外の種々の業務が派遣先企業によって命
じられるなど，派遣法の実態的規定に抵触する違反行為が派遣先企業によって
長年にわたって行われていたこと，また，派遣元が使用者としての法的義務を
尽くしていないことなどの事情がある場合，派遣労働関係が有効に成立するた
めの要件である派遣法の実体的な規制枠組みを充足していないものとして，労
働者派遣法２条１号の労働者派遣には該当せず，派遣先企業と原告との間の労
働契約の成立を妨げないとしている[92]。

　もともと，サガテレビ事件・福岡高判昭和58年６月７日では，「労働契約と
いえども，もとより黙示の意思の合致によっても成立しうるものであるから，
事業場内下請労働者の如く，外形上親企業の正規の従業員と殆んど差異のない
形で労務を提供し，したがって，派遣先企業との間に事実上の使用従属関係が
存在し，しかも，派遣元企業がそもそも企業としての独自性を有しないとか，
企業としての独立性を欠いていて派遣先企業の労務担当の代行機関と同一視し

---

　　　当でないと説いている。
90　和田肇「労働契約における使用者の概念」労働法律旬報1585号（2004年）４頁（20頁）。
91　和田肇「労働者派遣の法規制に関する総括的検討」和田肇・脇田滋・矢野昌浩編・前
　　掲書366頁。
92　浜村彰「違法な労働者供給・労働者派遣と労働契約関係」法学志林98巻１号（2001
　　年）143頁（161頁）。

うるものである等その存在が形式的名目的なものに過ぎず，かつ，派遣先企業が派遣労働者の賃金額その他の労働条件を決定していると認めるべき事情のあるときには，派遣労働者と派遣先企業との間に黙示の労働契約が締結されたものと認めうべき余地があることはいうまでもない[93]」と判断されていた。

　近時では，マイスタッフ（一橋出版）事件・東京高判平成18年6月29日では，労働者派遣法所定の労働者派遣は，自分の雇用する労働者を，その雇用関係を維持したまま，他人のために，その他人の指揮命令を受けて，労働に従事させることであるが（同法2条1号），労働者が派遣元との間の派遣労働契約に基づき派遣元から派遣先へ派遣された場合でも，派遣元が形式的存在にすぎず，派遣労働者の労務管理をしていない反面，派遣先が実質的に派遣労働者の採用，賃金額その他の就業条件を決定し，配置，懲戒等を行い，派遣労働者の業務内容・期間が労働者派遣法で定める範囲を超え，派遣先の正社員と区別し難い状況となっており，派遣先が，派遣労働者に対し，労務給付請求権を有し，賃金を支払っており，そして，当事者間に事実上の使用従属関係があると認められる特段の事情があるときには，上記派遣労働契約は名目的なものにすぎず，派遣労働者と派遣先との間に黙示の労働契約が成立したと認める余地があるというべきである[94]。

　これに対し，伊予銀行・いよぎんスタッフサービス事件・高松高判平成18年5月18日では，次のように，①労働者の派遣先への労務供給意思，②派遣先が対価として賃金を支払う意思，③雇用契約を締結する意思の合致が必要とされている。

「派遣労働者と派遣先との間に黙示の雇用契約が成立したといえるためには，単に両者の間に事実上の使用従属関係があるというだけではなく，諸般の事情に照らして，派遣労働者が派遣先の指揮命令のもとに派遣先に労務を供給する意思を有し，これに関し，派遣先がその対価として派遣労働者に賃金を支払う意思が推認され，社会通念上，両者間で雇用契約を締結する意思表示の合致があったと評価できるに足りる特段の事情が存在することが必要である」と判断

---

[93] サガテレビ事件・福岡高判昭和58年6月7日労働判例410号29頁。
[94] マイスタッフ（一橋出版）事件・東京高判平成18年6月29日労働判例921号5頁。

されている[95]。

　両者間で雇用契約を締結する意思表示の合致があったと評価できるに足りる特段の事情が存在することが必要であるとしながらも，実際上は，①雇用契約書，就労条件明示書の交付の事実，控訴人の給料も派遣会社から支払われてきた事実，②派遣先の支店での派遣社員として受入れの事実，派遣料を他の派遣社員の分とともに一括した支払いの事実，という客観的な事実から，黙示の労働契約の不成立を結論づけている。

　これに対し，松下プラズマディスプレイ事件・最二小判平成21年12月18日は，次のように説示している。

　「上告人と被上告人との法律関係についてみると，前記事実関係等によれば，上告人はCによる被上告人の採用に関与していたとは認められないというのであり，被上告人がCから支給を受けていた給与等の額を上告人が事実上決定していたといえるような事情もうかがわれず，かえって，Cは，被上告人に本件工場のデバイス部門から他の部門に移るよう打診するなど，配置を含む被上告人の具体的な就業態様を一定の限度で決定し得る地位にあったものと認められるのであって，前記事実関係等に現れたその他の事情を総合しても，平成17年7月20日までの間に上告人と被上告人との間において雇用契約関係が黙示的に成立していたものと評価することはできない」[96]。

　調査官の解説によれば，「事例判断とはいえ，その法的な判断枠組みの一端を明らかにするとともに，単に労働者派遣に違反する労働者派遣されたという

---

[95] 伊予銀行・いよぎんスタッフサービス事件・高松高判平成18年5月18日労働判例921号33頁，最二小判平成21年3月27日労働判例991号14頁〔上告不受理〕。本件評釈には，本久洋一・法学セミナー629号128頁，濱口桂一郎・ジュリスト1337号116頁，大橋範雄・別冊ジュリスト〔労働判例百選　第8版〕197号20頁，脇田滋・労働法律旬報1705号32頁がある。

[96] 松下プラズマディスプレイ事件・最二小判平成21年12月18日労働判例993号5頁。本件評釈には，勝亦啓文・労働判例997号5頁，大内伸哉・ジュリスト1402号150頁，村田浩治・労働法律旬報1721号18頁，萬井隆令・労働法律旬報1714号6頁，村田浩治・労働法律旬報1721号18頁，塩見卓也・労働法律旬報1721号24頁，紺屋博昭・法律時報83巻1号118頁，名古道功・民商法雑誌142巻6号594頁，土田道夫・私法判例リマークス43号50頁，中内哲・速報判例解説（法学セミナー増刊）8号327頁，皆川宏之・ジュリスト臨時増刊1420号260頁，豊川義明・労働法律旬報1804号26頁等がある。

だけで派遣先と派遣労働者との間に当然に黙示の雇用契約関係が成立するわけではないことを前提に，当該事案に則してその成否の判断要素を示したもの」と説明されている[97]。確かに，上の判決は，事実関係のもとに，「採用に関与したとは認められない」「Cから支給を受けていた給与等の額を上告人が事実上決定していたといえるような事情もうかがわれず」，「Cは，被上告人に本件工場のデバイス部門から他の部門に移るよう打診するなど，配置を含む被上告人の具体的な就業態様を一定の限度で決定し得る地位にあったものと認められる」と述べるにとどまる。かかる要素が黙示の労働契約の成立に必須の要素と判断したものではなく，「判断枠組みの一端を明らかにする」のにとどまるのであろう。

以上の通り，派遣労働者と派遣先企業との間に黙示の労働契約が成立したといい得るためには，裁判例の集積によるほかはないが，下級審では，労働者が派遣元との間の派遣労働契約に基づき派遣元から派遣先へ派遣された場合でも，派遣元が形式的存在にすぎず，派遣労働者の労務管理を行っていない反面，派遣先が実質的に派遣労働者の採用，賃金額その他の就業条件を決定し，配置，懲戒等を行い，派遣先が，派遣労働者に対し，労務給付請求権を有し，賃金を支払っており，そして，当事者間に事実上の使用従属関係があると認められる特段の事情があるときには，上記派遣労働契約は名目的なものにすぎず，派遣労働者と派遣先との間に黙示の労働契約が成立したと認める余地があるというべきであると判断される[98]。こうした諸要素が，黙示の労働契約の成否を決してきたといえる。さらに，具体的には，これらの一つ一つの要素がいかなる内容であるかの（またその適切さを含めた）裁判例分析が必要である。

## 2　各要素の検討

これらは，次のような具体的事情が裁判例では問題になっている。

---

[97]　岡田幸人・前掲論文1417号148頁。
[98]　前掲マイスタッフ（一橋出版）事件・東京高判平成18年6月29日，東レ・東レリサーチセンター事件・大阪高判平成23年2月8日参照，菅野和夫・前掲書120頁，山本陽大「違法な労働者派遣と黙示の労働契約の成否」日本労働法学会誌122号（2013年）167頁（170頁）。

### a) 採用への関与

採用の時点で，派遣先ないし注文人が採用に関与した形跡があったかどうかが問われ，その関与が否定されるのが多くの裁判例である[99]。工場に就労する前に，工場の職場見学をすることを勧め，一審原告らが工場を訪れた際に，出向先のLらが工場の説明に加えて一審原告らと面談し，その際に，一審原告らの職務経験や就労の意思に関する質問もすることがあったことが認められるが，これだけでは採用に関与したとは認めていない[100]。

単に職場長が実技試験に立ち会っていたというのみでは，実際の採否の決定を被告が行っていたと認めることはできない[101]。工場見学させていた者は，採用担当者とは説明しておらず，採用権限を持っていなかったこと，工場の概要や業務の内容，作業の段取り等の説明及び工場の見学を実施したことから，採用に関与し，決定していたとは認められないと判断されている[102]。さらに，Sから控訴人に対し，医薬品関連の業務に従事してもらうこと，そのための教育を受けてもらうこと，それ以外に報告書の整理業務に従事してもらうこと，業務の一例として電卓を利用した検算作業等のデータチェックがあること，その他雑用に従事してもらうこと等，控訴人が従事することとなる仕事の概要についての説明が行われたにとどまっていたのであるから，上記の面談をもって派遣労働者の特定を目的とする行為にあたるものとはいえないと判断されている[103]。

採用への関与という要素は，最高裁で説示するところの採用や賃金決定に関与していたという事情に関わると思われる。かかる判旨からは，採用への関与の有無を問いているに過ぎず，採用の決定まで要求している趣旨とは読みとれない（採用への関与が独自の要素であるとしているかどうかも判然としない）。したがって，見学説明者の採用権限の有無まで求められているとは言い難い。下級

---

99 例えば，前掲日本原子力研究開発機構事件・京都地判平成24年2月23日，前掲三菱電機事件・名古屋高判平成25年1月25日。
100 日本トマソン事件・大阪高判平成23年9月30日。
101 ダイキン工業事件・大阪地判平成24年11月1日労働判例1070号142頁。
102 日本化薬事件・大阪高判平成23年10月25日。
103 前掲東レ・東レリサーチセンター事件・大阪高判平成23年2月8日。

審において,労働者派遣法26条7項での特定行為の禁止,ひいては,事前面談の禁止を意識しているせいか,一人歩きしている側面がある。

b) 指揮命令

最高裁は,上記の通り,黙示の労働契約の成立のためには,派遣先において,具体的な就労態様を決定しうる地位にあったことが必要であると解していた。

これについては,下級審では,具体的には,ヤンマー事件において,「労働者派遣の場合,派遣先の正社員らが派遣労働者をその業務遂行の過程で直接指揮監督すること,また,労働時間の管理を含めて一定の範囲で労務管理することは当然のことであるため,原告がその職務遂行の過程で被告の職長等から直接指揮監督を受けていたことをもって,また,就労時間等の労務管理について被告の社員と同様の管理を受けていた部分があったからといって,それらのことから直ちに被告との間で直接の黙示の雇用契約が成立するわけではない」と判断されている[104]。

日本トマソン事件・大阪高判平成23年9月30日では,出向協定,業務委託契約等を通じた動員先企業の被告H工場では,本件出向協定当時から,原告ら受入労働者に対する作業内容の指導,残業や休日出勤の指示等の指揮監督は,専ら被告の正社員が行っており,常駐管理者Fは,工場とは別の建物で,出退勤の管理や給与の計算等を行っていたにすぎず,同指揮監督をするSの社員は存在せず,生産ラインにおいても,被告の正社員と受入労働者とが混在して業務に従事しており,受入労働者が使用する機材や制服,更衣室,ロッカー等は,すべて被告が用意していたことのほか,そもそも,被告が,Sに対し,姫路工場で勤務する受入労働者の補充を依頼する際は,現場からの要請に基づき,同社員の就労場所や配置を事前に決定していたことが認められる[105]。こうした事情をふまえて,動員先企業と労働者の黙示の労働契約の成立を否定している。

ダイキン工業事件・大阪地判平成24年11月1日では,注文人(被告)の指揮命令につき,「現場における作業に関する具体的な指導や指示は,請負会社で

---

104 ヤンマー事件・大阪高判平成23年12月7日〔掲載誌なし〕。
105 日本トマソン事件・大阪高判平成23年9月30日。

はなく被告の従業員が行っていたこと，原告らが被告の従業員と混在する中で臨時的でない業務に従事し続けたこと，朝礼には被告の従業員と支援従業員がともに参加し，勤務時間や休憩，福利厚生等の点でも被告の従業員と支援従業員との間に差異はなかったこと等は，上記認定のとおりである。被告は，少なくとも平成15年の行政指導以後は支援従業員の就労実態が改善していたと主張するが，同行政指導後の被告における完全請負化の取組みは，モデルとなるラインを設定し改善を図った上でこれを他のラインへ水平展開していくという漸進的なものであり，急激に就労実態を変革するというものではなく，実際，その後の平成18年の調査や本件是正指導に見られるとおり，完全請負化の取組み以降も問題の指摘は受けていたことに照らすと，平成15年以降も，現場においては，従前同様の指揮命令の実態が残っていたと認めるのが相当であ」ると判断されている[106]。

　これらの裁判例を総合すると，就労の態様を決定しているかどうかの重要な要素として，①職務遂行の過程で職務の内容に関する職務命令，②配置に関する指示，③労働時間の管理，出退勤，休暇の申請と調整を含めての一定の範囲での労務管理が挙げられ，黙示の労働契約を認めるためには，これらが派遣先ないし注文人において行われたかどうかが決定的に重要である。その他の要素には，次のような点が問われており，重要な点であるので，さらに詳細に検討していく。

　大阪高裁は，NTT事件において，指揮命令を行っているのを認めながらも，注文人による休暇・出退勤の管理のほか，時間外労働・休日労働命令の有無，勤務態度への注意についてまで判断し[107]，これらがない場合に，黙示の労働契約は成立しないとした[108]。

　伊予銀行・いよぎんスタッフサービス事件においても，派遣先において，派遣労働者に対して作業上の指揮命令，その出退勤等の管理を行うだけでなく，その配置や懲戒等に関する権限を行使するなど，実質的にみて，派遣先が派遣

---

106　前掲ダイキン工業事件・大阪地判平成24年11月1日。
107　裁判所は，他方で，請負会社による賃金支払手続・税控除・社会保険の手続，年休処理，退職に伴う離職票の発行・交付まで判断している。
108　前掲NTT事件・大阪高判平成23年2月17日。

労働者に対して労務給付請求権を有し，かつ賃金を支払っていると認められる事情がある場合には，前記明示の派遣契約は有名無実のものに過ぎないというべきであり，派遣労働者と派遣先との間に黙示の労働契約が締結されたと認める余地があるというべきである[109]。

時間外労働や勤務態度の注意の有無等まで，指揮命令の判断要素のなかに取り込んでいるが，注文人が，労働者に対し，通常，時間外労働命令や懲戒処分は，注文人が実行する必要性さえなければ，行わない類のものである。指揮命令の判断要素のなかで，これらがなければ，黙示の労働契約が成立しないとする判断は，適切ではない[110]。

マイスタッフ（一橋出版）事件・東京高判平成18年6月29日では，派遣先企業の編集部長らが控訴人に対する業務指示をすること自体は，労働者派遣法の予定するところであり（同法2条1号），被控訴人Yがこのような限度を超えて控訴人を本件派遣労働契約の内容と異なる別部署へ配置転換したり，あるいは懲戒・解雇等をする権限を有していたと認めるに足りる証拠はないから，控訴人についての労務管理や業務指示の点から，被控訴人Yが控訴人の実質的使用者であることを根拠づける事情はない[111]と判断されている。確かに，労働者派遣法上の派遣である限り，派遣先企業らが派遣労働者に対する業務指示をすること自体は，労働者派遣法の予定するところである（同法2条1号）。しかし，業務の指示は黙示の労働契約の成立のためにも不可欠な要素であり，これが必要であるからといって，ほかに，懲戒や解雇の権限まで特別に必要というのにはやや論理の飛躍があると思われる。配置や懲戒処分まで行っていること，派遣先の社員と区別しがたい事情の中で業務に従事していることまでが求められており，こうした追加要件は現実的にはありえず，それが求められる理由が不明である[112]。

---

[109] 伊予銀行・いよぎんスタッフサービス事件・松山地判平成15年5月22日労働判例856号45頁。
[110] 和田肇・前掲論文「労働者派遣の法規制に関する総括的検討」366頁も，派遣先が懲戒権を有しているかどうかは，労働契約の成立に不可欠な要素ではないとしている。
[111] 前掲マイスタッフ（一橋出版）事件・東京高判平成18年6月29日。
[112] 井上幸夫・竪十萌子・和田肇・前掲論文187頁。

c) 主観的な要素の判断

　他方，派遣先企業が派遣元各会社を超えて労務管理する事実がなかったこと，派遣先企業と派遣元各社が独立の事業体であったこと，原告Xを直接雇用することを検討したが，直接雇用せずにそのままとなったこと等を挙げて，訴外Aが原告を派遣したと認識し，これに従って双方とも履行していたのであるから名古屋地裁は，黙示の労働契約を否定したが，これについては，黙示の労働契約の認定は，客観的な事実をもって行うべきのが判例であり，（生の）契約当事者の意思が考慮されている点で，特徴的であった。しかし，この点については，名古屋高裁は，同じ事件において，かかる点については原審記載の通りとしつつ，「1審被告が派遣元（…）による採用や給与の額の決定に影響を与えたことは認められるにせよ，1審被告が採用に関与していたとか，給与等の額を事実上決定していたとまで直ちに認めることは困難である」と判断している[113]。

　しかし，労働契約は，労働者が使用者の指揮命令下に労務を提供し，その対価として使用者が賃金を支払うことを本質とするものであって，これらの点が認められる限り，黙示の意思表示によっても労働契約の成立を認めることは可能であるが，そのためには，労務提供や賃金支払い等の実態に照らして，二者間に事実上の使用従属関係が認められ，一方においては指揮命令下における労務提供が，他方においては当該労務提供に対する実質的な賃金決定が，それぞれ客観的に認められることが必要である。

　また，ダイキン工業事件において，大阪地裁は，「原告らの被告における労務提供の枠組みにおいて，請負会社は原告らの採用，賃金等の就労条件に加え，その他一定限度の就業態様について決定し得る地位にあり，被告との関係でも独立した企業としての実体を有しており，形骸化した存在と評価し得る実態にはなく，原告らと請負会社との間の労働契約を無効と解すべき特段の事情は見当たらない。他方で，被告が原告らの採用や賃金等の就労条件を事実上決定していたとは認められず，原告らも労働契約の相手方がF等の請負会社であることを認識していたことが認められる[114]」と説示している。付随的に，「原告ら

---

113　前掲パナソニックエコシステムズ事件・名古屋高判平成24年2月10日。
114　前掲ダイキン工業事件・大阪地判平成24年11月1日。

も労働契約の相手方がF等の請負会社であることを認識していたことが認められる」と述べるにとどまるが，こうした主観的な要素に関する説示も不要であると思われる。同様に，日本原子力研究開発機構事件において，「出向労働者という立場で勤務していることを十分に認識していたこと」を問題にしているが，これも，不要な判断であろう[115]。

ここで問われているのは，明示の労働契約の成立ではないところ，これらの裁判例では，明示の労働契約と黙示の労働契約とが混同されている。

d）賃金の支払い

多くの裁判例では，労働者の賃金については，派遣企業ないし請負企業が独自に決定していたこと，労働者は，第三者利用企業から支払われる賃金を受領していたことから，派遣企業ないし請負企業が賃金を支払っていたと解されている[116]。現在の裁判例の法理では，賃金を支払う者が誰かが決定的に重要な意義を持ち，賃金を形式的に請負企業が支払う場合は，請負企業と労働者との間の労働契約が成立しやすい。しかし，反対の債務であるはずの労務提供義務の提供先が注文人であり，労務指揮権を行使しているのが注文人であるという点が，十分には考慮されていない。偏面的な考慮が行われている。

労働者が派遣元との間の派遣労働契約に基づき派遣元から派遣先へ派遣された場合でも，派遣元が形式的存在にすぎず，派遣労働者の労務管理をしていない反面，派遣先が実質的に派遣労働者の採用，賃金額その他の就業条件を決定し，配置等を行い，派遣先が，派遣労働者に対し，労務給付請求権を有し，賃金を支払っており，そして，当事者間に事実上の使用従属関係があると認められる特段の事情があるとき[117]，または「派遣先企業の労務担当の代行機関と同一視しうるものである等その存在が形式的名目的なものに過ぎず，かつ，派遣先企業が派遣労働者の賃金額その他の労働条件を決定していると認めるべき事情のあるときには，派遣労働者と派遣先企業との間に黙示の労働契約が締結

---

[115] 前掲日本原子力研究開発機構事件・京都地判平成24年2月23日。
[116] 例えば，前掲積水ハウス事件・大阪地判平成23年1月26日，前掲日本トマソン事件・大阪高判平成23年9月30日等。
[117] 前掲マイスタッフ（一橋出版）事件・東京高判平成18年6月29日参照。

されたものと認めるべき余地があることはいうまでもない[118]」ときは，上記派遣労働契約は名目的なものにすぎず，派遣労働者と派遣先との間に黙示の労働契約が成立したと認める余地があるというべきである。

賃金や賞与の支払い（給与明細・雇入れ通知書・就業条件通知書の交付等を含む）と決定（人事考課等），特に，請負代金ないし派遣代金と賃金額の連動性[119]等も，重要な要素となり得る。

賃金の支払いについては，$Y_1$から紹介されたものの，面接は受けたことがなく（患者と付添婦との契約とされていた），労務の提供先である$Y_2$病院が，付添婦の給与を決定し，付添婦は「$Y_2$病院の定める月額20万円で支給され，$Y_2$病院から給料の支払を受けていた」ことから，労務提供先が賃金支払いを行っていたと認められる[120]。

また，神戸地裁明石支部平成17年7月22日判決では，注文人$Y_2$と請負企業$Y_1$の間の本件委託契約は，当初（平成15年2月締結）は，注文人$Y_2$から請負企業$Y_1$に支払われる報酬の金額が一部門につき月額15万円であったものが，同年4月には，原告らの勤務実績に応じて月額16万円に改訂されたことが認められ，「原告らと$Y_2$とは，形式的には，原告と$Y_1$との間の労働契約及び$Y_2$と$Y_1$との間の業務請負契約に基づいて，原告らが$Y_2$に労働力を提供していたのであるが，これを実質的にみれば，受入企業である$Y_2$から作業上の指揮命令を受けて労務に従事しており，派遣企業の$Y_1$ではなく受入企業である$Y_2$が社外労働者である原告らに賃金を支払い，原告らの労務提供の相手方は$Y_2$であったということができる」と判断されている[121]。

これに対して，労働者一人当たりの時給や作業単価を基準として派遣料金ないし業務委託量を決めていたとしても，請負企業の労働者への支払いは，賃金

---

[118] 前掲サガテレビ事件・福岡高判昭和58年6月7日労働判例410号29頁。

[119] 例えば，前掲日本原子力研究開発機構事件・京都地判平成24年2月23日。

[120] 安田病院事件・大阪高判平成10年2月18日労働判例744号63頁，最三判平成10年9月8日労働判例745号7頁〔上告棄却〕，評釈には，萬井隆令・法律時報71巻8号，三井正信・ジュリスト臨時増刊1157号207頁。ほかに，井上幸夫・堅十萌子・和田肇「松下PDP事件最高裁判決以前の下級審裁判例」和田肇・脇田滋・矢野昌浩編・前掲書175頁（182頁）。

[121] ナブテスコ事件・神戸地判明石支判平成17年7月22日労働判例901号21頁。

ではないとされている。本件請負契約における請負代金及び本件労働者派遣契約における派遣料金は，時間単価に標準作業時間を乗じて算出し，当該月において実際にかかった作業時間と標準作業時間が異なる場合には，実際にかかった実績作業時間数に上記作業単価を乗じて算出しているものではあるが，訴外Cあるいは1審被告派遣会社らは，雇用契約を締結している労働者に対する賃金は自ら定めており，上記請負代金又は派遣料の算出方法は，上記賃金の原資に関する算出方法にすぎないのであるから，これをもって1審被告$Y_1$が1審原告両名の賃金を事実上決定しているということはできない[122]。

同様の判断が示されている。日本トマソン事件において，大阪高裁は，1審被告は，Pとの間で，同社に支払う対価（業務委託料）につき派遣される労働者一人当たりの時給を基準として決めていたものであることが認められるが，対価（業務委託料）の決め方として不合理とはいい難く，Pは，このように決められ支払われた対価（業務委託料）の中から一審原告らに対する賃金額を決め，これを支払っていたものであり，特に1審原告Dと同Gについては，Pに採用された当初はそれぞれ時給840円，900円であって，1審被告がPに支払っていた対価（業務委託料）の時間単価よりもかなり低額であったものであり，Pが独自の判断で1審原告らに対する賃金額を決定していたことの証左になるのであり，1審原告らの主張は理由がないと判断している[123]。

この点について，前掲松下プラズマディスプレイ事件・大阪高裁判決では，「1審原告がパスコから給与等として受領する金員は，1審被告がパスコに業務委託料として支払った金員からパスコの利益等を控除した額を基礎とするものであって，1審被告が1審原告が給与等の名目で受領する金員の額を実質的に決定する立場にあったといえるから，1審被告が，1審原告を直接指揮，命令監督して本件工場において作業せしめ，その採用，失職，就業条件の決定，賃金支払等を実質的に行い，1審原告がこれに対応して上記工程での労務提供をしていたということができる」と判断されていた[124]。しかし，最高裁は，被上告人がCから支給を受けていた給与等の額を上告人が事実上決定していた

---

[122] 前掲三菱電機事件・名古屋高判平成25年1月25日。
[123] 前掲日本トマソン事件・大阪高判平成23年9月30日。

といえるような事情もうかがわれず，……上告人と被上告人との間において雇用契約関係が黙示的に成立していたものと評価することはできない」と判断している。

　さらに，派遣先が派遣元に派遣労働者のランクに応じた派遣料金を支払うことで，派遣元から派遣労働者に対しランクに応じた給与が支払われる場合，派遣先が派遣労働者の給与等の名目で派遣元から受領する金員の額を実質的に決定する立場にあったことが認められるというべきである。〔1〕前処理（とUVの操作）ができる（Cランク），〔2〕UVとEDX操作ができ，ある程度の判定ができる（Bランク），〔3〕UVとEDXとGC-MS操作全部及びすべての判定ができ，部署全体を見ることができる（Aランク）の3段階に分け，それぞれ派遣料金の時間給を1,500円，1,800円，2,200円とし，原告甲野の派遣料金を最高ランクに位置づけたという場合[125]，実質的には，賃金を支払う意思で料金を定めているといえて，注文人が使用者であると認める余地があると思われる。

　マツダ事件では，賃金支払関係についてみると，「被告は，平成18年9月以降，ランク制度を導入して派遣料金の見直しを図っているところ，その目的が被告が派遣元に派遣労働者のランクに応じた派遣料金を支払うことで，派遣元から派遣労働者に対しランクに応じた給与が支払われるようにすることにあることは明らかであり，ランク制度の導入に伴い，本件各派遣元からランクに応じた給与が支払われるようになることは被告・派遣元・派遣労働者の3者の共通認識となっていたことが認められる。被告が派遣労働者のランクの付与に主体としてかかわっていたことも優に認められ，これによれば，被告が派遣労働者の給与等の名目で派遣元から受領する金員の額を実質的に決定する立場にあったことが認められるというべきである」と判断されている[126]。

---

　124　松下プラズマディスプレイ事件・大阪高判平成20年4月25日労働判例960号5頁，評釈には，濱口桂一郎・NBL885号13頁，野田進・法政研究（九大）75巻2号261頁，同労働法律旬報1682号20頁，川口美貴・労働法律旬報1682号12頁，中野麻美・労働法律旬報1682号16頁，毛塚勝利・労働判例966号5頁，沼田雅之・法律時報81巻3号125頁，和田肇・法政論集228号303頁，手塚和彰・判例時報2027号191頁，有田謙司・ジュリスト臨時増刊1376号259頁，原昌登・季刊労働法227号107頁，萬井隆令・労働法律旬報1764号37頁。
　125　前掲パナソニックエコシステムズ事件・名古屋高判平成24年2月10日。

## 3　黙示の労働契約に関する若干の考察

　黙示の労働契約については，民法学上，次のように説かれる。「人々は―言語共同体の一員として―極めて多くの場合においてその言葉の話された状態・状況があたかも言葉と同様に極めて明瞭に『話す』ものであること，即ちこれらのものによって人類の意思が他人に表示せられるものであることを知っているから，多くの場合その意思を完全に言葉によって表示することはしないものである。即ち換言すれば言葉は常にわれわれが『当該事情』と称するものと一体となって存在している。而してこの場合この当該事情は黙示の意思表示を包含するといわれるものである[127]」。

　その上，仮に意思主義をとる場合には，黙示の意思表示を真の意思表示となるには全く擬制による外なきは明瞭であるとする。「当事者がかかる意思を有したりしものと推定するか，看做すか，何れかの擬制を用いるの外なきものだからである[128]」。これを前提に考えれば，労働法学説において，意思を有すると「推定」とか，「看做す」とか，何らかの擬制を用いるのは，もともと意思表示の考えについて，意思主義をとっていることになる。わが国の法制は，原則として表示主義をとっていると解される場合，かかる解釈はとりえないことになる。

　黙示の意思表示のうち，第一の場合に対しては，「ここに意思表示が存在する，ただそれは言葉以外の行為によって発表せられたものであるが，この行為も取引界においては言葉と同様明瞭なる表示手段と認められるものであるというべきであり，第二の場合に対しては，ここに契約の欠缺がある。裁判官は…この欠缺を補充するのだというべきである[129]」。偽装請負や労働者派遣の領域で問われているのは，いうまでもなく，第一の場合である[130]。

---

126　マツダ事件・山口地判平成25年3月13日労働判例1070号6頁，評釈には，塩見卓也・和田肇・名古屋大学法政論集251号395頁，水町勇一郎・ジュリスト1461号119頁，中村和雄「黙示の労働契約」岩村正彦・中山慈夫・宮里邦雄編ジュリスト増刊『実務に効く労働　判例精選』（有斐閣・2013年）11頁がある。
127　我妻栄「ダンツの『裁判官の解釈的作用』」我妻栄『民法研究Ⅰ』（有斐閣・1966年）53頁（95頁以下）。
128　我妻栄・前掲論文96頁以下。
129　我妻栄・前掲論文97頁。

これらをまとめると，契約における文言にはないものであるが，契約に関わる諸事情が契約の表示内容となり得るということを示している。
 さらに，上記の裁判例の分析からは，労働契約が，労働者が使用者の指揮命令下に労務を提供し，その対価として使用者が賃金を支払うことを本質とするものであるから，これらの点につき，労働者が労務提供先の指揮命令下に労務を提供し，その対価として労務提供先が賃金支払いに関する決定を行っている，あるいは，実質上その決定が賃金支払いに重要な要素となる場合，黙示の労働契約の成立を認めることは可能であると考えられる。
 すなわち，
 1．労務指揮権の行使が注文人において行われる場合，
 2．派遣期間が[131]労働者派遣法で定める範囲を超えている場合，
 3．注文人が人事考課・ランク付け等を行っている[132]，あるいは，賃金[133]，出張日当，各種手当料等が社員と同じ基準で注文人から直接支払われている場合[134]，

 請負企業と労働者との間には，実質的な契約関係というべきものが存在せず，ただ形式的に労働契約の外装を作り出しているにすぎず，労働者と注文人との間には，黙示の雇用契約が成立したといえる場合もあると解される[135]。
 1においては，労務提供にあたって，指揮命令権の行使が注文人で行われて

---

130　かかる黙示の意思表示については，取引慣習の付与する法律効果とみており，真の意味での意思表示であるとはみてない。
131　例えば，前掲伊予銀行・いよぎんスタッフサービス事件・高松高判平成18年5月18日，ムサシ鉄工事件・名古屋地判平成22年3月25日〔掲載誌なし〕，前掲マイスタッフ（一橋出版）事件・東京高判平成18年6月29日参照。これらの事件において，裁判所は，これを一般的な説示として述べたにとどまり，かかる事情から黙示の労働契約の成立を認めたわけではない。
132　前掲近畿放送事件・京都地決昭和51年5月10日，前掲マツダ事件・山口地判平成25年3月13日がある。
133　前掲安田病院事件・大阪高判平成10年2月18日，最三判平成10年9月8日〔上告棄却〕参照，ナブテスコ事件・神戸地明石支判平成17年7月22日労働判例901号21頁。
134　前掲近畿放送事件・京都地決昭和51年5月10日等。
135　労働者派遣や偽装請負の例ではないが，大藤生コン三田事件・大阪地判平8年9月30日労働判例708号67頁参照。

いた場合がこれにあたる[136]。

2の派遣期間が労働者派遣法で定める範囲を超えている場合，請負企業が雇用主（派遣元）としての実体があることから，黙示の労働契約を否定する裁判例も少なくない[137]。

かかる場合について，厚労省職安局長は，期間の超過により派遣元と労働者との雇用関係は切れているが，派遣先が使用し続けている状態は「一般的には雇用関係の成立という可能性が非常に高い」と述べている[138]。改正法施行後，厚労省は，同期間を超えている場合は，「労働者派遣契約が（…）締結されていることが想定し難」く，「契約の根拠なく（…）派遣先が，労働者派遣契約の授権がない中で，派遣労働者の指揮命令を継続している状態」であるから，派遣元との雇用関係が終了している場合，「派遣先との雇用関係が成立している」と推定できるとしている[139]。野田教授も，当時，派遣可能期間違反の場合の労働契約申込み義務違反の効果に私法上の効力を一切認めないことは，同規定の趣旨を著しく減殺して適切ではないとし，労働者の申込みをせずに，そのまま勤務を続けているときは，私法上の効果として，黙示の労働契約申込み・同意により，黙示の労働契約が認められるか検討の余地があるというべきであると指摘する[140]。

派遣が派遣法の許容する3年（当時）を超えて13年に及んでおり，派遣労働者の管理を$Y_2$が行っており，$Y_1$は十分管理していなかった場合が[141]，この例に該当するというべきである[142]。

3の賃金などの支払いについては，請負企業$Y_1$が，下請社員に対して$Y_2$の賃金体系により直接賃金を支払い，各種保険加入手続をとって保険料を支払う

---

136 前掲近畿放送事件・京都地決昭和51年5月10日。
137 前掲ヤンマー事件・大阪地判平成23年2月7日。
138 2003年6月5日参議院厚生労働委員会議事録。
139 『労働者派遣事業関連業務取扱要領』（職発一二二五〇〇三号別添）。
140 野田進「松下PDP事件・大阪高裁判決が展開する三つの『雇用契約』」労働法律旬報1682号（2008年）20頁（22頁）。
141 前掲伊予銀行・いよぎんスタッフサービス事件・高松高判平成18年5月18日。
142 反対，前掲伊予銀行・いよぎんスタッフサービス事件・高松高判平成18年5月18日は，派遣元会社の存在が形式的ではないことから，賃金は$Y_1$が支払っているとしている。

とともに，申請人らが加入している労働組合との団体交渉により賃上げや夏季，年末の各一時金，労働時間及び休日等の労働条件について直接協定を締結し，これを実施していたが，注文人$Y_2$の責任者が$Y_1$からの連絡事項の下請社員への伝達，出勤表や休暇，欠勤届の管理，第一次的な人事考課等を行っていた場合[143]，実質的には賃金を注文人が支払っているとみなすことができる。

前掲安田病院事件・大阪高判平成10年2月18日，最三判平成10年9月8日〔上告棄却〕のように，「$Y_2$病院から給料の支払を受けていた」場合も，これと同様である。

人事考課やランク付けなどを注文人において行う場合，注文人が賃金を実質的に決定したと判断しているといってよい。〔1〕前処理（とUVの操作）ができる（Cランク），〔2〕UVとEDX操作ができ，ある程度の判定ができる（Bランク），〔3〕UVとEDXとGC-MS操作全部及びすべての判定ができ，部署全体を見ることができる（Aランク）の3段階に分け，それぞれ派遣料金の時間給を1,500円，1,800円，2,200円とし，原告甲野の派遣料金を最高ランクに位置づけたという場合（パナソニックエコシステムズ事件・名古屋高判平成24年2月10日)，被告は，平成18年9月以降，ランク制度を導入して派遣料金の見直しを図っているところ，その目的が被告が派遣元に派遣労働者のランクに応じた派遣料金を支払うことで，派遣元から派遣労働者に対しランクに応じた給与が支払われるようにすることにある場合は（マツダ事件・山口地判平成25年3月13日），これにあたる。

**4 規範的解釈について**

　a)　規範的解釈の可能性

黙示の労働契約との関係で，近時，規範的解釈というアプローチが説かれている。

豊川弁護士はこれを引用しつつ次のように説かれる[144]。労務提供三面関係において，供給元企業においても供給先企業においても職安法や派遣法上の違

---

143　前掲近畿放送事件・京都地決昭和51年5月10日。
144　豊川義明「違法な労務供給関係における供給先と労働者との間の労働契約の存否」甲南法学第50巻4号225頁（258頁）。

法性が存在する場合であって，この本体，中核である供給先企業との労務提供関係の継続を労働者が望む場合には，供給先企業に対して脱法であった使用者として責任を率直に求めることは，実は『労働契約なければ労働がない』との直用原則や社会的公正の実現といった常（良）識にも合致すると評価できる。供給先企業の派遣元企業への委託代金支払いと，派遣元企業から労働者への賃金支払いは，その選択した法形式が無効である以上，金員の実質的な移転を踏まえるならば，供給先企業が供給元企業を介して労働者に支払ったものと法的に評価できること，指揮命令の存在の他に必要な勤務管理なども供給先企業が行っていると評価できること（使用従属関係の肯定）を踏まえて労働契約としての意思合致をどのように考えるかであるとした上で，労働者が供給先企業の使用者責任を選択する意思が存在する場合には，労働者が供給先企業に使用され労働する意思を肯定し，供給先企業が「これに対して賃金を支払う」意思があると評価し，供給先企業と労働者との間に労働契約の合意があるとの認定を規範的解釈として行うことが具体的妥当性をもつものとであると述べられている。

　また，毛塚教授は，第三者労働力適正利用義務から，当該受入契約が無効となるときに発生する「黙示の労働契約」の成否判断に際して，当該受入契約が有効なときに成立する法的事実をもって，その成立を妨げる事実として主張・抗弁することが信義則上認められなくなると説く[145]。受入企業は，自ら指揮命令を下していることの法的正当性を主張できず，派遣元企業が賃金支払いを行っていることをもって法主体の異別性を主張することができないとする[146]。

　当事者の法律行為の解釈にあたって，当事者の企図する目的・慣習・任意規定・信義誠実の原則が用いられることにより，当事者の意思が補充ないし修正されるべきかどうかが問われるはずである。

---

[145] 毛塚勝利「偽装請負・違法派遣と受入企業の雇用責任」労働判例966号（2008年）5頁（10頁）。

[146] しかし，厳密にいえば，違法派遣がある場合に，派遣契約及び派遣労働契約が公序良俗に反するかどうかが明らかになれば，派遣元企業が賃金支払いを行っていることをもって，黙示の労働契約を否定することは主張する必要はないはずである。実体法上の義務の存否が，裁判での主張の可否を民事訴訟法上制限できることはないのではないかと思われる。

これらは，民法で言われている規範的解釈というアプローチを違法派遣の場合に生かそうとする試みでもある。つまり，民法の平井教授は，真意を追求しながらそれが明らかではないときに，取引慣行および信義則の要求する解釈を行うことである[147]とされ，信義則または条理の具体的な基準として「合意の内容（条項）がそのまま実現されたときに両当事者間で得るであろう利益を比較し，その間に利益の著しい不均衡がある場合には，当該内容はそのままでは効果を生じないと解釈すべきであり，均衡を回復するために他方当事者間に権利を与え，または義務もしくは権利の行使につき制約が課されるべきである[148]」と説かれる。

　四宮・能見教授の『民法総則』によれば，確定した契約内容が合理的ではないと考えられる場合に，合理的な内容になるように内容を修正することが解釈の名において行われる場合がある（修正的解釈と呼ぶ）。これは実質的には契約条項の修正である。すなわち，一定の基準に従って契約条項の効力を否定し，それによって空白となった部分を合理的内容で補充する作業が行われる。このような作業がどのような法的根拠で許されるのかが問題となる。約款などで使われる不当な条項の規制の問題に関して議論されている。

　第一には，修正的解釈の前半部分，すなわち契約条項の効力を否定する部分である。信義則が一定の合理的基準を定めているので，信義則違反を理由として無効とするという根拠が考えられる。

　第二には，無効によって空白になった部分をどのようにして補充するかである。任意規定があればこれにより，なければ信義則ないし条理を援用することになろう[149]。

　ここで，我妻教授の見解に戻って考えることにしよう。

　我妻教授は，シュトムラー教授の意見に拠りつつ，信義則が意思の欠缺の場合のみならず，「明瞭な不当な合意は解釈として合理化しえない，ただ，信義則の力によるのみと記するが，richtiges Recht（正しい法）の援用なりとするところが解釈によって包含しうることも何の不思議もなくなるのではあるまい

---

[147] 川島武宜・平井宜雄編『注釈民法(3)』（有斐閣・2003年）62頁〔平井宜雄〕。
[148] 平井宜雄・前掲書86頁。
[149] 四宮和夫・能見善久『民法総則』第8版（弘文堂・2010年）188頁以下。

そのシュトムラー教授は，第一に，「合意せられたる部分が不明であれば，信義誠実の原則によって決定する」。

　第二に，個々の点について合意なかりしこと明らかなるときは，その部分を補充し，合意ある部分と合して判断し，正当なる法律関係を構成するときは全部を有効とする。

　第三に，合意のなかった点を補充し，確定された明瞭なる不当な約款や，意思表示そのものとしては正当なりと考えられたけれども，全契約の遂行として見るときは不当とすべき部分等を否認して，正当なるものを補充するのが補充的作用である。要するに，この場合には，個人の意思そのものを客観的内容あるものと解釈することに尽きるのではなく，意思の上にrichtiges Recht（正しい法）の理想を君臨せしめ，意思をもってその判断の一材料と見るものといわなければならない[151]。

　違法派遣の場合の黙示の労働契約の成否にあたっては，本質的には，注文人と労働者との間のそれぞれの意思や行為が矛盾する場合がありうる。多くの場合，法形式上，賃金を請負企業が労働者に対して支払っている。反面で，労働者は，注文人で労働力を提供し，その指揮命令に従っている。場合によっては，時間外労働や有給休暇の管理を注文人が行っている場合もある。かかる法律行為の意味を探ることになる。前提となる事実は，いわゆる派遣切りが，平成20年末より本格化しており，その当時，派遣先との労働関係を肯定していく何らかの規定が置かれていくという立法動向にあったのであり，かつ，現在では，違法派遣の場合，派遣先が違法であることを知りながら派遣労働者を受け入れている場合には，派遣先が派遣労働者に対して労働契約を申し込んだものとみなす，との規定が，平成27年の施行を待つ段階である，という点である[152]。これも規範的ないし補充的解釈の前提となると考える。

　つまり，当事者の意思が矛盾しているように見えるものの，法律行為の意味を探ることになる。これにあたっては，多くの民法学者によれば，契約の目的，

---

150　我妻栄・前掲論文153頁。
151　我妻栄・前掲論文143頁。
152　マツダ事件・山口地判平成25年3月13日における野田教授の意見書。

信義則，任意規定，取引慣習などが手がかりとなるとされる[153]。法規範の意味を加味しながら，法律行為の意味を探ることになる。

　労働契約の目的は，違法派遣の場合（特に命令権が注文人にある場合）注文人での労働力の提供にあることはほぼ疑いがない。直接雇用であれ，間接雇用であれ，そうである。ただし，特に，第三者の利用が，労働者派遣法に反し，無効である限りでは（この点は争いがあるが，無効と解する場合には），間接雇用は許されないことになり，もはや三面的な法律関係，第三者の利用が許されないことになる。我妻教授の論文で引用されている通り，「意思表示そのものとして正当なりと考えられたけれども全契約の遂行として見るときは不当とすべき部分等を否認して，正当なるものを補充するのが補充的作用である」。「この場合には，個人の意思そのものを客観的内容あるものと解釈することに尽きるのではなく，意思の上にrichtiges Recht（正しい法）の理想を君臨せしめ，意思をもってその判断の一材料と見るものといわなければならない」[154]。繰り返しになるが，第三者利用契約（請負契約等）及び労働契約の公序性が否定される限り，三者間の法律関係，間接雇用が否認されるとすると，残るは，契約の（補充的）解釈として，二者間の法律関係，労働者と請負企業の契約関係，あるいは労働者と注文人の契約関係を存続できるかが問われる。つまり，無効の法律行為が他の法律行為の要件を備える場合に，後者の法律行為として効力が生じることを認める，無効行為の転換行為の問題であると考える。要は，①請負企業の賃金支払義務は生じないとするか[155]，あるいは，②注文人のもとで継続してきた労働者の労働力提供行為も否認とすべきかである。無効とする趣旨が，違法派遣を継続してきた請負企業の契約関係を否認するとともに，違法行為に関与し又は知りながら放任してきた注文人に私法上の制裁を与えるところにあるところからすれば，②の注文人のもとで提供してきた労働力提供行為（唯一違法でない行為）を重視して，注文人と労働者との間の黙示の労働契約を成立させるべきであると解される。

　このように，（無効行為の転換を介して）注文人と労働者との間で，黙示の労

---

153　例えば，四宮和夫・能見善久・前掲書188頁。
154　我妻栄・前掲論文143頁。
155　この限りで，規範的な解釈が介入する余地があるにすぎない。

働契約の成立の余地があると解することも可能である。

　これに対して，第三者利用契約（請負契約等）及び労働契約の公序性が否定される限り，もはや，注文人の内心が労働者を（間接雇用ではなく）直接雇用する意思はないという解釈は，間接雇用が規範的に否定される以上，主張しえない。かかる双方の表示行為を介する場合，注文人と労働者との間の黙示の労働契約を肯定する余地があるのではないかと思われる。

　さらに，規範的な観点としてより重要な事実は，派遣先が派遣労働者に対して労働契約を申し込んだものとみなす，との規定は，平成27年の施行前の状況であれば，本来は，かかる法規違反が，供給先と労働者との間の契約関係を成立させるような事情であることである。法施行前に，施行される法的規範に則して，一般条項などを通じて，規範を加味することは，これまでも行われてきたことである。かかる規範と，労働力を提供させ続けている供給先企業の行為の反規範性な事実を加味すると，請負企業による賃金支払いという形式的な行為だけをことさら重視して，請負企業と労働者との労働契約を成立させるほうが，法律行為の客観的・社会的な意味を誤認しているのではないかと思われる。第三者利用契約（請負契約等）及び労働契約の公序性を問えば足りる（この点については，別の箇所で論じる）。これらの契約の無効が前提となる限りでは，（無効行為の転換を介して）注文人と労働者との間で，黙示の労働契約が成立すると解する余地がある[156]。

　この他，労働者派遣の濫用と思われる事例に対しては，ドイツ法における間接労働関係の法理が参考になる可能性もある（第3章第2節三2参照）。

b）　不明確性準則（規範的解釈を超えて）

　仮に，このように解することができなかったとしても，次の点を考慮しなければならないと考える。この問題の核心は，合意の意味が不明確で，多様に解釈されるという問題である。合意の意味が不明確で，多様に解釈されるときは，その合意内容の作成者にとって不利な意味に解釈されるべきであるとする，「表現作成者に不利に」「不明確準則」の問題となり得る[157]。ドイツにおいて

---

156　この限りで，規範的な解釈が介入する余地があるにすぎない。

も存する多義的な条項の禁止と呼ばれるこの法規性は，古くから不明確準則として法的に認められてきた。この原則は，ローマ法上のambiguitas contra stipulatoremにあるものと同じである[158]。わが国では，約款の問題で論じられるが，平井教授によれば，沿革的にはそうでなく，契約の解釈一般に通じる基準であるとする[159]。

その解釈は，客観的なものでなければならず，約款使用者がどのように約款を理解し運用するかは重要なものではない。このような取引に典型的に関与する接触の領域が理解するところの客観的な基準，良識的で誠実な契約当事者が通常関与する領域の諸利益を考慮して理解されるところの客観的基準に従って，取引約款は解釈されなければならない。客観的解釈では，法的知識のない平均的な人の期待や認識力が基準となる。

日本法上旧民法360条において「総テノ場合ニ於イテ当事者ノ意思ニ疑イアルトキハ其ノ合意ノ解釈ハ諾成者其ノ合意ノ解釈ハ諾成者ノ利ト為ル可キ意義ニ従ウ」との規定が存在していたにもかかわらず，現行民法ではこの原則を削除している。原島教授は，「不明確準則は，フランス民法1162条，オーストリー民法915条，イタリー民法1370条にもあり，スイスでは判例がこれによって約款を規制してきました。わが旧民法にならってこの規則を明文で認めていたのです。このようないわば法文化の遺産もわれわれも忘れてしまい，法律行為論，契約理論の中身をみずから貧しくしている，といえましょう[160]」と述べている。

不明確準則の研究は，民法の分野では十分行われたにもかかわらず[161]，裁判例では，不合理な結果を招く約款条項の解釈にあたっては，約款の目的論的

---

157 わが国でも債権法改正の基本方針において，「約款の解釈につき，【3・1・1・40】および【3・1・1・41】によってもなお，複数の解釈が可能なときは，条項使用者に不利な解釈が採用される」とあり，議論された。

158 Richardi/Wlotzke (Hrsg.), Münch ArbR, Bd. 1., 2. Aufl., München, 2000, § 14, Rn. 73 (Richardi).

159 平井宜男・前掲書85頁。

160 原島重義「契約の拘束力」法学セミナー345号（1983年）32頁（57頁）。

161 山下友信「普通保険約款論（五・完）」法学協会雑誌97巻3号（1980年）53頁（59ページ）。

解釈ないし合理的意思解釈，制限解釈が行われるにすぎないことが多い[162]。不明確準則が利用されたと理解される[163]事案としては，「疑わしい場合は，むしろ一般契約者の利益に解釈すべく，本件管轄約款は，相手方（保険会社）の本店所在地が法定管轄権を有しない場合にも，これに管轄権を認め」，専属合意管轄であるとの保険会社の主張を斥けた札幌高裁決定[164]が有名である。

山下教授は，「疑わしきは作成者の不利益に」の原則を採用するにあたって，①顧客の側の理解不可能性について二通り以上の解釈が可能な場合，顧客が自己に有利な意味を援用したとしても，企業はそれに反対の主張を援用し得ないし，②顧客の側においても理解不可能な意味が明らかではない場合においては，端的にその条項の効力を否定すべきであると述べている[165]。

法律行為の解釈を行い，当事者の意思が不分明である場合，無理に客観的に合理的意思なるものを探求する場合，裁判所は実際の当事者の意思から遠ざかる結果を導きかねない。ある規定の解釈があいまいであるとき，その作成者に有利に解釈するのは，衡平の観念にそぐわない。契約の相手方は，その規定の内容の形成に影響を与えることができないからである。こうした点を踏まえると，ローマ法以来の不明確準則を日本の法秩序において導入することは不可欠であるし，また，労働法において，類似した事態が生起しているとき，これを放置せず，むしろ，仮に同準則が実定法化されていない状態でも，信義則上，同準則を定立することが必要であると考える[166]。

---

162 最二小判昭和62年2月20日民集41巻1号159頁は，自家用自動車保険の契約者である訴外会社の従業員A及びBが，被害者を訴外会社保有の自動車で礫過して死亡させたとして，遺族である被上告人らが訴外会社に代位して，上告人保険会社に対し保険金を請求したのに対し，上告人保険会社が，訴外会社の事故通知義務違反に基づく免責を主張して争った事案で，保険契約者又は被保険者が対人事故の通知を懈怠した場合に，例外的事由がある場合を除いて，保険者は事故に係る損害をてん補しない旨の約款の規定は，例外にあたらない限り，常に保険者がてん補責任を免れうることを定めたものと解するのは相当でなく，保険契約者又は被保険者が詐欺等の信義則上許されない目的の下に事故通知をしなかった場合は格別，そうでない場合には，保険者が事故通知を受けなかったことによる損害につき取得する損害賠償請求権の限度において，てん補責任を免れるに過ぎない旨を定めた規定にとどまると解するのが相当であるとした。
163 河上正二『約款規制の法理』（有斐閣・1988年）277頁。
164 札幌高決昭和45年5月11日判例時報619号63頁。
165 山下友信・前掲論文59頁。

例えば，NTT事件・広島高判平成23年2月17日判決では，請負労働者が請負企業との間で労働契約締結に至る過程では，最終的に，注文人の職員であるIらによる面接とも評価し得る面談があったことに加え，Iらによる面談を受けた後，Iらが英語力が不十分であると判断した者が採用されたことはないという事情が認定されている。自己アピールが求められ，過去の翻訳に関する経験，保有資格を確認し，面談で英字新聞の日本語訳をすることが求められた。その上で，Iは，原告の英語力が要求レベルに達しており，データ整理も問題なさそうだと判断した。原告労働者は請負企業の担当職員とは二度しか会ったことがなかった。労務の提供先は，注文人のもとである。こうした事情の下で，合意された事項を判断（誰が契約の相手方なのかを判断）するには，もはや，通常の間接雇用の典型例を超えており[167]，合意の意味が不明確で，多様に解釈され得ることになってしまう。かかる場合に，衡平の観念に則して，信義則上，①労働者の側の理解不可能性について二通り以上の解釈が可能な場合，労働者が自己に有利な意味を援用したとしても，企業はそれに反対の主張を援用し得ないし，②労働者の側においても理解不可能な意味が明らかではない場合においては，端的にその条項の効力を否定すべきであると解される（労基法15条参照）。

---

166　高橋賢司「債権法改正と労働法における約款法理の可能性」労働法律旬報1728号（2010年）30頁（36頁以下）。これに対して，同原則は契約成立過程では適用されないのではという疑念もありうるが，アメリカ法（樋口範雄『アメリカ契約法』第2版（弘文堂・2008年）168頁）においては，特にそうした厳格な限定は見当たらない。ドイツ法のように，同原則が約款のみ妥当し，契約には妥当しない国では，そもそも，同原則が契約成立・（その後の）展開には関わらないことになろう。

167　これに対して，多くの場合の（違法）派遣の場合，法形式上，賃金を請負企業が労働者に対して支払っている。反面で，労働者は，注文人で労働力を提供し，その指揮命令に従っている。場合によっては，時間外労働や有給休暇の管理を供給先企業が行っている場合もある。これだけの事情であれば，ここから直ちに，合意の意味が不明確で，多様に解釈されるということにはならない。これが通常の間接雇用の典型例だからである。問題は，これを超えた場合である。

## 五　違法派遣の場合の労働契約の申込みみなしの規定

　平成27年10月以降，違法派遣の場合，派遣先が違法であることを知りながら派遣労働者を受け入れている場合には，派遣先が派遣労働者に対して労働契約を申し込んだものとみなすとされている（40条の6）。違法派遣とは，①派遣禁止業務への派遣，②派遣元事業主以外からの派遣，③派遣受入期間制限違反の派遣，④偽装請負（派遣法などの適用を免れる目的で，請負その他労働者派遣以外の名目で契約を締結し，労働者派遣の役務の提供を受けること）の各場合とされる。
　この規定が施行された後は派遣先による「労働契約の申込みみなし」が問われることになる[168]。
　この規定は，派遣労働者のみならず，派遣先への私的自治によって保護される契約締結の自由に対して干渉を行っている。
　違法派遣の是正にあたっては，①適正な派遣又は請負として継続する，②派遣先が直接雇用する，③受入れをやめる，といった方法があるが，場合によっては，派遣契約が解除され派遣労働者が職を失うおそれがあり，違法派遣の是正にあたっては，派遣労働者の実質的な雇用を確保しつつ，派遣労働者の保護を図る必要がある。
　また，違法派遣の状態に至ったことについては，派遣先にも一定の責任があると考えられ，違法派遣を行った派遣先に対して派遣労働者の保護にもつながる形で一定のペナルティを科すことにより，派遣法による規制の実効性を確保する必要がある[169]。

---

[168] この規定については，行政解釈が後に発せられるかもしれないが，これとは裁判上の解釈がなされるのはよくみられることであるため，ここでは，従来の裁判実務やドイツ法などを参考にしながら，本条の解釈を試みることとする。

[169] 厚生労働省職業安定局派遣・有期労働対策部需給調整事業課「労働者派遣事業の適正な運営の確保及び派遣労働者の就業条件の整備等に関する法律等の一部を改正する法律（平成24年）」日本労使関係研究協会・平成26年度個別労働紛争解決研修応用研修テキスト所収（14頁より引用），野田進「有期・派遣労働契約の成立論的考察」菅野和夫古稀記念論集（有斐閣・2013年）191頁（208頁）。

ドイツ法やフランス法において同種の規定が存在していることが知られる労働者派遣法40条の6の規定は，労働契約の申込みみなしという形態をとっており，指揮命令権と労務提供義務の譲渡，ないしは，第三者のための契約の履行とは捉えられず，派遣先と不法に派遣された派遣労働者との間の新たな法律関係の発生を法律によって定めたものと解し得る。

派遣先は，通常，派遣元が許可をも有しているかどうかを慎重に審査しなければならなくなる。このようにして，許可官庁による国家的な監視と並んで，私法上の手段によって機能しようとするコントロールメカニズムがつくられたといえる[170]。

労働者派遣法40条の6の規定の創設・施行により，労働契約の契約申込み義務を規定していた労働者派遣法40条の4の存在意義はほぼなくなると予測されるが，平成26年改正法案により，40条の4の規定は削除が提案されている[171]。

上記の①から④の要件をみたし，派遣先が派遣労働者に対して労働契約を申し込んだものとみなされる場合，派遣元と派遣労働者との間の労働契約は有効のままと解すべきかが，改めて問われる。この場合，本節三で述べた通り，労働契約は，無効と解する余地がある。また，40条の6が施行される場合，労働契約の有効性も問われるため，ドイツ法のように（ドイツ労働者派遣法9条1項），違法派遣の場合の労働契約の有効性に関わる規定の創設も問われてよいと思われる。

これに対しては，―かかるみなし規定が存在しなかった頃の学説であるが―派遣労働契約の無効を問題にするこうした見解に対し，黙示の労働契約の成否を論じるのに，派遣労働契約の無効を前提にするものではない学説もあるが[172]，裁判所が十分検討に値する。

労働契約の申込みのみなしの要件は，労働者派遣法40条の6に規定される。

---

170 　Vgl.Becker/Wulfgramm, AÜG, § 10, Rn. 3 ; Thüsing, AÜG, § 10, Rn. 2.
171 　萬井隆令「派遣期間の制限と直接雇用申込義務」和田肇・脇田滋・矢野昌浩編『労働者派遣と法』119頁。
172 　浜村彰「違法な労働者供給・労働者派遣と労働契約関係」法学志林第98号1巻（2001年）143頁（148頁），野田進・前掲論文1682号22頁，和田肇「労働者派遣の法規制に関する総括的検討」和田肇・脇田滋・矢野昌浩編『労働者派遣と法』（日本評論社・2013年）354頁（365頁以下）。

派遣元が，労働者派遣事業許可を得ていない場合に，派遣先が派遣労働者に対して労働契約を申し込んだものとみなすことになる[173]。

過去には，派遣元が一般労働者派遣許可を得ておらず，特定労働者派遣の届出をしていなかった場合がある[174]。また，一般労働者派遣事業の許可が取り消されるケースもある[175]。

また，従来から，二重派遣，つまり，派遣労働者が，さらに，派遣先から別の会社に派遣されて指揮命令を受けていれば，職業安定法44条違反として取り扱われてきた[176]。例えば，請負会社又は派遣会社から，まず中間の企業を介して，その上で，別の第三の企業へ労働力を利用させる，という場合，「自己の雇用する労働者」（労働者派遣法2条1号）を派遣させたとはいえないばかりか，特別な法規定や行政解釈が設けられない限り，請負企業（あるいは，中間の企業）が労働者派遣事業許可を有しない場合には，第三の企業と労働者との間で，労働契約の申込みがみなされることになり，労働者派遣法40条の6と同様の扱いがあり得る。さらに，法では，派遣先が，その行った行為が先の各号のいずれかの行為に該当することを知らず，かつ，知らなかったことにつき過失がなかったときは，この限りでないとされる。

労働者派遣事業の許可については，許可された会社以外からの派遣を受け入れることはできない。派遣先は，派遣元の許可番号を人材サービス総合サイトにより，容易に確認できる。したがって，労働者派遣事業許可について，知らず，知らなかったことに過失がなかったというのは，原則としてありえないこ

---

[173] 派遣元が契約締結時点では派遣事業許可を有しているが，後に許可を消失した場合も，派遣先の労働契約の申込みはみなされ得る。

[174] ナブテスコ事件・神戸地判平成17年7月22日労働判例901号21頁。

[175] 一般労働者派遣事業許可取消事件・東京地判平成18年10月20日。本件評釈には，山川和義「一般労働者派遣事業許可取消事件」和田肇・脇田滋・矢野昌浩編『労働者派遣と法』218頁。一般労働者派遣事業の許可を受けた者が，18歳に満たない者を深夜業に使用したとの事実により，罰金刑の判決を言い渡されたことから，厚生労働大臣が労働者派遣事業の適正な運営の確保及び派遣労働者の就業条件の整備等に関する法律14条に基づき，前記許可の取消処分を行おうとしているとして同取消処分の差止めの訴えが，適法とされた。

[176] 例えば，http://osaka-roudoukyoku.jsite.mhlw.go.jp/library/osaka-roudoukyoku/H26/jyukyuu/260328-2.pdf

とになる。法の不知は，原則として，過失なしとはならないはずである[177]。

ドイツ法上では，上のような法の不知又は不知の過失に関する規定はなく，擬制的労働関係は，当事者の意思や認識とは無関係に生じる。派遣元が許可の存在をみせかけたり，事後の消失を通知しなかったり（11条3項，12条2項），あるいは，当事者が，請負契約であるという見解であったりしたしても，擬制的労働関係は生じる（本書第3章第2節四参照）[178]。派遣元が許可の存在をみせかけたり，事後の消失を通知しなかったりする場合に，どのように扱うべきは問われ得るが，少なくとも，前者についても，派遣先は，許可番号を人材サービス総合サイトで容易に確認できる。

派遣契約は，派遣先と派遣元との間で締結されるものであるから，むろん派遣先は派遣期間の有無は知らないはずはない。また，改正法（案）によれば，①無期派遣労働者であるか否か，②40条の2第1項2号の厚生労働省令で定める者，③組織単位を派遣元は派遣管理台帳に記載しなければならないし（37条），①②については，派遣元は派遣先に通知しなければならない（35条）。派遣先は，派遣期間に関わるこれらの事項について，容易に知り得る立場にある。

さらに，労働者派遣の対象業務違反は，労働契約の申込みみなしの効果を発生させる。かつて，専属運転手の業務が労働者派遣法4条1項にいう適用対象外の業務であるとした裁判例がある[179]。

平成27年10月施行となっているが，それまでの間に違法な派遣を適法に切り替えることができるはずであり，この間に適法な労働者派遣へ切り替えていない場合，労働契約の申込みみなしの規定は適用されると解すべきである。

---

[177] 労働者派遣法41条では，派遣先責任者は，当該派遣労働者の業務の遂行を指揮命令する職務上の地位にある者その他の関係者に対して，この法律及び労働基準法等の適用される読み替え規定について周知させる義務を負っている。したがって，派遣先責任者のみならず，当該派遣労働者の業務の遂行を指揮命令する職務上の地位にある者その他の関係者も，労働者派遣について知っているのが前提となる（沼田雅之「2012年改正労働者派遣法の概要とその検討」和田肇・脇田滋・矢野昌浩編『労働者派遣と法』27頁（50頁））。

[178] Erf. Komm, AÜG, § 10, Rn. 5 (Wank).

[179] ホクトエンジニアリング事件・東京地判平成9年11月26日判例時報1646号106頁，本件評釈には，藤内和宏「許可された業務以外での労働者派遣と派遣法33条2項違反の効力」和田肇・脇田滋・矢野昌浩編・前掲書225頁。

派遣可能期間については，従来は，1．派遣期間違反（ムサシ鉄工事件・名古屋地判平成22年3月25日等多数），2．特に，派遣期間が制限されている専門26業務への非該当（パナソニックエコシステムズ事件・名古屋高判平成24年2月10日労働判例1054号76頁，パナソニック電工事件・名古屋高判平成24年4月20日）の場合に，派遣期間違反がありえた。
　平成26年改正法案によると問題が多い。平成26年改正法案では，①無期限の派遣が可能になる場合（改正法案40条の2第1項第1号及び2号），②派遣期間を延長しようとするときの過半数労働組合ないし過半数代表者の意見聴取を経た場合（改正法案40条の2第4項），③組織単位を変更して派遣させた場合，いずれも，派遣期間違反がありえないことになる。労働者派遣が，①に該当しない場合または，②上記の過半数労働組合ないし過半数代表者の意見聴取を経なかった場合，かつ③法律や厚生労働省令で定める組織単位を変えずに行われた場合にはじめて，派遣期間違反となる。
　派遣期間との関係で，従来の事件では，違法な労働者派遣から適法な労働者派遣へと切り替えるという事件が多いが，その場合，派遣期間を適法な労働者派遣の期間から起算すべきかが問われる。どこから起算するかによって法律上許される派遣期間を徒過したかどうかが変わってくるので問題になる。裁判所は，請負契約であった部分は派遣契約であったとし，派遣元及び派遣先は，平成18年10月1日，本件契約を請負契約から労働者派遣契約に法形式上切り替えたことは認められるものの，原告の業務内容は同日の前後を通じて異ならないことや，原告と被告派遣元との間で，当時，労働者派遣を行うことについての合意等を行ったことがうかがわれないことからすると，本件派遣契約への切替えは，それまでの実質に即した法形式を整えたにすぎないのであり，派遣契約の始期は平成18年10月1日ではなく，原告が奈良工場で就労を開始した平成15年7月頃であると判断したものがあると判断した[180]。かかる期間は客観的に定まるものであり，期間を異なって算出したとしても，いずれかの行為に該当することを知らず，かつ，知らなかったことにつき過失がなかったときとはいえないと思われる。違法状態が生じた時点から労働契約の申込みをみなすとあ

---

180　アドヴァンス等事件・奈良地判平成23年9月29日。

るから，上のような解釈が新たな規定が設けられない限り，現行法でも可能となる。

　違法な労働者派遣が適法な目的を有していたと主張することがあり得て，これにより過失がなかったという主張があり得ないではない。被告出向元が教育目的で出向をさせていたという点について，原告が本件出向前に支給を受けていた給与よりも相当多額の出向料を被告出向元に支払っており，裁判所は，単に教育目的のためだけにこれほど多額の金額を支払っていたとみるのは不自然であるとし，「原告の本件出向が職業能力開発又は育成を主たる目的としていたとはいえない」と判断し，本件出向を労働者供給にあたると判断している[181]。

　違法な派遣の後，派遣先で社員公募をしているので，過失がなかったといえるかが問われる[182]。労働契約の申込みみなしの規定がない頃は，社員公募をしている以上，労働者が「公募に応募すればよかった[183]」とも言えなくもないが，労働契約の申込みみなしの規定がある以上は，社員公募とは別の制度と捉え，違法性があればまず労働契約の申込みがみなされるのであって，社員公募の存在により，派遣先が「いずれかの行為に該当することを知らず，かつ，知らなかったことにつき過失がなかった」とはいえない。その上，平成26年改正法案では，同一の事業所等において１年以上継続して同一の派遣労働者の役務の提供を受けている場合，その事業所等において通常の労働者の募集を行うときは，募集に係る事項を当該派遣労働者に周知する義務が派遣先には生じることも重要である。

　派遣法などの適用を免れる目的で，請負その他労働者派遣以外の名目で契約を締結したかどうかも問題になり得る。職業安定法施行規則にも，類似の規定があり（「第44条の規定に違反することを免れるため故意に偽装されたものであって，職業安定法第４条第６項の規定による労働者供給の事業を行う者であることを免れることができない」），裁判上その適用が問題にされることはほとんどなかったことから，派遣法上の規定についても，―この規定を悪用されない限り―あま

---

181　前掲日本原子力研究会開発機構事件・京都地判平成24年２月23日。
182　前掲日本化薬事件・大阪高判平成23年10月25日。
183　前掲日本化薬事件・大阪高判平成23年10月25日。

り現実的に適用される場面は少ないのではないかと思われる。労働者派遣法の適用を免れる目的ではなく，適法な目的を有していたと主張することがあり得るが，これについても，前述と同様，裁判所のいままでの上述の認定方法が参考となり得る[184]。また，労働者派遣事業と請負により行われる事業との区分に関する基準[185]に関する各種行政上の解釈に反する場合，労働者派遣となるにもかかわらず，請負その他労働者派遣以外の名目で契約を締結したものである。その上，例えば，仕事の完成を目的とした請負契約であれば，その債務の目的が達成できない場合の法的責任を明確にするのが通常であるから，「法的な規定に即応した瑕疵担保が合意されていない場合」，請負契約を締結する意思はないとみなしうる。さらに，作業を行うにあたって使用する設備・装備はすべて注文人の所有物であり，作業衣・安全靴，ネーム・プレート等も注文人から労働者へ支給若しくは貸与されているという事情が存する場合も，ほぼ同様であり，請負企業として，独立して業務を行うことができない状態にあり，仕事の完成を目的とした請負契約を締結する意思はないことが推認できる。派遣先がランク制度[186]を運用したり，賃金・税・社会保険の計算等を行ったりする場合も，請負企業として，独立して業務を行っておらず，仕事の完成を目的とした請負契約を締結する目的を実現していないと推認できる。以上の事情がある場合で，労働者派遣事業と請負により行われる事業との区分に関する基準[187]に関する各種行政上の解釈等に反する場合，労働者派遣法などの適用を免れる目的としての重要な一事情を認定できるのではないかと思われる。

　平成24年改正法は派遣先との労働契約締結のみなしが適用される場合を4つの場合に限っているが，こうした限定が適切かについてはなお検討を要する。例えば，派遣先が派遣労働者の特定行為を行うことは，労働者派遣の制度の本

---

[184] 前掲日本原子力研究会開発機構事件・京都地判平成24年2月23日。
[185] 今後変わりうるかもしれないが，現行は，労働者派遣事業と請負により行われる事業との区分に関する基準（昭和61年労働省告示第37号，最終改正 平成24年厚生労働省告示第518号）である。
[186] マツダ事件・山口地判平成25年3月13日。
[187] 今後変わりうるかもしれないが，現行は，労働者派遣事業と請負により行われる事業との区分に関する基準（昭和61年労働省告示第37号，最終改正 平成24年厚生労働省告示第518号）である。

質と相容れないことから、この場合にもみなし制度を適用するという見解もある[188]。労働者派遣法40条の6（平成27年10月施行予定）が施行されたのちも、職安法44条の規範的な意義は失われないとし、派遣先が事前面接などの派遣労働者を特定する行為を行った場合（26条7項）など、派遣法40条の6が規定していない派遣法違反行為の場合には、直接雇用の原則を定めた職安法44条違反を考慮して、派遣先の雇用責任が生じうるかを問題とするべきであると指摘されている[189]。

## 六　労働者派遣と請負契約の区別の基準をめぐる問題

いわゆる違法派遣の問題は、解釈上中心的な問題は偽装請負である。従来は、日本法では、派遣労働と請負契約に関する類似基準が、行政上の基準（「労働者派遣事業と請負により行われる事業との区分に関する基準」（昭和61年労働省告示第37号、最終改正平成24年厚生労働省告示第518号））と裁判例において存在している。しかし、これらの基準については、厚生労働省労働力需給制度部会においても、偽装請負は労働局によって見解が異なり、判断が予見できない部分が多いと指摘され、使用者側からは、基準がわかりにくいなどの批判を受けている。規制改革推進のための第3次答申—規制の集中改革プログラム—（平成20年12月22日）及び規制改革推進のための3か年計画等のフォローアップ結果について（平成22年12月10日）では、「37号告示の当てはめに関する事例を可能な限り収集した上で、労働者派遣法の適正な運用を確保するため、37号告示や要領の具体的な当てはめについて、監督及び指導が適切に行われているかを検証しつつ、請負事業主にとってより明確となるようにするために検討を行うべきである」としている。また、仮に、これらの基準により、労働者派遣が違法となっても、派遣契約、労働者派遣契約は、無効とはならないと判断される判決が多く（労働者派遣法等が取締規定と解され）、裁判でこれらの基準の充足の有無を争っても、私法上は有効な解決が図られにくい、という効果の面での問題

---

[188] 和田肇「労働者派遣の法規制に関する総括的検討」和田肇・脇田滋・矢野昌浩編・前掲書359頁。

[189] 根本到・前掲論文65頁以下。

点も有している。

## 1 比較法的な観点

日本法では，派遣労働と請負契約に関する基準が行政上の基準と裁判所の判決において立てられている[190]。

---

190 「労働者派遣事業と請負により行われる事業との区分に関する基準」（昭和61年労働省告示第37号，最終改正 平成24年厚生労働省告示第518号）によれば，次のように定められている。
「第二条 請負の形式による契約により行う業務に自己の雇用する労働者を従事させることを業として行う事業主であつても，当該事業主が当該業務の処理に関し次の各号のいずれにも該当する場合を除き，労働者派遣事業を行う事業主とする。
一 次のイ，ロ及びハのいずれにも該当することにより自己の雇用する労働者の労働力を自ら直接利用するものであること。
　イ 次のいずれにも該当することにより業務の遂行に関する指示その他の管理を自ら行うものであること。
　　(1) 労働者に対する業務の遂行方法に関する指示その他の管理を自ら行うこと。
　　(2) 労働者の業務の遂行に関する評価等に係る指示その他の管理を自ら行うこと。
　ロ 次のいずれにも該当することにより労働時間等に関する指示その他の管理を自ら行うものであること。
　　(1) 労働者の始業及び終業の時刻，休憩時間，休日，休暇等に関する指示その他の管理（これらの単なる把握を除く。）を自ら行うこと。
　　(2) 労働者の労働時間を延長する場合又は労働者を休日に労働させる場合における指示その他の管理（これらの場合における労働時間等の単なる把握を除く。）を自ら行うこと。
　ハ 次のいずれにも該当することにより企業における秩序の維持，確保等のための指示その他の管理を自ら行うものであること。
　　(1) 労働者の服務上の規律に関する事項についての指示その他の管理を自ら行うこと。
　　(2) 労働者の配置等の決定及び変更を自ら行うこと。
二 次のイ，ロ及びハのいずれにも該当することにより請負契約により請け負つた業務を自己の業務として当該契約の相手方から独立して処理するものであること。
　イ 業務の処理に要する資金につき，すべて自らの責任の下に調達し，かつ，支弁すること。
　ロ 業務の処理について，民法，商法その他の法律に規定された事業主としてのすべての責任を負うこと。
　ハ 次のいずれかに該当するものであつて，単に肉体的な労働力を提供するものでないこと。
　　(1) 自己の責任と負担で準備し，調達する機械，設備若しくは器材（業務上必要な簡易な工具を除く。）又は材料若しくは資材により，業務を処理すること。

ドイツの行政上は，労働者派遣と請負契約の限界づけについて，次のような基準を立てている（第3章第5節参照）[191]。
―性質的に個別化し得て，請負企業に帰属可能な，請負成果に関する合意とその作成
―注文人に対する請負企業の処分の自由
―注文人の事業所で勤務する労働者に対する請負企業の命令権
―請負企業による企業のリスクの負担，特に，瑕疵担保（Gewährleistung）
―成果に根ざした，請負給付の算定

請負契約と派遣労働契約との限界に関する基準の法律上の類似性は，オーストリアの労働力派遣法にも認められる。

オーストリア法の労働力派遣法4条2項においては次のように規定される。
「(2)次のような場合に，特に労働者派遣であるとする。労働者が，仕事の注文人の事業所において，請負契約の履行のなかで，労務の提供をする場合であっても，
1．注文人の製作物，雇用提供，及び中間の成果とは異なって，区別しえて，請負企業に帰属しうる仕事を製作せず，又はその作成に関与するものでな

---

　　(2)　自ら行う企画又は自己の有する専門的な技術若しくは経験に基づいて，業務を処理すること」
　また，職安法規則4条では，次のように規定されていた。
　労働者を提供しこれを他人の指揮命令を受けて労働に従事させる者（労働者派遣事業の適正な運営の確保及び派遣労働者の保護等に関する法律（昭和60年法律第88号。次項において「労働者派遣法」という。）第2条第3号に規定する労働者派遣事業を行う者を除く。）は，たとえその契約の形式が請負契約であつても，次の各号の全てに該当する場合を除き，法第4条第6項の規定による労働者供給の事業を行う者とする。
　一　作業の完成について事業主としての財政上及び法律上の全ての責任を負うものであること。
　二　作業に従事する労働者を，指揮監督するものであること。
　三　作業に従事する労働者に対し，使用者として法律に規定された全ての義務を負うものであること。
　四　自ら提供する機械，設備，器材（業務上必要なる簡易な工具を除く。）若しくはその作業に必要な材料，資材を使用し又は企画若しくは専門的な技術若しくは専門的な経験を必要とする作業を行うものであつて，単に肉体的な労働力を提供するものでないこと。

191　Drucksache 17/6714, S. 3.

い
2．労働が，請負企業の材料及び道具によって主に提供されたものではない
3．注文人の事業所に組織的に編入し，その雇用上の監督ないし専門的な監督に服する，又は
4．請負企業が，請負給付の成果に責任を負わない場合」

　日本法及びオーストリア法では，①命令権を注文人が負わないこと，②請負契約により請け負った業務を自己の業務として当該契約の相手方から独立して処理するものであること，特に，請負企業が事業主としての仕事の完成まですべての責任を負う点が共通して，求められている（ただし，日本の実務上，この要素がどこまで重視されているかは，実際に企業が受けた是正指示からは定かではない）。②は，ドイツ法の判例にはみられない要件であるが，ドイツの行政上の基準では一要素とされ，いずれも請負契約の特質から要求されているもので，重要である。

## 2　派遣労働と請負契約に関する基準

　請負契約では，請負企業は，契約で合意された方法で，適時，請け負った仕事の完成を行うことが義務づけられる。一般に，請負の成果が義務づけられているかどうか，使用者が独自に処理しているかどうかが重要である。企業は，契約において予定される雇用の履行に対し，又は義務づけられた仕事の製作に対して，責任がある。請負企業は，仕事の種類，経過，又は，配分を自ら決定していなければならず，第三者（注文人）は，製作者の労働者に対する命令権を有していない。

　請負契約と労働者派遣の具体的な境界づけのためには，原則的には，総合的な判断が行われることを要し，すべての事情の考量が考慮される必要があり，他の要素との関連で決められるであろう。

　比較法的な検討を行うと，ドイツの行政では，「性質上個別化し得て，請負企業に帰属可能な，請負成果に関する合意とその作成」という要素も重要視される。例えば，注文企業の工場のラインで，注文企業の労働者と混合して，請負労働者を動員することは，労働者派遣の兆候とみなされる。

　派遣料金や請負代金が，実際にかかった実績作業時間数に上記作業単価を乗

じて算出している場合[192]，派遣される労働者一人当たりの時給を基準として決めていた場合[193]，注文人が賃金を支払っているかどうかが問題になっている[194]。こうした場合，あらゆる事情を総合的に考慮して，他の事情とあいまって，違法派遣の兆表になりうる余地があると考えられる。ドイツの連邦雇用エイジェンシーの説明書（Merkblatt）16 a 版によれば，前述の通り，「成果に根ざした請負給付の算定」が問われ，請負給付が成果で算定されず，時間で対価が予定される請負契約は，違法な派遣の兆表にはなり得るとされているのが，参考になる（第3章第5節）。このような場合，「請負契約を仮装」しているにすぎず，請負企業は，請負契約の目的たる仕事の完成をなしうる状態にないといえる。裁判例は，誰が賃金を支払っているかのみを問うため，賃金を請負企業が支払っていれば，ほぼ黙示の労働契約を否定するしかなくなってしまう。本来は，派遣料金や請負代金が，実際にかかった実績作業時間数に上記作業単価を乗じて算出している場合，あるいは，派遣される労働者一人当たりの時給を基準として決めていた場合，他の要素（前述の1ないし2）とあいまって，請負契約を仮装しているものにすぎないのか，それとも労働者派遣であるのか，についての一つのメルクマールとして判断していくべきだったのではないかと思われる。

　さらに，労働契約とは異なり，請負契約の場合，瑕疵担保の責任が存する[195]。比較法的には，日本法とドイツ法双方における行政上の基準，オーストラリア法でも共通して一要素とされている。これらの要素がみたされない場合には（仕事を完成するための責任，特に瑕疵担保責任が負わないこととされている場合には），実質上労働者派遣の隠れ蓑として，業務請負がなされたものとみなされるべきである。仕事を完成するための責任，特に瑕疵担保責任という請負契約の私法的観点が解釈に生かされるべきである。

　委任契約でも，委託者との関係でも，独立した職務を前提とする。委任契約

---

192　前掲三菱電機事件・名古屋高判平成25年1月25日。
193　前掲日本トマソン事件・大阪高判平成23年9月30日。
194　本節二参照。
195　Schüren, WiVerW 2001/3, S. 186.

は，当事者の一方が法律行為その他の事務の処理を相手方に委託し，相手方がこれを承諾することによって効力が生じる契約である。それゆえ，受託者から動員される補助的な労働者は，委託者の命令には服さない。委託者の事業所組織への編入は，委託の遂行のためには，必要ではない[196]。このため，請負契約と派遣労働契約との限界づけで用いられた基準が用いられる[197]。

こうした考察からは，次のような基準になると考えられる。

1．法的な規定に即応した瑕疵担保が合意されていない場合，
2．当該注文人のもとで労働者がその企業組織に組み入れられ，当該労働力を注文人の不可欠な労働力の一部となっている場合で，労務提供にあたって，指揮命令権の行使が注文人で行われていた場合，
  例えば，
  ① 注文人での作業が渾然一体となって行われていた[198]，
  ② 作業を行うにあたって使用する設備・装備はすべて注文人の所有物であり，
    作業衣・安全靴，ネーム・プレート等も注文人から労働者へ支給若しくは貸与されているという事情が存する場合[199]，
3．派遣労働者の期間が労働者派遣法で定める範囲を超えている場合[200]，
4．対象義務違反[201]
5．注文人が人事考課・ランク付け等を行っている[202]，あるいは，賃金[203]，出張日当，各種手当料等が社員と同じ基準で注文人から直接支払われている場合[204]，

---

196 Vgl. Schüren/Hamann, AÜG, 4.Aufl., München, 2010, § 1, Rn. 211 und 212 (Hamann).
197 Schüren/Hamann, AÜG, § 1, Rn. 213 (Hamann).
198 前掲近畿放送事件・京都地決昭和51年5月10日。
199 前掲近畿放送事件・京都地決昭和51年5月10日。
200 例えば，前掲伊予銀行・いよぎんスタッフサービス事件・高松高判平成18年5月18日，ムサシ鉄工事件・名古屋地判平成22年3月25日〔掲載誌なし〕等多数。
201 ホクトエンジニアリング事件・東京地判平成9年11月26日判例時報1646号106頁。
202 前掲近畿放送事件・京都地判昭和51年5月10日，マツダ事件・山口地判平成25年3月13日。
203 前掲安田病院事件・大阪高判平成10年2月18日，最三判平成10年9月8日〔上告棄却〕参照。

労働者派遣に該当しているというべきである[205]。

さらに立ち入って詳細な議論を展開すれば,「労働が,請負企業の材料及び道具によって主に提供されたものではないかどうか」(オーストリア労働力派遣法4条2項2) は,派遣あるいは請負であるかの基準とされる。注文人が「自己の責任と負担で準備し,調達する」(日本法上の「労働者派遣事業と請負により行われる事業との区分に関する基準」) 場合,日本の行政上,委任契約であっても,請負契約であっても,労働者派遣の一つの要素である[206]。ドイツ法上も,第三者の動員企業から,資材を借り,提供されたとしても,直ちに,労働者派遣であるとはされないが[207],違法派遣の兆表であるとされる。

また,業務の指示も,違法派遣かどうかの重要な基準である。但し,請負契約上の注文人の命令権の行使と,労働契約上の類の命令の付与との間で,十分に区別されるべきである[208]。請負契約上の注文人の命令権の行使は,仕事を完成させる債務を主たる目的とする請負契約の性格上,避けられない場合がありうる。つまり,「これと関連するコントロールする権利ないし吟味する権利を含めて,請負契約上の命令権の行使からは,労働者派遣契約の存在は推断されない。第三者の諸命令が,対象に (gegenständlich) 限定され,それゆえ,提供されるべき請負給付に関連しているならば,それは請負契約の存在を示している。これに対して,労働契約上の命令は,労働者派遣を肯定する」のである[209]。日本の行政上は,注文人が命令権を行使しても,違法な労働者派遣と取り扱われている[210]。この事件では,注文人が生産効率を考え,顧客の需要に応じた量だけ生産を行い,注文人が生産計画を決定し,これを各請負会社に生産を指示するというカンバン方式を採用していた。しかし,仕事の完成を請け負うのは請負企業なのであるから,請負契約の重要な部分である仕事の完成

---

204 前掲近畿放送事件・京都地決昭和51年5月10日。
205 職安法規則4条も参照している。
206 「労働者派遣事業と請負により行われる事業との区分に関する基準」(37号告示) に関する質疑応答集。
207 BAG Urt.v.18.1.2012 NZA RR 2012, S. 455.
208 BAG Urt.v. 13.5.1992, 7 AZR 284/91- NZA 1993, 357 ; Rieble, ZfA, 2013, S. 137 (164).
209 BAG Urt.v. 13.5.1992, 7 AZR 284/91- NZA 1993, 357.
210 例えば,前掲ダイキン工業事件・大阪地判平成24年11月1日。

について，特に注文者自ら製法等を指示している場合には，かかる指示は，請負契約の範囲内であるといい得る。請負契約製造ラインごとに生産する機種の製造順序を指定した「生産順位表」を各請負会社に渡し，この順序に従って生産するように指示しており，請負会社が業務遂行に関する指示その他の管理を自ら行うことができない場合[211]，仕事の完成を性格とする請負契約の域を超えておらず，注文人として許される指示の範囲内である可能性もある。この点は，検討課題である。

　労働法の領域で，実務でよく用いられる請負契約は，民法上の請負契約というひとつの型として捉えられるものでなければならない。この解釈上の問題は私法における契約解釈の課題である。こうした私法的なアプローチに対しては，業務請負というのは，もともとは，商法にも規定される「作業又は労務の請負」（商法502条）に近く，民法の解釈とはなじまないという議論もあり得る。しかし，戦後の偽装請負をめぐる法規制をみても，民法上の請負を意識されているとみられるものであり[212]，この解釈上の問題は私法，特に，民法における契約解釈の課題として捉えられると考えている。

　このように，偽装請負と民法上の請負契約との違いに着目し，民法の典型契約である請負に属さない労働者派遣類似の契約は，労働者派遣を逸脱するために用いられていると捉えられ得る。つまり，労働者派遣と偽装請負を区別する基準のみならず，真正の請負契約と偽装の請負契約を区別する必要がある。かかる偽装請負が私法上の民法のカテゴリーに位置づけられるか否かを判断するアプローチである。請負企業が事業主としての仕事の完成まですべての責任を負い，例えば，請負企業が仕事完成の目的のため瑕疵担保責任を負いうるが，これも（真正の）請負契約のメルクマールであるといい得る（そうでないものは，偽装請負ないし違法派遣と捉える）。この見方は，対価に関する性格につき，前述の通り新たな視点をもたらし得る。こうした私法的なアプローチを踏まえ，仕事完成を目的とする請負契約の本質から，（真正の）請負契約と偽装請負と

---

211　前掲ダイキン工業事件・大阪地判平成24年11月1日。
212　濱口桂一郎・前掲論文84頁。鎌田耕一・前掲論文・労働法律旬報1108号74頁は，規則4条は，労働法的な観点に立って，民法上の請負を再規制しているといえると述べている。

を区別し，労働者派遣と（偽装）請負の新たな基準づくりを提唱する。

## 七　直接雇用をめぐる派遣先の団交応諾義務

### 1　問題の所在

　2008年に発生したリーマンショック後，派遣切りが横行する中，派遣労働者が労働組合に加入し，派遣先ないし注文人に対して雇用を求めて，団体交渉を求め，同企業らから団体交渉を拒まれるという事態が生じた。そのなかで，労組法上の「使用者」という概念が，派遣先企業ないし注文人をも含むのかが，改めて問われた。

　雇用問題に関する団交事項といっても，次のような類型があり得ると指摘される[213]。

　第一に，（労働契約の解約をもたらす）派遣契約の解約なり差換要請について，その撤回，あるいは，その理由・経緯の説明をもたらすもの

　第二に，派遣先における直用化それ自体，あるいは，直用化の条件の交渉を求めるもの

　第三に，派遣先での就労継続による雇用の安定を求めるもの

とがある。

　かつて，油研工業事件・最高裁昭和51年5月6日第一小法廷判決は，たとえ，被上告人ら三名に対し参加人会社Aの就業規則が適用されていなくても，両者の間には労働組合法の適用を受けるべき雇用関係が成立していたものとして，AはY$_1$，Y$_2$，Y$_3$との関係において同法7条にいう使用者にあたると解するのが相当であると判断していた[214]。構内業務請負業者に企業としての実体がなく，発注企業が受け入れた労働者を実質的に自己の従業員であるように取り扱い，両者間にほぼ労務提供と賃金支払いの関係が成立している事案（労働契約に極めて近似した関係の事案）であって，発注企業の全面的な使用者性が認められたとみることができる[215]。

---

　213　本久洋一「第三者労働力利用と集団的労使関係」毛塚勝利編『事業再構築における労働法の役割』（中央経済社・2013年）234頁（243頁）。
　214　油研工業事件・最一小判昭和51年5月6日判例時報817号111頁。

さらに、朝日放送事件・最高裁平成7年2月28日第三小法廷判決[216]は、「被上告人は、実質的にみて、請負三社から派遣される従業員の勤務時間の割り振り、労務提供の態様、作業環境等を決定していたのであり、右従業員の基本的な労働条件等について、雇用主である請負三社と部分的とはいえ同視できる程度に現実的かつ具体的に支配、決定することができる地位にあったものというべきであるから、その限りにおいて、労働組合法七条にいう『使用者』に当たるものと解するのが相当である」と説示した。その上で、「被上告人は、自ら決定することができる勤務時間の割り振り、労務提供の態様、作業環境等に関する限り、正当な理由がなければ請負三社の従業員が組織する上告補助参加人との団体交渉を拒否することができないものというべきである」と判断した。構内業務請負（委託）の類型であって発注企業が請負（受託）企業労働者の基本的労働条件の一部を「雇用主と同視できる程度に現実的具体的に支配・決定できる地位」にある場合には、当該労働条件に関する発注企業の部分的な使用者性を認めることにしたのである[217]。

この朝日放送事件の最高裁判決の論理に従えば、発注企業が、請負企業労働者の就労諸条件にとどまらず、それら労働者の雇用そのもの（採用、配置、雇用の終了等）について現実的具体的支配をしていれば、発注企業が団交要求に

---

215　菅野和夫・前掲書755頁。この事件の代表的な評釈において、就労体制における支配従属関係に重点を置けば、就業規則の適用性や、社外工自身の所属組織関係あるいはA社との請負契約の存在といった事実も大筋の前の些事として消去され、一般的には、従属労働関係認定のファクターとされる対価の算定・支払方法ということも一律に、「雇用」の下での賃金関係とみなされることになると評されているのは（秋田成就・本件評釈・別冊ジュリスト昭和51年度重要判例解説642号205頁（207頁））、注目に値する。

216　朝日放送事件・最三小判平成7年2月28日労働判例668号11頁。

217　本判決は、派遣法施行を前提としつつ、労働者の労働組合に対する派遣先の団体交渉応諾義務を認めたという意義がある（萬井隆令・本件評釈・別冊ジュリスト平成7年度重要判例解説・1091号180頁（182頁））。この最高裁の判決以前には、ここで成立する労働協約には規範的効力がないから、団交を命ずることができないという問題に対して、債務的効力は生じるから団交と合意の実効性は一応担保されているとする批判があった（菅野和夫・本件控訴審評釈・ジュリスト1027号（1993年）131頁（134頁））。中窪裕也・本件控訴審評釈・ジュリスト1017号（1993年）95頁（97頁）も、団体交渉命令を発するにあたって、労働契約上の使用者との交渉の調整を行うことにより解決をはかる方向も考えられ、まさに労働委員会の救済における裁量権限の発揮が期待されるところであるとする。

応ずべき使用者といいうるところであった[218]。

その直後に制定された労働者派遣法の国会の政府答弁では（例えば，谷口隆志政府委員の答弁[219]）では，労働者派遣法は，派遣労働者との雇用契約が派遣元事業主との間で結ばれることを前提としており，集団的労使関係における使用者は雇用主である派遣元事業主である旨が述べられていた。立法趣旨として，労働者派遣法は，明文の規定は設けていないものの，同法上の枠組みに従って行われる労働者派遣の派遣先事業主については，当該派遣労働者との関係において労組法7条の使用者に該当しないことを原則としていると読み得る。

しかし，団交権の中心部分は，労働条件や労使関係事項に関する使用者の義務履行の監視というよりも，これらの事項に関して使用者が義務を負っていないところについて義務の創設を目指して，要求するところにある。義務的団交事項という場合の「義務」は，労組法7条2号を根拠とするものであり，それで十分である。基本的な労働条件事項ないし労使関係事項にかかわる問題であれば，「義務的」団交事項のはずである[220]。

近時，県レベルの労働委員会では，派遣先に対する労組法の使用者性を認める労働委員会の決定がなされるようになった。例えば，派遣法は，同法40条の2第1項に定める業務につき，一定の要件のもとで派遣先に対し直接雇用の申込み義務を課しているが，派遣期間を徒過しているが，徒過していないと誤信していた場合で，派遣元による抵触日の通知，派遣先による継続使用の意思等の要件を満たさない場合，「直ちに，労働者派遣契約を解除して派遣労働者の受入れを中止し，適正な請負にすること等の改善を行なわなければならず，その改善の前提として（…）当該派遣労働者らの雇用の安定を図るための措置を講ずべき立場にあったといわなければならない」。「派遣労働者の雇用の安定を図る措置は，会社が自ら決定し（…）処分すべき事項であって，会社はこの措置の実施に関しては，雇用主と同視できる程度に現実的かつ具体的に支配，決定できる地位にある[221]」と判断されている。

---

218　菅野和夫・前掲書756頁。
219　昭和60年6月6日第102回参議院社会労働委員会。
220　本久洋一・前掲論文250頁。

派遣先と組合員らとの関係において，近い将来において雇用関係の成立する可能性が現実的かつ具体的に存するといえるから，労組法上の使用者に該当する，というものである。

## 2　近時の中労委の判断

しかし，中労委の判断では，派遣元会社から労働者派遣法に定める派遣可能期間を超える期間と抵触する日の通知を受けておらず，労働行政機関が，会社に対し，同人らに労働者派遣法に定める直接雇用の申込義務の履行又は雇入れをするよう行政勧告又は行政指導をしたという事実も見当たらない場合，労働者派遣法の直接雇用申込義務の規定等を根拠として，会社が組合員らとの関係において近い将来において雇用関係の成立する可能性が現実的かつ具体的に存する者に該当するとはいえないと判断が定着しつつある。

ショーワ事件においては，上の判断枠組みを示した上で，$X_1$らのうち，$X_1$及び$X_4$を除く組合員らの会社への派遣期間は，いずれも3年を経過しておらず，派遣可能期間を超える期間継続して労働者派遣の役務の提供を受けることとなるとの要件を満たしていない。他方，$X_1$及び$X_4$の派遣期間については，いずれも3年を経過しているが，会社が，同人らの派遣元会社から同期間と抵触する日の通知を受けておらず，そして，労働行政機関が，会社に対し，同人らに労働者派遣法に定める直接雇用の申込義務の履行又は雇入れをするよう行政勧告又は行政指導をしたという事実も見当たらないと判断されている[222]。

会社は，派遣元会社らとの個別解約を一部解釈することとし，派遣元らに対し，30日以上の相当の猶予期間を設け，同契約の一部解除を予告したのであり，11年指針に例示された損害が発生する余地がないのにもかかわらず，派遣元会社らの請求通りの損害賠償をすることをも約束し，最終的にこれを払っている。そのため，本件においては，会社は11年指針が求める措置をすべて講じていたと認めるのが相当である。したがって，組合員らの「次の就労先の確保」という団交事項につき，会社に労組法7条の使用者性を認めることはできないとし

---

[221]　ブリヂストンケミテック事件三重県労働委員会平成22年10月25日。以下の労働委員会の命令は，中央労働委員会命令・裁判例データベースによる。http://web.churoi.go.jp
[222]　ショーワ事件・中央委平成24年9月19日。

た。

　日本電気硝子（ほか一社）事件においても，ほぼ同様の判断が繰り返されている。

　中労委は，「A社は，独自に就業規則を制定し，$X_1$組合員らを含む従業員の人事配置・勤怠・労働時間の管理，勤務成績の評価，服務上の規律等の人事労務管理を行っている上，$X_1$組合員らは，Aに退職届を提出し，雇用期間満了をもって同社を退職したのであって」，「これら$X_1$組合員らに係る採用，配置，雇用の終了等といった一連の雇用の管理に関する決定について，会社らがAと同視できる程度に現実的かつ具体的な関与等をしたことを認めるに足りる証拠はない」と判断した。

　この事件では，（訴訟当時）直接雇用申込義務は，労働者派遣法40条の４の派遣先が，派遣元事業主から，同法35条の２第２項が定める抵触日等の通知を受けた場合において，抵触日以後継続して当該通知を受けた派遣労働者を使用しようとする場合に生じ得るものであるが，本件においては，C社から会社らに対して上記通知がされた事実は認められないと判断された。

　また，組合員らがC社に在籍していた間に，会社らが労働行政機関から組合員らの雇入れ（直接雇用）を求める行政勧告ないし行政指導が行われたことはうかがわれないし，滋賀労働局長が会社らに対して行った行政指導は，組合員らがA社工場での就労をすでに終了し，C社との雇用関係も終了した後に行われたもので，組合員らの雇入れ（直接雇用）を要請するものではないから，いずれにしても，労働者派遣法40条の４が定める直接雇用申込義務を根拠として，本件団交事項に関し，会社らが労組法７条の「使用者」にあたると解することはできないとした[223]。

　中国地方整備局・九州地方整備局事件では，派遣法上の直接雇用義務を根拠にした主張がなされたが，中労委は，次のように述べて，供給先の団交義務を否定した。

　派遣法は，「派遣先」（同31条）と派遣先を含む広い概念である「労働者派遣の役務の提供を受けるもの」（24条の２等）を区別しており，「派遣先」でない

---

[223] 日本電気硝子事件・中労委平成25年７月３日。

者が労働者派遣の役務の提供を受けている場合，あるいは，派遣元から抵触日の通知（同法35条の2第2項）がない場合は，それらの者に同法40条の4に基づく直接雇用義務は生じないことから，近い将来において雇用関係が成立する可能性が現実的かつ具体的に存していたと認めることはできないとした[224]。この事件では，中央委は，本件の中国地方整備局・九州地方整備局は，同法31条にいう「派遣先」にはあたらず，また派遣元から抵触日の通知も受けていなかった事実を重視して，このように判断している。

中労委は，派遣元会社から同法40条の4に定める同期間と抵触する日の通知を受けておらず，労働行政機関が，会社に対し，同人らに労働者派遣法40条の4に定める直接雇用の申込義務の履行又は雇入れをするよう行政勧告又は行政指導をしたという事実も見当たらない場合，労働者派遣法40条の4の直接雇用申込義務の規定等を根拠として，会社が組合員らとの関係において近い将来において雇用関係の成立する可能性が現実的かつ具体的に存する者に該当するとはいえないと判断している。

菅野教授は，みなし制度の適用がない場合においては，直接雇用の方針のない派遣先に対する派遣労働者の直接雇用の要求については，直接雇用主でない派遣先を団体交渉上の使用者と認めることは，以下の立法趣旨にかんがみれば，特段の事情のない限りは，困難であるとしている[225]。同教授によれば，1985年の労働者派遣法が立法された際，国会では，派遣労働者の組合が当該労働者の労働条件について派遣先に対し団体交渉を申し入れた場合には，派遣先はこれに応じなければならないかが議論され，国会答弁では，①労働者派遣の枠組みでは，派遣労働者の労働契約の相手方は派遣元であって，派遣就業の条件も派遣元が派遣先との契約（労働者派遣契約）に基づいて派遣労働者との間で合意し明示する。派遣先は派遣労働者に対して指揮命令を行うにすぎない。したがって，派遣労働者の組合との団体交渉に応じるべき使用者は一般には派遣元であって，派遣先ではない。②ただし，個々具体的な事案について誰が団体交渉に応ずべき立場にあるかは，労働委員会又は裁判所で判断されるとしている。

---

[224] 中国地方整備局・九州地方整備局事件・中労委平成24年11月21日。
[225] 菅野和夫・前掲書274頁。

しかし，中労委は，労働者派遣法40条の4の直接雇用申込義務（当時）の規定を根拠として直接雇用の（不）可能性を説いているが，事件によっては，私法上，これとは別に，黙示の労働契約が成立している可能性も総じて否定することはできない。将来的な労使関係の展望をもって，労使の自治によって，法律の枠組みを超えて，直接雇用を可能にすることも考えられる。直接雇用を求めつつ，結局，団体交渉の結果，損害賠償をすることをも約束し，最終的にこれを払うということも現実にはあり得る。

### 3　学説および従来の判断を超えて

これに対して，「業務請負を偽装していたとか，対象業務以外の業務についての派遣や制限期間超過等の違法派遣の場合に，業者の従業員が加入している労働組合がユーザーは組合員を従業員として扱えと要求した場合は，違法状態の是正を図る意味も含まれることになるから，直接雇用の原則を視野に入れつつ考察する必要がある」。「事実上の使用従属関係が存在しており，現実に使用してきた企業こそ真の使用者であるとして，直用化を求めて団体交渉を申込んだ場合，当該企業は労働契約なしに労働者を指揮命令をして就労させ，利益を享受してきた以上，もはや契約の自由，交渉の自由を楯に拒否しえず，当該交渉に応ずべき『特段の事情』があったというべきである[226]」と説かれる。

さらに，直接雇用を議題とする団体交渉の申入れが，長期にわたる（違法な）派遣労働の実態があるとか，突然の派遣契約の打ち切りによって派遣労働者が就労場所を失うといった具体的な問題が生じているなかで行われている場合は，派遣先に直接雇用を議題とする団交応諾義務があるとする見解がある[227]。

「労働基本権の保障をどのように図るか」という視点から，労働者の職場生活に対する支配力ないし影響力を実際上もっているかどうかという基準によって使用者概念を捉える，いわゆる支配力説を採ることを表明し，労組法7条2号の「雇用する」を指揮命令関係の下で労務を提供するという意味に解し，か

---

[226]　萬井隆令「労組法上の『使用者』概念と義務的団交事項」労働法律旬報1739号（2011年）40頁（48頁）。

[227]　緒方桂子「労働組合法における派遣先企業の使用者性」和田肇・脇田滋・矢野昌浩編『労働者派遣と法』（日本評論社・2013年）132頁（145頁）。

かる場合の団交義務を認めている[228]。
　これらの見解では、いかなる法的な根拠により、派遣先が違法派遣について直接雇用を議題とする団交応諾義務が生じるかが問われるが、上の二つの見解では、いずれも、派遣先企業が指揮命令権を有していることに主に着眼しているように思われる。
　違法派遣とされる場合でも、なぜ、労働契約関係がないはずの派遣先が、直接雇用をめぐる団交応諾義務に応じざるを得ないのか、さらに進んで、理論的な根拠は示される必要がある。派遣先において指揮命令関係にあるといっても、派遣先が解約権を行使するのは、直接、労働者に対してではなく、派遣元に対してである。なぜ、派遣労働者に対して解雇権も雇止めの権利を有しないはずの派遣先が、団交応諾義務に応じざるを得ないのかが、必ずしも明らかにはならず、別の根拠づけが必要であると思われる。
　これに対し、毛塚教授は、「日本の団体交渉制度は、単に労働条件の規制システムではなく、利益紛争および権利紛争の解決システムであるということを確認しておくことが必要である[229]」という視座を提示しつつ、団体交渉当事者適格性を有するか否かは、「利益紛争（規制紛争）についてみれば、『規制する労働条件の適用を受けることのできる労働者』が組合員にいるか否か」であるとし、「『規制する労働条件の適用を受けることのできる労働者』とは、協約適用を受ける労働者であるから、その労働者は狭義の雇用契約で労務提供を行う労働者に限定されるものではなく、労組法3条の労働者であり、請負契約や業務委託契約で仕事に従事している労働者、つまり当該使用者と契約関係をもつ労働者を含むものであることはいうまでもない[230]」としている。これに対し、「権利紛争についていえば、労働組合の団体交渉当事者適格性＝対向関係性は、利益紛争（規整紛争）と異なり、協約の適用を受ける労働者を現に組織しているか否かではなく、『使用者が解決すべき紛争であってその解決利益を受ける労働者』を現に組織しているか否か」であるとし、「ここでいう労働者も、労

---

[228] 緒方桂子・前掲論文144頁以下。
[229] 毛塚勝利「労組法7条2号の『使用者が雇用する労働者』をめぐる議論の混乱をどう回避すべきか」労働法律旬報1742号（2011年）51頁（57頁）。
[230] 毛塚勝利・前掲論文58頁。

組法3条にいう労働者であり，雇用関係にある労働者に限定されることなく請負契約や業務委託契約等の契約関係にある労働者をも含む」と説く[231]。

他方で，「現に契約関係がないとして自分の使用者性を否認しようとする場合は，労働組合の交渉当事者適格性の問題に帰着するから，一般的には，団体交渉の主体たる使用者性の問題を論じる必要はない[232]」とも論じる。

利益紛争と権利紛争（規整紛争）とを分ける優れた見解であるが，団体交渉が利益紛争も扱うため，労働組合の交渉当事者適格性が広くなるのは，納得性が得られうる。しかし，規整紛争（規整紛争）についても，「ここでいう労働者も，労組法3条にいう労働者であり，雇用関係にある労働者に限定されることなく請負契約や業務委託契約等の契約関係にある労働者」をも広く含むとするが，その理由が問われるはずである。

最も重要な視点と思われるのは，派遣労働が違法かどうかは，派遣先の使用者性を左右するものとは解し得ないという点である[233]。本久教授によれば，労働者派遣法制に基づく派遣先の諸義務（就業確保措置を講ずべき義務，直接雇用義務）の存否も，派遣先による直用の約束も，派遣先と派遣労働者との関係を構成する契機となり得るのは間違いないが，いずれも労組法とはレベルを異にする規範である以上，労組法上の使用者性を決定的に左右するものではありえない。団交権は，労働者派遣法あるいは労働契約法のサンクションとして発生するものではないのである[234]。雇用問題（直用化，雇用安定確保措置等）を団

---

231 毛塚勝利・前掲論文58頁。
232 毛塚勝利・前掲論文58頁以下。
233 本久洋一・前掲論文253頁。
234 本久洋一・前掲論文253頁。本久洋一・前掲論文251頁は，派遣労働関係の解消においては，派遣先の一方的解約または交代要請による場合のみならず，合意解約ないし不更新による場合においても，派遣先の意向が反映しているのが通例であるから，労働者派遣の終了ないし交代要請を理由に派遣労働者が解雇されるに到ったときには，当該派遣労働者の解雇に関する事項については，原則として派遣先の団交応諾義務を認めるべきであると述べる。続けて，派遣契約の解約等が派遣労働者の解雇に直結することは疑いない以上，派遣先の団交応諾義務を定めるにあたって，それ以上の主導性や帰責性の詮索は無用である。当該解雇について派遣先のより強い関与が認められる場合には，当該派遣労働者の解雇問題についての誠実交渉義務の内容がより高度化するものと捉えるべきで，使用者性の基準と解するべきではない（本久洋一・前掲論文252頁）。したがって，派遣契約の解約等によって失職に至った労働者の雇用問題が団交事項となっているとき

交事項とする派遣先との団交の本質は，労働関係の継続にあるのであり，現実の職場における具体的な労働こそが給与生活の基盤であるという事実が，その要求の根底にはある。派遣先が，就労の具体的条件という意味での就業関係のみならず，労働関係そのものの継続なり終了（雇用問題）を現実的かつ具体的に支配決定しうる地位にあることはいうまでもないとしている[235]。

労働者派遣法の立法趣旨を考慮するとしても，派遣先に労働契約関係がないという理由から，派遣契約の解約が行われ，派遣先の団交応諾義務が否定された。継続的債権関係にもなり得るはずの業者間で締結される派遣契約ないし業務請負契約において，解約の自由が認められることになっており，これらが解約されたからといって，ただちに，派遣労働者を組織する労働組合との間で派遣先のもとで団交に応ずべき義務が当然生じるということにはならない。

しかし，派遣契約（ないし業務請負契約）が解除されたり，また，派遣契約（ないし業務請負契約）が自然終了したりすると，派遣契約（ないし業務請負契約）の一方当事者たる派遣元企業（ないし請負企業）に別のユーザー（派遣の場合，派遣先）がない場合には，労働契約そのものも，解約（解雇）されたり，あるいは，雇止めされてきた。これにより，労働者は，労働契約を失い，場合によっては，派遣元が提供していた社宅をも失う，というリーマンショック後の重大な社会問題を引き起こしてきた。これは，いうまでもなく，派遣契約（ないし業務請負契約）の解除，また，派遣契約（ないし業務請負契約）の自然終了を内容とする，いわゆる派遣切りを随意に許してきた結果である。法的にみれば，派遣先は，「解雇権濫用法理」の潜脱が許され，立法上団体交渉応諾義務が否認される結果でもある。こうした悲惨な状況まで，立法者が予想していたとは言いがたいのではないか[236]。

---

には，その派遣契約の解約等がどのような背景によるものかを含めて，派遣先は使用者として，団交の席上，労働組合に対して，説明しなければならないと述べる（本久洋一・前掲論文251頁）。

[235] 本久洋一・前掲論文255頁。

[236] こうした自体まで十分予想した上で，立法者がかかる措置を策定していったのだとすれば，悪質である。

緒方桂子・前掲論文142頁は，派遣法の立法当初，13業種というきわめて限定された範囲で高い専門的知識を有する労働者が派遣労働者として就労することが予定されており，

そこで，派遣契約（ないし業務請負契約）が解除され，または，派遣契約（ないし業務請負契約）が終了される場合に，派遣契約（ないし業務請負契約）の一方当事者たる派遣元企業（ないし請負企業）に，別の派遣先（注文人）がない場合には，派遣元企業（ないし請負企業）が，労働者との間の労働契約そのものも，解約（解雇）し，あるいは，雇止めする，という場合，派遣契約（ないし業務請負契約）と労働契約との双方の契約が社会的に経済的には関連性を有するものとして，まず，派遣契約（ないし業務請負契約）の解除権ないし雇止めに関する権利の濫用が問われ得ると解すべきであるし，これと同時に，派遣契約（ないし業務請負契約）が解除され，または，派遣契約（ないし業務請負契約）終了により派遣契約（ないし業務請負契約）が自然終了される場合に，派遣先企業（ないし注文人）は，労働力の処分につき，指揮命令権を実質的には有し，かかる契約条件について，雇用主と部分的であるとはいえ同視できる程度に現実的かつ具体的に支配，決定することができる地位にあったというべきである。

　これに加えて，派遣先企業（ないし注文人）の元で，労働者が組織的に組み入れられ，不可欠な労働力の一部をなしている場合には，その事情が加わるといえる。

　したがって，派遣契約（ないし業務請負契約）が解除され，または，派遣契約（ないし業務請負契約）終了により派遣契約（ないし業務請負契約）が自然終了される場合に，派遣先企業（ないし注文人）は，労働力の処分につき，指揮命令権を実質的には有し，かかる契約条件について，雇用主と部分的であるとはいえ同視できる程度に現実的かつ具体的に支配，決定することができる地位にあったというべきである。

　しかも，労働者派遣法29条の2によれば，労働者派遣の役務の提供を受ける者は，その者の都合による労働者派遣契約の解除にあたっては，当該労働者派遣の新たな就業の機会の確保，労働者派遣をする事業主による当該派遣労働者

---

　　労働条件の対等な決定のために集団的な労働関係による助成を必要とする状況は現実的ではなかったかもしれないとし，しかし，繰り返し行われた派遣法改正のなかで，労働者派遣を通常の労働者を広く含む労働関係へと展開しているが，現在の判断枠組みでは，派遣労働者にも保障されるはずの労働基本権が実質的にはほとんど否定されかねないとしている。

に対する休業手当等の支払いに要する費用を確保するための当該必要の負担その他の当該派遣労働者の雇用の安定を図るために必要な措置を講じなければならない。この規定を前提とすると，労働者派遣の役務の提供を受ける者に対して，その者の都合による労働者派遣契約の解除にあたり，当該労働者派遣の新たな就業の機会の確保，労働者派遣をする事業主による当該派遣労働者に対する休業手当等の費用負担をめぐり，労働組合は団体交渉の申入れをすることができるというべきである。

　こうした見解に対しては，派遣労働者と派遣先との間に労働契約関係が存在しないことから，当該労働協約に規範的効力（労組法16条）を観念することは困難であると指摘され得る。しかし，通常，労働協約の規範的効力の有無は，団交応諾義務を否定する根拠にはならない[237]。協定は債務的効力を有し，会社は組合に対して履行義務を負うことになるので，合意の実効性は担保されるからである[238]。

　なお，派遣先による労働契約の申込みみなしの規定が施行された後は，直接雇用を求める労働者の所属組合が，派遣先に対してこれをめぐって団体交渉の申入れをする際，派遣先は労働契約の申込みが擬制されるため，労働契約をめぐって現実的かつ具体的に支配，決定することができる地位にあると解される。

---

[237] 緒方桂子・前掲書146頁。菅野和夫・朝日放送事件控訴審評釈・ジュリスト1027号134頁参照。
[238] 菅野和夫・朝日放送事件控訴審評釈・ジュリスト1027号134頁。

## 第3節　いわゆる派遣切りの法的問題

　派遣労働契約の成立と終了をめぐって，派遣労働者の労働契約関係の存続保護とそのための期間雇用の法理の再構築が求められる。前節で検討したように，経営を理由として派遣先から派遣契約を解除されたケースも多く（前掲三菱電機事件・名古屋高判平成25年1月25日等），労働者の疾病を理由として派遣先により派遣契約を解除された事件もある（ジェコー事件・さいたま地熊谷支判平成25年1月7日）。これに対して，偽装派遣が発覚し，労働局を通じて行政指導・勧告を受け，派遣労働者を派遣先企業が直接雇用し，その後，期間満了を理由に雇止めしたケースも多い。後者は，偽装請負発覚後派遣先に直接雇用された場合に，派遣先で労働契約を更新拒絶したという問題であることから，派遣元での派遣労働契約の更新拒絶・解除の問題とは問題の性格が異なる。学説も，後者を分けずに分析することもあるが，雇用先が異なる上に，派遣先での労働契約の更新が問われる際の労働契約は，派遣労働契約そのものではない。ある企業における期間の定めのある労働契約の問題である。そこで，これらの裁判例をみると，①派遣元による労働契約の解除（解雇）の問題，②派遣元による労働契約の更新拒絶の問題，③直接雇用後の派遣先による労働契約の更新拒絶の問題とに分類できると思われる。

　したがって，以下本節では，①から③を分けて論じる。

　以下では，まず①について論じる（これらの①②の場合，第4章第2節で述べてきた派遣労働契約の有効性については，公序良俗・強行法規違反がなく，無効とは解されない場合，特に，問題になり得る）。

## 一　派遣元による労働契約の解約（解雇）法理

### 1　派遣労働契約の経営を理由とした解約の裁判例

　裁判例では，派遣元と労働者との間の労働契約が有期・無期契約となっている事案で，整理解雇は無効とされている。

キャリアセンター事件では、期間の定めのある本件労働契約について、あえてその期間満了前に解消しなければならないようなやむを得ない事由を認めることはできないものというべきであると判断されている[1]。期間満了前の派遣労働契約解消（解雇）が認められるならば、派遣労働者である原告の立場は非常に不安定なものとなり、派遣労働者保護をその主たる目的とする労働者派遣法やその他の労働者保護法制の趣旨にもとる結果となるというべきである。

ラポールサービス事件では、「派遣先であるＡ精密が原告の受入れを拒否したというだけでは、客観的に合理的な解雇の理由があるとはいえない。けだし、本件雇用契約は、被告とＡ精密との間の派遣契約とは別個の法律関係であり、前者が後者の影響を直接受けることはないからである。また、これによって、原告が被告に復帰せざるを得なくなれば、被告のように派遣先を一社しか有しない場合には対応に困難を来すことになるが、それも、複数の派遣先に所定の期間に限って労働者を派遣するという方法であれば支障がなかったはずであるのに、被告がＡ精密に協力して派遣可能期間を超えて同一の職場で同一の労働者を稼働させていた結果、そのような事態を招いたこと、さらには、上記理由による解雇を有効とすれば、労働者を恣意的な理由で解雇することも可能になり相当ではないことからしても上記判断を左右するものではない」と判断されている[2]。

登録型の派遣で、派遣元との契約が有期の派遣労働契約であるとされた場合でも、期間途中に解雇された事件では、解雇の無効を認める事件もある[3]。

本件労働契約は、期間の定めのある労働契約である場合、期間の定めのある労働契約は、「やむを得ない事由」がある場合に限り、期間内の解雇（解除）が許される（労働契約法17条1項）。このことは、たとえ派遣先との間の労働者派遣契約が期間内に終了した場合であって、その労働契約が登録型を含む派遣

---

[1]　キャリアセンター事件・広島地判平成21年11月20日労働判例998号35頁。
[2]　ラポール・サービス事件・名古屋高判平成19年11月16日労働判例978号87頁。評釈には、香川孝三・ジュリスト1406号165頁、鄒庭雲・労働法律旬報1709号28頁。但し、この事件は、期間の定めのない労働契約の事案である。
[3]　例えば、プレミアライン事件・宇都宮地栃木支決平成21年4月28日労働判例982号5頁、評釈には、オランゲレル・季刊労働法219号164頁、坂本宏志・季刊労働法228号64頁。

労働契約である場合も，異なるところはない[4]。

　裁判例では，経営を理由とする派遣元（あるいは請負企業）による整理解雇については，使用者の経営上の理由による解雇（整理解雇）であるから，その有効性については慎重に判断するのが相当である。そして，整理解雇の有効性の判断にあたっては，人員削減の必要性，解雇回避努力，人選の合理性及び手続の相当性という4要素を考慮することが相当であると判断される例が[5]，少なくない。

　整理解雇の有効性は上のように判断されるとしても，個々の要件ないし要素はいかに解されるべきかが問われる。

　人員削減の必要性については，裁判例の分析では，一般に，人員削減の必要性については，①赤字になっているか否か，また，売上げ・営業成績が上昇しているか否か，あるいは，販売費・一般管理費等を削減しているか否かのみならず，②整理解雇直前に退職者がいるか否か，もしくは新規採用者がいるか否か，③賞与・役員報酬が支払われているか否かが問われている[6]。

　派遣労働契約の中途解約（解雇）事件では，派遣会社が過去数年間黒字であったこと，派遣労働者の解雇直前，求人を行い，退職者に声をかけた事実，親会社に20億円強の貸付け・利息の債務放棄の事実から，人員削減の必要性について，消極的な要素となると判断した判決もある[7]。

　前述のプレミアライン事件において，裁判所は，「債務者は，派遣先のＩ自動車から平成20年11月中旬に労働者派遣契約を同年12月26日限り解除する通知を受けた後，債権者ら派遣労働者を解雇する以外の措置を何らとっていない。債務者が本件のように直ちに派遣労働者の解雇の予告に及ぶことなく，債務者

---

[4] 前掲プレミアライン事件・宇都宮地栃木支決平成21年4月28日参照。
[5] 前掲プレミアライン事件・宇都宮地栃木支決平成21年4月28日（期間の定めのある労働契約の事案である），シーテック事件・横浜地判平成24年3月29日労働判例1056号81頁，テクノプロ・エンジニアリング事件・横浜地判平成23年1月25日判例時報2102号151頁（本件評釈には，紺屋博昭・ジュリスト臨時増刊1440号238頁〔平成23年度重要判例解説〕），日本ユニ・デバイス事件・東京高判平成25年2月1日。派遣元による解雇についての裁判例を分析したものには，塩見卓也「有期労働契約の無期労働契約への転換と派遣・偽装請負労働者の解雇の有効性」労働法律旬報1796号（2013年）39頁がある。
[6] 高橋賢司『解雇の研究』（法律文化社・2011年）210頁。
[7] 前掲テクノプロ・エンジニアリング事件・横浜地判平成23年1月25日。

において派遣労働者の削減を必要とする経営上の理由を真摯に派遣労働者に説明し，希望退職を募集ないし勧奨していれば，債権者が主張するように，これに応じた派遣労働者が多数に及んだであろうことは，推認するに難くなく，そうすれば，債権者1名ないし残余の少数の派遣労働者の残期間内に生ずる賃金の支出を削減するために，期間内の解雇に敢えて及ぶことはなかったであろうと推測することができる」と判断している。

ジョブアクセス事件では，「一審被告会社は平成21年以降は査定業務以外にも進出して事業の範囲を拡大し，従業員数も平成19年当時よりも増加させていることが認められ，この事実によれば，本件解雇当時人員整理の必要性があったかどうかは疑わしいものといわざるを得ない」。また，「一審被告会社の売上高，給料手当，外注費及び営業利益の推移は下記のとおりであって，第5期は一審原告への支払いが最初の2箇月弱で途絶えたにもかかわらず第4期と比べて外注費支出額が減少しておらず，人員整理の必要性を強く疑わせるものである。

|  | 売上高 | 給料手当 | 外注費 | 営業利益 |
| --- | --- | --- | --- | --- |
| 第3期（17.8〜18.7） | 45,676,620 | 4,307,000 | 35,903,868 | △413,816 |
| 第4期（18.8〜19.7） | 65,930,249 | 5,760,000 | 5,049,000 | 1,532,508 |
| 第5期（19.8〜20.7） | 69,373,643 | 7,184,220 | 48,792,955 | △320,618 |

被告U共済会の業務量の減少という事情は，本件解雇の際に突然，生じた事情ではなく，原告を雇用する際にも，予測できた事情というべきである。さらに，少なくとも，本件においては，整理解雇の必要性を基礎づける事情（すなわち，被告ジョブアクセスの収支状況，負債内容，人件費の額や比率，役員報酬の額や比率，業務量等）について財務諸表等の客観的資料に基づいて，明らかにされたものでもないし，本件解雇の通告がされた平成19年8月20日の被告代表者の原告に対する説明も，十分なものでない」と判断されている[8]。

---

8 ジョブアクセス事件・東京高判平成22年12月15日労働判例1019号5頁。本件の一審判決評釈には，水町勇一郎・ジュリスト1422号145頁。職務の消滅（派遣先の解散）によって労働契約が当然終了するかどうかについて，職務消滅（解散）の経緯，雇用継続の可能性などの事情を考慮した判断をすべきであったと述べている（水町勇一郎・前掲論文

前述のキャリアセンター事件でも、派遣先企業Ｙの業務はすでに本件労働契約にかかる派遣の時点（平成19年10月末）より以前から減少しており、それにもかかわらず、Ｙは、原告に関して期間１年の個別契約を締結したことになる。また、原告供述の通りとすれば、特に原告自身の業務量が、派遣を解消しなければならないほど減少していたわけではないことになる。本件においては、期間の定めのある本件労働契約について、あえてその期間満了前に解消しなければならないようなやむを得ない事由を認めることはできないものというべきであると説示している[9]。

解雇回避努力では、シーテック事件において、横浜地裁は、「被告は、原告を含む技術社員に対しては希望退職の募集も行わないまま、平成21年３月10日時点で待機社員であった技術社員及びそれ以降に待機社員となる全ての技術社員を対象に、整理解雇を実施することを決定し、同月３月17日以降、技術社員が待機社員になる都度、解雇通知を行っていたのであって、被告が整理解雇の実施に当たって削減人数の目標を定めていたかも明らかではない」。また、「被告では、本件解雇の通知前である同年４月に整理解雇により2,774人及び同年１月ないし同年４月に退職勧奨等により1,309人の人員削減が終了していたところ、それ以降、さらに整理解雇を実施する必要性があるか否かについて真摯に検討したことが証拠上窺われない。これらの事情からすれば、被告が、本件解雇当時、人員削減の手段として整理解雇を行うことを回避する努力を十分に尽くしていたとは認めることができない」と判断している[10]。

また、日本ユニ・デバイス事件においては、配転・出向等が問題になりうるが、当該業務の他社からの発注が将来的に増加する可能性は否定できず、該当部門での勤務日数・時間の調整により、雇用継続の可能性があったことから、労働者の解雇が無効となっている[11]。この事件では、ワークシェアリングの提案をしていたという被告の主張も、これについての詳しい内容を尋ねられても、回答に応じなかったこと、ワークシェリングや配置転換の提案が、解雇の通告

---

148頁)。
[9] 前掲キャリアセンター事件・広島地判平成21年11月20日。
[10] 前掲シーテック事件・横浜地判平成24年３月29日。
[11] 前掲日本ユニ・デバイス事件・東京高判平成25年２月１日。

と同時又は前後に行われており，ワークシェアリングについて原告が認識したのが解雇後であったこと等から，解雇を回避するための手段として，解雇に先立って検討されたとは認められないとした。他社からの発注が打ち切られることを想定し，解雇までの間に従業員の雇用を可能な限り継続する方策を具体的に検討すべきであったと説示されている。

　前述のジョブアクセス事件においては，「一審被告会社が，希望退職者の募集，配置転換，他の派遣先の開拓などの解雇回避の努力を尽くしたことを認めるに足りる証拠はない。一審被告会社は，同社が零細企業であるため一審原告の配置転換や出向等ができない状況にあったと主張するが，このような主張自体が具体的な努力の欠如をうかがわせるものというほかはなく，一審被告会社の主張は採用することができない」とした[12]。

　ほかに，プレミアライン事件においても，「債務者は，債権者との間の派遣雇用契約書」において「派遣労働者の責に帰すべき事由によらない本契約の中途解約に関しては，他の派遣先を斡旋する等により，本契約に係わる派遣労働者の新たな就業機会の確保を図ることとする。」と約定し，この合意の内容を上記契約書に明記しており，かつ，本件解雇予告通知書においても，「弊社と致しましても，引き続き他の就業先の確保に努め，責任をもって職務を全うする所存でございますので，その節に付きましては，ご理解・ご協力の程，宜しくお願い申し上げます。」と記載し，これを口頭で告知し，債権者ら派遣労働者に対して，これを承諾する文言欄に署名押印することを求めていながら，平成20年11月の本件解雇の予告以降，債権者に対して，具体的な派遣先を斡旋するなど，就業機会の確保のための具体的な努力を全くしていないと判断されている[13]。

　さらに，被告が本件整理解雇当時に人員削減の目標を定めていたかも明らかではなく，また，被告は，技術社員に対する希望退職者の募集を一切行わないまま，平成21年3月末時点の待機社員の人数が494名に上るとの予測を受けて，直ちに原告を含めた待機社員351名にも及ぶ本件整理解雇を実施することを決

---

[12] 前掲ジョブアクセス事件・東京高判平成22年12月15日。
[13] 前掲プレミアライン事件・宇都宮地栃木支決平成21年4月28日。

定し，その解雇通知を行っている。こうした事情によれば，人員削減の手段として整理解雇を行うことを回避するため，希望退職の募集など他の手段により本件整理解雇を回避する努力を十分に尽くしたとは認められないと判断されている[14]。

次に，解雇手続についても，債務者は，平成20年11月に自ら招集した会合の冒頭に書面と口頭で通知した解雇予告による解雇日である平成20年12月26日を契約終了の基準日としながらも，派遣労働者各人の有給休暇の残日数を使用した解雇の不利益軽減措置（「契約終了日の延長の取扱い」と「社宅利用の延長の措置」）を取っているものではあるが，一方では，債務者は，派遣労働者の解雇の必要性に関して，債権者ら派遣労働者に対して，Ｚとの労働者派遣契約が終了することを一方的に告げるのみであって，債務者の経営状況等を理由とする人員削減の必要性の説明を全くしておらず，かえって，前記認定の解雇告知の会合の状況によれば，債務者は，今回の解雇が当然のもので，所与の前提であるかのように各種書面を予め準備した上で，淡々と一方的に解雇の手続を進めたといわざるを得ず，その解雇手続は，相当なものということはできないと判断されている[15]。

さらに，人選基準についても，待機状態にある派遣労働者について，自己都合退職しないというだけで，就業状況を考慮していないため，人選基準として，合理性は認めがたいと判断されている[16]。前述のジョブアクセス事件においては，「一審原告は協調性を欠き，遠慮なく意見をいう人物であると評価されていることが認められるが，一審被告会社は，その当時他に整理解雇の対象者がいるかどうかを検討したことを認めるに足りる証拠はなく，上記人物評価から，一審原告を解雇対象者とすることが合理的であるとは直ちにいうことができない[17]」とする。

ほかに，シーテック事件では，「整理解雇の対象となる労働者の選定は，客観的に合理的な基準により，公正に行われる必要があるところ，被告は，平成

---

14 前掲テクノプロ・エンジニアリング事件・横浜地判平成23年1月25日。
15 前掲プレミアライン事件・宇都宮地栃木支決平成21年4月28日。
16 前掲テクノプロ・エンジニアリング事件・横浜地判平成23年1月25日。
17 前掲ジョブアクセス事件・東京高判平成22年12月15日。

21年3月10日時点で待機社員であった技術社員全員及びその後に待機社員になった技術社員全員を整理解雇の対象としており」,「整理解雇の対象となる各技術社員の有する技術や経歴等について検討した形跡はうかがわれない[18]」として,本件解雇の人選基準が,客観的な合理性を有していたということはできないと判断する。この人選基準については,別の問題が潜んでいると思われるので,別途次の節で検討する。

## 2　派遣元（ないし注文人）の整理解雇ないし雇止めにおける社会的観点

わが国の整理解雇の人選に関しては,適法性の基準が必ずしも一義的なものとはなっておらず,その結果,結論も画一的には定まらず,社会的な観点が明示的に考慮されていない。

先進国の中でも,フランス法では,経済的事由による集団的解雇に関しては,被解雇者の選定基準は,第一次的には,労働協約または団体協定の定めによるとされ,労働協約または団体協定に定めのないときには,使用者が,企業委員会またはそれがないときには従業員代表委員に諮問した後に,これを定める。上記のいずれの定めに拠るときも,選定基準では,特に,次の点を考慮しなければならない。1．家族責任,とりわけ単独親の責任（扶養義務を指す），2．当該事業場または企業での在職年数，3．労働者の置かれた再就職を困難ならしめる社会的性格を帯びた地位,とりわけ,障害者および高齢者であること，4．職種別に評価した労働能力（L. 321条の1の1等,ほかに引退年金等を理由に優先的に解雇してはならないというルールもある）[19]。

また,ドイツにおいては,経営事情による解雇にあたって,現在,使用者は,勤続年数,年齢,扶養義務,障害を考慮しなければならない（解雇制限法1条3項,社会的観点あるいは社会的選択という）。社会的選択の法理では,勤続年数（事業所の勤続年数）がより長く,年齢がより高く,扶養義務を負う労働者,障害のある労働者が社会的に保護に値するとみなされた[20]。あらゆる経営を理由とした解雇にあたって,社会的選択が行われなければならず,大量解雇にあ

---

18　前掲シーテック事件・横浜地判平成24年3月29日。
19　野田進『労働契約の変更と解雇』（信山社・1997年）317頁以下による。
20　高橋賢司・前掲書93頁。

たっても、社会的選択が行われることを要する。同一の資格において交換し得る労働者を確定し、これをもとに、解雇にあたって、誰が社会的により保護に値せず、解雇対象者となしうるかを裁判所が判断する。上の四つのいずれかの要素を充たす者は、解雇によってその経済的な生存において深刻な影響を受け、より社会的に保護に値すると考えられたのである。ドイツの上告審、連邦労働裁判所の裁判官らが執筆の労働法コンメンタール、Müller- Glöge/Preis/Schmidt, Erfurter Kommentar zum Arbeitsrecht, 8. Aufl., 2008, München, KSchG § 1 Rn. 300（Oetker）によれば、上の社会的な観点に照らして、より職場のポストに依存しない労働者が解雇の対象となるべきものとされる。労働者相互間においても、正義が獲得されなければならない、というものである（同書）。

　従来、非正規労働者になる者には学生や主婦が多いといわれ、世帯の中で扶養義務者（親や夫）がいるといわれ（必ずしも事実とはいい難い）、単身者や扶養義務者が整理解雇・雇止めの対象となるかどうかについて、法的な判断の必要性が十分考慮されてこなかった。しかし、現代の派遣労働者やパートの雇止め（場合によっては解雇）の対象となるのは、単身者等自ら生計を立てる必要がある者が多く含まれているため、労働契約の終了の結果、例えば、単身者が仕事と住居を失い、厳冬の中をさまよい、派遣村を必要とするほどに陥っていた。解雇・雇止め制約法理は、恣意的な行使を抑止する機能を果たしうる。これにとどまらずに、類型的に貧困に陥りやすい労働者を社会的に保護しうる機能を果たしうる。それが、貧困の一因を排除し、社会的に排除されやすく潜在的な能力に恵まれない者に対して、社会国家が助力し、保護することにつながる（社会的包摂の機能）。このため、日本の雇用関係において、整理解雇・雇止めにより、経済的にまたは社会的に苛酷な状況に陥りやすい者を整理解雇・雇止めの対象とするのを回避すべき信義則上の義務がある、と考えられる[21]。

　単身者が整理解雇・雇止めの対象となり、失職すれば、十分な職業能力を有

---

21　高橋賢司・前掲書240頁。日本航空事件では（東京高判平成26年6月5日労働法律旬報1819号78頁、東京高判平成26年6月3日労働法律旬報1819号39頁）、整理解雇における社会的な観点が控訴審で問題になっている（高橋賢司・日本航空事件意見書、堀浩介・本件評釈労働法律旬報1819号15頁）。

しないこれらの者は，再就職するのも困難である。特に，派遣元より住居を提供されていた単身者は，労働契約の終了により，仕事とともに住居を失ない，苛酷な状況に陥る。リーマン危機が生じた頃，労働契約の終了の結果，例えば，単身者が仕事と住居を失い，厳冬の中をさまよい，派遣村を必要とするほどに陥っていたというのは，福祉国家としては想像し甘受し得ない事態である。このため，単身者の場合，特に，同居の家族のいない場合，使用者は，整理解雇・雇止めの対象とするのを回避すべき義務を負うと解すべきである。

　同様に，一人親が，パート，契約社員，派遣労働の収入だけに依存して生計を立てている場合，一人親を対象とする整理解雇・雇止めは，著しく生活を困窮させる結果を招く。子供の貧困が問題になっている現在では，一人親を失職させることは，子の福祉に反する。一人親の場合，兼職する家庭も少なくなく，それでも貧困にあることは少なくない。本来，日本の企業は，一人親には寛容な態度を示すところが多く，企業で夫が亡くなった場合の寡婦雇用制度等を有しているところが多い。また，一人親であることを上司が知っている場合，雇用を維持させようとするのが通常の企業の態度であるといえる。にもかかわらず，一人親であるのを知りつつ，整理解雇・雇止めの対象とするのは，苛酷で非情であるばかりか，非社会的である。一人親が期間の定めのある労働契約を締結している場合，使用者は，整理解雇・雇止めの対象とするのを回避すべき義務を負うと解すべきではないかと思われる。

　傷病者が整理解雇・雇止めの対象者となる場合（前掲ジェコー事件・さいたま地熊谷支判平成25年1月7日），かかる事情は，経済的には苛酷性を意味し得るという点も重要である。確かに，解雇・雇止めの対象者が，失業者となるのは当然のことで，なにも傷病者に限られたものではない，という反論もありうる。しかし，傷病を背負った者が，労働市場の外へ放逐された場合，これらの者が就業活動を行い，他企業に再就職することは著しく困難または不可能となる。つまり，彼らは，雇用保険や職業訓練給付金制度の給付期間が制限される中，傷病を持ちつつ，生計の手段を奪われ，就労から排除されたままの状態に陥る可能性が強い。その結果，場合によっては，傷病と生活困難という二重の苦を負わされることとなる。単身者や自らの収入のみに依存して生計を立てていた場合，整理解雇・雇止めが苛酷に作用するが，傷病者はなおさらとなる。また，

傷病者の中で，企業年金の受給権や公的年金の受給資格もない場合，さらに苛酷さを増すことになる。退職金や貯金を切り崩しての生活を強いられる者も少なくない。

　障害者が整理解雇・雇止めの対象となることから保護すべき要請がある。障害者の失業率は常に高く，就業者が健常者よりも少ないばかりか，日本社会において旧授産施設や福祉施設がすべての障害類型をカバーできず，かつその存在も点在し，福祉の手が障害者の就労まで届きにくい。日本社会における障害者に対する社会的な偏見や差別の強さを考えるとき，企業からの放逐が障害者に「社会的な死」という結果を招きかねず，差別をいっそう助長する結果も生む。また，企業に就労すれば多くの障害者にとって，障害基礎年金は，平成25年10月分から，1級の場合，年778,500円×1.25＋子の加算額，2級の場合，年778,500円＋子の加算額にすぎない[22]。ぎりぎりの生活を強いられる。社会的包摂の観点からは，経済事情に基づく解雇・雇止めにあたって，障害者を除外すべき義務が使用者にはあると解すべきである。

　解雇・雇止めにあたっての使用者の恣意を防止し，労務指揮権の行使の濫用を防ぐのが，重要な解雇・雇止め法制の機能である（解雇・雇止めにおける随意性，恣意性の排除）。こうした社会的事情を持った者を解雇・雇止めの対象にするのを国（裁判所）が許容しないことこそ，使用者の恣意性の抑止をすべき立場にある，雇用法制とその解釈・運用をする裁判所の重要な使命である。

## 二　派遣元による雇止めの制約法理

### 1　派遣労働者と期間労働者の雇止めをめぐる裁判例

　派遣労働契約の終了をめぐる裁判例をみると，その多くは，労働者派遣の違法性，派遣先（あるいは注文人）企業と労働者との間の黙示の労働契約の成否，派遣労働契約の有効性が問われてきた。この場合，労働者派遣が違法であっても，派遣先（あるいは注文人）企業と労働者との間の黙示の労働契約は成立せず，

---

　22　子の加算額は，第1子・第2子の場合，各224,000円，第3子以降の場合，各74,600円である。

派遣労働契約も有効となり得るが，派遣労働契約の雇止めの有効性について十分な検討が行われないことも少なくない。

例えば，伊予銀行・いよぎんスタッフサービス事件・高松高判平成18年5月18日では，「控訴人と被控訴人Yとの間の雇用契約が上記のとおり反復継続したとしても，あたかも期間の定めのない契約と実質的に異ならない状態で存在している場合，あるいは期間満了後も使用者である被控訴人Yが雇用を継続すべきものと期待することに合理性が認められる場合には当たらないから，被控訴人Yが控訴人に対し，平成12年5月9日，労働者派遣終了証明書等の退職手続書類を送付し，同月末日で期間が満了する控訴人との間の雇用契約を更新しない旨通知したことにつき，いわゆる解雇権濫用の法理が類推適用されることはないというべきである。

仮に，控訴人と被控訴人Yとの間の雇用契約の終了につき，解雇権濫用の法理が類推適用される場合に当たるとしても，当該雇用契約の前提たる被控訴人Yと被控訴人I銀行との間の派遣契約が期間満了により終了したとの事情は，当該雇用契約が終了となってもやむを得ないといえる合理的な理由に当たるというほかない[23]」と判断されている。

アンフィニ事件では，被告派遣元企業Yとの間の労働契約を平成18年から3回更新してきたこと，被告Yと労働契約を締結する以前から鎌倉工場で勤務してきたこと等に照らすならば，原告らは，被告Yに対して，雇用継続への合理的期待を有していたといえるから，原告らに対する雇止めには，解雇権濫用法理が類推適用され，雇止めが客観的合理的理由を欠き，社会通念上相当であると認められない場合には，雇止めは許されないと判断された。しかし，被告Yにおいて，高度の人員削減の必要性があったとまではいうことができないこと，原告らが拒否したため，その後本件雇止めまでのに3回にわたり更新の条件について話合いの機会を持ったが合意に至らなかったことが認められ，時給を減額した上ではあるが更新の提案をする等雇用の維持について一定の配慮をしたということができるものの，Yが同原告らに提示した労働条件が合理的ではないとされ，人員削減回避の措置を十分に尽くしたということはできないこと，

---

[23] 前掲伊予銀行・いよぎんスタッフサービス事件・高松高判平成18年5月18日。

ライン数の減少に伴いラインリーダー及びラインサブリーダーの人員に余剰が生じることは認められるものの，他のラインリーダー及びラインサブリーダーではなく，原告らを降格の対象としたことが合理的であることを裏づけるに足る主張，立証はなく，人選の合理性を欠き，同原告らを降格し時給を引き下げる理由について合理的な説明はなく，社会通念上相当であるとは認められないと判断された[24]。

従来最高裁は，東芝柳町工場事件において，「労働契約が期間の満了毎に当然更新を重ねて実質上期間の定めのない契約と異ならない状態にあつたこと，及び上記のような上告会社における基幹臨時工の採用，傭止めの実態，その作業内容，被上告人らの採用時及びその後における被上告人らに対する上告会社側の言動等にかんがみるときは」「期間満了を理由として傭止めをすることは，信義則上からも許されないものといわなければならない[25]」と説示していた。

また，日立メディコ事件は，期間の定めのある労働契約が，上のように，実質的に見て期間の定めのない契約に当たるということはできないが，労働者に雇用継続に対する合理的な期待があり，解雇に関する法理が類推適用されるというべきであると判断した（期間2ヶ月の労働契約を5回にわたって更新された事案）[26]。

労働契約法の改正を経て，現行法では，①過去に反復して更新されたことがある有期労働契約において，その契約期間の満了時に当該契約を更新せずに終了させることが，期間の定めのない労働契約を締結している労働者に解雇の意思表示をして契約を終了させることと社会通念上同視できると認められるか，または，当該労働者が当該有期労働契約の契約期間満了時に当該契約の更新を期待することについて合理的な理由があると認められる場合であって，②当該有期労働契約の契約期間が満了するまでの間に労働者が当該契約の更新の申込みをしたか，または当該契約期間の満了後遅滞なく有期労働契約の締結の申込みをしており，③使用者が当該申込みを拒絶することが客観的に合理的な理由を欠き，社会通念上相当であると認められないときは，使用者は，従前の有期

---

24 アンフィニ・資生堂事件・横浜地判平成26年7月10日。
25 東芝柳町工場事件・最一小判昭和49年7月22日判例時報752号27頁。
26 日立メディコ事件・最一小判昭和61年12月4日判例時報1221号134頁。

労働契約の内容である労働条件と同一の労働条件で当該申込みを承諾したものとみなす，と規定された（労契法19条）。

むろん，労働契約法19条は，派遣元での派遣労働契約の更新拒絶にあたっても，適用され得る。

「労働契約法の施行について」（平成24年8月10日基発0810第2号，平成24年10月26日基発1026第1号）は，19条1号又は2号の要件に該当するか否かは，これまでの裁判例と同様，当該雇用の臨時性・常用性，更新の回数，雇用の通算期間，契約期間管理の状況，雇用継続の期待をもたせる使用者の言動の有無などを総合考慮して，個々の事案ごとに判断されるとしている。

これらの雇止め法理が適用されるべき要件が備わっているとすると，労働契約法19条によれば，雇止めの合理的理由・社会的相当性の審査が要請される[27]。

これに対して，こうした雇止め法理を派遣労働契約に転用することは，前述のとおり，「常用代替防止」の派遣法の趣旨に合致しないという反論がありうる。しかし，常用代替防止は，主に，これから派遣可能期間を設定しようとする場合にその期間を制限するために用いられた観点であって，すでに労働契約が何度も（前記・伊予銀・いよぎんスタッフサービス事件）更新されているにもかかわらず（その意味でかかる更新が黙認されてきたにもかかわらず），当該労働契約が終了するときの裁判上の判断という段階になって，この観点を持ち出すのは，適切といえるのかについては疑問がある。そもそも，派遣法の趣旨は，派遣先の常用労働を派遣労働者によって代替することを防止するものであって，派遣元と派遣労働者との間を短期間に限定することを要請しているのではなく，むしろ，派遣労働者の雇用の安定に資することを目的としているのである[28]。

## 2 無期転換権と今後の期間雇用

同一使用者との間で締結された2以上の有期労働契約の契約期間を通算した期間（通算契約期間）が5年を超える労働者が，当該使用者に対し，現に締結

---

[27] 荒木尚志・菅野和夫・山川隆一『詳説・労働契約法』第2版（有斐閣・2014年）221頁。

[28] 大橋憲雄「労働者派遣」村中孝史・荒木尚志編増刊ジュリスト労働判例百選第八版（有斐閣・2009年）20頁（21頁）。

している有期労働契約の契約期間満了までの間に，当該満了日の翌日期間の定めのない労働契約（無期労働契約）の締結の申込みをしたときは，使用者は当該申込みを承諾したものとみなす。つまり，有期労働契約の通算契約期間が5年を超えた場合に，労働契約法は，労働者の選択により，無期労働契約の転換を認めている。その場合，当該申込みに係る無期労働契約の内容である労働条件は，現に締結している有期労働契約の内容である労働条件と同一のものとする，とした（同法18条）。

労働者派遣法に特別の規定を置かない限り，労働契約法18条により，労働契約が5年を経過し，本人の意思により派遣元における労働契約の継続を選択した場合には，無期の労働契約になると解される。

ただし，ある有期労働契約と次の労働契約の期間の間に，一定の長さのクーリング期間（6ヶ月とされる）を置けば，契約期間は通算されない。つまり，有期労働契約の更新にあたって，空白期間を置いて契約期間の通算を免れようとすることも可能である。これに対しては，業務それ自体に臨時性や季節性がないにもかかわらず，有期労働契約を利用しているときに空白期間を置いて利用することは，濫用的性格を有すると説かれている[29]。

従来の雇止め法理の場合，無期転換権のないなか，前記の①あるいは②に該当することとなり（第一次的な審査），解雇法理が適用ないし類推適用され，または，雇止めに合理的な理由と社会的相当性が必要とされた（第二次的な審査＝③）。

しかし，無期転換権が労働契約法に導入された現在では，通常の有期労働契約の雇止めと異なり，契約期間が5年に近づけば，無期転換前の雇止めの合理性に疑いが生じ得るという重大な差異があると考えられる。つまり，短期間の労働契約期間を更新して5年に至る直前になって，更新を拒絶する場合，無期転換権制度を免れることとなり，無期転換権制度を濫用しているとみなし得る[30]。けだし，従来，1回目の更新であっても，（一定の事情の下で）合理的な

---

[29] 毛塚勝利「改正労働契約法・有期労働契約規制をめぐる解釈論的課題」労働法律旬報1783号18頁（20頁）。

[30] 毛塚勝利・米津孝司・脇田滋『アクチュアル労働法』（法律文化社・2014年）106頁〔高橋賢司執筆〕，荒木尚志・菅野和夫・山川隆一・前掲書177頁。

期待がある場合には，期間の定めのある契約の更新拒絶はできないと解されていた[31]。短期間の労働契約期間を更新して5年に至る直前になって，更新を拒絶する場合も，同様である。有期労働契約の通算契約期間が5年を超えた場合に，労働者の選択により，無期労働契約の転換が認められている以上，労働者には，契約期間が5年に近づけば，無期転換前の雇止めの合理性に疑いが生じ得るからである。

　そこで，雇止めの有効性の判断にあたっては，信義則上，期間，期間設定の趣旨，雇止めの理由，更新回数，業務内容・需要等を考慮すべきである（二次的な審査）。例えば，労働契約期間が1年であり，4回目の労働契約の更新前に，派遣元が，何らの経済的事情・人的な事情（無断欠勤等）を告知することなく，労働契約の更新拒絶を行った場合，派遣元は，訴訟においては，雇止めの合理的な理由（個人的事情等）を立証することとなるが，短期間の労働契約期間を更新して5年に至る直前になって，更新を拒絶する場合，無期転換権を理由として雇止めを行った旨の推測が働き得るため，雇止めの合理的な理由を否定する有力な一事情であると考えられる（かかる場合，雇止め前後の経営状況の変化，更新回数（の少なさ），この時期での雇止めをせざるを得なかった経済的な事情等を一層主張，立証しなければならなくなると解しうる）[32]。

## 3　不更新条項

　最高裁の判断枠組みに従った場合，傭止めの実態，その作業内容のみならず，採用時及びその後における会社側の言動が考慮されるため，更新時に（場合によっては採用時）会社側がいったん次回は更新する意思がない旨を表明したり，あるいは，更新時に次回は更新しない念書や契約文書を作成したりしさえすれば，契約の更新をせずにすむという結果を招く。つまり，このことは，契約を更新しないという使用者の意思は容易に実現できることを意味する。現に，こ

---

31　龍神タクシー事件・大阪高判平成3年1月16日労働判例581号36頁。
32　これに対して，使用者が有期労働契約の期間を5年を上限することも予想される。この場合，本条の潜脱行為とみられる場合，違法となる余地がある。荒木・菅野・山川前掲書177頁も，本条の脱法行為，公序良俗違反行為とみられる特段の事情がない限り，違法無効と解すべき理由はないとしている。

うした事件も少なくない³³。その意味で，雇止めに関する法理に対し，契約自由の原則が容易に貫徹しやすく，これを制約する機能を持ち合わせにくい。このため，こうした射程が狭く，また妥当させるべき根拠も乏しい法理を存続させるべきなのか，根本的に疑問がある。むしろ，契約の自由を制約する，雇止めの類型に従った新たな判断方法が創造されるべきであると考える。

　使用者が労働契約不更新についての発言，態度を表明し，労働契約を終了させようとする場合，その意思は貫徹できることを意味する。それでは，労働契約法18条の雇止めの規定の意味が減殺されてしまう点に，裁判官は十分な配慮が必要である。東芝柳町工場事件・昭和49年7月22日最高裁第一小法廷判決は，「本件各労働契約が期間の満了毎に当然更新を重ねて実質上期間の定めのない契約と異ならない状態にあつたこと，及び上記のような上告会社における基幹臨時工の採用，傭止めの実態，その作業内容，被上告人らの採用時及びその後における被上告人らに対する上告会社側の言動等にかんがみるときは，本件労働契約においては，単に期間が満了したという理由だけでは上告会社において傭止めを行わず，被上告人らもまたこれを期待，信頼し，このような相互関係のもとに労働契約関係が存続，維持されてきたものというべきである。そして，このような場合には，経済事情の変動により剰員を生じる等上告会社において従来の取扱いを変更して右条項を発動してもやむをえないと認められる特段の事情の存しないかぎり，期間満了を理由として傭止めをすることは，信義則上からも許されないものといわなければならない」³⁴と説示し，その後の裁判例の一般的な定式となっていった³⁵。しかし，この事件では，使用者が更新につ

---

33　みおつくし福祉会事件・大阪地判平成19年11月16日労経速1993号22頁。
34　前掲東芝柳町工場事件・最一小判昭和49年7月22日。
35　前掲社会保険協会連合会事件・京都地判平成13年9月10日では，例えば，「原告は，被告との間で，期間の定めのある労働契約を締結したのであるが，期間満了後の雇用継続に関する被告側の採用面接時の説明，原告の職務内容の正規職員看護婦との異同，契約更新に至った経緯，被告側の更新時の説明，他のパートタイム看護婦に対する雇止めの実例の有無，被告病院の外来の本件雇止め後の状況等の諸事情を勘案すると，原告が期間満了後の雇用継続を期待することに合理性があるということができ，この期待は法的保護に値するものであるから，原告に対する雇止めには解雇に関する法理が類推適用され，単に労働契約の期間が満了したというだけでは雇止めは許されず，客観的に合理的な理由が必要であり，これを欠く雇止めは社会通念上相当として是認することができ

いて発言し，労働者もこれを信じたという事件であったという場合に，会社の言動が問題になった点は重要である。その後の事件は，反対に，使用者の言動が考慮されるのを逆手にとって，更新回数を制限する言動を行ったり，あるいは，更新しない旨の合意を締結させたりしている。本来考慮されていた要素の用い方が異なっている点に，注意が注がれてもよいと思われる。

　同じことは，契約更新を行わない旨承諾した場合，雇止めが有効かどうかが争われる不更新条項についてもいえる。このような不更新条項により，雇用契約を終了させる旨の合意が成立していたと解する裁判例がある[36]。これについては，不更新条項を公序良俗違反で無効とする立場[37]，不更新条項があっても雇止めの解雇権濫用法理の類推適用の問題とし，不更新条項は更新拒絶の合理性・相当性の要素として理解する立場[38]，あるいは，不更新条項は権利濫用の評価障害事実として総合衡量の一内容と位置づける立場とがある。このほか，①合理的な期待の意思表示の明確性，②不更新条項の使用者による説明の十分さ，③不更新条項を設ける人事管理上の合理的存在などが重要な要素となると考える見解も存する[39]。従来の最高裁の判例のように，強行規定の放棄について，「意思表示が自由な意思に基づくものであると認めるに足る合理的な理由が客観的に存在していた」かどうかを問うと解する場合[40]，問題となるケースでは，十分な説明を欠き，かかる要件の充足が不足しているケースが多いと思われる。「意思表示が自由な意思に基づくものであると認めるに足る合理的な理由が客観的に存在していた」かどうかについて，十分丁寧な認定が必要であると言える[41]。しかし，一般的には，ある強行法規が事後的に放棄しうるとい

---

　　ないといわなければならない」と判断されている。
36　近畿コカ・コーラボトリング事件・大阪地判平成17年1月13日労働判例893号150頁，反対川田知子・ジュリスト別冊判例百選第8版162頁（163頁）。
37　西谷敏『労働法』第2版（日本評論社・2013年）448頁，川田知子「有期契約の更新拒否」村中孝史・荒木尚志編増刊ジュリスト労働判例百選第8版（有斐閣・2009年）162頁（163頁），根本到「有期雇用をめぐる法的課題」労働法律旬報1735号・1736号（2011年）7頁（14頁）。
38　毛塚勝利・前掲論文25頁，唐津博「改正労働契約法19条の意義と解釈」季刊労働法241号（2013年）2頁（10頁）。
39　荒木・菅野・山川・前掲書219頁。
40　シンガーソーイング・メシーン事件・最二小判昭和48年1月19日判例時報695号107頁。

うのは，その規定は任意規定に格下げされたことを意味し，私法上受け入れられる解釈かは，疑問である。「労働契約法の施行について」(平成24年8月10日基発0810第2号，平成24年10月26日基発1026第1号) でも，労働者が雇用継続への合理的な期待を抱いていたにもかかわらず，当該有期労働契約の契約期間の満了前に使用者が更新年数や更新回数の上限などを一方的に宣言したとしても，そのことのみをもって直ちに同号の該当性が否定されることにはならないと解されるとしている。そこで，このような強行規定の性格 (解雇法理の適用又は類推適用される雇止め法理も強行法規性があったといえる) とその放棄に関する判例法理さえ前提にしない不更新条項に関する裁判例[42]には，大いに疑問がある。明石書店事件・東京地決平成22年7月30日〔判例未掲載〕は，不更新条項の存在は，権利濫用法理の適用にあたって，〔評価障害事実として〕総合考慮の一内容として考慮の対象となると判断し，当該雇止めを無効としているが，かかる法理の一般化が望まれるのではないかと思われる。

## 三 直接雇用後の派遣先での問題

### 1 直接雇用後の派遣先による労働契約の更新拒絶の問題

　派遣労働契約の成立と終了をめぐって，派遣労働者の労働契約関係の存続保護とそのための期間雇用の法理の再構築が求められるが，上記の通り，①派遣元による労働契約の解除 (解雇) の問題，②派遣元による派遣労働契約の更新拒絶，③直接雇用後の派遣先による労働契約の更新拒絶の問題とに分けて検討してきたが，ここでは，③について論じる。

　派遣先での労働契約の更新拒絶の問題については，実際，圧倒的多くの事件では，労働局により是正指導を受けている。実際上問題になっている派遣労働者の雇止めや解雇事件では，従来違法派遣であった事案で，派遣労働契約の更

---

41 上の賃金全額払いの原則についての放棄が問われるケースでも，賃金の後払い的性格のみならず功労報償的性格をも有する408万円 (当時) 近い退職金債権の放棄が問題になっているケースについて「諸般の事情に照らして」判断されたものであり，そこから上の定式が一般化していったことは注意を要する。

42 前掲ダイキン工業事件・大阪地判平成24年11月1日。

新拒絶・解雇が争われたものであったのである（派遣労働契約の更新拒絶の代表的な事件として，前記・松下プラズマディスプレイ（パスコ）事件）。

　直接雇用後の派遣先事業主と労働者との間の労働契約については，1回目の更新で，更新拒否がなされ，その雇止めの有効性が，丁寧に審査されないことが少なくない[43]。ムサシ鉄工事件では，原告と被告との間の労働契約は，期間の定めのあるものに変更する合意がされ，その後の更新があったとしてもそれは一度されただけであり，その更新の際，更新は一度だけその後は契約が終了する旨の通告がなされたものであるから，原告と被告との間の労働契約は，更新が反復継続されたものではない上，原告において期間満了後も労働契約が継続するものと期待することに合理性がある場合にあたるものとも認められないと判断されている[44]。ヤンマー事件では，「雇止めの適否を判断するにあたり，解雇権濫用法理が類推適用されると解するのが相当であるものの，本件雇止めが権利濫用と評価できるか否かを判断するに当たっては，期間の定めのない雇用契約と，期間の定めのある雇用契約との間にある程度異なった判断とならざるを得ない」が，びわ工場の受注及び生産台数の各推移，被控訴人の経常損益の状況，びわ工場の組立グループの期間従業員全員が雇止めの対象となった経

---

[43] 例えば，前掲日本トムソン事件・大阪高判平成23年9月30日。この事件では，被告は，本件期間雇用契約締結後も，組合支部に対し，団体交渉等の席において，経営環境等を勘案すると，平成21年9月以降の同契約の更新は難しい旨を，重ねて説明していたが，同年8月25日の団体交渉において，経営環境を説明の上，更新しない旨を正式に伝え，これを受けて，本件期間雇用契約は，同年9月30日の経過をもって，終了した，という事案において，裁判所は，「被告は，平成21年4月7日の時点で，兵庫労働局に対し，本件是正指導に基づく措置として，派遣労働者の数人につき，時給1200円により，同年9月末までの有期という条件で雇用することを考えていること，及び，同月以降の処遇につき，契約上は，期間満了により終了するが業務量等により更新することがあるといった文言で対処することを考えているが，実際には，被告の経営環境が大きく好転しない限り，更新は難しい旨を述べたこと，これに対し，兵庫労働局からは，派遣労働者全員の直接雇用を検討するよう指導されたものの，有期といった契約条件に関する指導がされた事実はなく，かえって，被告が，同年4月14日，同労働局に対し，派遣労働者全員を直接雇用する旨の方針を伝えたところ，同労働局からは，当該方針のもとに是正報告書を受理する旨を言われ，実際に，同月21日には是正報告書が受理されたことが認められる」とし，したがって，本件の雇止めが，無効であるとは認められないと判断している。

[44] ムサシ鉄工事件・名古屋地判平成22年3月25日。

緯，雇止めの対象従業員に対する雇止めの周知方法と周知時期，補償的措置の内容からすると，控訴人について本件雇止めを行ったことが権利濫用とはいえず，不当労働行為に該当しないと判断されている[45]。

　厚生労働大臣は，派遣先が派遣可能期間を超えて労働者派遣を受けており，かつ当該派遣労働者が当該派遣先への直接雇用を希望している場合において，当該派遣先に対し，一般的な指導・助言権限に基づき当該労働者を受け入れるべきことを助言・指導していたにもかかわらず，当該派遣先がこれに従わなかったときは，当該派遣先に対し，当該派遣労働者を雇い入れるように勧告できる（49条の2第2項，派遣期間違反に関して）[46]。従来は，労働局からは，前記の通り，派遣労働者につき，労働局より，注文人において直接雇用を指示されることもある（前掲日本トムソン事件・神戸地姫路支判平成23年2月23日，大阪高判平成23年9月30日，前掲三菱電機事件名古屋高判平成25年1月25日）。労働者派遣のうち，労働者派遣法40条の2に違反するものについては，労働者の雇用の安定を図るための措置を講じた上で，労働者派遣の受入れを中止すること，当該労働者が希望する場合は，雇用の申込みをすることと是正指導をされているケースもある[47]。労働者派遣の受入れを中止するという是正のための措置をとるよう指導を受けることもある[48]。

　雇入れの勧告の趣旨からすれば，短期間で1回ないし数回のみの雇用を確保するにすぎない期間雇用契約では，不十分といわざるを得ない。労働者派遣法による派遣期間の制限を超えていた事件では，労働者派遣法による派遣期間の制限を超えていた就業をさせていたのであるから，本来であれば，直接雇用をしなければそれだけ長く就業させることはできなかったといえるものもある。

　労働者派遣法における派遣先での直接雇用の申込みみなし規定が施行された

---

[45] 前掲ヤンマー事件・大阪高判平成23年12月22日。
[46] 行政解釈は，この規定による直接雇用の勧告は，派遣労働者の受入れが「労働者派遣契約の根拠なく，また，派遣元事業主と派遣労働者間の雇用契約の根拠なく，事実上派遣先においてのみ，なすべきものとしている」（労働者派遣事業関係業務取扱要覧249頁～251頁）。しかし，条文の文言からは，このように制限的に解すべきものとは読めない。
[47] 前掲ヤンマー事件・大阪地判平成23年2月7日。
[48] 前掲パナソニックエコシステムズ事件・名古屋地判平成23年4月28日，岡田幸人・前掲論文1417号147頁。

場合,この問題は深刻になると思われる。派遣可能期間,派遣対象業務違反,指揮命令等労働者派遣の根幹部分の違反行為について,派遣先による労働契約申込みみなしの効力が発生しているのに,一度ないし数度の更新回数での雇止めを認めるのは,派遣先による労働契約申込みみなしの制度の意味を減殺させ反社会的であるばかりか,派遣法の趣旨にもとる脱法行為でもある。

多くの裁判例では,―派遣先での期間の定めのある労働契約に関する―従来の雇止めの要件を判断するにとどまり,この点がまったく評価されていない。雇止めを認めることは,直接雇用の申込みみなし規定を認めた労働者派遣法の趣旨にももとり,その潜脱・脱法行為とみられる。このように,労働者派遣法違反がある場合に,行政上の是正措置により,あるいは,派遣先による労働契約申込みみなしの効力により,派遣労働者の直接雇用を派遣先企業(ないし注文人)において実現した場合には,有期労働契約の期間満了後の雇用継続につき,合理的期待が認められる場合があり得る。かかる場合には,使用者が雇止めをすることが「客観的に合理的な理由を欠き,社会通念上相当であると認められないとき」は,雇止めが認められないと解される余地がある(労働契約法19条)。

いすゞ事件においては,請負契約ないし派遣契約を解約された後の派遣先企業での直接雇用について,第1グループ原告らについては,職務能力や勤務態度に問題がなく,不況等の事情の変化による生産計画の変更に伴う要員計画に変更がない限り,契約更新により少なくとも契約通算期間2年11ヶ月までは雇用が継続される合理的期待を有していたというべきであるから,本件雇止めが有効であるというためには,上記合理的期待の内容に照らし,客観的に合理的な理由の有無と,社会通念上の相当性を検討することが必要であると解されている[49]。

また,多くの派遣労働契約の更新拒絶をめぐる裁判例では,偽装請負時の請負企業での労働契約の更新回数は通算されず,注文人での直接雇用後の更新回数が問われ,注文人での使用者が特に更新する意図がない場合,注文人での雇止めは,違法ではないと判断されてきた[50]。最高裁は,「上告人と被上告人と

---

[49] 前掲いすゞ事件・東京地判平成24年4月16日。

の間の雇用契約は一度も更新されていない上，上記契約の更新を拒絶する旨の上告人の意図はその締結前から被上告人及び本件組合に対しても客観的に明らかにされていたということができる。そうすると，上記契約はあたかも期間の定めのない契約と実質的に異ならない状態で存在していたとはいえないことはもとより，被上告人においてその期間満了後も雇用関係が継続されるものと期待することに合理性が認められる場合にも当たらないものというべきである」と判断している[51]。偽装請負時の更新回数は通算されず，派遣先企業での（直接雇用のための）有期契約の一回目の更新の問題として，更新の合理性を判断している。但し，この事件では，請負会社が撤退した後，新たに派遣先企業と締結した労働契約の更新が問われており，偽装請負時とその後の派遣とで労働契約の相手方が異なっている。しかし，労務の提供先・動員先は同じである。

これに対し，偽装請負時とその後の派遣とで労働者の動員先が同じ場合に，請負企業での労働契約の更新回数が通算されないと解してよいどうかかについては疑問もある。労働者からすれば，企業が違法派遣をしているだけであって，労働局の指導前後等を通じて，労務の提供先・動員先は同じである。基本的には，更新回数非通算についての帰責性は，労働者には存しない。これに対し，注文人は，違法派遣を多くの場合に認識しつつ，これを甘受または黙認して，かかる違法状態を継続させ，これによって，利益を得てきた地位にある。特別な契約条項がない限りは，雇止めの適法性の重要な判断要素とされる一種の労働条件といい得る更新回数は，信義則上通算されると解すべきではないかと解される。

## 2　派遣先ないし注文人の労働受領義務

派遣先ないし注文人が何らかの事情により労働者の就労を拒絶した場合に，かかる使用者が雇用（就労）を拒絶し得るかが，問題になる。また，直接雇用を認めたはずの派遣先・注文人が労働者の就労を拒む事態も生じている[52]。

こうした場合に，就労拒否が認められるかどうかは，労働受領義務が生じる

---

50　例えば，前掲日本トムソン事件・大阪高判平成23年9月30日。
51　前掲松下プラズマディスプレイ事件・最二小判平成21年12月18日。
52　前掲いすゞ事件・東京地判平成24年1月16日。

かどうかにかかっているのであった。現在の日本の裁判例では，例えば，東京高裁が，かつて，業務の性質上労働者の労務提供について特別の合理的な利益を有する場合に限り，就労義務が肯定されると判断したのが有名である[53]。したがって，問題の焦点は，かかる論理に従う限り，労働者派遣の場合（偽装請負の場合も），業務の性質上労働者が労務の提供について特別の合理的な利益を有するか否かに関わる。通常の労働契約関係の場合は，就労義務は一般的に否定されているにもかかわらず，労働者派遣や偽装請負の場合に，就労義務が肯定されるかどうかという問題もある。

かかる場合のほか，一定の場合に派遣先・注文人は，労働者の就労を拒否しえないと解される。ドイツ法でも，一般的な就労請求権が認められているほか，継続雇用請求権が解雇訴訟中および解雇無効の判決確定後に認められている。これが，実定法上事業所委員会が異議申立権を行使した場合に生じるとともに（事業所組織法102条5項），102条5項の要件が備わらない場合にも，判例において，一般的継続雇用請求権が解約告知期間経過後確認訴訟の確定判決前まで認められている[54]。その根拠は，信義則上の付随義務にあるとする（特に，人格の保護の促進義務にあるとする）。間接的な使用者は，労働者との間で社会的な接触関係にあり，かかる場合，使用者は，一定の保護義務ないし顧慮義務を負い[55]，使用者は，履行補助者の責任について責任を負う。これらは，労働者が，労務指揮権のもとで労働力を提供せざるを得ず，使用者が労働力を処分することから，かかる労働者を使用者から保護しなければならないことに本質がある。労務指揮権が派遣先ないし注文人へ移転し，労働力の処分権が派遣先使用者ないし注文人に移転するのに伴って，派遣先にかかる義務が生じるのは，むしろ当然である。したがって，かかる社会的な接触関係，契約類似の法的な

---

53　例えば，東京高決昭和33年8月2日判例タイムズ83号74頁。

54　鴨田哲郎「ドイツにおける解雇訴訟の実務と労働時間法の適用除外者」季刊・労働者の権利260号152頁以下，拙稿「労働契約法制と労働契約法理における解雇法理のあり方」季刊・労働者の権利260号76頁，皆川宏之・橋本陽子「ドイツ」荒木尚志・山川隆一『諸外国の労働契約法制』（労働政策研究研修機構・2006年）75頁以下（171頁以下）。

55　大石塗装・鹿島建設事件・福岡高判昭和51年7月14日判例時報992号44頁，社団法人綾瀬市シルバー人材センター事件・横浜地判平成15年5月13日判決労働判例850号12頁，アテスト事件・東京高判平成21年7月28日労働判例990号6頁。

債権関係（保護関係）に基づき[56]，信義則上，労働者の生命および健康の配慮義務が判例によって定着し（現在では労働契約法5条に規定がある），信義則上の配慮義務の保護法益は，労働者の生命・健康に限られずに，労働者の人格にまで及ぶものと解される[57]。労働者の生活はその大部分を労働関係によって規定されており，労働者の自尊心や家族・仲間からの尊敬もその仕事のありようによって決まってくるもので，労働契約関係に基づく労働は，労働者にとっては，身体的，肉体的能力の発展，したがって，人格の発展を可能ならしめるものである。労働者派遣の場合問題になる就労拒否によっても，労働契約関係を通じた尊敬を失いかねず，労働を通じた人格の発展を妨げることになりかねない[58]。一定の期間，派遣先企業のためにノウハウや知識を蓄積させ，職業意識を持って，労働を提供してきたにもかかわらず，派遣先等の一方的な都合により労働の受領を拒否できるとするのは，その自尊心や労働に関わる人格的な尊厳を著しく害する。このため，労働受領義務（確認・給付[59]）が認められるのは，契約上業務の性質上労働者が労務の提供について特別の合理的な利益を有する場合に限り認められるにとどまらず，信義則上の人格に対する配慮義務に基づいてである。

例えていうならば，労働者派遣の後，派遣先であった企業に臨時従業員（期間工）として雇用され，工場で勤務していたが，かかる労働契約が合意解約されたという場合，被告は，合意解約申入れに応じなかった臨時従業員について，労働契約の契約期間満了日原告ら三名は休業する扱いとし，平均賃金の6割の

---

56　Vgl.Zöllner/Loritz/Hergenröder, Arbeitsrecht, 6.Aufl., München, 2008, München, § 27 II. 2.

57　角田邦重「労働関係における労働者の人格的権利の保障」季刊労働法143号（1987年）25頁（27頁），拙稿「ドイツにおける人事情報の開示，訂正，削除請求権の法的検討」労働法律旬報1392号31頁（36頁），津地判平9・11・5労働判例729号54頁〔三重セクシャルハラスメント事件〕，山崎文夫『セクシュアル・ハラスメントの法理』（労働法令・2004年）253頁。

58　Vgl. BAG Beschluss v. 27.2.1985, AP Nr. 14. zu § 611 BGB Beschäftigungspficht.

59　間接強制ができることになる。労働者の地位に関する給付判決を得られれば，「労働者を復職させるべきである」と使用者に対し労働者は心理的に迫ることができる，というものである。高橋賢司・前掲書322頁，長谷川聡「『就労価値』の法理論」日本労働法学会誌124号（2014年）121頁（127頁）。

休業手当を支給したという場合，雇用を継続しておきながら，休業扱いにして，就労を拒否するというのは[60]，労働者個人の人格権を著しく侵害するものであるといえて，かかる就労拒否は，違法なものであるといい得る。

---

60 前掲いすゞ事件・東京地判平成24年1月16日。

# 結びに代えて

　EU労働者派遣指令2008/104は、30年近い議論を経て結実したもので、優れた法規定を多く設けている。本指令の提案からは、フレキシビリティを促進し、雇用の質を要求する意図が明らかになる（本書第2章第1節）。かつて2002年のハルツ法第一法（2004年施行）により労働者派遣法に関して規制緩和を行ったドイツでは、本指令を置き換えるため、2011年に労働者派遣法に関して重要な法改正を行った。その結果、日本の労働法の規制に最も影響を与えると思われる、フランス、ドイツの労働者派遣法では、共通の規制がとられるようになった。最も重要な共通点とは、①一時的な労働、②平等取扱原則（同一賃金原則）、③違法派遣の場合の労働契約の申込みみなし（擬制的な労働関係）、④期間の定めのある労働契約の正当化事由の列挙である[1]。

　ドイツ法は、ハルツ法改革によって、①については、派遣期間規制の撤廃をいったんは行い、②同一賃金原則についても適用除外を認めていたため、フランス法とは異なる方向へ進んでいたが、2011年の法改正により、①一時的な労働の概念を導入し、②同一賃金原則の適用除外（逸脱）に対して最低時間賃金制度（下限）を導入している。これが、ドイツ、フランス法の到達点であるし、労働者派遣研究の到達点である。平成26年改正を超えて、より長いスパンで労

---

[1] フランス法については、野田進「有期・派遣労働契約の成立論的考察」菅野和夫古希記念論集（有斐閣・2013年）191頁以下参照。本庄淳志「労働市場における労働者派遣法の現代的役割」日本労働法学会誌116号（2010年）134頁によれば、オランダでは、①と②の原則はあるようであるが、④については、反復更新による最長期間（3年）や更新回数（3回）の点で制限があり、この規制は3ヶ月のクーリングオフと合わせて、3×3×3と呼ばれるルールがあるとされる（本庄淳志・前掲論文137頁）。なお、本庄准教授の前掲論文は優れた比較法的な論文であると思われるが、ドイツ法に関する派遣期間の撤廃についての記述（前掲論文138頁以下、2012年11月7日厚労省・派遣研「ドイツの労働者派遣制度」は少なくとも「一時的な労働」に関する2011年改正の記載がない）は、ドイツの旧法の説明であり、すでに新法により改正されているのは、本文で繰り返し述べた通りである。本庄准教授は、派遣受け入れ期間の制限は正当化されないと述べる点で（本庄淳志・前掲論文146頁）、本書とは異なる立場を鮮明にしている。

働者派遣法制を考える視点に立てば，日本法も，長い時間がかかるとはいえ，こうした方向に進むものと思われるし，そうあるべきである。

「雇用の安定性」という新たな政策理念へ転換するための労働者派遣法制とは何かを本書では説いたが，それは，①一時的な労働，②平等取扱原則（同一賃金原則），③違法派遣の場合の労働契約の申込みみなし（擬制的な労働関係），④期間の定めのある労働契約の正当化事由の列挙，という柱をもつ規制であり，それを有する独仏両国の規制は，日本の労働者派遣の法政策で今後，長きにわたって，考慮しなければならない到達点であるはずである。

特に，両国のように，①の一時的な労働を命ずる法制度のもとで，②の平等取扱原則が実行化される法規制が採用されるときには，仮に長期にわたって派遣先企業が派遣労働者を就労させれば，一時的な労働ではなく違法となるだけではなく，平等取扱原則の適用のもとで賃金分（あるいは相当分）の派遣料金として派遣先企業が支払わなければならなくなり，コストと効率性を考慮する派遣先企業にとっては，派遣労働者を長期にわたって雇用し続けることが，採算の上がるものではなくなり，コスト的には意味のないものとなる。その結果，法制度上，派遣先での直接雇用が促進され得るという効果を持ち得る。好景気が続くドイツにおいて，2013年までに派遣労働者が減少し，基幹労働者が増加しているのは，こうした①と②の法制度の結果，直接雇用が促進されている結果であると連邦雇用エイジェンシーは説明する（第3章第1節二）。

他方で，かつて高失業率で悩まされていたドイツでは，2014年現在，好景気のなか失業率が下がりつつある。しかし，失業率の下がった効果が，2000年初頭のハルツ法改革によるものなのか，好景気によるものなのかについては，見解がわかれている。反面で，働きながらにして貧困にあるというワーキングプアが進行していった。ハルツ法改革の負の遺産であると指摘される（これについては，本書第3章第1節一2）。

これに対して，2011年の労働者派遣法の法改正では，最低時間賃金制度が設けられすでに施行され（本書第3章第3節），2014年の新政権のもとでは，「協約自治の強化のための法律」による最低賃金が導入され，2015年1月1日施行される（原則8.5ユーロ，但し経過規定あり）。後者は，低賃金セクターでの従業員が保護され，フルタイム就労にも関わらず，社会的給付に依存する労働者の

数を減少させるのを目的としている。これに対して，派遣労働者には最低時間賃金制度が適用され続ける。ワーキングプアの進行を食い止めようとする世論に影響されたものである。

　ドイツでの好景気時の経済社会は，総じて比較的健全であった。労働者派遣の法政策をこうした法制度へ転換させ，好景気な時期には，正社員の雇用が増え，労働者派遣が減少している。ドイツでは，好景気時は，健全な規制により，安定的な雇用が生まれているという常道をいく。好景気に転じても，非典型雇用の割合が多くなる日本とは異なる。

　雇用を増やすだけではなく，安定性の高い雇用を増やさなければならない，というこうした基本的な姿勢は，長期的な視点に立てば，今後の日本の雇用政策で最も考慮されなければならない。

　ところで，法解釈上は，労働者派遣をめぐる判例では，「取締法規→派遣労働者を保護→無効とはならない」という解釈がほぼ一貫してとられてきた。これに対し，民法の判例の一部では，行政法規それ自体が禁止規定，罰則規定となっていたとしても，そこからただちに民事上の効力を否定するわけではなく，行政法規の趣旨を解釈し，かつ，「公衆衛生」「一般大衆を保護」等，媒介する論理と価値（公益）を介して，民事上の効力を否定している。当該取引の悪質性を主張するだけでは足りず，取引を通じて，何らかの重要な公益を害することがなければならないことになる。また，民法の判例の一部は，労働者派遣法の場合とは異なり，行政法上の個別の条文の趣旨を解釈した上で，上のような結論を導いている。本書では，少なくとも，①命令権を注文人が行使しているという典型的な労働者派遣法違反の場合には，労働者派遣制度を濫用・潜脱するという重要な違法行為を行っている点，また，②派遣可能期間に違反する場合には，常用代替禁止という労働者派遣制度の本質に関わるものである点に着目し，いずれも，これらにより，労働市場の需給システムを歪曲させる，という公益にも反しつつ，派遣労働者の保護にも資するものではないと考え，①，②に関わる労働者派遣法等の関連規定に違反する労働者派遣が存する場合には，具体的な事情を勘案して，派遣元と派遣労働者との間の派遣労働契約，派遣元と派遣先との派遣契約は，無効になると解する余地があるとする立場をとる（第4章第2節三）。かかるアプローチによる場合には，①，②の労働者派遣法

等の関連規定が強行法規かどうかを個別に判断しうるのみならず（労働者派遣法全体が取締法規と解する判例との差異），他の行為態様等を個別に問題にし得ることになる。

　また，黙示の労働契約の成否についても，裁判例を整理するとともに（第4章第2節四），小括において，規範的解釈として，二つの解釈の可能性を示している。一つは，労働契約が無効になった場合の処理としての，無効行為の転換であり，もう一つは，契約解釈の一手法としての民法上の不明確準則の適用である（第4章第2節四3）。

　さらに，違法派遣の場合の労働契約の申込みみなしの規定が施行された場合，もはや上の黙示の労働契約の成否ではなく，かかる規定の解釈が問われるため，同規定の解釈を示そうと試みている（第4章第2節五）。この規定の解釈は，特に，新たな法律や行政解釈が示されない限り，新たな法律や行政解釈の創設にあたっても，たたき台にはなることを期待する。

　こうした偽装請負に関しては，労働者派遣業と業務請負の区別の基準が法解釈や法制度改革のためにも重要となる。本書では，私法上の民法のカテゴリーに位置づけられるか否かを判断するアプローチを強調する。請負企業が事業主としての仕事の完成まですべての責任を負う。請負契約の私法的な性質からは，例えば，請負企業が仕事完成の目的のため瑕疵担保責任を負いうると解されるし，対価に関する性格付けについて，新たな視点が提供される。こうした私法的なアプローチから，つまり，仕事完成を目的とする請負契約の本質から，（真正の）請負契約と偽装請負とを区別し，これにより，労働者派遣と（偽装）請負に関する新たな基準づくりを具体的に提唱している（第4章第2節六）。

　ほかに，本書では，派遣元での労働契約の解約・雇止め法理についても，裁判例の分析を通じて，社会的観点等，新たな法理の形成に挑んでいる（第4章第3節）。

　さらに，直接雇用をめぐる派遣先の団交応諾義務については中労委命令，学説の分析を通じて，新たな法理の形成を提唱している（第4章第2節七）。ドイツでは，派遣先の事業所において，従業員代表組織である事業所委員会に一定程度参加権が認められ（ドイツ労働者派遣法14条），派遣先の事業所委員会は，実務上，派遣先の残業の規制，派遣労働数の制限，派遣先での直接雇用の実現

に取り組んでいる（第3章第6節）。日本の労働者派遣法は，制定当初より，こうした問題の実現に関しては，派遣先の団体交渉権の確立に消極的な立場に立っているが，日独の比較法的な検討では，この点が決定的に異なっているように思われる。日本法では，直接雇用のため，派遣先に対して黙示の労働契約の成立を個別法的に認めさせようという試みが訴訟においてなされてきたが，本来的には，派遣期間違反（将来は一時的な労働の実現），派遣労働者の数・割合の制限や派遣先での直接雇用の促進といった問題は，集団法的な参加により最も解決しうるように思われる。このことをドイツ法の実務は（第3章第6節）教えてくれるように思われる。このため，直接雇用や違法派遣をめぐって，派遣先での団体交渉義務が創設されるよう，法解釈の試みは必要であるし（第4章第2節七），法改正も将来的には不可避であると思われる。それが，雇用の安定化にも資するものと考える。

〔初出一覧〕

「改正派遣労働法とその解釈上の課題」ジュリスト1446号（2012年）52頁（第4章第1節補論）

「ドイツにおける偽装請負をめぐる法規制」労働法律旬報1772号（2012年）48頁（第3章第5節）

「ドイツ労働者派遣法の改正について」季刊労働法242号（2013年）57頁（第3章第1節，第3節）

「ドイツ労働者派遣法とその改正について」電機連合NAVI 42号（2013年）48頁（第3章第1節）

「ドイツ労働者派遣法における同一賃金原則」立正大学法制研究所年報18号（2013年）43頁（第3章第3節）

「ドイツはなぜ『再規制』を選んだか」労働情報2014年5月10日号（2014年）23頁（第3章第1節）

（　）内は，本書の該当する章・節。それ以外の章・節は書き下ろしている。

〈著者紹介〉

**高橋　賢司**（たかはし・けんじ）

| | |
|---|---|
| 1970年 | 東京生まれ |
| 1996年 | 中央大学大学院法学研究科博士課程（前期課程）修了 |
| 2003年 | ドイツ・テュービンゲン大学法学博士号取得 |
| 2004年 | 立正大学法学部専任講師 |
| 2013年 | ミュンヘン大学労使関係労働法研究所（ZAAR）客員研究員 |
| 現在 | 立正大学法学部准教授 |
| 主な著書 | Die Lohnbestimmung bei leistungs- und erfolgsabhängigen Entgelten im Spannungsfeld von Privatautonomie und Kollektivautonomie, Tübingen, 2003 |

成果主義賃金の研究（単著，信山社，2004年）
解雇の研究（単著，法律文化社，2011年）
障害者職業総合センター編「欧米の障害者雇用法制及び施策の動向と課題」（共著，2012年）
角田邦重／小西哲文編『内部告発と公益通報者保護法』（共著，法律文化社・2008年）
角田邦重／山田省三編『労働法解体新書』第3版（共著，法律文化社・2011年）
「ドイツにおける従業員代表の労働条件規整権限の正当性とその限界」日本労働法学会誌104号（2004年）
「労働法学における新たな法思想「社会的包摂」の可能性」山田省三／石井保雄編『労働者人格権の研究（上）角田邦重先生古稀記念』（信山社・2011年）
等

## 労働者派遣法の研究

2015年1月20日　第1版第1刷発行

著　者　高　橋　賢　司
発行者　山　本　憲　央
発行所　㈱中央経済社

〒101-0051　東京都千代田区神田神保町1-31-2
電話　03（3293）3371（編集部）
　　　03（3293）3381（営業部）
http://www.chuokeizai.co.jp/
振替口座　00100-8-8432
印刷／三英印刷㈱
製本／誠　製　本㈱

© 2015
Printed in Japan

＊頁の「欠落」や「順序違い」などがありましたらお取り替えいたしますので小社営業部までご送付ください。（送料小社負担）
ISBN978-4-502-12251-4　C3032

JCOPY〈出版者著作権管理機構委託出版物〉本書を無断で複写複製（コピー）することは，著作権法上の例外を除き，禁じられています。本書をコピーされる場合は事前に出版者著作権管理機構（JCOPY）の許諾を受けてください。
JCOPY〈http://www.jcopy.or.jp　e メール：info@jcopy.or.jp　電話：03-3513-6969〉